MINERVA
社会学叢書
(55)

中国の近代化と社会学史

張 琢/張 萍 著
星 明 訳

ミネルヴァ書房

序　言

　　中国は世界最大の文明的な歴史のある国で，世の変転を経験し尽くすが，歴史は一度も中断していない。19世紀中葉になって，西洋の列強が，軍事力を頼みとして中国の表門を砲撃しはじめる前には，中国の人口と経済規模は終始世界第一位の地位を維持していた。1840年のアヘン戦争以後，内憂外患のもとで，中華帝国は急激に零落して，人民はいやというほど侮辱を被った。

　　しかし，中国の知識人はこれまでずっと国家の興亡・盛衰や経世済民を自らの使命とする伝統をもっていた。国家は危急存亡に陥った時，必ず民衆を喚起し，為政者に目を覚まさせるために自己の生命を顧みずに立ち上がったひとがいる。中国の社会学研究は，まさに国と人民を救う維新変法の道を探し求める19世紀末にはじまったのである。

　　本書の第1章から第5章までは張琢によって著されたものであり，中華書局（香港）から1992年に出版された繁体中国語版『中国社会と社会学の百年史』である。日本の佛教大学の中国社会学史研究者の星明教授の好意をあずかり，すでにこの本の内容が日本語に訳されて，続々と佛教大学の『社会学部論集』に発表されている。

　　本書の第6章から第14章までは張琢と張萍の共著である。本書は2つの面から考慮して執筆した。すなわち，1つは『中国社会と社会学の百年史』は当時の中華書局（香港）が出版する「百家文庫」の1冊であったため，出版社の決めた字数制限を受け，比較的切りつめて書いた，とくに社会学の部分に関して十分に論述することができなかったこと，2つは，うえの『中国社会と社会学の百年史』の出版からいまではすでに20数年が経過した，この20年余りの期間は，まさに中国の近代化建設および中国の社会学研究の黄金期で，この期間の中国の社会変動および社会学の研究状況を整理し，総括的に述べる必要があること，である。筆者は常に近代化が中国の社会の変化と中国の社会学研究の中心のテーマだと考えており，これが本書の書名を『中国の近代化と社会学史』と決めた理由でもある。

社会は絶え間ない変遷の過程をもっているため，社会に対する認識，また社会や社会学の定義，研究領域に対する認識も絶えず変化しつつある。とくに社会が大きく変動し，学術研究が大いに隆昌している時代においては，諸科学は結合分離したり，相互浸透したりする様相を呈する。だれも社会や社会学について永久に変わらない固定した定義をくだしたり，社会学の研究分野について一律に融通性のない確固とした領域を分けたりすることはできない。

　中国の社会学は創立から，その研究の中心テーマは中国社会の近代化であり，中国社会の近代化の紆余曲折した歩みは中国の社会学研究の挫折と隆盛に密接に関わっている。1992年以後，中国の近代化建設は目覚ましい発展を遂げ，中国の社会学研究も同時に興盛期に入った。この時期，中国の社会と経済は高度成長のなかで急激なモデルチェンジを実現させ，社会学は学問の立場からこのような社会変動を支えた。すなわち，社会のモデルチェンジの過程であらわれた複雑な社会現象を直視し，次々とあらわれた社会矛盾を明らかにすると同時に，調査研究をとおして科学的な分析と解釈を行ない，予測や対策を提言した。中国の社会学は社会貢献を行なうなかで自らを発展させ，その研究領域は社会学理論と方法，発展社会学，中国社会学史，中国社会思想史，欧米社会学史，西洋社会思想史，農村社会学，都市社会学，家族社会学，人口社会学，社会構造と社会移動，階級と階層から社会統計学，経済社会学，労働社会学，組織社会学，法社会学，政治社会学，科学社会学，文化社会学，教育社会学，環境社会学，社会心理学，ジェンダー論，青年社会学，老年社会学，社会保障と福祉，民族社会学，逸脱社会学，社会意識，社会政策，ネット社会まで，さまざまな方面に広がっている。

　紙数を考慮して，本書の第6章以下ではまず社会変動の背景として，1992年以降の経済発展モデルのチェンジ，政治建設，社会建設について述べ，そのうえで主として中国社会学史に関する研究，農村の社会変動およびその研究，都市化およびその研究，人口学と人口社会学の研究，社会階層研究，婚姻と家族の研究といった6つの研究分野について述べる。また，第5章までに社会学の部分に関して十分に論述できなかった欠陥を補うため，第9章では20世紀前半における社会学に関する研究にまで遡っている。ちなみに，第5章までが出版される際に紙面の制限を受けたために削除された注釈は本書を出版する機会を生かして補充した。

　本書の研究領域は19世紀の90年代から120年余りの中国の政治，経済，社会，文化の変化および中国の社会学の興起と発展の歴史をカバーしており，翻訳の難

しさは明らかにわかる。星明教授の本書の翻訳に費やした労苦に対して，筆者は深い敬意と心からの感謝をあらわすものである。

    2018年10月　京都にて

張琢・張萍

目　次

序　言

第1章　清朝末期の維新と社会学 …………………………………… 1
1. 改良思潮の醸成……………………………………………………… 1
2. 中国の社会学の発足………………………………………………… 3
3. 維新変法の試み……………………………………………………… 6
4. 義和団の得失………………………………………………………… 14
5. 清朝の新政による一時的繁栄……………………………………… 17
6. 初期の社会学の著作と翻訳書……………………………………… 21

第2章　辛亥革命から「五・四運動」の前まで …………………… 26
1. 帝政の打倒…………………………………………………………… 26
2. 軍閥と帝政復活の逆流……………………………………………… 31
3. 社会学の初歩的発展………………………………………………… 33

第3章　「五・四運動」後の30年 …………………………………… 39
1. 新文化運動の勃興…………………………………………………… 39
2. 社会構造の二元化…………………………………………………… 45
3. 共産党およびその綱領……………………………………………… 53
4. 国共合作と分裂……………………………………………………… 56
5. 三つの政治・経済形態の発展……………………………………… 63
6. 全国一致の抗日……………………………………………………… 67
7. 国民党と共産党の決戦……………………………………………… 71
8. 社会学の学説の多元化……………………………………………… 74

第4章　共和国成立後の30年 ………………………………………… 84
1. 発展条件の初歩的な充足…………………………………………… 84
2. 社会学の廃止………………………………………………………… 90

	3	近代化建設の初歩的な成果……………………………………………… 91
	4	紆余曲折の発展のなかの成果…………………………………………… 97
	5	「文化大革命」の災禍……………………………………………………… 104

第5章　近代化の新時代 ……………………………………………………… 119
　1　歴史的な戦略の転換……………………………………………………… 119
　2　三段階発展戦略…………………………………………………………… 124
　3　時勢に応じた社会学の復興……………………………………………… 140

第6章　経済発展のモデルチェンジ ……………………………………… 149
　1　経済体制の改革…………………………………………………………… 151
　2　所有制度構造の変化……………………………………………………… 154
　3　分配制度の改善…………………………………………………………… 160
　4　産業構造の高度化………………………………………………………… 163

第7章　政　治　建　設 ……………………………………………………… 169
　1　党と国家の指導制度の改革……………………………………………… 170
　2　政策決定の科学化と民主化……………………………………………… 178
　3　法治の回復と建設………………………………………………………… 183
　4　腐敗抑制体制の構築……………………………………………………… 185
　5　社会組織構造の変化……………………………………………………… 190

第8章　社　会　建　設 ……………………………………………………… 196
　1　貧困削減対策……………………………………………………………… 196
　2　就業の拡大………………………………………………………………… 199
　3　教育格差の是正…………………………………………………………… 201
　4　国民全体を対象とする社会保障システムの構築……………………… 208

第9章　中国社会学史の研究 ……………………………………………… 224
　1　1949年以前の中国社会学史に関する研究……………………………… 224
　2　1979年以降の中国社会学史に関する研究……………………………… 238

第10章　農村の社会変動およびその研究 …………………………… 248
　1　20世紀前半の農村再建実験 ……………………………………… 248
　2　新中国の土地改革 ………………………………………………… 256
　3　農業合作化運動 …………………………………………………… 260
　4　人民公社体制の確立 ……………………………………………… 264
　5　農家請負制 ………………………………………………………… 268
　6　工業化と都市化の影響 …………………………………………… 276

第11章　都市化およびその研究 ………………………………………… 290
　1　都市化の初歩的発展（1949〜1957年）………………………… 292
　2　都市化の停滞（1958〜1978年）………………………………… 302
　3　都市化の急速な発展（1979年以降）…………………………… 317

第12章　人口学と人口社会学の研究 …………………………………… 341
　1　人口学研究の3回のブーム ……………………………………… 341
　2　出産政策の研究 …………………………………………………… 345
　3　出生性比の研究 …………………………………………………… 350
　4　人口高齢化の研究 ………………………………………………… 353

第13章　社会階層研究 …………………………………………………… 359
　1　政治階層から経済階層への転換 ………………………………… 361
　2　「10の社会階層」の区分 ………………………………………… 362
　3　分断化社会をめぐる議論 ………………………………………… 365
　4　教育と社会階層との関係 ………………………………………… 366
　5　階級分析への復帰 ………………………………………………… 369

第14章　婚姻と家族の研究 ……………………………………………… 373
　1　婚姻と家族の歴史研究 …………………………………………… 375
　2　婚姻観の変化 ……………………………………………………… 378
　3　家族規模と家族構造 ……………………………………………… 383
　4　家族機能の変化 …………………………………………………… 385

5　少数民族の婚姻家族研究……………………………………………389

訳者あとがき

人名索引／事項索引

第1章
清朝末期の維新と社会学

1 改良思潮の醸成

　日清戦争に敗れる前の中国は，国内の政治的腐敗，外国資本主義の全面的な進出が日増しに深く広範囲になり，洋務運動の発展とその弊害の露呈につれて，民間資本主義が19世紀の70年代に出現したが，同時に外国資本主義と国内の封建主義の二重のプレッシャーを受けている状況であった。このような情勢に直面したことは，人びとにますます深く反省を引き起こした。これらの人びとの多くは留学生や外交官として外国に滞在した経験があったので，比較的西洋の国家の情況を理解しており，外国資本の対中交渉活動に協力したり，清政府当局および民間資本と密接な関係をもっている人物か，あるいはその活動に関っている人物であった。かれらはすでにさまざまなレベルの西洋の学問の知識をもっていたし，またいくつかの方面の実際の内情や互いの関係について比較的深く正しい理解ももっていたので，中国は改革をしてこそはじめて資本主義を発展することができ，時局の変化に応じて，外来の挑戦に対処できることを悟っていた。主たる代表人物には王韜，馬建忠，薛福成，鄭観応らがいる。

　留学生の馬建忠は，1877年欧州から李鴻章への上書で次のように書いた。はじめて欧州に着いた時，「欧州各国の富強の原因が，製造のすばらしさと軍紀の厳格にあると思った。こうした国の法律を読み，文化を研究してから，富を求める者は商いを広げることを根本と，強国を求める者は民心をえることを要とすることがわかった。……他に，たとえば学校の設立により知識のあるひとがますます多くなる。議院によりしもじもの事情が上の方へ伝えられる。製造業，軍隊，水軍諸々の要素は，みな末節である」と（『適可斎記言記行・上李伯相言出洋工課書』（李伯相（李鴻章）に上申して留学課程を報告する書簡）。しかし，馬健忠は実際に西

洋の議会の考察を経た後に，またそのうそ偽りに気づいた。それゆえ，かれは中国で議会制度を実行することに賛成しなかった。

　王韜は青年時代にかつて上海教会書館で仕事をしたことがあり，後に香港に行き翻訳に携った。またイギリス，ドイツ，ロシアを視察し，帰国後香港で『循環日報』の編集長となった。かれは，西洋には君主制，民主制，君民共治の3つのタイプの国家があることを紹介した。かれがもっとも推賞するのは，君民共治である。このタイプは「上の考えと下の考えが互いに通じ合い，民の苦情は上に伝えられるし，君主の恩恵も民が享受できる」と考えられていた（『弢園文録外編』）。

　鄭観応は先に買弁の仕事に就き，また商工業を兼業した。かれは，列強が「通商」の名のもとに「次第に中国の権利を奪い，かつまた中国の地を侵略している」（『易言・論傳教』）ことを痛感した。だから洋務派の招きに応じて招商局に入り，「中国の利権を取り戻そう」とした（『易言・論船政』）。後にまた，反フランス戦争に参加したため，太古洋行に逮捕され香港政府に監禁された。釈放されてから『盛世危言』を書いた。この時期，資本主義先進国家はすでに次第に独占へ移行しており，帝国主義の発展段階に入り，植民地の略奪競争が一層狂気じみてきた。『盛世危言』はまさに日清戦争の1年前の出版であり，かれはこの書のなかで日本，ロシア，イギリス，フランスが中国を侵略する厳しい情勢を鋭くかつ深く暴きだした。また，かれは日本が間もなくまず朝鮮を占領し，中国に迫ってくる野心がすでに露見していると前もって警告した。「近頃，日本は海軍を重視し，戦艦を次々と増やし，兵器を大量に買い入れ，またひとを派遣し各港に住まわせ……時には内地に入り，情勢をこっそりと調べ，説明つきの地図を描き，陰険で本心を推測しがたい」（『盛世危言・海防下』）。そのうえ，鄭観応はたんに「軍事情勢」の厳しさを論じているだけでなく，さらに一歩進んで「商戦」（かれの商戦の具体的内容は工業を含んでいる）の重要性を強調し，「商を利用して立国し，兵を利用して商を守る」ことを主張した（『盛世危言・商務』）。とりわけ，かれは議会を設立することこそ「富強の根本」だと強調し，「乱世を治め，富強を実現させる根本的な手段は堅固な軍艦や精鋭な大砲にあるのではなく，議員たちがみな責任を尽くし，適切に国民を教育することにある」という。かれは「人材の教育は学校で，政策の論争は議会で行なう。君民が一体となり，上の者も下の者もみな心を1つにして，実務に励んで空論を戒め，熟慮してから実行する。これが体（本体，儒学を中心とする中国伝統的な学問や制度を指す）であり，汽船，

大砲，西洋の大砲，機雷，鉄道，電線はその用（枝葉，西洋の技術文明を指す）である」という。かれは，洋務派は「その根本的なものを捨て，2次的なものを求めている」と考えた（『盛世危言・序』）。中学（中国の伝統的な学問）と西学（西洋の学問）との関係では，『盛世危言』は「中学はその根本であり，西学はその枝葉である。中学を主とし，西学を補助とする」と主張しているけれども，本当の目的は概念のすり替えで，西学を導入する正当性を論証するためである。後の反革命派がこの主張を以って政治制度の改革に抵抗したことと，意図は同じではないのである。

当時，その他の維新改良の先駆者も相呼応して，類似した観点を宣伝しており，これによって，一種の維新改良思潮を形成した。まとめていうと，つまり，経済的には商工業を基礎にして，民族資本を保護し，発展させること，文化教育的には八股文を廃止し，学校を創設し，人びとに教養を身に着けさせ，人材を生みだすこと，政治的には議会を設置し，衆議を採用し，上下が通じ，君主制を立憲君主制，君民共治に置き換えることを主張した。これらの思想は魏源，馮桂芬らの先駆者や洋務派から生れたものに，またさらに新たな内容が加えられた。そのもっとも代表的な主張は，政治的に伝統的な専制君主政治を立憲君主制の議会政治に置き換えることであり，また官吏になる道をクリーンにすること，むだな人員を減らすこと，捐官制（金銭を国家に献納して官位を買う制度）を廃止すること，刑務所を整備すること，法律や規則を改めることなどの多くの具体的な建議を提出した。これらの人物およびその思想は，ブルジョア階級の初期の改良主義的な性質をもっていた。それゆえ，これらの初期の維新思想の代表人物はまた改良主義の先駆者ともいわれる。

2　中国の社会学の発足

また，まさにこの初期の改良主義の性急な運動のなかで，中国の社会学は「群学」の名前で政治学のカテゴリーのなかに発足した。

1891年，中国のブルジョア階級改良主義のリーダー康有為が広州で万木草堂（別名長興学舎）を創立し，「群学」の課程を開設した。これは，今までのところ我われが中国で社会学が開設されたことのわかるもっとも早い記録である。しかし，当時の講義原稿あるいは記録は未だにみつかっていない，ただ当時康有為の

講義を聴いた学生の梁啓超が1896年に書いた『説群・自序』と以後に著した『康南海伝』などの論著のなかから，このような名称があることを知るだけである。『康南海伝』のなかに，当時学舎で教えていたカリキュラム体系の記載があるが，そのなかから康有為が当時教えていた課程はまさに中学と西学を兼備したものであることがわかる。万木草堂は政治を教育に託した新型の学館であり，かれは「群学」を「経世之学」の1つの科目として，政治原理学，中国政治沿革得失，万国政治沿革得失および政治応用学の科目と並んで配置しており，まさに当時の社会政治制度の改革が日増しに日程にのぼってきたことをあらわしている。戦国時代に，荀子は『王制』編のなかで，生物有機体と非生命物質，動物と植物，ひとと禽獣という3つの層の区別があることをはっきりと述べ，それによって，社会的主体として人類集団を捉えて，人類が一定の集団を結成することができ，一定の社会構造を形成することができ，集団構造の社会的機能を発揮することができる原因を分析した。荀子は次のように書き述べている。

「水火は気ありて生なし。草木は生ありて知なし。禽獣は知ありて義なし。人は気あり生あり知あり，またかつ義あり。故に最も天下の貴たるなり。力は牛にしかず，走るは馬にしかずして，而も牛馬用をなすは，なんぞや。曰く，人はよく群し，彼は群する能わざればなり。人何をもってよく群す。曰く，分。分何をもってよく行なう。曰く，義。故に義もって分かたずすなわち和す。和さばすなわち一，一ならばすなわち多力，多力多ならばすなわち彊く，彊ければすなわち物に勝つ。故に宮室得て居るべきなり。故に四時を序し，万物を裁し，天下を兼利するは，他の故なし，これを分義に得るなり。故に人生まれて群なきこと能わず。群して分なくばすなわち争う。争わば乱れ，乱るればすなわち離れ，離るればすなわち弱く，弱ければすなわち物に勝つ能わず。故に宮室得て居るべからざるなり。しばらくも礼義を舎つるべからざるの謂なり」(訳注1)（『荀子・王制』）と。

「王制」とは，帝王の政治制度である。康有為，梁啓超，厳復は「群学」ということばを採用したが，国学の血統を受け継いだだけでなく，西学の新たな考えも注ぎ入れた。中国人は最初に社会学を「群学」と呼び，後におおよそ1890年代末にまた日本語の漢字での訳を採用して，「社会学」とした。それゆえに，19世紀と20世紀の変わり目には，たとえば梁啓超らのようなひとの論著のなかに，「群学」，「人群学」，「社会学」といった異名同義語の現象がみられた。

梁啓超はその著『説群・自序』のなかで，かれが当時，康有為に「群学」の意

味の解答を求めたところ，康有為は「群をもって体となす，変をもって用となす，この2つのことが確立すれば，天下を千年も万年も治めることができる」と答えたこと，しかしさらに群の意味を深く問うたところ「理論は深く，例は少ない。説明することは難しい」と答えたことを回想している。以後，梁啓超はまた厳復の『天演論』と譚嗣同の『仁学』を研究し，そして「内は師の学説に基づき，外は『天演論』や『仁学』によって」『説群』をまとめた。梁啓超は「古代の君主は暴君ぶりを発揮して民衆を命令できると考えたが，実際には愚かな見解である，群体の方法で群を治めれば群になる。独裁の手段で群を治めれば群にならない，自らの群の失敗は他の群の利益になる，……国をうまく治めるひとは君主と民とは同じく一群のなかの1人であるということをわかっている，自分自身も群体の一員であることがわかり，その責任を果したことによって，群がまとまって散らばらない……これはいわゆる群を治める手段である」と指摘している。このことから，康有為，梁啓超の2人が「群学」に与えた意味には少なくとも次のようないくつかの価値をもつ思想が含まれていることがわかる。

（1）かれらのいう「群」とは群衆であり，一般の庶民である。「群をもって体（根本）となす」は『荀子・王制』編のなかで説明されている民を国の根本とする民本主義思想および君主は「政情を安定させ，民を愛すべき」という主張を継承した。「伝に曰く，『君は舟なり，庶人は水なり，水はすなわち舟を載せ，水はすなわち舟を覆す』と。……故に人に君たる者，安きを欲せば，すなわち政を平にし，民を愛するにしくはなく，……」(訳注2)（『荀子・王制』）。

（2）かれらのいう「群学」とは「群術」であり，すなわち整理統合の術である。当時でいうと，外国からの侮辱に一団となって抵抗するためにいかにして民衆を団結させるか，そして自らが散り散りばらばらになることで，外敵に利用されないようにすることである。

（3）かれらと荀子の思想の異なるところは，荀子が強調する群術は家父長制の身分制度や君主が主管する役割を厳格にすること，すなわち「……人君なる者は分を管るゆえんの枢要なり」(訳注3)（『荀子・富国』）。しかし，康有為と梁啓超が強調するのは，君と民は「同じく一群のなかの1人」であり，国をうまく治めるひとは民衆を離れてはいけないという，伝統的な民本主義から近代的な民主主義へ変える意図をあらわしている。

（4）かれらは中国の伝統的な哲学の「体」，「用」という一対のカテゴリーを

借りて，社会的主体と社会的変遷の関係を「群をもって体となし，変をもって用をなす」と述べている。また，この2つの意義を理解すれば天下を治める道理をつかむことができるようになると考えた。これは社会の本質と社会変遷の重要な意義についての大変深い認識とすばらしい表現である。

（5）かれらが用いる術語と具体的な内容はいずれも中国の伝統文化に基づきながら外来の新たな文化を吸収する時の「中国でもあり，西洋でもある」という過渡期の特徴をあらわしており，かれらの西学を中国化する真剣な努力をあらわしている。これは，中国の維新の先駆者が西洋から社会学を導入した時のすばらしいスタートだったというべきである。

3　維新変法の試み

4世紀にわたる資本主義の発展と1世紀余りの産業革命を経て，19世紀の90年代に，世界の資本主義の列強はすでに帝国主義の段階に入った。アフリカ，ラテン・アメリカはすでに植民地として分割占領が終っており，アジアでは巨大な中国および中クラスの国である朝鮮，トルコ，ペルシャなどだけが半独立の状態を維持していたにすぎない。だから，中国は列強，とりわけ東方で後から急に勢いをつけてきた日本の争奪の対象になった。1874年，清政府はまだ幼稚な日本が台湾を侵略する事件を処理した時にとった「委曲求全」（不満を我慢してまでことを丸く収めること）や妥協の態度，1884年の中仏戦争の敗れずして敗れたという行動にあらわれた臆病，腐敗，無能は列強の侵略の野心をさらに一歩助長させた。日本は明治初年に大陸を征服する政策，すなわち「中国を征服する為にわれわれは必ず先に『満蒙』を征服し，世界を征服する為にわれわれは必ず先に『中国』を征服する」ことを決めていた（龔古今等，1958）。長期の準備と周到な画策を経て，ついに1894年朝鮮侵略戦争からの延長，拡大で，直接の侵華戦争になった。日本の背水の陣を敷いた侵攻に直面して，李鴻章は終始「志存和局」（志は和局にあること）として，極力戦いを避けた。戦争は8か月を経た結果，北洋水軍の全滅，陸軍の敗退によって，アヘン戦争以来もっとも主権と国威を失い，国を辱められた『馬関条約』（下関条約）を締結した。こうして，日本人は朝鮮の支配権を手に入れ，将来続いて中国を侵略する作戦の拠点をえることができた。清政府が日本に払った戦争賠償金にさらに後に，遼東半島を「買い戻す」という金額

を加えて，全部で2億3,000万両の白銀になった。これは当時清政府の1年の財政収入の3倍に相当する金額であり，日清戦争の前に清政府が近代産業（工業と交通運輸業）に投じた資金の総額（1億2,000万元，8,000万両の白銀に相当）の3倍近い金額である。日本の資本主義およびその戦争機構は巨額の外来資金をえることができ，迅速に発展したが，中国とすれば重い負債を背負うことになった。日清戦争後の3年間に，清政府は借り入れた外債が3億両余りに達した，そのうえ利息も高く，損失も大きく，まさに「国の財貨をすっかり絞りだしても賠償しにくい」ものであった。したがって，中国の近代化の投資力をきわめて大きく弱め，中国の発展をはなはだしく遅延させた。『馬関条約』は多くの内陸河川，内陸の港の開放をすること，日本人が自由に工場を建設すること，日本企業の中国国内の税金を免除することを規定した。そのほかの列強もまたこの条約に基づいて等しく利益を受けて，中国での外国投資が迅速に増加したが，中国の財政はかえって大きな損失を受けた。同時にこれは，一層中国の社会や経済の解体を加速させ，中国の民族資本主義はこの後初歩的な発展があったが，しかしまたも帝国主義と封建的専制の二重の圧迫を受けて，この民族矛盾と社会矛盾を日増しに激しくしていった。台湾などの島の割譲は，さらに帝国主義が中国の領土を分割して占領する悪いモデルを示した。ロシア，ドイツ，イギリス，フランス，アメリカなどが次々に日本のまねをして清政府に手を伸ばし，中国で境界を決め，土地を租借し，勢力圏の奪い合いをして，ますます中国の亡国の危機を深めた。

　植民地型資本主義と民族資本主義の相互摩擦のなかでの発展，社会経済構造の一層の解体，朝廷の腐敗，愚昧そして無能，民族危機と社会的危機の深刻な悪化，西洋の学問の伝播と改良思想の醸成などといったこれらの要素は積み重なり，相互に影響し合い，総合的に作用して，1898年の戊戌維新運動を引き起こした。

　具体的な組織と思想の準備からみれば，康有為の万木草堂の学生が1894年までに，すでに草創時の20数名から100名余りに増加しており，以後康有為が桂林で講義を行なった時の学生および北京，上海から入門した学生と合わせて千名余りに達していたが，かれらは康有為が以後指導した維新派の基本的な陣容になった。万木草堂は実際上維新運動の幹部準備学校の役割を果たしたが，そのなかで梁啓超，麦孟華，徐勤，欧榘甲らはすべて康有為の有能な助手となった。中国のような古い文明をもち，伝統を重視する国家では，歴史の亡霊を借りて改革を進めることはとくに重大な意義をもつ戦術であり，革新の妨げになるものを取り除くこ

とができるためである。しかも，中国では孔子の権威を借りて自分の影響力を高めることは，常套手段である。康有為は，梁啓超らの協力のもとで，万木草堂で入念に2冊の著作『新学偽経考』と『孔子改制考』を書いた。六経（『易』『書』『詩』『礼』『楽』『春秋』）を注釈することをとおして自らの考えをあらわし，すなわち古典に頼って現行制度を変えようとした。これは守旧派が死守しようとする祖先の時代遅れの法律や制度に衝撃を与え，維新変法の為に理論的基礎を固め，組織の上で，また思想のうえで，維新変法のために「ひとを広く結びつけ，新風を吹き込む」準備になった。

　中国の科挙制度の八股文の固定化は，確かに多くの実際の役に立たない知識人をつくりだした。しかし，明，清以来「国家の興亡については国民1人1人に責任がある」という社会的責任感と歴史的責任感は，かえって中国の知識人の優れた伝統になった。さらに，清朝後期の経世の学の提唱は知識人の古臭い考え方を変えていった。1895年の春，会試に参加した挙人が北京に集まった時，『馬関条約』の悪い知らせが伝わり，天下を治めることを己の責任と考える挙人たちを驚愕させた。康有為，梁啓超は急遽湖南・湖北，広東の挙人と連絡をとり，連名で条約を拒否するように意見書を上奏しようとし，各省の挙人も次々と呼応して，世論がわきあがった。康有為はこの機会をとらえてその夜のうちに1万3,000字の皇帝への上書を起草し，講和の拒絶，遷都，練兵，変法を要求した。そのなかの前の3項は「権宜応敵」（臨機応変に敵に対処する）の策であり，第4項の「変法によって天下の治世を実現させること」は，「立国自強」の根本であると考えた。上書は世界の大勢を分析し，必ず「新たな局面を開く勢力」を「守旧派」に取って代えなければならないと指摘した。したがって，さらに万事を更新すべきであり，古いきまりを墨守してはならないとし，府県を単位にして有能な「議郎」（中国の官位）を抜擢し皇帝の諮問顧問とすることを主張した。「上に対して詔書を反駁でき，下に対して民意を上達でき，およそ内政，外交，興すべきことや改革すべきこと」，みな議郎の討論によって，3分の2の賛成多数ではじめて有効となり，実行することができると主張した。この万言書には，各省の挙人1,300人余りが署名した。漢朝以来，公車で挙人を送迎する習慣があったため，後世の人びとは「公車」を都に入って試験を受ける挙人の代用語とした。それゆえ，この皇帝への上書も，「公車上書」として中国の史書に書き入れ，中国の知識人が近代的な先進的な階層として，中国の近代化の歴史の舞台に登場したこと

を表している。これは康有為の 2 回目の皇帝への上書である。続いて，継続的な皇帝への上書（全部で 7 回の上書）以外に，かれはまた北京で，『中外記聞』を出版し，「実用性のある科学技術関する文書」を掲載し，「各国の栄枯盛衰の原因」を探し求め，維新を鼓舞し，「強学会」を創設し，人材を広く集めた。康有為はまた慌しく次のように強く警告した。「ロシアがわが国の北方地域を窺い，イギリスはわが国の西部地域を睨み，フランスはわが国の南部地域を盗みみる，日本はわが国の東北地域を虎視眈眈とねらっている，4 つの強い隣国のまんなかにある中国は，危険極りない」（『強学会・序』）。その時，維新の志士以外にも，帝党派および洋務派官僚も寄付をして入会することが名誉となった。イギリス，アメリカの駐華公使および宣教師の著名人も維新派の活動に支持を示した。康有為は，また上海で強学会の分会をつくり，そして1896年 1 月に『強学報』を出版した。同年，黄遵憲，汪康年もまた上海で『時務報』を創刊したが，これは梁啓超が編集長に就き，「変法図存（変法で生存を図る）」を主旨として，国内や海外で好評を博した。1897年，湖南に時務学堂が設立され，『湘報』と『湘学新報』が創刊され，同時に南学会も創立され，新学を宣伝して，「大衆を団結させ力を合わせ，奮い立って自ら努め励もう」と呼びかけた。同年，天津で，厳復，夏曾佑らが『国聞報』を創刊し，『天演論』（T. H. Huxley, 1894, *Evolution, Ethics and Other Essays*）を訳し，進化論，天賦人権説を宣伝した。統計によれば，1897年末までに，全国で変法自強（維新による富国強兵）を主張する政治的な学会が33団体，新式の学堂が17か所，新聞・雑誌が19種類あらわれ，1898年までに学会，学堂，新聞社が全部で300余りに達し（陳旭麓，1983），維新運動が組織の面でも，宣伝の面でも発展が速くて凄まじかったことがわかる。

　1897年の冬，ドイツ人は山東の膠州湾を強奪し，ロシア，フランス，イギリスもみな凶暴さを剥きだしにして，中国が分割される危機が一歩一歩と迫ってきた。康有為は北京へ光緒帝に 5 回目の上書を行なうために，ただちに天下の有識者を集めて変法の方案を討議し，日本の明治維新を見習い，変法を国家の大政としようと呼びかけた。光緒帝は変法の主張を受け入れることを決心した。1898年，康有為は光緒帝に『応詔統籌全局折』（すなわち，清朝皇帝への第 6 回目の上書）を呈上し，また『日本明治変政考』などの書を著した。さらに発起人として政党の雛形である「保国会」を創立し，「国を守り，民族を守り，文化を守ること」を会則の主旨として，ともかく変法への組織上の準備をした。光緒帝は，1898年

6月11日に「明定国是」（明らかに国是を定める）という国是の詔を下し，変法を宣告したが，9月21日に慈禧太后がクーデターを起こして変法は失敗した。この変法運動は合計103日間続いたので，歴史上「百日維新」という。

維新の間，光緒帝は康有為，梁啓超，譚嗣同，劉光第，楊鋭，林旭ら一派を任用し，新政に関する詔書や勅令110余りを発布した。その主要な内容は次のようである。制度局を設立すること，古い機構を改革すること，必要でない複雑な行政機構やむだな人員を削減すること，清廉な政治と上書による提案を提唱すること，商工業を保護，奨励すること，それらに相応しい管理機構および商学，商報，商業連合会などの組織を設立すること，財政を改革すること，予算と決算の制度を厳格にすること，かつまた月ごとに情況を公表すること，国家が生活の面倒をみている旗人の特権を廃止し，自ら生計を立てさせること，八股文を廃止し，策論（時事問題に関する論文）を試験の項目とすること，各レベルの学堂を設置し，ならびに人びとを外国に留学させること，西学を提唱すること，翻訳局を設置すること，新聞・雑誌を創刊すること，著作や発明を奨励すること，学会の設立を許可すること，軍需工場をつくること，新しい軍隊を訓練し，古い軍隊を削減すること，である。

このような新政は，至るところで上から下まで古くて腐敗していた官僚と社会勢力の利益を奪った。したがって上は慈禧太后をはじめとする守旧派の高官で権勢のあるひとから，下は八股文に夢中になる知識人および土豪劣紳（地方のボス），仏教や道教の僧に至るまで新政を極度に憎み，「憎しみは，不倶戴天の敵の如し」であり，維新派を「道理に背き，世を惑わして民を欺く」，「君主を無視する」，「大勢のひとが集まって反乱を企む」，「僭越ででたらめをいい，必ず殺される」と罵った。

光緒帝が受け入れた維新思想と主張は，慈禧太后の頑固な観念より千倍も優れているにもかかわらず，権力をもてあそぶ悪辣さからみれば，光緒帝はただあどけない子どもにすぎない。光緒帝が次から次へと変法の詔を発した時，慈禧太后はすでに断固たる措置をとって根本的に問題を解決することを決意した。かのじょは光緒帝を脅して変法を支持する大学士翁同龢をくびにさせ，自分の寵臣である栄禄を使って京畿（国都とその付近の地区）を支配し，太后本人も自ら高官の任命権を掌握した。軍事と人事を手中に収めてから，西太后はただちにクーデターを起こした。これは歴史上では戊戌政変と呼ばれている。しかし，その時の

光緒帝と康有為，梁啓超たちは，まだ守旧派と裏で通じていた袁世凱に希望を託していた。結局，光緒帝は軟禁され，維新のリーダー康有為と梁啓超はそれぞれイギリス人と日本人の保護のもとで，国外に逃れたが，譚嗣同，康広仁，楊深秀，劉光第，楊鋭，林旭は処刑された。

　戊戌維新の失敗は中国に，日本のように上から下への改革をとおして近代化の道を歩んで，強くなるチャンスを失わせた。中国の近代化の発展からいえば，「繁栄の乾隆時代」の自負による落伍，「アヘン戦争」の失敗を経験した後に，中国は速やかに世界発展の潮流に追いつく3度目の機会を逸した。同時に，清朝自身も受身から主動に転向する最後の「中興」の機会を失った。この後，義和団運動と8か国連合軍の侵入という再度の教訓を経て，清朝は再び「維新」を望んだが，しかしもうすでに有識者の支持をえることができなくなった。人びとは戊戌政変をとおして，清朝の改革を「断念」した。いいかえれば，清朝はすでに近代化の発展をつかさどる権威を喪失した。

　当時の国内状況からいえば，変法運動はなぜこのような惨敗を帰したのか，その客観的条件によって決定づけられていたのである。

　客観的条件からみれば，1つ目は数千年の伝統社会と200年余りの清朝統治の経済，政治，社会および文化の基礎が，依然として大きいことである。2つ目は清朝が少数民族の貴族政権であったこと，かつまたその没落の後期にあり，また朝廷のなかでは慈禧をはじめとする強大な実権を握った太后派と光緒帝を首領とするか弱な皇帝派という二元構造になっていたことである。民族も，政治構造もどちらかといえば単一構造である日本のように，支障なく上から下へと改革を進めることは難しい。

　主観的条件からみれば，当時中国の近代産業はまだ非常に貧弱であったし，政治のうえでも，文化のうえでも近代の構成要素もまた然りである。維新派は主として，まだ未成熟な知識青年の団体であり，政治的には稚拙で，組織の準備も不十分で，軍事のうえではさらに実力もないし，まったく経験もない。戊戌維新はかれらが歴史の舞台に登ぼるはじめての試練にすぎない。あのような根深かく，恐ろしく危ない相手に負けることも意外ではない。また，かれらは変法によって国を救う心情が切迫し，103日間に110を上回る詔，勅旨を下したにも関わらず，それを下まで貫徹できる執行機関および運営手段をつくりあげることはなかった。結果として，新政の政策が発布されたが，下部の保守官僚が「一切実行せず，ま

た上奏もせず，電報による厳しい催促も，ほうっておき返事もしなかった」（蘇継祖，1972）。たとえ戊戌政変がなくても，このような状況下では，新政の政策は相変わらず実行し難いし，実際の効果をもたらさないだろう。中国の近代化には多くのよい機会をみすみす失った歴史の残念さがあるばかりではなく，たびたび成功を焦ってことをし損じた教訓もある。戊戌変法の失敗は，中国の近代化の発展史上の最初の大きな教訓である。

「百日維新」は失敗したが，それにもかかわらず維新派が提出した課題は時代の要求を反映していた。これらの要求は，まさにアヘン戦争以来の各種の経済，政治，社会および文化の新たな要素の発展が積み重ねてきた効果の集中的なあらわれである。そのなかの多くの思想と主張は魏源以来，程度こそ異なるがさまざまなひとに提唱されたことがある。維新派はこれ以前の先駆者の思想と主張をさらに系統化し，新たなレベルに発展させた。

そのなかで，もっとも突出したものは政治領域において，封建専制に対する批判と，「民に権力を与え」，「議院を設立する」ことの重要性を繰り返し強調したことである。康有為は「中国の失敗と弱体化，いろいろな弊害が続出する原因は，すべて上の者と下の者を相互理解させない体制にある」と指摘した（『上清帝第七書』）。厳復は自由，民権を大々的に唱え，「ひとの自由を侵すものは，すなわち天理（人為でない天の正しい道理）に逆らい，人道を損なう」（『論世変之亟』），「秦漢以来，君主はまさに一心に国家に尽くすことをしない所謂大窃盗である」と激しく非難した。厳復は人民が国家の主人であり，王侯，将軍，宰相は「全国の公僕，しもべであるべき」ことを論証した（『辟韓』）。梁啓超は専制君主制の「あらゆるひとの自主の権利を取りあげて，１人のものとなり，１人のためにみんなの権利を奪う」ことを厳しく責めた（『論中国積弱由於防弊』）。康有為の上書の内容をまとめていうと，つまり，中国は西洋の強国の道をまねる以外にないこと，もし「憲法を制定し，国会を成立させ，民生に関する政策を国民とともに決定し，三権分立の制度を行なうなら，中国が治世と繁栄を迎える日は，遠くないだろう」（『上清帝第六書』）。政治制度の変革は今回の維新変法の核心であり，維新変法の中国の近代史上におけるもっとも重要な意義は，政治制度の変革を舞台の前に押しだすことにあった。

経済の面では，維新派はすべて工業の発展を非常に重視した。康有為は機械大工業の発展を富国強兵のもっとも重要な基礎とみなした。さらに，愚昧な保守思

想を克服し，国民の文化的素質を向上させ，社会の気風を改善することに対する大工業の役割を論証した。工業化が社会主体としてのひとおよびその文化にもたらした変革の連鎖について，康有為はすでに一定程度予見した。かれは「根本を重んじ，末節を抑制する」，「農業で立国する」という伝統を批判し，「工業で立国する」ことを主張した。かつまた貨幣と郵政を除いて，そのほかは全部「民にまかせ」て，民間経営によってできると考えた。厳復は自分が翻訳した西洋の古典政治経済学理論を根拠にして，経済自由主義を広く宣伝し，民族資本に対する清朝の圧迫に反対し，官僚の独占に反対し，民間人に新たな商工業を経営する自由を最大限に付与することを要求した。

社会改革の面では，当時もっとも緊迫していたのは厳しい政治，軍事および経済の情勢であったので，維新時期の社会批判の目的は，主としてやはり政治改革の道を開くためであった。したがって専制君主制の社会精神の支柱としての三綱五倫に対して批判を集中させた。そのなかでも，譚嗣同の『仁学』（1896年から1897年にかけて執筆し，1899年に出版）がもっとも激しく，かれは「三綱のひとに対する統治は，その肝っ玉を潰して，その霊魂を殺すほど厳しいものである」ことを暴きだし，「すべての束縛を突破せよ」と叫んだ。

文化教育の面では，維新派はすでに「智慧を閉じ込め，心がけを壊し，何もしない怠け者を増やす」という八股文の害を取りあげて，八股文による人材の採用に反対した。またここから展開して，封建的な文化教育制度全体への反対に及び，人材の養成，教育制度の改革を変法の根本であることに言及した。すなわち「変法の根本は人材を育てることにあり，人材の振興は学校を開設することにあり，学校の開設は科挙制度を変えることにある。こうした改革を成功させるためには，官僚制度を変えなければならない」（梁啓超『論変法不知本原之害』）。維新派は学校制度を科挙制度に取って代えることを主張し，その具体的な方法はドイツ，日本を見習って新たな学制，つまり郷に小学校を，県に中学を，省と中央に大学をつくることである。文化教育というものは旧学から新学に方向を転ずる維新派の専門領域であり，十八番であったし，維新時期に実績を残した領域でもあった。たとえば，京師大学堂（北京大学の前身），商務印書館およびその他多くの新たな教育文化施設の設立はまさにその当時の教育と文化を一新させ，その思想啓蒙の作用は直接，間接に幾世代の人びとに影響を与えた。

当時，翻訳され，紹介された西学の著作のなかで，厳復が訳述した『天演論』

（原題はイギリスの生物学者のトーマス・ヘンリー・ハックスリーの『進化論與倫理学』）が及ぼした影響がもっとも強くかつ深かった。厳復はこの書のなかで西洋の生物進化論の進化発展の観点を紹介した。とくに「生存競争と自然淘汰,適者生存」の道理を強調した。かれは当時の中国が直面している列強による国土分割の厳しい情勢と結びつけ,綿密な解釈をこめて「優勝劣敗」の道理から人びとが「自ら努力して民族を守り」,国を救い,「禍を転じて福となす」ように激励した。厳復の主張は中国哲学上の「天は変わらずにして,道もまた変わらず」という伝統的な形而上学の観念を破った。民族存亡に対する認識について,かれは直観的な情勢認識から理論的なレベルに高めて,それによって人びとの危機意識と奮起して国家の富強をはかる民族の責任感を大々的に深めさせた。中国の近代において西学を系統的に翻訳し,紹介した大御所として,厳復はもっとも早く中学,西学に対して簡潔に要点を押さえた比較を行ない,次のように考えた。つまり,「中国は三綱をもっとも重視するが,西洋はまず平等を重んじる。中国は血縁を重視するが,西洋は賢者を尊ぶ。中国は孝をもって天下を治めるが,西洋は公をもって天下を治める。中国は君主を尊ぶが,西洋は民衆を尊重する。中国は統一ある言論と行動を重視するが,西洋は政党政治と地方自治を好む。中国は忌諱を多くもっているが,西洋は論争を好む。経済面では,中国は節約を重んじるが,西洋は収入の道を開くことを重んじる。中国は純朴を求めるが,西洋は快楽を求める。ひととの付き合いでは,中国は謙遜をよしとするが,西洋は個性の自由を追求する。中国はほどよく飾ることを重んじるが,西洋は簡易であることを好む」と考えた（『論世変之亟』）。しかし,戊戌変法のなかで,厳復自らは実際の政治活動に多く参加することはなかったし,戊戌以後,1911年の辛亥革命までに,厳復の思想はさらに一歩一歩保守に転向していった。

4 義和団の得失

1899年までに,すでに列強はほとんど中国をすべて区画して自分たちの勢力圏にした。イギリスは長江流域,雲南,チベット,ロシアは東北,蒙古,長城以北,フランスは広州,広西,雲南,ドイツは山東,日本は台湾（すでに日本に割譲）,福建を勢力圏においた。外国人の植民地経済文化が中国の内地のコミュニティに入りこみ,ますます強力に農民と手工業者を中心とする広大な農村住民の激しい

憎しみを煽った。まっさきに西学を勉強した愛国知識人は国都およびその他の主要な都市で維新運動を起こすと同時に，中国農民も自らの伝統的な思想，伝統的な組織の方法と行動で外国の侵略に対して暴力闘争をはじめた，これが義和団運動である。

　義和団は1898年に山東に起こり，たちまち華北，東北に広がり，1900年には最高潮に達し，長江下流と西北の一部の地区に波及した。義和団の首尾一貫した主旨は「外国人を滅ぼす」こと，つまり外国の宗教（教会，宣教師，信者），外国産のものを排斥することである。義和団に対する清朝の態度は前期と後期とでは根本的な変化があるので，したがって清政府に対する義和団の態度も前後で同じではない。義和団の前期の主要なスローガンは「清朝を助け，外国人を滅ぼす」（あるいは，「清朝を守り，外国人を滅ぼす」），「外国の畜生どもを退治し，大清を守る」であり，清朝の統治者のなかで権力を握っている守旧派の外国を憎む心理と相通ずるところがあったので，当初は朝廷は義和団と関係をもち，かれらをコントロールし，利用しようとしたのである。義和団の威勢のいい闘志は中国国内の帝国主義勢力に壊滅的な打撃を与えた。これに対して，オーストリア，イギリス，フランス，ドイツ，イタリア，日本，ロシア，アメリカの8か国が連合軍を組織し，義和団に向かって新式兵器の装備で反撃し，かつまた清朝に期限を切って義和団を「討伐し，一掃する」ことを迫った。義和団に対する朝廷の態度に意見の不一致があらわれた。権力を握っている慈禧太后派は最初偽造された「勅令太后帰政」（すなわち，西太后は権力を光緒帝に返せ）という外国人の照合（口上書）を誤って信じ，軽率に連合軍に宣戦を布告した，そのために義和団団員を自分に帰順させ，自分のために命がけで戦わせた。事態の進展にともなって，慈禧は自分の「権力を返せ」の伝言が嘘であることがわかった後，連合軍が大挙して進攻してきた状況に直面しながら，外国人の歓心を買うために義和団の討伐へと転向した。北京が陥落した後にも，かのじょは逃走の途中でまた義和団を「一掃する」命令を下した。義和団は相次いで中国に増派された10万の連合軍と戦いながら，また清朝軍隊の討伐にも対処せざるをえなくなり，「造反」する以外に道はなくなり，「清朝に反対し，外国人を滅ぼす」旗を揚げた。義和団は列強と政府軍の挟み撃ちのなかで勇敢な戦いを続けたが，1902年には完全に鎮圧された。

　義和団は鎮圧されたけれども，義和団がみせつけた中国の民衆の威力は，かれ

らの敵でさえ認めざるをえなかった。8か国連合軍の最高司令官アルフレート・フォン・ヴァルデルゼー（瓦徳西1832～1904）もこの「限りなく生気にあふれた」民衆に注目して，「ヨーロッパにせよ，アメリカや日本にせよ，みなこの世界人口の4分の1を統治できる知恵と兵力をもたない」，ゆえに「中国を分割することは，まことに拙劣なやり方である」と考えた（中国史学会，1957）。まさにこの抑止力があったために，外国の列強はむしろ形式的に民族政権を自分たちの傀儡や代理人にしたほうが支配しやすいと考え直した。すなわち「中国をもって，中国を制す」というやり方を，領土を分割する直接統治に取って代え，中国を擬似植民地的な半独立の状態にした。したがって，8か国連合軍の侵入の後から20世紀の30年代に日本が再び侵華戦争を発動する前まで，列強間の矛盾，中国での各国の勢力圏の調整（たとえば，日露戦争や東北の勢力圏の分割）を除くと，約30年間大きな外国軍の侵入の記録はない。外国の侵略者の中国分割を阻止し，中国が完全な植民地に陥ることを免れさせた義和団の功績は，誰も否定できない。

　しかし，義和団運動が直面したのは今までになかった外来の新たな相手だったけれども，しかし義和団自身はどちらかといえば正真正銘の伝統的な農民運動であり，かつまた近代的な意識ももっていなかった。かれらが壁などに貼った張り紙には「鉄道を破壊し，電線を切断し，しかる後に大きな汽船を壊す」と書かれていたが，これは近代化とは逆行していることは明らかである。かれらの迷信思想と盲目的な排外のやり方も明らかに時代に大きく取り残されており，かつて維新の人たちから「五・四」新文化運動に至るまで批判を受けたことがある。魯迅は晩年になっても，依然として義和団は維新変法に対する「反動」であると考えていた。

　義和団運動は農民運動の二重性を明らかに示した。つまり，農民は中国のもっとも大きく搾取され，抑圧された階級として，歴史の発展を左右する潜在力を大いにもっていると同時に，立ち遅れた古い生産方式と生活様式の担い手として，近代意識を欠いた伝統的な階級であった。したがって，改革者はこの階級の潜在的な力量を重視すると同時に，また正しく農民を啓発・教育し，農民運動を社会革新の道へ導かなければならない。これが中国の近代化のもっとも重要で，もっとも困難な社会主体に対する動員工程である。

　8か国連合軍がまっしぐらに国都に攻め入った時，慈禧太后をはじめとする清朝は，また講和を申しでるという旧来のやり方をもちだしてきて，一層屈辱的な

『辛丑条約』を結んだ。中国の中央政府は各国に白銀 4 億5,000万両，その上利息と合わせて 9 億8,200万両，利息は元金を超えて，さらに地方の賠償金2,000万両が加わって，総計10億両を超える額を賠償した。歴史ではこれを「庚子賠款」（庚子賠償金）と呼んでいる。庚子の前年の国家収入は全部で8,800万両を超えず，この賠償金の元金と利息の総計は，なんと当時の中国政府の年収の11倍になり，人口 1 人当たりでは 2 両白銀になった。中国の関税と塩税などの主要な税収はすべて帝国主義によって賠償金を償還する用途にのみ使うことが定められた。『辛丑条約』は，また鉄道沿線や大使館区での外国の駐軍を認めること，中国自らが北京・天津間の砲台と天津周辺の駐軍を撤退させることを取り決めた。宮廷闘争と民衆鎮圧で，手腕と暴威をふるう才にたけている慈禧太后は，外国人に対して完全に服従した。かのじょは「罪己詔」（責任を一身に引き受け自らを責める詔勅）を発したが，国民への謝罪ではなくて，外国人に憐れみを乞うて，「中華の財貨をもとにして，諸国の歓心を買う」ことを請け合った（『清徳宗実録』）。この時から，清政府は「外国人の朝廷」になった。世界帝国主義の発展の不均衡によって，かれらの利益の調和，とりわけ後からやってきて先の者を追い越したアメリカの利益を守るために，アメリカは1900年 7 月に，再び「門戸開放」をもちだし，形式上は「中国の領土と行政の完全無欠を保つ」という考えのもとで，各国の勢力間の暫定的な妥協を求めた。外国人は清朝の対内的には狼で，対外的にはへつらうという卑怯な性格を使いこなして，巧みに植民地統治を進めた。これも，『辛丑条約』の後，列強が中国を直接分割することを一時停止したまた 1 つの原因である。この原因と民衆の潜在的な威嚇作用は相反しながらも，互いに補完する関係でもあった。

5　清朝の新政による一時的繁栄

　戊戌変法とクーデターの反覆，義和団の蜂起と 8 か国連合軍の侵攻，朝廷のなかの西太后派と皇帝派，主戦派と和解派の権力闘争の繰り返しなどによって，清朝はすでにこれまでどおりの統治が維持できなくなり，支配されてきた下層の者も従来どおりの生活を送ることもできず，またそういう願望もなくなった。同時に，外国人の支配者はこの荒廃した朝廷に対して，また多くの不満をもち，かれらもかれらの利益と外国の世界観に照らしてこの政府を変え，中国を変えようと

した。『辛丑条約』の調印後，直ちに列強は新政府にいくつかの「改革」の進捗，「新政」の実施を要求した。ロバート・ハート（1835〜1911）は1854年に中国にやってきて，中国で総税務司を48年間務めたイギリスの中国侵略の重要な代表人物である。この時，かれも機会に乗じて清政府に献策し，『更新節略』を提出した。それは清政府の外交，内政，軍備，通商事務などに対して具体的な「更新」を立案し，死に際にある清朝のために，カンフル注射を打つものであった。外国人の意図と人心篭絡に迎合するために，1901年のはじめ，西安に逃亡した慈禧太后と光緒帝は「上諭」を公布し，「変法を行なうことを約束した」。1905年までに清政府は合わせて30項余りの「新政」を公布した。歴史上ではこれを「新政時期」あるいは「二次維新」と呼んでいる。

　「新政」の主要な内容には商務の振興，新軍の拡大編成，科挙の廃止，政府機構の改革があり，1905年にはさらに憲法制定を準備することさえも提起した。

　当初の重点は経済にあった，すなわち商工業の振興を通じて，広く財源を開発し，外債を償還し，軍事費を調達し，国庫の財政窮迫を緩和させることにあった。政府の具体的な措置は商部（後に農工商部に改名した）を設立すること，いくつかの商工法規を制定すること，実業および発明創造を奨励することである。とりわけ，商業会議所や商業団体が次々と設立されたことは，民族資産階級に自らの組織と準武装組織をもたせ，民族商工業の発展の必要を具体的にあらわした。民族資本主義の勢力の台頭は，内には封建主義の圧迫に抵抗し，外には帝国主義の侵略に抵抗し，できるだけ鉱山権，鉄道権などの権利を取り戻すように努めて，一定程度民族商工業の発展を保護した。これもまたアヘン戦争以来，洋務運動や維新運動を経て，商工業の発展とそれに対応した経済思想が積み重ねた成果である。「新政」以後，中国の工業化と資本主義経済の勢力はそれまでの成果を基礎にして，発展のスピードをさらに加速させた。しかし，近代的な経済の発展は，清朝の統治の基礎を強固にする役割を果たしたことはなく，逆に，清朝の政治改革の停滞によって，経済的土台と上部構造の矛盾をますます先鋭にさせ，かえって清朝統治を転覆させる物質的基礎になった。

　軍事の面では，清朝の基礎を固めた八旗兵は，19世紀の中葉になるとすっかり腐りきってしまって，もはや外国との戦争にも，国内の戦争にも対応できなくなった。「多難な時期には，軍隊の建設が一番の急務となる」ため，清政府がもっとも重視したのは新軍を拡大して政権を維持することであった。清代の新軍

の編成は1894年からはじまり，「新政」時期に大量に拡充された。新軍は外国の大砲，外国の演習を採用し，外国の歩兵，騎兵，砲兵の工程および輜重などの軍隊編成を学び，外国の教師を招請して任用し，軍事学校を開設し，各ランクの将校を養成し，かつまた留学生を外国に派遣して軍事を学ばせた。また新軍の兵士の年齢，健康，識字程度について規定をつくった。1905年，清政府は全国の新軍の番号を統一して，全国で新軍を36鎮の編成訓練をすることを計画したが，経済的な窮迫によって，新軍の編成訓練は期日どおりに完成できなかった。本来，清政府は新軍の拡充を自らの政権のための大黒柱だと考えたが，しかしこれらの新兵，新将校はブルジョア階級の革命党員の宣伝と策動を受けて，かえって清朝の統治を転覆させる重要な武装勢力になった。同時に，新軍を創立，拡充する時，朝廷に能力がないため，袁世凱のような手腕をもつ人物にたよって兵士の募集，育成を行なわなければならなかった。このようにして設立された新軍はしばしば軍閥勢力に掌握され，以後の中国を乱した軍閥割拠の禍根となった。たとえば，後に有名になった袁世凱，徐世昌，段祺瑞，馮国璋，曹錕などの軍閥はこのようにして形成されたのである。

　教育面での「新政」は「科挙を廃止し，学校を創設し，留学生を派遣する」ことである。

　「新政」の教育方針は，やはり「中学を根本とし，西学を実用手段とする」ことであり，その保守の政治原則と一致していた。しかし，それは結局，中国で1300年余り継続した科挙制度を廃止し，広く各レベルの学校を設立し，教育内容は西学を遍く採用し，西洋の科学技術と文化を導入し，また多くの留学生を派遣し，中国の歴史上空前の留学ブームになり，日本への留学生だけを数えれば1906年にはすでに約1万3,000人から2万人に達していた（実藤恵秀，1983）。当時国内の学校は「経学の勉強を大事にする」ため，すべての小学校と中学校に対して古典を読み，古典を講じ，古典を復習することが要求された。生徒は中学校を卒業するまでに「全部で10年の勉強をとおして，古典の重要な意味を身に付けねばならない」，「大学にはさらに高い要求があり，学習の内容はおよそ経史文学は余す所なくすべて含み，しかも比較的詳細に学ばねばならない」（『光緒政要』）。それにもかかわらず，新しいものを喜び，古いものを嫌うことがすでに時代の潮流になり，新しい学問が設置されると，学生が殺到した。国内での束縛を脱した留学生は，外国に着くと早々に新しい学問に夢中になったこともいうまでもない。

「体」にせよ「用」にせよ，もうすっかり忘れられた。当初清政府が科挙を廃止し，学校をはじめた目的は「学問を広め，人材を育てる」ことによって，「対内的には国の情勢を安定させ，対外的には列強を心服させて，危険状態を切り抜ける」ことにあった。ところが，この願望とは逆に，育てられた人材はかえって清朝の専制制度を倒す民主革命の先駆者になった。19世紀末から20世紀初頭の中国人の日本留学史は，まさに近代中国の革命史そのものである。

　上述のように，清朝によって進められたいわゆる「新政」の出発点はもともと保守的であり，『光緒政要』で明らかにされている。すなわち「世には永遠に変わらない不変の道統（ひとの守るべき道）があるが，一定不変の国を治める方法はない……およそ変わらぬものは三綱五常であり，これは太陽や星が世界を照らすごとくきわめて明らかである。しかし，変えられるものは甲を命令すること，乙を命令することであり，琴の弦を変えるようなものである」。つまり，封建的な家父長専制制度は決して変えてはならない，ただなにがしかの具体的な問題や表面的な問題について「刷新」ができるだけである。すなわち，朽ちた木の上に新しいペンキを塗るだけである。この主旨は政治の上で，維新派の「民に権力を与えよ」という主張を骨抜きにし，発展という観点からみても進化論から「体」と「用」を分離させた形而上学的な観念へ戻ってしまった。だから，この「維新」はまさに魯迅がいうように「上辺だけのもの」であった。換言すれば，「外国の技術を身に付けながら，中国の旧習を守り続ける。技術は新しいものを喜ぶが，思想は旧いものを好む」（魯迅, 1981）。近代化の発展観からみると，すなわち維新変法時期に政治制度や思想文化の領域にラスト・スパートがかけられた少し後に，また「新政」が物質的な用具の領域に戻ってしまった。しかし，時の勢いに逆らうことはできなくなった。「新政」が「体」を保つために「用」として導入した商工業，新軍，新たな学問に少し発展があった後には，古い「体」に利用できなくなってしまった。最初ただ利用のために導入したものが，「体」を変える役割を果たすようになったのである。商工業を振興してつくりだした産業新軍にせよ，軍隊整備のために訓練した新軍にせよ，あるいは教育を改革してつくられた文化新軍にせよいずれも清朝統治を維持したり，強固にしたりする基礎にはなることなく，逆にすべて清朝の墓堀人になった。

　まさにこの意味において，「新政」の客観的効果は，その主張者の願望をはるかに超えたものになり，さらには主張者の願望と相反するものにさえなってし

まった。このよう二律背反的な効果は，時代がすでに後戻りできない時にきていることを示した。

6　初期の社会学の著作と翻訳書

　社会学は維新思想の胚胎期に発足し，また2回の維新と歩調を合わせて発展した。前述の1898年に出版された譚嗣同の『仁学』の「仁学界説」のなかに，いままでにわれわれが中国語の著作のなかにみることができるもっとも早い「社会学」という名詞があらわれた。かれは「仁学を学ぶものは，仏書では『華厳経』及び心宗，相宗の書に精通しなければならない。西洋の書では『新約』及び算術，格致（化学や物理学），社会学の書に精通しなければならない。中国の書では『易』，『春秋公羊伝』，『論語』，『礼記』，『孟子』，『荘子』，『墨子』，『史記』及び陶淵明，周茂叔，張横渠，陸子静，王陽明，王船山，黄梨洲の書に精通しなければならない」(訳注4)といい，この時代の古今東西の浅薄で雑駁な特徴をあらわしていた。譚嗣同は自分のいわゆる西学の「社会学」の具体的な内容をそれ以上説明していない。ある学者は，譚嗣同が理解した社会学は多分社会科学，人文科学の総称であったのだろうと考えている。

　情勢の緊迫や西学に対する認識が浅薄なことによって，これらの革新家としての学者は現実の社会に対してやはり比較的仔細な改革方案や専門的な社会学の学術の構築を打ちだすことができなかった。しかし，梁啓超は『康南海伝』のなかで，康有為は「愛国からはじまった」が「経世の真意は大同にある」と述べている。これは当時，「秘してあらわしていない」大同社会の理想が早くもすでに頭のなかで原稿が考えられており，戊戌変法の失敗後，康有為はようやく落ち着きをえて『大同書』を書きあげた。かれは中国の伝統の公羊三世説，礼運大同説，南アジアから輸入された仏教の慈悲と平等，西洋から伝わったキリスト教の博愛，平等，自由の教義やルソーの天賦人権説およびその他の一切の空想的社会主義思想を習合して，次のような理想の大同世界を構想した。すなわち，国境もなく，階級もなく，家族もなく，私有財産もなくて，人種は同化し，一切平等で，天下は公（そこに暮らすすべての人びと）の為のものであり，世界は公の政府を設置して，秩序だった自治を行ない，労働は光栄であり，新機軸をだすことは尊敬され，毎日1時間や2時間働くだけでよく，残りの時間はすべてレジャー，娯楽，

学習のための時間となるような世界である。この理想の社会を実現するために，かれはまた優生，優育から養老までを包括する一連の社会改良と社会保障のプランを打ちだした。これらの理想は，すでにはるかに久しいものであるが，今日読んでもまた親しみを感じるのである。

　清政府の「科挙を廃止し，留学生を派遣する」という「新政」の実施にともなって多くの国費，私費の留学生や亡命した政客が日本に雲集し，個人の前途，民族の前途を探し求めた。かれらが大量に翻訳し，紹介した西学の著作のなかに社会学の著作も含まれていた。1901年，日本に留学した学生によって創刊された『訳書彙編』第7期の「翻訳済み出版まち目録」のなかに，アメリカのギディングス（吉精顔斯）の著『社会学』があるが，いまなおこの書はみつかっていない。1902年，広智書局出版で章炳麟が訳した岸本能武太の『社会学』が，現在みることができる最初の整った中国語訳の社会学の専門書である。章炳麟の紹介によると，この本は，岸本がイギリスの初期の社会学者スペンサーとアメリカの社会学者のギディングスの2人の説をそれぞれ取りいれてできたものである。F. H. ギディングス（1855〜1931）は，また吉丁史あるいは吉丁斯と訳されるが，アメリカの社会心理学派の創始者の1人である。かれの社会心理学の考え方は，章炳麟が比較的早期に日本の著作から翻訳したことで間接的に中国に紹介された。その後アメリカに留学する中国の学生が直接かれの学説の影響を受けた。章炳麟がこの本を訳したのは，「社会を知る方法」の紹介をとおして，「群衆を団結させ，国を救う」目的を達成するためである。やはりまた中国近代の群学の伝統精神を受け継いでいる。

　この後，スペンサーなどのイギリス，アメリカの社会学者の著作も相次いで翻訳されて，中国に紹介された。そのなかでも影響が比較的大きかったのは，1903年に出版された，厳復が英文から直接訳述した『群学肄言』である。これはスペンサーが1873年に著した『社会学研究』の序論である。この書は社会進化論の観点によって，社会の有機体的構成と変遷の原理を明らかにした。この書の内容は社会学研究の対象，意義，役割，方法，主観・客観の各種の困難，障害と偏見を含んでおり，とくに社会研究の主体としてのひとそのものも社会学の研究対象の一部分であることを強調した。したがって，偏見を抱かずに社会を研究することは殊のほか困難であること，そのうえ客観性は社会学研究の基本的な要求であることを強調した。しかし，戊戌変法以後，厳復の思想はすでに一歩一歩保守に転

じていた。この時，かれが『群学肄言』を訳述したのは，革命を排斥するためだけでなく，そのうえこれによって立憲派の「朝令暮改」を抑え，かれらに「慎重にするように」させるためであった。したがって，かれはスペンサーを代表とする西洋の実証主義的な改良思想と中国の儒学の伝統文化の社会統制の機能を結合させようとし，とくに，① 社会の有機体的構成と進化論の観点，② 社会学研究の実証的方法，③ 社会学の「修身，斉家，治国，平天下の効果」，④ 西洋の社会学と中国の伝統文化，とくに『大学』，『中庸』の本質とは相通ずることを強調した。

同年，厳復はまたイギリスの思想家のJ.S.ミルの『自由論』（『群己権界論』）を訳したが，その目的は人びとに「個人と群の境界」を理解させ，「我侭」な行動を抑え「社会の混乱」を防止することにあった。次の年，またイギリスのジェンクスの『社会通詮』を訳して，その「訳者の序」のなかで民族革命に反対することを一層はっきりと述べている。つまり「今日は団結をいい，明日には外国の排斥をいい，甚だしきにいたっては排満をいう……民族主義というものは本当にわが人種を強くさせることができるのか，それは絶対不可能だとわたしは思う」と，自分が急速に保守的な態度に転じたことをはっきりと表明している。厳復が1898年から1909年までに翻訳した西洋の思想家や学者の名著は，うえの3冊以外にも，イギリスの経済学者のアダム・スミスの『国富論』（『原富』，1902訳），フランスの啓蒙思想家のモンテスキューの『法の精神』（『法意』，1904～1909訳），『論理学』（『穆勒名学』，1905訳），イギリスの思想家スタンレー・ジェヴォンズの『論理学』（『名学浅説』，1909訳）などがある。

この時期，人びとは外国の社会学者の著作や思想を訳述する以外にも，維新変法の失敗の教訓を総括する過程のなかで，また中国の伝統文化と社会の主体としての人間自身の改造問題に対して新たな社会思想と文化思想を運用することによって分析研究を進めた。その中心テーマは国民性の改造と新たなひとの育成である。そのもっとも集中的な表現は，梁啓超が日本に亡命した後に横浜で編集した『清議報』，『新民叢報』および『新小説』であるが，とくにかれ自身が書いた『新民説』である。『新民説』は康有為，厳復の観点を継承し，展開したものであり，梁啓超は社会全体の発展の視点から「公徳」の問題を提出した。かれの説明によると，かれの公徳論は「利群の2文字を大綱とする」ことをもって，かれの『新民説』の各節が貫かれていた。「利群」は梁啓超の群学観あるいは社会観の核

心である。かれはいう，中国の道徳の誕生は遅いとはいえないが，私徳（個人または自己に関する道徳）に偏っており，公徳（社会のなかで守るべき道徳）が欠けていると。「私徳が10のうち9を占め，公徳はその1にも及ばない」。その欠けている主要なものは愛国心，公徳，自治力であり，これらの弱点は奴隷根性，愚昧無知，利己的，いんちき，臆病，無感動によってつくりだされているという。かれは当時の変化しつつある世界情勢から出発し，「新道徳を創りだして，わが民族を固め，よくさせ，進歩させる方法」を考えた。この新道徳の要素は自由，自尊，進歩，合群（団結），尚武，進取，冒険，愛国，権利と義務の思想などである。梁啓超の思想は伝統的な家族社会から近代社会への社会変革と社会化の要求をあらわしていた。かれは伝統社会のなかで統治者に支配される平凡な大衆を，近代社会の中心となる新たな公民に変えようとした。それゆえ，群学あるいは人群学も一段と高次元の新民説にまで昇華した。したがって，『新民説』は中国の社会学の最初の専門書とみなすべきである。というのも，この書は着手するとすぐに社会発展の主体としてのひとの近代化の問題に重点をおいたからである。これは時代の要求に応じたものであるとともに，また『新民説』の優れたところでもある。

訳注

（1）杉本達夫訳，1996，『荀子』（中国の思想），第4巻，徳間書店，pp. 89-90の訳を採用した。
（2）同上，p. 75。
（3）同上，p. 102。
（4）譚嗣同著，1898，西順蔵・坂元ひろ子訳注，1989，『仁学』，岩波書店，p. 22。

参考文献

『荀子・王制』。
『荀子・富国』。
馬建忠『適可斎記言記行・上李伯相言出洋工課書』。
王韜『弢園文録外編』。
鄭観応『易言・論傳教』。
鄭観応『易言・論船政』。
鄭観応『盛世危言』。
『清徳宗実録』。

『光緒政要』。
梁啓超『説群・自序』。
梁啓超『康南海伝』。
梁啓超『論中国積弱由於防弊』。
梁啓超『論変法不知本原之害』。
梁啓超『新民説』。
譚嗣同『仁学』。
康有為『新学偽経考』。
康有為『孔子改制考』。
康有為『強学会・序』。
康有為『上清帝第六書』。
康有為『上清帝第七書』。
康有為『日本明治変政考』。
康有為『大同書』。
厳復『論世変之亟』。
厳復『辟韓』。
厳復訳『天演論』陝西味経售書処，1895年（原著者 Thomas Henry Huxley，原著書名 *Evolution and ethics*）。
厳復訳『群学肄言』上海文明編訳書局，1903年（原著者 Herbert Spencer，原著書名 *The Study of Sociology*）。
厳復訳『群己権界論』上海商務院書館，1903年（原著者 John Stuart Mill，原著書名 *On liberty*）。
厳復訳『社会通詮』上海商務院書館，1904年（原著者 Edward Jenks，原著書名 *A history of politics*）。
瓦徳西『瓦徳西拳乱筆記』中国史学会編『義和団』（4冊）上海人民出版社，1957年。
龔古今，惲修編『第一次世界大戦以来帝国主義侵華文件選輯』三聯書店，1958年。
蘇継祖『清廷戊戌政変記』，中国近代史叢書編写組『戊戌変法』第一冊，1972年。
魯迅『魯迅全集』第1巻，人民文学出版社，1981年。
陳旭麓編『近代中国八十年』上海人民出版社，1983年。
（日本）実藤恵秀『中国人留学日本史』中訳本，三聯書店，1983年。

第2章
辛亥革命から「五・四運動」の前まで

1　帝政の打倒

　伝統的中国は一面では国土が広い統一国家であるが，同時にまた各地で経済，社会，文化の発展がきわめて不均衡な国家であった。近代に入って後，新たな経済文化の流入によって，伝統社会の経済文化と近代社会の経済文化が重なり合った二元構造になり，このような不均衡と格差がさらに大きくなった。

　時代の新風としての洋務運動が保守反動派から鼻で笑われた時，中国民主主義革命の先駆者孫中山はすでに民主革命に志を立てはじめた。1885年の中仏戦争では，中国は敗れてはないが負け，フランスは勝ってはないが勝ったが，清朝は想像もできない腐敗と臆病さをさらけだした。これは一方で列強にさらにしたい放題に中国を瓜分させしめたが，また他方では中国改革の先駆者の覚醒を促した。孫中山はまさに「清仏戦争に敗れた己酉の年から，はじめて清朝を倒し，民国を建てる志を立てた」（『孫中山選集』）。

　孫中山は幼少のころから太平軍に参加したことのある塾の先生の影響を受けた。1879年にホノルルに行き小学校と中学に通った。1883年に帰国し，香港と広州の医学校で西洋医学を学び，1892年に卒業した。受けたのは完全に西洋の教育であり，西洋の自然科学と社会科学の多くの知識を学んだ。時局の変化，清朝の腐敗，「祖国の改善」という愛国の熱意そして西学の影響が，かれに民主主義思想を次第に形成させた。具体的にどのようにして社会変革を実現するかという問題について，甲午戦争前にはかれはまだ慎重に下準備をしている状態にあった。1892年，卒業して社会にでた際に，かれの先生の何啓と同郷人の鄭観応の改良主義の影響を受けて，清政府が上から下への改革を行なって維新を実現することに対して，まだ一縷の望みを託した。1893年の冬，孫中山は広州での友人と，「駆除韃虜，

回復中華」(満州人(韃虜)を追い払い,中華を回復すること)を主旨とする「興中会」を創立することを話し合ったことがある。しかし,間もなくまた故郷に戻り,8千字余りに及ぶ『上李鴻章書』(李鴻章に奉る書)を執筆し,資本主義を発展させる一連の社会改革の建議を提出したが,その中心は「人尽其才,地尽其利,物尽其用,貨暢其流」(ひとは能力を最大限にだし,土地は利益を最大限にだし,物は用途を最大限にだし,品物を最大限に流通させる)ということであった。ところが,李鴻章はまったく取り合わなかった。1894年に天津で,孫中山は李鴻章から門前払いをうけた後に,再び北京に行った。その時はちょうど日清戦争のさなかであり,朝鮮の牙山戦役で惨敗を喫したニュースが中国に伝わり,国をあげて激しい深痛を味わった。しかしながら,朝廷は相変わらず頤和園の修築を急がせて,慈禧太后の60歳の誕生日を祝う準備をしている。孫中山はこのことから上から下への平和的な改革はすでに不可能であると断定して,ついに清政府を転覆する革命の道を歩もうと決心した。11月24日には,かれはホノルルで「興中会」を組織した。これは近代中国の最初のブルジョア階級の革命団体である。「興中会の誓約文」は「満州人(韃虜)を追い払い,中華を回復し,合衆政府を創立する」と明確に書いている。当時,改良派は首都で朝廷に日本式の上から下への改良を行なわせようと一生懸命奔走したけれども,孫中山をリーダーとする革命派はすでに革命の道とアメリカの発展モデルを選んでいた。

「興中会」の成立後,孫中山は組織の発展に一段と力をいれて,武装蜂起を画策した。1895年10月,広州での最初の蜂起には失敗したが,孫中山と「興中会」の革命活動は国内外の注意を引いた。1896年,孫中山はロンドンで清政府によって監禁されたが,西医書院時代の恩師らによって助けだされた。

1898年の戊戌変法の失敗後,多くの政治活動家が日本に亡命した。孫中山も日本に行き亡命している康有為,梁啓超を動員し共同で反清朝の革命を行なおうとしたが,成功しなかった。しかし,当初は改良派に追随していたそのほかの多くの維新の志士は,かえって戊戌変法をとおして,清政府に「さじを投げて」,革命に転向した。孫中山は唐才常の「自立会」と連携して,1899年に唐才常と「殊途同帰約」(道は異なるが行き着くところは同じだという約束)を結び,蜂起を準備した。1900年8月,唐才常は北方の義和団運動の勃興の機会を利用し,民間の秘密結社とつながりをつけ,長江流域で「自立軍」の蜂起を計画したが,そのことがもれてしまって失敗した。同年10月,「興中会」は恵州蜂起を起こし,2

万人余りにまで拡大したこともあるが，やはり失敗した。しかし，孫中山はすでに革命の志を立てていたため，「困難を恐れず勇んで前進し，挫折すればするほど奮い立ち，努力に努力を重ねることができるようになった。これによって革命の風を起こし，時勢をつくりあげることができた」(『孫中山選集』)。

　19世紀の末から20世紀のはじめにかけて，一方では章太炎らの政治活動家が次々と改良から革命へ方向を変えたし，また日本に亡命した。また他方では「新政」の開始以来，多くの留学生が日本に渡った。これらの情熱のある青年と革命家の結び付きが，日本の東京で清朝に反対する，革命の海外活動の中心を形づくった。1902年の春，孫中山と章太炎は中国革命と革命の成功後の政治について，幅広い討論を行なった。1903年，大きな影響をもつ何冊かの革命宣言書と大衆宣伝用の著作が世に問われた。これらが中国の「人権宣言」と称される鄒容の『革命軍』，陳天華の『警世鐘』，『猛回頭』および章太炎の『駁康有為論革命書』(康有為を批判して革命を論じる書)である。かれらは改良派の漸進的な進化の公理を，革命の「進化の公理」，「世界の公理」として展開させて，「中華共和国を建国する」という目標を明確に提出し，改良の名のもとに改良派が提出したものを，すべて革命の名でさらに旗幟鮮明に歴史の前舞台に押しだした。民主革命思想はとどまることなく高まった。1903年の「拒ロシア運動」と日本に留学している「学生軍」の闘争は，清政府に東北を占領する「ロシア条約」の受け入れを脅迫する帝政ロシアの陰謀を砕いた。1905年の「アメリカ製品のボイコット」運動は，人びとの愛国の熱情をさらにかき立てた。同時に，各地で革命団体も次々とつくられたが，そのなかでもっとも著名なものは黄興，陳天華，宋教仁が長江中域で設立した「華興会」と蔡元培，章太炎，陶成章らが長江下流で組織した「光復会」である。

　1905年，孫中山はふたたび東京に行き，各革命団体や留学生の熱烈な歓迎を受けた。それぞれの革命団体は協議を経て，統一した新たな革命団体「中国同盟会」を組織し，「韃虜(満州人)の駆除，中華の回復，民国の創立，地権の平均」が同盟会の綱領として採択された。孫中山は同盟会の機関誌『民報』の「発刊のことば」のなかで，この趣旨を「民族」，「民権」，「民生」の三大主義(三民主義と略称)と集約した。孫中山の民族主義は中国の民族主義の伝統を継承し，西洋の民族独立の思想や自由思想を汲みいれたものであるが，当時の具体的な歴史のなかみとしては，暴力革命的な手段で清朝の統治を倒すということであり，帝国

主義に反対する内容はまだなかった。かれの民権主義は，主として西洋の「平等」と「民主政治」の思想から取り入れたものであり，専制君主を倒して民国を樹立することを主張したものである。かれの民生主義は「地権の平均」の方法によって，社会経済制度を改革し，社会革命の再発を防ごうとしたものである。孫中山は自分のこの綱領を「社会主義」的であると自認し，「政治革命，社会革命を一挙に成功させよう」と考えた。この綱領は欠陥や主観的，空想的な弱点もあるけれども，全体的にみれば，共和制の樹立を求める万全な民主主義の綱領である。この綱領の提出は，理論上また実践上，革命の目的をさらに明確にさせ，革命を力強く推進した。同盟会は孫中山を総理に選び，全国的な革命政党になった。

同盟会の成立後，各地に分散していた組織ならびに活動は比較的統一した指導を受けて，闘争の規模も方式も新たなレベルに高まった。理論的には，革命派は革命すべきか改良すべきかの問題について改良派との論争のなかで，改良派の立憲君主の保皇論を覆し，いっそう革命の必要性を論証した。同時に，清朝はまた「立憲君主」を準備するとみせかけて，世論をごまかし，革命を抑えようとした。立憲派の画策のもとで，慈禧太后は「立憲を準備すること」を決定したかと思うと，また「憲政に準じて国を管理すること」を決定し，詭弁を弄し尽くした。1908年に光緒帝と慈禧太后が死ぬまで，相も変わらず立憲の形跡はみえなかった。その年，3歳の溥儀が即位し，かれの実父の載灃が摂政に任じられ，再び「立憲を準備すること」を言明せざるをえなかったが，「準備」は結局9年にも及び，立憲派さえもまつことができず，何度も請願を上書したが，すべて拒否された。1910年になってようやく，朝廷は「勅選」と「民選」議員からなる「資政院」をでっちあげた。1911年5月にまた，朝廷がつくりあげた「皇族内閣」をもちだしたので，立憲派さえも大いに失望した。いわゆる「立憲君主」のペテンは，すでに朝廷自らによってその本質を徹底的に暴露されたので，残ったものは当然革命の道しかなかった。そして，清朝は最後の引き延ばしの機会をも失ってしまった。

同盟会は，革命すべきか改良すべきかの問題について改良派との論争のなかで，朝廷がずるずると引き延ばした偽の立憲の茶番劇を暴露した。これと同時に，戦友の屍を乗り越えて清朝を倒す武装蜂起を不断に起こした。同盟会の組織者と中堅者の多くは革命的な知識分子と留学生であり，かれらの活動方法，および動員した主な勢力は，新軍[訳注1]を策動し謀反させたり，民間の秘密結社の蜂起を起こしたりすることであった。武装蜂起はあちこちで起こったが，主に長江流域，

沿海および辺境地区であった。1905年12月の江西省と湖南省の境界の萍郷，瀏陽，醴陵の蜂起，1907年5月の広東省潮州の蜂起，6月の広東省恵州の蜂起，9月の広西省の防城の蜂起，12月の広西省鎮南関（現在の友誼関）の蜂起，1908年3月の広西省欽州，廉州（合浦），上思の蜂起，4月の雲南省河口の蜂起，1907年7月と11月の安徽省安慶の2回の蜂起，1910年の広州の蜂起，1911年4月の広州の2回の蜂起，9月から10月にかけての四川同士軍の蜂起などであり，1905年の同盟会の成立から1911年の辛亥革命までの短い数年間に10回余りの武装蜂起がにわかに起こった。

　清朝は革命の激しく燃える火を消すために，対応に奔走し疲れ，一方に気を取られると他方がおろそかになった。1911年，ちょうど朝廷が湖北などの省の軍隊を四川同志軍の蜂起の鎮圧に差し向けた時，蜂起ののろしがまた中国の中部地域であがった。これが清朝の統治をついに覆した武昌蜂起である。武昌蜂起は，革命党が湖北新軍のなかで長期的にわたって組織的に活動した結果であり，それは同時に清朝の崩壊寸前で，四面楚歌という客観的状況も生かしたものである。
1911年10月10日，武昌での最初の蜂起が成功したことで，全国各地でも次々と呼応し，50日の間にすでに15省が蜂起あるいは独立を宣言した。年末に，孫中山は海外から上海に戻り，12月29日臨時大総統に選ばれた。1912年元旦，かれは南京で宣誓をして就任し，中華民国臨時政府を組織した後すぐ一連の政策，法令を制定し，発布した。政治面では全国の民族統一，領土統一，軍政統一を実現すること，民族の抑圧と分裂を排除すること，官界の悪習を改めることを求めた。経済面では実業を振興させ，実業部を設置し，各省に実業公司をつくり，経済政策および統一した管理方法を確立した。社会面では「中華民国の国民はすべて平等である」と規定し，「老爺」（ご主人さま），「大人」（長官の尊称）といった類の呼称を改め，男女平等を実行し，女性の纏足，男性の辮髪を禁じ，ケシの栽培，アヘンの吸飲を禁じた。教育面では各レベルの学堂をすべて学校と改称し，小学校では儒家の経典を勉強することを廃止し，清朝の学部（清の末期，全国の教育を管理する中央官署）が打ちだした忠君，尊孔，尚公，尚武，尚実の教育方針を軍国民教育，実用教育，市民道徳，世界観，情操教育の5項目に改めた。孫中山はまた自ら主宰し，南京参議院のために『中華民国臨時約法』（中華民国暫定憲法）を起草して，1912年3月11日に公布した。『臨時約法』は「中華民国の主権は国民全体のものである」と，全国民はすべて平等であり，すべてのひとは名誉，財

産，言論，出版，集会，結社，通信，居住，移動，信仰の自由をもち，選挙権と被選挙権などの民主的権利をもつと規定し，行政，立法，司法の三権に，中国古来の考試，監察の二権を加え，五権分立の原則を確立した。

　辛亥革命後，孫中山をリーダーする中国国民党が発布した政治，経済，社会，文教面の革新的な政策と法令は，確かに社会の全面的な近代化発展のニーズを具体的にあらわしたものであった。民国成立の初期，新しい様相も確かにあらわれていた。孫中山の政策は資本主義的近代化のなかの政治制度の近代化を中国でピークに押しあげていたということができるし，さらに中国のブルジョア民主派が中国で政権を握り，そして社会の近代化を進める試みだということもできる。

2　軍閥と帝政復活の逆流

　中国のブルジョア民主勢力は海外を拠点として，留学生を中堅として，新軍の謀反を策動したり，また民間の秘密結社を組織したりすることをとおして，清朝転覆の武装蜂起を起こし，そのうえさらに臨時に獲得した政権である。この政権は国内でまだ堅実な経済的，政治的，社会的および文化的基礎と軍事力を欠いており，したがってたとえ一時的に政権を取ったとしても，強固になりえず，えた政権もまもなく失ってしまった。孫中山はわずか3ヵ月の臨時大総統であったにすぎず，この地位を封建旧勢力と帝国主義勢力を後ろ盾として兵力をもつ軍人袁世凱に譲った。

　袁世凱らの軍閥が政権をとった後，すぐ時流に逆行して復辟の道へ走った。革命民主勢力は独裁か民主か，帝政か共和か，復辟か反復辟かをめぐって封建専制的な復辟勢力と度重なる闘争を繰り広げた。

　まず，袁世凱は政権を握るとすぐに北洋軍閥と帝国主義の支持を頼みにして，民主勢力を極力殲滅し自らの独裁統治を樹立し，さらに皇帝制度を復活させようとさえした。それに対して，孫中山はふたたび革命勢力を組織し，「2次革命」を発動して，袁世凱の独裁政治を倒し，民主共和制を守ろうとした。1913年，「2次革命」が失敗した後，袁世凱はまた国家の領土と主権を売りわたすことと引き換えにロシア，イギリス，日本などの帝国主義の支持をえて，正式大総統の王座にはい上がった。1914年，袁世凱は国会を正式に解散し，『中華民国臨時約法』を廃止したことによって，権力を一手に握り，「合法」的に終身その任につ

くことができる世襲の独裁者になりえるようになった。「民国」はすでに虚名になった。他方では，袁世凱に反対する「公民討賊軍」の蜂起が失敗した。

1915年，日本は，袁世凱が自らの帝政を復辟させるために日本の支持をえることを望んだことを利用して，中国を滅亡させる「対華二十一ヵ条要求」を提示し，袁世凱に受諾させた。袁世凱は1915年12月13日，正式に国名を「中華帝国」と改め，1916年を「洪憲元年」として，そのうえ，元旦に「即位すること」を決定した。これに対して，袁世凱に反対する勢力は1915年12月25日に「護国軍」を結成し，雲南で独立を宣言し，袁世凱討伐を開始した。1916年3月22日，袁世凱は皇帝制度廃止の宣言を迫られ，国をあげての怒りの声のなかで6月6日に世を去った。

袁世凱の死後，また皖（安徽）派，直（直隷）派，奉（奉天）派，晋（山西）派，滇（雲南）派，桂（広西）派などの各派軍閥の割拠，合従連衡，相互闘争といった局面があらわれた。混乱のなかで，清朝時代の将軍張勲が「辮子軍」を率いて，1917年7月1日に北京に入り，廃絶した皇帝溥儀を擁し「即位」復辟をしたが，わずか12日でその地位を追われた。以後，依然として北洋軍閥が政権を握り，共和の名を利用して専制が行なわれていた。孫中山はまた南方の護法軍と連合して，護法運動を起こした。しかし，護法軍のリーダーも皇帝意識をもつ軍閥であることがわかって，孫中山は「北と南は同じ穴のムジナである」ことを痛感した。

これらの抗争の国際的な背景は列強が中国の代理人をとおして，中国に対する侵略を絶えず強めて中国を植民地化することにあった。国内的な背景をみれば，近代産業の発展，社会構造の変動にともなって，社会を整合する古い構造や機能が次第に破綻したが，新たな構造や機能は確立し難く，民主的な法の原理の権威も普遍化されていないため，真に近代的理性の精神をもつ社会のメンバーもまだ多くなかった。また，近代産業の発展によって生まれた新興階級，階層はいまだ幼稚な発展段階であり，社会の大多数は依然として古い生産方式や経済的基礎，古い社会階層に依存しており，それゆえに新旧の各階級，階層およびさまざまな利益集団の衝突が激しく，止むこともなかった。

3　社会学の初歩的発展

　この時期の民主革命運動，西洋の学問の伝播，社会調査研究および学校教育のなかに，すべて社会学の第1段階の発展の足跡が残っている。
　まず改良派と革命派の分裂と変遷のなかで，群学と群学者にもそれに応じて分裂が起こった。康有為，厳復はもともと改良に賛成しただけで，革命には不賛成であった。革命派と改良派がそれぞれ異なった道を歩んでいる時，かれらは政治のうえで革命に反対する態度をとったため，かれらの群学もまた「放縦が氾濫する」（『厳復，群己権界論・訳者述』（J. S. ミルの *On Liberty* の訳）ことのないよう，「群を愛する」こと，「群に利する」こと，「自由」を鼓吹することから，「己と群の権利の境界」においては，「自由」に行動してはいけないことを強調することに変化した。つまり，かれらの群学は民衆をさえぎる道具になった。1911年の辛亥革命の後，康有為と厳復は清朝の廃帝となった溥儀の復辟を補佐し，新たな野心家袁世凱が皇帝と称することのお先棒を担ぎ，政治的には専制を主張し，共和に反対し，思想的には孔子を尊び，経典を読むことを主張した。袁世凱は1912年2月1日，臨時大総統になると，ただちに厳復を北京大学長に任命した。厳復は学長の任につくと即座に「不肖，わたくし個人の見解をもっていえば，天下はやはり専制によって治めなければならない」（『書札』補録一）と公表した。この時期の厳復は往年に「民権」を強く提唱し，「専制の制度は，何一つ取るべきところがない」（『法意』（C. L. S. モンテスキューの *De l'esprit des lois* の訳），第5巻第14章の注釈）と考えていた群学大師の面影はすでになかった。
　康有為，厳復とは逆に，革命派は時代の潮流に沿って，人びとの求めに応じて，社会革命を継続させるための道具として群学を新たな段階に推し進めた。実践のうえで，革命者は群学を教え，研究することを名目に「群学社」（1905年，梁耀漢が武漢で組織），「群治学社」（1908年に黄申薌，楊玉鵬，章裕昆らが湖北の新軍のなかに成立させた同盟会組織）を創立させ，武昌蜂起の重要な思想のはじまりと組織の段階となった。理論のうえで，革命派はすでにもともと群学のなかに含まれていた群治，民権思想を大いに発展させており，孫中山の民権主義，すなわち民主主義を形成し，かれの三民主義の出発点と核心となっている。孫中山がこの時期に提出した建国の方策のなかの民権建設は，すなわち社会建設であり，

民権建設の第一歩は「人心を団結し，群力を集めることからはじまる」という（『孫中山選集』）。このような群学の政治化，革命化の傾向は近代中国の社会矛盾の厳重性と先鋭性が決定したものである。群学は世にでるとすぐに政治学の範囲内で，そして中国の社会変革にともなって改良から革命に進んだので，群学理論と群学組織から革命理論の団体が生まれてきたことも道理にかなっている。

　時代の発展につれて，維新派の群学組織と群学理論から民主革命に導く団体と民権主義理論が生まれただけでなく，辛亥革命後，さらに急進的な青年知識人の団体があらわれた。かれらは社会問題に対する掘り下げた研究をとおして，社会主義に向かったのである。たとえば，惲代英が1917年に武昌で呼びかけて創立した互助会の主要な目的は「みんなで知恵をだし，力を合わせ，自らも助かり他人をも助けること」であった。「五・四」運動の時期，かれはまた武昌で「利群書社」を組織し，『共同生活の服務宣言』を発表し，新文化と新たな社会生活方式を伝播する実験基地とした。毛沢東，蔡和森，何叔衡らが，1918年に長沙で創設した「新民学会」は，梁啓超の新民説の影響を受けてはじまったが，「五・四」運動の時期になると，その目的は「中国と世界を改造する」ことになった。各地で，類似した青年知識人の団体が次々と設立した。かれらと北京の『新青年』が起こした新文化運動の呼びかけは同じであり，中国の社会思想と社会革命の発展がまさに新たな段階へ進んでいることを示していた。中国の厳しい民族矛盾と社会矛盾がその必要とする理論の性質と理論を実現する手段を決定した。これらの社会変革の潮流から遊離したもの，あるいはこの社会変革と適応しない理論と方法はこのすさまじい社会変革の主潮によって無視されたし，排除さえもされた。社会学は社会を対象とする以上，社会学自身もまず社会変遷の試練を受けなければならない。適者は生存し，不適者はほっておかれるし，あるいは淘汰されるのである。

　社会学の教学面では，「新政」の時期に設立された新式の大学のなかで社会に関する科目を設置しはじめた。1906年，京師政法学堂が政治学専門のなかに社会学を設けた。1910年，京師大学堂が政治学専門のなかに社会学の科目を設けた。京師以外の上海南洋公学，天津中西学堂もまた社会学に類する科目があった。1912年，京師大学堂は正式に北京大学と改称し，社会学は政治学専門から哲学科に組み入れ直された。1916年，中国人の社会学教授の康宝忠は自ら編集した講義教材を使って社会学を講義し，かれは「卓越した一家言をもっていた」という

（孫本文の話）。これは近代中国の大学で確認できうる中国人自らによる最初の社会学の授業である。中国の著名な社会学者孫本文はこの時期に康宝忠の指導のもとで，社会学をはじめることを啓蒙されたのである。1917年，清華学校が社会学の授業を設け，アメリカ人 C. G. Dittman よって講義が行なわれた。そして，かれの指導のもとで北京西郊において住民生活費調査が行なわれた。

　この時期，外国人が運営する教会学校のなかで，布教のために外国人によって直接社会学が講義された。許仕廉の「中国の社会学運動の目標，経過および範囲」によれば，「1905（光緒31）年，Arthur Monn が聖約翰学院（1879年創立，1906年に聖約翰大学に改名）で社会学の科目を設けていた。また，記録によると，1908年アメリカ人 Arthur Monn が聖約翰大学で社会学を教えていた。1913年，上海滬江大学（もと浸会大学）ではアメリカ人教授ダニエル・カルプⅡ（Daniel Kulp Ⅱ）によって社会学部が創立された。これは中国で最初に設立された専門の社会学部である。1917年，ダニエル・カルプⅡはまた大学に近い楊樹浦の労働者が住む地区に「滬東公社」(訳注2)を創設し，社会学部の学生の実習，調査，社会サービスおよび労働者の勉学，娯楽の場所とした（許仕廉，1931）。

　これ以外にもほかの公立，私立学校，教会学校，たとえば上海の復旦大学，大同大学，広州の嶺南大学，北京の燕京大学，南京の金陵大学が社会学の授業を設けた。社会調査を行なった学校もある。北京社会実進会の1914年から1915年にかけての302名の人力車夫の生活情況の調査は，中国の初期の社会学の団体が下層労働者に関心を注いだことを具体的にあらわしていた。

　「百日維新」が留学を提唱して以来，20世紀はじめの「新政」時期の留学ブームのなかで，日本に留学する学生がもっとも多かった。1908年，アメリカは1909年から庚子賠償金（義和団事変の処理のため，清朝政府とイギリス，ドイツ，アメリカ，ロシア，日本など11か国との間に結ばれた『辛丑条約』による賠償金）の一部を中国に返還することを議会で採択した。そして，この賠償金をアメリカに留学する学生を引き入れるための，またアメリカに留学するための準備学校を創設するための経費とした。1911年，北京に清華学校を設立し，アメリカ留学の準備学校とした。同時に，またアメリカにおける中国の自費留学生に手当を支給した。社会学の面からは，中国のその後の社会学の発展にとって，アメリカ留学生は大きな影響を及ぼした。たとえば，陳翰笙，孫本文，呉文藻，陳達，呉景超，呉澤霖，潘光旦，李景漢らの社会学者は中国の社会学史上で重要な位置を占めた。

社会学の翻訳と著作の領域では、すでに先に紹介した維新変法前後の厳復、康有為、梁啓超、章太炎の翻訳と著作のほかに、その後主に日本語から翻訳された書籍が出版された。たとえば、1907年に湯一鄂が翻訳した建部遯吾の『理論普通社会学綱領』（中国語訳名『社会学』）、1911年に欧陽鈞が、遠藤隆吉の社会学の講義やかれのその他の著作を基にして編訳した『社会学』がある。この書は心理学派の考え方をもっており、これまでの単純に生物進化論の観点から社会を解釈した社会進化論にくらべて進歩しているところがあり、また同時に面接法、事例研究法、センサス、帰納法、総合などの社会学的調査研究方法を比較的全面的に紹介している。1915年に、薩端の訳述で出版された日本の有賀長雄の『社会進化論』と厳恩椿が欧米の著作を基にして翻訳編集した『家庭進化論』はいずれも進化発展の観点をもっていた。

社会学の研究著作の分野では、1915年に英文で発表された陶孟和と梁宇皋の共著『中国における郷村と都市の生活』（Y. K. Leong and L. K. Tao; with a preface by L. T. Hobhouse, 1915, *Village and townlife in China*）をまず推薦しなければならない。この書は中国人が社会学の理論と方法を用いて中国の社会生活を研究した最初の学術的著作とみなされる。陶孟和は中国の最初の専門的な社会学者であり、イギリスのロンドン大学に留学し社会学を専攻した。この書はイギリスのロンドン政治経済学院の『経済政治研究叢書』のなかの『社会学専刊』第4類である。1918年に出版された陳長蘅の『中国人口論』は、人口問題を中国の人民の生活問題を解決する「根本的な方法の1つ」とみなし、「自然産児制限法」を採用すること、「適齢で結婚し、適度に子どもをうむ」ことを主張した。この書は近代中国の人口学の先駆けとなる重要な著作となった。

マルクス主義の社会学説もこの時期に断片的に中国に紹介されはじめた。マルクス、エンゲルスの名前とかれらの学説が最初に中国にあらわれたのは、すでに知られている文献によれば、少なくとも19世紀末に中国に滞在していた西洋の宣教師やかれらの新聞、雑誌、著書にまでさかのぼることができる。かれらは世を救い、民心を安定させるという宗教的な観点に照らして、マルクス主義の社会学説を「大同学」あるいは「安民新学」と称した。たとえば、1889年2月から5月まで『万国公報』に連載されたTimothy Richard（1845〜1919）が書いた『大同書』には「ドイツには民心の安定を重んじる有名な学者がいる。1人はマルクスといい、もう1人はエンゲルスという」、そしてかれらの学説は「いうことが詳

細かつ確実であり，これを論駁できる政治学者はいまだにあらわれていない」と称賛している。20世紀のはじめ，改良派と革命派が日本で発行した刊行物は，さらにマルクス，エンゲルスの生涯やかれらの社会主義理論を紹介し，そのうえ『共産党宣言』の抄訳をした。梁啓超は，社会主義は「未来世界のもっとも崇高で立派な主義である」が，しかし「おそらく実現できないだろう」と考えた(『雑答某報』)。1903年の留学生の刊行物『訳書匯編』の文章も「マルクスは唯物論で歴史学を解釈するひとである。マルクスはかつて『階級闘争が歴史の鍵である』といった」と指摘している。革命派のほうでは，孫中山がマルクスの学説は「社会学者が共通に尊重するものとして，いまなお衰えていない」といっている。朱執信，宋教仁らはみな『共産党宣言』を紹介する文章を書いている。1907年に，劉師培，何震らが日本で出版した『天義報』は，1888年にエンゲルスが『共産党宣言』の英語版に書いた序言および第１章「ブルジョアとプロレタリア」の訳を掲載したし，さらに『家族・私有財産および国家の起源』の部分訳を掲載した。1911年の辛亥革命後，江亢虎が先頭に立って中国社会党を組織し，社会主義政党を標榜した。この党の紹興支部が1912年に上海で出版した『新世界』はエンゲルスの『空想から科学へ——社会主義の発展』の部分訳（訳の原題は「理想社会主義と実行社会主義」）を掲載した。これらはすべて1917年の十月革命後，マルクス＝レーニン主義が中国に広く伝播する前奏曲であった。

訳注

（１）新軍とは清朝末期の洋式の軍隊で，新建陸軍の略称である。華中，華南の新軍将兵のなかには革命を志向するものも多く，辛亥革命にあたって，各地で革命政権の樹立に貢献した（池田誠他，2004年，『図説中国近現代史』（第２版），法律文化社，p. 72）。

（２）訳者は，当時上海滬江大学滬東公社で仕事をしたことがある1913年生まれの華東師範大学の励天序教授から聴取りを行なったことがある。星明著，1995年，「付論 滬江大学付属滬東公社の活動について」，『中国と台湾の社会学史』所収，行路社，pp. 69-72を参照されたい。

参考文献

『孫中山選集』人民出版社，1981年。
孫中山『上李鴻章書』。

鄒容『革命軍』。

陳天華『警世鐘』。

陳天華『猛回頭』。

章太炎『駁康有為論革命書』。

『中華民国臨時約法』。

厳復『群己権界論・訳者述』。

厳復『書札』補録一。

許仕廉「中国社会学運動的目標，経過和範囲」『社会学刊』第2巻第2期，1931年。

陳長蘅『中国人口論』商務印書館，1918年。

梁啓超『雑答某報』。

第3章
「五・四運動」後の30年

1 新文化運動の勃興

　孔子を主たる代表とする儒家文化は，本来豊富な人間本位の価値観を内包している。その後，歴代の統治者の選別，改造，加工を経て，「三綱五常」を中核とする政治倫理の道徳文化にリファインされた。この文化は家族農業の自然経済と家父長制度の需要に適応し，かつて長い間家族，社会および国家の統合機能を果たしてきた。社会経済形態の変化にともなって，文化もそれに合わせて更新しなければならない。これは当然，伝統文化を完全に捨て去ることでないが，どうしてもそれに対して，構造的な改造をしなければならない。中国の近現代の歴史的事実が証明していることは，中国で革新を主張し，近代化を本当に行なったひとはすべて文化の革新を主張したことであり，復辟や逆戻りをたくらむひとはすべて，必ず伝統的な専制文化の力を借りようとしたことである。したがって，辛亥革命の新風が吹いてきた後，復辟をたくらむ旧勢力は，野心的な軍閥であれ清王朝の残存であれ，すべて伝統的な専制文化の亡霊に助けを求めようとした。

　戊戌政変の後，維新派に激しい分裂が生じ，そのなかの大半はいち早く革命に転向し，一部分は康有為を代表とし，「革命の内乱を深く恐れる」ために，また政治的には清朝皇帝を死守して放さず，立憲君主の主張を維持し，革命が到来した時にはすぐに保皇派となった。康有為は孔子を教祖として信奉し，「人心を治め，秩序を定めようとするならば，全国各地に孔教会をたてなければならない」と言明した（康有為，1912）。1912年には，康有為は弟子に「孔教会」を組織することを指示した。袁世凱の教育部はただちに「この会は孔教を解き明かし，力を尽くして劣勢を挽回し，憂えの時だという念をもって，古い道徳の墨守をはかり，人知れぬ苦労をして仕事をしたので，褒賞をあたえるべきだ」と称賛した（『孔

教会雑誌』1913）。1913年,「孔教会」が正式に成立し,全国総会が設けられ,康有為が会長に就いて,各地で前朝の遺臣が各種の名目の孔教会を次々とつくった。康有為はまた「中国以何方救危論」（中国をいかにして危機から救うかを論ず）のなかで,「孔教を国教と定めること」,「孔子を中国の神とすること」を主張した。1917年,「文聖」康有為はついに儒家文化をもって「武聖」たる張勲の「辮子軍」と組んで,ともに廃帝の溥儀を再び舞台にあげ,12日にわたる復辟の茶番を演じた。これによって,康有為も「永遠に復辟の祖師として認定される」（魯迅「狂人日記」）ことになった。

　康有為たちは「旧朝旧君」を復辟させるために尊孔復古を必要とし,袁世凱もまた「新朝新君」になるために尊孔復古を必要とした。かれらは文化逆流のグループであり,それぞれが皇帝の夢に浮かされていた。1913年,袁世凱は全国に「通令尊崇孔聖文」（孔子崇拝に関する命令）を発布し,孔子の教えによって「逆流を抑え」,「人心を正しくする」とした。1914年,また全国一律に孔子を祭る儀式を挙行する命令をだし,かれ自らも風変わりな祭服をまとって,孔子を祭る儀式を挙行した。袁世凱が定めた『憲法草案』は,「国民教育は孔子の教えを修身の根本とする」と規定し,全国の小学校,中学校,高校は儒家の経典の朗読や勉強を復活させた。

　この尊孔復古の政治文化の逆流と相対立したのが,新文化運動の出現である。

　新文化運動の主だったリーダーは陳独秀,李大釗,魯迅,胡適らである。陳独秀は1915年に上海で『青年雑誌』を編集し,その創刊号に発表した「青年に謹んで告ぐ」という発刊のことばのなかで,「民主」と「科学」の両者は必ず「同じように重んじ」なければならないと明言した。民主とは専制政治に対抗することばである。中国の数千年の絶対君主制の専制独裁統治は,後にいたって日増しに反動へと発展し,社会発展の桎梏となった。君主専制および各種の変形した偽の共和および民権,民主の名義を借りて独裁政治を行なうことに反対する闘争は,まさしく中国政治の近代化の全過程を貫くものである。当時の新文化運動のトップの人たちがいう科学とは,すでに魏源に指摘された科学技術（主として軍事技術だけをいう）に限定することなく,荒唐無稽な迷信やでたらめと相対する実証科学的知識を含み,さらに伝統的で神秘化な憶断と相対する実際を重んじる科学的知識,科学的精神,科学的態度を含んでいる。つまり,「科学で真理を説明し,証拠で事実を求める」である。陳独秀は「青年に謹んで告ぐ」のなかで提出した

4つの大きな解放の任務は「君主権力を倒し，政治の解放を求めること，教会権力を否定し，宗教の解放を求めること，財産を均等に分配し，産業を興し，経済の解放を求めること，女性の参政運動を行ない，男性本位の権力の解放を行なうこと」であった。まさに経済，政治，社会，文化の4つの基本的な側面の近代化の発展の要求である（陳独秀，1915）。世間に広くいいはやされた文化的な尊孔復古，政治的な独裁専制と君主制の復辟の活動に対して，1916年から，陳独秀は反撃を開始した。かれは「一九一六年」の文章のなかで次のように指摘している。すなわち，「儒者の三綱の説は一切の道徳政治の根本である。君主は臣のかなめとする，すなわち臣下は君主の付属物となり，独立した人格はない。父は子のかなめとする，すなわち子は父の付属物となり，独立した人格はない。夫は妻のかなめとする，すなわち妻は夫の付属物となり，独立した人格はない。天下のすべての男女は臣下であり，子であり，妻であり，独立自主のひとは一人もいない。三綱の説とはこのためのものである」。それゆえ，「尊孔を主張すれば君主を立てるほかなく，君主を立てることを主張すれば復辟をするほかはない」，「孔教と共和はやはり双方互いに絶対に相容れないものであり，一方の存在は必ずや他方を廃絶させる」（陳独秀「復辟與尊孔」）。魯迅は1918年に「狂人日記」を発表し，数千年来「仁義道徳」という綺麗な礼服をまとった中国の古い文明史は，「吃人」（人を食べる）の歴史にすぎないことを暴きだした（『魯迅全集』1981）。呉虞は『新青年』に「専制主義の源泉としての家族制度を論ず」を発表し，家父長制度，家族制度および専制政治制度の三位一体の関係を論証し，「打倒孔家店」（孔子の礼教を打倒せよ）というスローガンをあげた（呉虞，1917）。

　思想革命の必要に応じて，ことばの文体の革新も日程にあがり，新道徳を提唱し，旧道徳に反対するスローガンと互いに補完し合った。胡適，陳独秀はまた相次いで文字の改良と革命の主張を行ない，新文学を提唱し，旧文学に反対した。すなわち，大衆向きでわかりやすい白話文で新道徳，新思想を宣伝することを主張し，難解な文語文を用いて旧道徳，旧思想を伝播することに反対した。

　復辟の潮流に対する反撃からはじまった新文化運動は，伝統文化に対する先例のない激烈な批判に発展し，この批判のなかで民主的，科学的な新文化の創造の道を切り開いた。魯迅の白話小説，胡適の新詩はいずれもこの文化創造の実績の具体的なあらわれである。

　新文化運動は中国の近代化の各要素のアンバランスな推進のなかで，思想の変

革がすでに舞台の前面に押しだされたことを示している。「五・四」以後，新文化運動はまたひとつの新たな段階に高まった。陳独秀をリーダーとする新文化運動の主な面面たちが中国で民主主義を用いて古い思想文化を批判する運動を急進的な頂点に推し進めていた時，北方の隣国のロシアでプロレタリア階級が指導する社会主義革命が勃発した。軍閥の専制と列強にひどく馬鹿にされ，原始資本の蓄積の困苦のなかで真理を探し，道を探索していた中国人に新たな啓示を与え，中国の革命と発展はまた新たな選択をしはじめた。

ロシア革命の勃発後，ロシアにいた4万人を超える中国人労働者が帰国し，ロシア革命の実際の見聞をもち帰ったし，また中国のニュースメディアも大量の報道を行ない，ロシア革命後の新たな社会を「労働社会」と称した。レーニンが指導するソビエト政府が成立した1か月後，すぐロシア皇帝と他の国家が締結した不平等条約を廃棄し，外国での各種の特権を放棄したことを宣告した。このことは，植民地主義の侵略と多重搾取，圧迫の苦しみをいやというほど受けていた中国人の称賛をえた。李大釗は1918年7月から「フランス革命とロシア革命の比較」，「庶民の勝利」，「ボルシェビズムの勝利」といった多くの文章をたて続けに発表し，ロシア革命は「社会主義のうえに立つ革命であり」，20世紀の「世界革命の前ぶれ」であり，そして「各国の人びとの共通の道である」ことを指摘した。かれは「将来の世界をみよ，必ず赤旗の世界である」ことを堅く信じた（李大釗, 1918）。李大釗は十月革命を褒めたたえるだけではなく，さらに十月革命の成功を指導したマルクス＝レーニン主義を宣伝することによって，中国共産主義運動の先駆者となった。

ソビエト政府が不平等条約を廃棄し，外国でのさまざまな特権を放棄する態度とは逆に，第一次大戦の戦勝国はかえってドイツに戦勝した機会に乗じて，中国を犠牲にして，敗戦国ドイツが中国で略奪していた特権を強奪した。1919年1月から，アメリカ，イギリス，フランス，日本など「協商国」である戦勝国はパリで「和平会議」を開いた。中国も1917年に，かつて「協商国」側に労働力を提供する方法で参戦したことがあるので，戦勝国の1つである。したがって，代表を派遣し和平会議に参加した。国内および世界での民族民主主義運動の高まりの雰囲気のなかで，中国人民は，会議に対して次のような要求を提出することを中国代表に要求した。すなわち，外国に中国での特権を放棄させること，外国の軍隊と警察を撤退させること，外国の郵政・電信機関を撤回させること，領事の裁判

権を撤廃させること，租界地を返還させること，関税を自主的に決めること，日本と袁世凱が締結した「二十一カ条」を破棄すること，大戦期に日本に奪われた山東におけるドイツの各種の権利を返還させることといった要求である。しかしながら，会議では山東問題以外は議題にせず，その他の要求はすべて討論を拒否された。4月30日，イギリス，アメリカ，フランス，日本などがまた会議を支配し，意外にも山東のドイツの権利を全部日本に譲渡することを『ベルサイユ条約』に書き込むことにした。中国北洋政府も列強の暴威を前にして，調印を認可するつもりであった。この情報が北京に伝わると，久しく侮辱されてきた中国人民の民族としての鬱積はもはや抑えられなくなり，民族的心根のナーバスな青年学生がまっさきに立ちあがった。5月3日，首都の学生代表が北京大学に集合し，政治的主張を内容とする同文電報を全国に発信すること，各界を結びつけ国家の権利を守るために一致して行動すること，パリの中国特使に打電し，調印を拒絶させることを決定した。5月4日，北京の13校の3千人余りの学生が天安門前に集まり，会議を開き，デモ行進を行なった。学生たちは熱血があふれ，演説を行ない，スローガンを壁に張り，ビラをまき，「対外では国家主権を回復し，対内では国賊を懲罰せよ」，「講和条約の調印を拒絶せよ」，「二十一カ条を破棄せよ」，「青島を返せ」ときわめて強い要求を打ちだした。かつまた，曹汝霖（「二十一カ条」調印時の外交次長，交渉代表，「五・四」の時は北洋政府交通総長），陸宗輿（「二十一カ条」調印時の駐日公使，「五・四」の時は北洋政府の造幣局総裁）と章宗祥（駐日公使）を処罰することを要求した。デモ学生が曹汝霖の住宅である趙家楼に火を放ち，ちょうど曹の邸宅にいた章宗祥を袋叩きにした。北洋軍閥政府当局は多くの軍と警察を現場に差し向け，学生や市民を逮捕した。5月5日，北京の学生はストライキを行ない，全国10か所余りの大中都市の学生はうわさを聞いて次々に集会，デモを行ない，学生運動は北京から全国の各中，大都市に拡がった。1915年5月7日は，日本が最後通牒と武力の威嚇で袁世凱政府に対して48時間以内に「二十一カ条」を承諾することを迫った期日であり，学生たちはこの日を国恥の日とし，講演団が街へでて講演し，反帝愛国の思想を宣伝した。5月19日，北京の中等以上の学校の学生がストライキを行なって，演説団，国産品維持会，護魯義勇団（山東省護衛義勇団）を組織し，代表を全国各地へ連絡に派遣した。かつまた，国恥日報を発行し，運動を全国に広げ，単純な学生運動から社会各層が広範に参加する全人民運動へと発展させていった。6月1日，北洋政

府は学生の行動を取り締まり，そして曹汝霖らを擁護する2つの命令を発布した。首都の学生はただちに街頭行進と演説を行ない，反撃した。6月3日，天津，済南，上海，武漢，長沙，南京，成都，西安，杭州，開封，安慶，広州などの都市の学生も相次いでストライキ，デモ行進を行なった。

　陳独秀，李大釗らは『毎週評論』を利用し，すばやく反応した。かれらは論説でパリ講和会議は列強の盗みとったものを振り分ける会議であることを暴きだし，学生の愛国精神を褒めたたえ，中国の軍閥政府を攻撃した。陳独秀は次のように中国政府の施策を激しく批判した。中国生存のためのわずかな望みを顧みず，愛国学生を「1人残さず全部殺し，かれらは政治に干渉すべきではないといい，かれらを法廷に送り尋問し処罰するというようなやり方は，中国人の心をなくさせ，国民の愛国心を完全に喪失させて，いくら外国から侮辱，圧迫されても，いくら政府の外交が失敗しても，国民は黙っておれということである」(陳独秀「対日外交的根本罪悪」1919)。かつまた，陳独秀は「山東問題に対して各方面に敬告する」のなかで「これはわれわれ国民全体の存亡の問題であり，民族自衛の精神を発揮しなければならない。学界，政客，商人，労働者，農民，警官，軍人，役人，議員，ものもらい，新聞記者を問わず，皆立ちあがって日本および親日派に反対しなければならない」と呼びかけた (陳独秀，1919)。李大釗は「秘密外交と強盗世界」のなかで鮮明に「強盗氾濫の世界を徹底的に改造し，秘密外交を認めず，民族自決を実行する」という主張を提起した (李大釗，1919)。列強の圧迫，政府当局の売国と国民への暴行，学生の愛国の熱情，先駆者の呼びかけはその他の社会各階層，まっさきに上海の紡績労働者が6月5日にストライキで応じて，即座に学生のストライキ，労働者のストライキ，商人のストライキになった。このように，学生運動はすでにその他の都市，その他の階層へと進展し，さらに広範な反帝愛国の社会運動になった。民衆運動の圧力のもとで，政府当局は逮捕した学生の釈放を迫られたし，曹汝霖，陸宗輿および章宗祥の職務を解いた。パリで，中国代表は『ベルサイユ条約』の調印を拒否することを要求する国内外の同胞の7千通余りの電報を受け取った。6月28日の調印の日まで，中国代表の住まいは中国の留学生や中国人労働者によってとり囲まれた。中国代表はついに政府の命令を顧みず，公式に声明を発表し，『ベルサイユ条約』の調印を拒否した。「五・四」運動は勝利を獲得した。

　国際的背景からみると，「五・四」運動はロシアの十月社会主義革命の影響お

よび列強の対中政策の刺激のもとで勃発したものである。ソビエト政府は帝政ロシア政府が締結した一切の不平等条約と中国で強奪した一切の特権を自発的に破棄したが，これは中国を犠牲にして強盗の分け前にあずかった列強の手口とは際立った対照をなしている。中華民族の生存問題，労働者や農民などの勤労大衆の生存問題は当時の中国の最大にして，もっとも緊迫した現実の社会問題であった。それ自体は中国の民衆を「労働社会」の方へ傾かせ，社会主義の方へ傾かせるのに十分である。同時に，明と清との境目の時期に啓蒙思想家に強調された「天下は公のものであること」と人民本位主義の政治理念は，近代西洋の民主主義と社会主義思潮の影響を受けてさらに発展して，中国人がマルクス主義を受け容れる思想文化の基礎になった。このように，世界革命の転換のかなめとなる時期および社会主義と資本主義の2つの主義，2つの社会形態の前で，中国の一部の急進的知識人と愛国的民衆に感情的，また道義的にロシア人の社会主義の道を選択させしめた。

2　社会構造の二元化

　「五・四」の新文化運動の出現に対して，当時李大釗はただちに唯物史観で分析を行なった。かれは「経済から中国近代思想変動の原因を解釈する」という論文のなかで，新文化運動は「経済の新たな状態，社会の新たな要求に応じて起こったものである」と指摘した（李大釗，1919）。次にこの運動の社会的背景を分析してみたい。

（1）近代産業の発展と経済構造の二元化
　経済面では，甲午（日清）戦争後，外部からは帝国主義国家のいっそう深くかつ広い経済侵入と略奪的なプレッシャーを受け，内部からは戊戌変法の失敗，封建軍閥の圧迫と剥奪および戦乱などの不利な要素があったけれども，依然として中国の近代産業，とりわけ民族資本主義の産業は初歩的な発展があった。
この発展の原動力は，第1に近代産業そのものからきている。すなわち，伝統的手工業と較べた近代産業の優越性と前の段階に洋務運動期にすでに形成された近代産業の生産力の初歩的な基盤（科学技術，管理経験，技術工，技師および管理要員を含む）からきたものである。

同時に，日清戦争後に，経済発展に比較的有利な環境と要素も新たにあらわれた。次に２つの側面，つまり主観的な側面と客観的な側面からみてみよう。

　主観的な面からは，① 日清戦争の敗北と『下関条約』の締結によって引き起こされた人民の反帝国主義愛国運動は，民族商工業を発展させる精神的な原動力となった。② 戊戌変法運動から辛亥革命まで，中国政府が打ちだした資本主義商工業を発展させるプラン，政策，法令およびそれに応じた機構の設置は近代産業の発展の法律的根拠と保証を提供した。たとえ戊戌政変後と辛亥革命後に，政治および文化のうえで復辟の逆行があらわれた時でも，商工政策はすこしもとに戻ったけれども，総体的にいえば大きな後退はなかった。というのも統治者にとって，財政収入を大幅に超えた戦争賠償金や日増しに増加する政府の各種の支出を維持するために，商工業を発展させ税金を徴収するほかに収入を増やす方法がなかったからである。総体的にみれば，民族商工業を発展させることはすでに後戻りのできない潮流となっていた。③ 商工業の発展およびそれに応じた法律が次第につくられたことにともなって，商会や商団などの商工組織もあらわれはじめ，一定程度，民族商工業の利益を代表し，保護した。④ 人民の愛国主義運動および商工組織とその他の各界の民間団体によって巻き起こされたアメリカ，日本，ドイツなどの外国製品に対するボイコット運動と鉱山，鉄道などの採掘，敷設の権利を取り戻す運動は，民族産業の発展や外資との競争にとっても積極的な保護と支持の役割を果たした。

　客観的な条件の面からも，いくつかの比較的有利な要素があらわれた。すなわち，① 貿易港の開港が多いほど，むろん外資の流入がさらに増え，民族資本が外資の競争，締めだしそして圧迫を受けることがさらに多くなるけれども，しかしながら各種の資本主義の要素の増加は経済構造と社会構造の分化を絶え間なく加速させたし，また商品経済と近代産業の発展のためにますます大きな市場発展のメカニズムを提供した。② 水上運輸の発展と鉄道の敷設は，商品やひとの市場での流通の拡大にとって，さらに便利な条件を提供した。③ とくに第１次世界大戦時，帝国列強は戦争に奔走し，中国への輸出が多少減るため，中国近代の民族商工業の発展はえがたい機会を手にした。上述した内外のさまざまなプラス，マイナスの要素の複合作用によって，戊戌政変後の義和団運動や８か国連合軍が中国を侵略した短い間に産業資本の発展が低調に陥った以外は，1895年から1920年まで，中国の産業資本（製造業と現代交通運輸業）の発展は比較的早いスピー

ドを保ち，中国の資本の年成長率が11.88％（そのうち民族資本の年成長率は13.84％）であり，在華の外国資本の年成長率は13.11％である。もっと注目すべきことは，この凄まじい２桁の成長率が約４分の１世紀（この間には２回の小さな波があるが）も持続したことである。しかし，農工業および交通運輸業の総生産額のなかで，近代的な産業の生産額が占める割合は，1920年にいたっても7.84％にすぎず，総額は約13億元である。これは産業近代化の水準がいまなお非常に低いことを物語っている。1840年以前，社会総生産額のなかで資本主義的な工場制手工業の占める割合は計算できないほど小さかった。しかし，1920年になる，その総生産額はすでに10億6,000万元に達し，近代的工業の総生産額（８億6,400万元であった）を超えた。資本主義的産業のなかで近代的工業と工場制手工業の二重構造をなした。近代的な産業に工場制手工業を加え，農工業と交通運輸業の総生産額のなかで資本主義的産業の比率は15.4％に達した。手工業のなかでも，資本主義的な工場制手工業の生産方式に変わったのは全手工業生産額のなかでわずかに４分の１ぐらいであり，伝統的手工業が依然として優勢であった。近代工業の生産額と比べて手工業全体の総生産額は3.8倍であり，近代産業は農工業と交通運輸業の総生産額の7.84％であった（許滌新等，1990）。

（２）新興階級・階層の出現および拡大と社会文化構造の二元化

　このような二重の二元経済構造に相応して，社会と文化の面にも非常に複雑な多元構造があらわれた。後発型発展途上国の社会経済構造の二元化について，一般には第２次世界大戦後の西洋の発展理論の一大発見あるいは理論の総括だと考えられているが，実際には早くも近代産業および西洋文化を導入した時，中国人はすでにこの問題を認識したのである。1918年，黄郛はその著『欧州戦争の教訓と中国の将来』のなかで次のように指摘している。つまり，「社会の各方面を子細にみると，二重構造はあちこちに存在していることがわかる。今日の政局の不安定および社会思想の混乱を招いた原因も，二重構造にあるといえる」と（黄郛，1918）。この概括に同感した魯迅は，ただちに『新青年』（第６巻第３号，1919.3.15）に発表したエッセーのなかでさらに詳しく論じた。かれは次のように書いている。

　「中国社会の状態は，まるで数十世紀を一時に圧縮したかのようなものである。炬火から電灯まで，一輪車から飛行機まで，投槍から機関砲まで，『妄りに法理を語る』を許さずから護法運動まで，『肉を食らい皮に寝ぬ』式の食人思想から

人道主義まで，形代を迎え蛇を拝むから，美育をもって宗教に代えるまでが，押し合いへし合い存在している。……このほかにも，たとえば，信仰の自由を認めながら，また特別に孔子を尊んだり，自ら『前朝の遺老』と称しながら，また中華民国から銭をもらったり，革新すべきだと言いながら，また復古を主張したり，四方八方ほとんどすべてが，二重，三重ないしは多重の事物で，その各重それぞれにあい矛盾している」(『魯迅全集』第1巻)(訳注1)。このような多重の矛盾の存在は社会の不安定の根源であるだけでなく，また社会発展の活力のよってきたるところでもある。

社会構造の面では，外資，民族資本および工場制手工業の発展にともなって，自然経済は解体を速めたし，社会構造の分化も加速した。

外資に頼る買弁の人数は，推定によれば1920年にはすでに約4万人に達しており，買弁の組織化の程度と機能はすでに顕著に高くなっていた。たとえば，買弁を主な組織とする「商会」「行商分所」はいずれも市場を調和させたり，操ったりして，投資計画を練りあげたり，社会活動に関わる機能を備えていた。清末期，民国初期の買弁のなかの一部の重要人物の多くは民族ブルジョア階級の商会，商団活動に参加するとともに，また重要な役割を発揮した。ビジネスを興すことおよび維新，立憲さらに辛亥革命などに対する態度は，民族ブルジョア階級とかなり一致している。しかし北洋軍閥期には，軍閥や官僚と同じく，買弁の結託も進展した。とりわけ大買弁と大商人は商会を操り，中小商工業者の利益を損ねたし，大買弁ブルジョア階級利益集団と中小商工業者の矛盾を生みだした。北洋軍閥期，大買弁は帝国主義，軍閥，官僚が互いに結託する仲立ちとして，なかに立って利益をあさり，とくに兵器弾薬の購入，外国からの借款，軍人の俸給の調達などをとおして，あぶく銭をもうけて，同時に金銭を国家に献納して官位を買って，官僚化の前段階を歩み，社会的地位を一定上昇させた。これ以外に，大買弁は商工業に投資することによって，実業家になっていく者が日に日に多くなり，買弁階層は次第に分化していった。

この時期は中国の民族工業と民族ブルジョア階級の発展の「黄金時代」であるが，民族ブルジョア階級の総人口は正確には統計しがたい。1920年，外国資本と中国の資本とはそれぞれ産業資本総額の51.6％と48.4％を占めており，ほぼ均衡していた。もし外資企業から西洋人の支配人を除き，華資企業から管理をする官僚を除けば，実際の民族ブルジョア階級の人数と買弁の人数とはおそらく差がな

く，4万人ほどである。もしこの時の買弁をブルジョア階級のなかの1つの階層とすれば，買弁と民族ブルジョア階級の総和は8万人である。この産業ブルジョア階級に関する統計には，数多くの手工工場主や商店主は計上されていない（許滌新等，1990）。

　近代産業の労働者階級の発展は，北洋政府農工商部の不完全な統計によれば，1919年の中国の近代産業（近代鉱工業，交通）の労働者は235万，さらに約1,200万人の熟練手工業労働者および店員がいた。産業労働者の分布と性質には次のようないくつかの特徴があった。すなわち，地域からみると主として上海，武漢，天津，青島，大連，ハルピン，広州，香港などの貿易港に集中している。そのうち上海，武漢，天津の3市で半分以上が占められており，地域的にも，企業の数においても高度に集中している。労働者の多くは農民，手工業者およびその他の貧民の出身であり，一般に勤勉で，苦しさや辛さを堪え忍び，技術は熟練したが，文化レベルは低かった。労働者の労働時間は長く，賃金は低く，労働条件は劣悪であり，専制主義的な「棍棒紀律」（棍棒で殴って紀律に従わせる）や資本主義的な「飢餓紀律」（飢えさせて紀律に従わせる）といった二重の圧迫と搾取を受けた。その重大さと残酷さは西洋国家の原始資本蓄積期にその国の労働者が受けた圧迫と搾取の程度をはるかに超えていた。西洋国家の労働者は1日8時間労働制をすでに勝ち取って半世紀以上が経ったが，中国の上海の労働者の労働時間はなんと1日12時間から15時間に達していた。そのうえ，賃金も西洋の同じ職種の労働者の7分の1ほどであった。完全な統計ではないが，1920，30年代の中国のそれぞれの鉱工業部門の搾取率はいずれも2倍以上であり，10倍を超えるところさえあった（王方中，1982）。このような厳しい搾取と圧迫は，中国の労働者階級がその誕生の時から，さまざまな形式の闘争を進めて，自らの生存と発展を勝ち取らなければならないようにした。労働者階級の陣営が強大になるにともなって，労働者運動も日増しに発展を遂げた。労働者のストライキの回数が日を追って頻繁になり，規模も日増しに拡大した。1914年から1919年のわずか5年間で，全国で発生したストライキの回数は記録があるものだけで108回に達し，1870年から1911年までのストライキの回数の合計を上回っていた。ストライキがもっとも集中した都市は，労働者の分布がもっとも密集した上海，武漢などの都市であり，「五・四」時期までに，すでにほんの一部の工場による純経済的なストライキから業種ごとのストライキおよび業種を超えた社会的，政治的な大ストライキに発

展していた（陳旭麓，1983）。

　以上，プロレタリア階級，ブルジョア階級（買弁階層を含み，この時はまだ階層を形成していない）およびこれらの階級，階層に共鳴する新しいタイプの知識分子が新たな生産方式に依存した新たな階級と階層の集団をすでに形成した。これらの人びとの総数はわずか数百万にすぎず，当時の全国の人口約4億4,000万人のわずか1％弱を占めるにすぎないし，その扶養家族の人口（1家族5人として計算）を入れても，総人口の5％ほどにすぎない。してみると，当時の近代化の程度はとても低いということがわかる。しかし，全般的にみれば，数百万はすでに小さな数字ではないし，そのうえいくつかの大都市に主に集中し，たとえば上海には50万人の産業労働者がいた。これは当時の世界からみても多くみられることではない（趙文林等，1988）。

　産業分布の高度集中の長所はというと，一方では産業自体の発展に有利になるだけではなく，労働者運動，市民運動からみても規模が大きかったことである。他方では，産業分布の高度集中は中国の産業化の地域アンバランスをもあらわしている。このアンバランスは社会の二元構造とそれによって生みだされたさまざまな社会的矛盾をいっそう集中させ，いっそう深刻にさせた。少数のいくつかの大都市が膨大な農村の発展を引っぱるという巨大な負担によって，中国の近代化の推進はとりわけ艱苦に満ちた重荷を負わされた。また，艱苦に満ち，緩慢で，立ち遅れていればいるほどいっそう成功を急ぐ幻想を容易に生みだした。これがその後の中国の近代化過程のなかで，多くみられる現象である。

　都市と町村に分布している約1,200万人の手工業従事者と店員は，もともと農業の自然経済的な小商品経済に依存していたが，この時すでに過渡的な形態の社会階層に変遷しており，そのなかで都市と町の工場の手工業従事者と店員の近代性はいっそう強かった。都市と農村の手工業従事者，店員，小商人およびその扶養家族の人口の総計はおよそ5千万から6千万であり，総人口の12％ぐらいである（陳旭麓，1983）。

　農民階級と地主階級は中国の伝統社会の基本的な階級であり，国民党農民部の1920年代の統計によれば，農村の住民は全国人口のおおよそ90％を占めており，また農民は農村住民の約84％以上を占めていた。軍閥，官僚地主が権勢を利用して土地の併合をいっそう激化させたことによって，農村人口の55％は土地をもたない佃農，雇農，ルンペンにさせられた。百畝（1畝は約6.667アール）以上の

土地を所有する大地主は農村人口のわずか5％にすぎないが，しかしながら全国の43％の土地を占有している。さらに，大地主に中小地主と富農を加えれば農村人口の14.4％になり，農村土地総数の81％を占有していた。半数以上の農民はみな土地をもたない以上，当然生計には困難が生じ，そのなかの多くの人びとは流浪の民になりはて，社会のもっとも不安定な動乱の要素になった。土地のないあるいは土地の足りない比較的従順な農民はただ地主の土地を小作するだけであり，そのうえ小作料率は50％から90％に達した（章有義，1957）。農民は生きるために闘わざるをえなかったため，近代以来中国農村の動乱は止むことはなかった。小さな動乱は食料の奪取，納税拒否，やや大きな動乱はむしろ旗を立てた一揆，とりわけ大きな動乱は清朝末の太平天国，捻軍（安徽省北部と河南省一帯の農民が蜂起してつくった反乱軍），義和団，さまざまな民間の秘密結社の蜂起，民国初期の白朗（農民蜂起のリーダー）蜂起および共産党が指導する農民運動を含み，次から次へと絶え間なかった。そのうえ，列強の侵入は伝統的な農民と地主の矛盾の基礎のうえに，新たな民族的矛盾がつけ加わり，近代の農民蜂起に外来の侵略に反対する性質も帯びさせた。しかし，近代的な階級（工業化によって生まれたプロレタリア階級とブルジョア階級）の指導がない時，外国の侵略への農民の反抗はただ伝統的意識と伝統的農民暴動の方式によるしかなく，義和団がその典型であるように，ともすれば反近代化の傾向を帯びた。近代的な階級の指導を受けてはじめて，農民は近代化に向かうことができる。中国のさまざまな社会問題のなかで，もっとも重要なことは農民の生存問題である。執政者は農民問題を解決しさえすれば，社会を安定させ，統治を強固にできるのであり，そうでなければその政権は転覆されてしまう。政権を取って，中国社会の進歩を実現したい革命家は，まず農民に着眼し，農民を動員し，農民の土地問題と生計問題をうまく解決しなければならない。

　農民階級のほかに，伝統農業社会の階級と階層には散り散りばらばらの小手工業従事者（農村での兼業農民がそれである），小商人および古いタイプの知識分子もある。

　知識人は一つの独立した階級ではなく，近代の中国ではこの階級の分化はもっとも早く，もっともすみやかで，またもっともはっきりしていた。そのなかで，若い知識人は新しいタイプの教育を受けたため，身につけた知識の内容と考え方は日増しに近代化した。また「中国でもあり，西洋でもあり，中国でもなく，西

洋でもない」という過渡的な状態にあった知識人も少なくなかった。官僚型の知識人と農村地域の知識人の多くは基本的に古いタイプの知識人に属していた。総じていえば，程度の差こそあれ，当時の知識人はいずれも古いタイプから新しいタイプへの変化の転換期にあった。文化が立ち遅れた近代中国で，全国の人口に占める知識人の割合はごくわずかであるが，文化的知識の担い手として，反対にそのエネルギーと影響はその占める人口の割合に比べてひときわ大きかった。新政権か旧政権かを問わず，主なリーダーは知識人からなっていた。近代以後異なった階級や階層を代表するさまざまな政党をみると，その領袖，幕僚，知恵袋の主なひとはすべて知識人である。軍閥や土匪でさえ，頭が少しばかりよいひとは「師爺」（明・清代に地方長官が顧問として招聘した補佐的な人員である幕友のことで，師爺は俗称。拝師爺とは師爺を尊敬すること）を招聘することでわかる。「秀才造反，三年不成」（文人の反逆は３年かかっても成功しない）という古代からの名言にあるように，知識人だけの力ではことをなしとげることができない。反対に，知識分子の参加のない運動も，成功は不可能である。近現代の中国の知識人は新しい知識と新しい学問の伝播者でありながら，社会革新と近代化の先駆および橋渡しの役割も果たしたため，その作用は過小評価することはできない。しかし，当時の新しいタイプの知識分子が身につけたいわゆる新しい知識は，主として直接西洋からあるいは日本をとおして間接的に学んだ欧米の学問であり，中国において社会的経済的な基礎が欠けていた。欧米から導入した新文化を中国化させるために，新しいタイプの知識分子は民衆を教育すると同時に，民衆と互いに結びつかなければならなかった。中国の近代化水準の低さに制約されて，近代以後の新しいタイプの知識人が民衆啓蒙の重い任務を担いながら，苦難に満ちた道を歩んできた。

　以上述べたように，「五・四」の時期までに，中国は２つの近代的階級（プロレタリア階級とブルジョア階級），２つの伝統的階級（地主階級と農民階級），１つの従属階級（知識階級），分解し転化しつつある手工業者階層およびその他の副次的な社会階層から構成される多元的で複雑な社会構造をすでに形成していた。これは伝統から近代へ転換しつつある動態的な二元的社会構造であり，ドラステックに変化する社会構造である。そのなかで，一部の商人，地主，官僚および手工業経営者はまさに近代のブルジョア階級（官僚ブルジョア階級を含む）に転化し，多くの農民，手工業従事者およびその他の貧民は近代産業のプロレタリア

階級に転化していった。この動態的な二元的社会構造は，外圧による後発型の発展途上国の社会変動の典型的な形態であるが，中国ではあらわれ方がとりわけ複雑であった。

　このような二元構造は中国の伝統的社会構造が新たな国際的環境と外来の要素の作用のもとで，解体してなったものであり，国際的な社会情勢と中国社会内部のさまざまな要素の相互作用にともなって，変化し続けたものである。中国の伝統的な農業社会のなかで，対外的な民族矛盾は主に，相対的に先進的な農業民族と立ち遅れた遊牧民族の矛盾，衝突そして融和としてあらわれ，内部の社会的矛盾は主に地主階級と農民階級の矛盾と闘争としてあらわれる。中国が半植民地社会になりさがってしまった近代以来，中華民族に挑戦する外来民族は，社会発展のうえですでに中華民族よりいっそう先進的な工業化社会の民族であった。それゆえ，中華民族は民族解放を真に徹底的に実現し，世界の先進民族と全面的な平等の地位を確立させるためには，全面的に近代化を実現するほかなかった。近代中国の内部には，伝統的地主階級と農民階級の矛盾と闘争が依然として存在していたし，また産業プロレタリアートが外国および本国のブルジョア階級の圧迫に反対する，新しく生まれた近代的な階級闘争が加わって，新旧の二対の階級矛盾と闘争が並存しながら，相互に作用しあう二元的構造になった。この内部の二元的階級矛盾はまた対外的な民族矛盾と相互にからみ合って，非常に複雑な関係になった。

3　共産党およびその綱領

　中国の重大な民族的危機と社会的危機，国際的な革命の潮流，さらにロシアの十月革命のモデル効果そしてマルクス＝レーニン主義の中国での伝播は中国の変化を促した。知識分子の革命化の傾向および初歩的な共産主義思想をもつ知識分子のエリートの出現と産業プロレタリアートの闘争および民衆の民主運動の結合は，中国のプロレタリア階級の革命政党が誕生する必須の社会的，思想的基礎をつくった。

　「五・四」運動以後，中国の思想界はいっそう活発になった。北京大学は学長の蔡元培の「兼容并包」（多くのことがらを包括する）という自由主義の旗印のもとで，古今東西のさまざまな学説やさまざまな考え方をもつ知識人の集まると

ころになった。さまざまな社会団体が次々に設立され，さまざまな学説が種々雑多述べられた。おおまかな統計によれば，「五・四」以後，全国で新たに設立された社会団体は100を数え，出版刊行物は400余りであった。これは短い百家争鳴の時期である。種々さまざまな社会主義を含んでおり，中国ではすべてスポークスマンをみつけだすことができる。『新青年』や『毎週評論』，『晨報副刊』，『少年中国』，『言志』などの刊行物はすべて次々とマルクス主義を宣伝する文章を掲載した。李大釗が主として編集に当たった1919年5月の『新青年』のマルクス主義特集号で，かれは「私のマルクス主義観」を発表し，マルクスの唯物史観，政治経済学および科学的社会主義を簡潔に要点をおさえて紹介した（李大釗，1919年）。マルクス主義とロシアの十月革命についての李大釗と陳独秀の理解と宣伝は中国の境遇から発したものである。それゆえ，十分に正確ではないけれども，かえって民族と社会の二重の危機のなかにおかれている中国人の心理と必要にいっそう身近なものであった。かれらはロシア革命の勝利を庶民の勝利だと理解し，革命後の新しい社会を「労働社会」と称し，「労農主義」の地位と役割を強調した。産業が未発達で，社会構造のなかで産業プロレタリア階級の比重はまだ小さく，農民を主体とする中国では，かれらが宣伝する社会主義思想は広範な民衆の受容性と社会的需要に応じたため，勤労大衆を広く引きつけた。

　1919年の「五・四」運動時期の思想的な事前準備を経て，1920年に李大釗，陳独秀は共産党を設立する意見を協議しはじめた。

　李大釗，鄧中夏が発起し，北京大学でマルクス学説研究会を秘密裏に設立した。コミンテルン代表のウェイジンスキー（Vvedensky，維経斯基）らが中国にきて，李大釗，陳独秀らと会見した。中国の労働運動，マルクス主義の伝播と建党の事前準備などといった情況を調べて，コミンテルンや国際共産主義運動の情況と経験を紹介し，中国共産党の設立計画に対して援助を提供した。続いて，陳独秀らは上海でマルクス主義研究会を創立した。1920年8月，上海で中国で最初の共産主義小組を設立した。9月，『新青年』が党の公開刊行物に改められた。11月には，また党の秘密刊行物『共産党』（*THE COMMUNIST*）が創刊された。同月，上海の中国共産主義小組は『中国共産党宣言』を制定し，「共産主義者の目的は国際共産主義の理想に照らして，新たな社会を創る」ことを確定した。1920年の秋から1922年の春まで，国内では北京，長沙，武漢，済南，広州などで，国外では日本，フランスで相次いで中国共産主義小組がつくられた。これらの中国共産

主義小組が成立した後，マルクス主義を積極的に宣伝し，労働運動を組織的に展開させた。1921年7月，上海で中国共産党の第1回全国代表大会が開催された。大会では，『中国共産党宣言』と中国共産党のはじめての綱領およびはじめての決議が採択された。「中国共産党の第一の綱領」は，中国共産党はプロレタリア階級の政党であり，その目標は「プロレタリア階級の軍隊でブルジョア階級を打ち倒し，労働者階級によって国家を再建し，階級差別を消滅させしめる」ことである。中国共産党の成立と社会主義の道および目標の選択は，その後の中国の歴史の発展の方向を決定する画期的な事件である。

中国共産党の成立後，中国社会の実際の状態を具体的に深く掘り下げた分析が次第にはじまり，それによって党の現実の任務，戦略そして策略が明確になった。これがいわゆるマルクス主義と中国の具体的な実践が互いに結びついた過程である。

民族と植民地問題に関するレーニンの理論およびレーニン自らの指導のもとで，1922年の中国共産党第2回全国代表大会が採択した宣言，党規約およびその他の3つの決議案は次のように指摘している。つまり，当時の中国の「最大の苦しみは資本帝国主義および軍閥・官僚などの封建勢力の圧迫である」と指摘し，それによって反帝国主義・反封建の民主主義革命の現実的な価値を肯定し，党の最低綱領と最高綱領の区別と連携を基本的に明らかにした。最低綱領は中国の当時の革命の性質は民主主義革命であること，革命の対象は帝国主義と封建軍閥であること，革命の原動力は労働者，農民，プチブルジョア階級および民族ブルジョア階級の協力戦であること，革命の目標は真の民主共和国を打ちたてることである，ことを明らかにした。最高綱領は「私有財産制度をなくし，漸次共産主義に到達し」なければならないということである。その後，中国共産党が指導する中国革命と社会発展の実践は，基本的にこの綱領と道筋に照らして進んだ（中国共産党党史資料庫）。

しかし，中国共産党およびその指導する革命運動はロシア革命の影響およびレーニンの指導のもとで発生したものである。したがって中国の具体的な社会の現状と結びつけ，中国の国情に適合する中国の近代化の道を探求するためには，中国人自身の努力を頼りにして，巨大な犠牲を代償にして，一歩ずつ歩むほかなかった。

共産党の成立後，すぐ積極的に組織を発展させ，マルクス主義を宣伝し，労働者運動を繰り広げた。1922年1月から1923年2月までに，13か月にわたる共産党の指導下で最初のストライキの高潮が起こった。全国のストライキは100を超え，

参加者は30万人余りに達した。

4　国共合作と分裂

　中国共産党は第2回全国大表大会で採決した最低綱領で当時の革命の性質が依然として民主主義革命であり，労働者，農民とプチブルジョア階級および民族ブルジョア階級が団結しあうべきことを確定した。したがって，民主主義革命の段階で中国共産党はその他のプチブルジョア階級の政党や民族ブルジョア階級の政党と連携して反帝国主義，反封建主義の連合戦線を打ちたてる可能性が生まれた。
　中国国民党の創立者の孫中山は少年のころからすでに農民に同情を寄せていた。かれの民生主義のなかの「地権の平均」（土地の申告価格に基づいて課税し，地価上昇分を国家に納め国民全体に還元する）の主張は，とりもなおさず農民の土地問題を出発点としたものである。かれは自分の発展理論を社会主義と称した。ロシアの十月革命は，軍閥との交渉に失望していた孫中山に新たな希望をみいださせた。1918年，孫中山が指導する中華革命党（1919年10月，中国国民党に改組）の機関誌『民国日報』が元旦に発表した社説は「われわれは北の隣国の大変動に対して，とても希望をもっている」と書いている。孫中山は国内，国外のいずれの面からも社会主義の方へ傾いていた。
　同時に，レーニンの民族および植民地の理論はつぎのことをはっきりと示した。つまり，帝国主義の植民主義に圧迫されている中国のような立ち遅れた専制国家にとって，プロレタリア階級革命のただちに現実的な任務は民族自決権を獲得し，民主主義革命を完成させることであると。レーニンが指導するソビエト政府はロシア皇帝が中国政府と締結した一切の不平等条約および享受している特権を廃止することを再三宣告しただけでなく，そのうえレーニンはコミンテルンを指導し，1922年にソ連で極東各国の共産党および民族革命団体の第1回の代表大会を開催した。大会では中国やその他のアジアの植民地・半植民地国家の一刻も早い任務は，反帝国主義連合戦線を築きあげ，「自由，平等，平和」を獲得することであると指摘された。レーニンは自ら中国共産党代表の張国燾，中国国民党代表張秋白および中国鉄道労働者代表鄧培と接見し，国民党と共産党の合作および中国民主主義革命の連合戦線の樹立を促した。同時に，コミンテルンは代表を中国に派遣し，中国が連合戦線を樹立し，反帝国主義，反封建主義の民主主義革命を進め

ることを援助した。

　敵対する陣営では，英米が支持している直隷（今の河北省）軍閥呉佩孚の勢力が強くなって，中国の「武力統一」を意図した。1923年，直隷軍閥は共産党が指導した北京と武漢の鉄道労働者のゼネストに相次いで血なまぐさい弾圧を加え，直隷軍閥の頭目の曹錕は買収によって黎元洪に取って代わって総統になると，ただちに孫中山が自ら定めた中華民国の象徴である「中華民国臨時憲法」を廃止した。このことは，国民党と共産党が連携して列強および封建軍閥と共闘することを推し進めた。

　1923年1月と5月，コミンテルンは相次いで「中国共産党と国民党の関係問題に関する決議」および「中国共産党第3回代表大会に関する指示」をだし，国共合作の必要性を指し示した。また，労働者階級政党の指導権の問題，農民の支持をえるために労働者と農民の連携をとおして国民党の土地革命への支持を促進すること，孫中山の革命軍が封建軍閥に勝つことを保証すること，反帝国主義の革命的基礎を拡大することなどについて，中国共産党にコミンテルンの意見を述べた。6月，広州で開催された中国共産党第3回全国代表大会が採択した「中国共産党第3回全国代表大会宣言」，「国民運動および国民党問題についての決議案」は，共産党員が個人の名義で国民党に加入することと同時に共産党の組織を保存し，発展させ，その政治的，思想的，組織的な独立性を堅持すること，国民革命を中心として国内および外国からの抑圧を取り除くことを決定した。このようにして，歴史が浅い共産党は当時すでにかなり影響力のあった孫中山と国民党の旗印を利用することで革命の力量を発展させることができたし，同時に国民党を改造して，国民党のなかで共産党の役割を果たすこともできた。それによって，複雑な構成要素からなり，まだ固まっていない国民党を労働者，農民，プチブルジョアおよび民族ブルジョア階級をも受け入れるような反帝国主義・反封建主義の連合戦線に改造しようと考えた。当時の孫中山も「ソビエトを師とする」ことを決心して，共産党員の国民党加入による「党内合作」の方式の国共合作を望み，同意した。

　このように，いろいろな準備を経て，各方面からの妨害を排除して，国民党は1924年1月に広州で第1回全国代表大会を開いた。国民党総理の孫中山が会議を主催し，国民党を改造し，一歩すすんで国家を改造する任務を提議した。大会には李大釗，譚平山，毛沢東，林伯渠など23名の共産党と国民党の両方の資格をも

つ党員が参加した。大会では論議を経て，『中国国民党規約』（中国国民党章程）と国民党第1回全国代表大会宣言を採択し，共産党員と社会主義青年団員は個人の名義で国民党に加入するという原則を確認し，ソ連と連携すること，共産党と連携すること，農民と労働者を助けることの3大政策を確定した。また，三民主義をつぎのように新しく解釈しなおした。民族主義の内容をただ清朝の内部民族の圧迫に反対するという相対的に偏狭なものから，対外的に帝国主義に反対し，民族解放を求め，対内的には「各民族一律平等」を主張し，民族間の抑圧に反対するまでに高めた。民権主義を抽象的に自由，平等，博愛を提唱することから，民権は「一般の人びとが共有するものであって，少数のひとだけが獲得してわがものにすべきものではない」と具体的に強調するようになった。民生主義の「地権の平均」の主張を「耕者有其田」（耕すものには土地を与えること）と節制資本（資本を制限すること）に具体化した。新たに解釈された三民主義と共産党の民主革命の綱領は基本的に一致しており，両党合作の政治的基礎と連合戦線の共同綱領になった。国民党第1回全国代表大会の開催は国共合作を核心とする国民革命連合戦線の樹立をあらわしていた。

　国共合作の達成後，軍事と労働者・農民運動が非常な速さで繰り広がった。ソ連と中国共産党の直接の援助のもとで，孫中山は広州で黄埔軍官学校を創設し，自ら学校の総理を兼任した。ソ連赤軍軍校に倣って，党代表と政治工作制度を設けて，蔣介石を校長に，廖仲愷を党代表に任命した。軍校は政治部，教授部および教練部を設けて，国共両党の党員が分担して正副主任と教官に就いた。そのなかで周恩来は1924年9月に，フランスから帰国後に政治部主任に就いた。ソ連赤軍の幹部がこの学校の顧問に就き，ソ連政府は経費，兵器，弾薬を提供した。孫中山は開学式で，革命の軍隊と民衆の基礎がないためなんども失敗した自らの教訓を総括して，革命の軍隊と民衆を互いに結びつけ，革命の軍隊を人民の軍隊に発展させることを学校の主旨として強調した。この軍官学校は多くの軍事，政治の人材を育て，当時国民革命軍の設立，広東革命根拠地の樹立，および軍閥打倒の北伐のために重要な条件をつくりだした。のちに，国共分裂にともなって，これらのかつての教師と学生，同級生，学友も異なる陣営に分かれ，戦場で戦いあうようになって，それぞれ異なった道を歩み，その後の中国の発展に異なった影響を及ぼした。

　国民革命の連合戦線の確立は労農運動の回復と発展も促進した。国民党中央農

民部は広州で農民運動講習所を創設し，共産党員の彭湃，毛沢東らが前後して農民運動の幹部を6期，1,600名余りを養成した。これらの受講生は全国各地に配属されて，農民運動を繰り広げ，農民運動を伝統的な自然発生の暴動型から新民主主義革命の軌道にのせ，その影響ははかり知れないものとなった。そのことは以後共産党が農民を主体にして，農村が都市を包囲することによって，政権を奪う先導となった。彭湃が指導する広東農民協会の会員は21万人に達し，後に広東革命政府と協力して，地方軍閥の陳炯明を打撃することに重要な役割を果たした。

労働者運動も「二・七事件」(1923年2月7日中国の京漢鉄道労働者のストライキに対する軍閥呉佩孚の武力弾圧事件)後の衰退から回復してきて，1924年2月2日北京で全国鉄道労働組合総連合会が成立し，全国の鉄道労働者の運動を推進した。広州の労働者はイギリス，フランスの帝国主義の「警律」(治安条例)に反対するゼネストの勝利の基礎のうえに，工団軍(1924年8月27日に正式に成立した労働者の武装軍，団長は共産党員の施卜)を組織した。

1924年10月，孫中山はまた共産党の支持のもとで，黄埔学生軍と工団軍に頼って，「商団叛乱」(1924年広東政府の提出した徴税政策に反対する商人たちと政府軍の間の武力衝突)を粉砕し，広東革命政府をさしあたって揺るぎないものにした。

このような日増しに高まる革命の情勢に対して，中国共産党は1925年1月に第4回全国大会を開催し，民主主義革命のなかでのプロレタリア階級の指導権や同盟軍の問題，そして労働者・農民の大衆運動に対する指導を強化する問題を討論し，それに応じた決議案を採択した。さらに，革命運動に対する政治的，思想的および組織的な指導を強めた。しかし，国共合作の指導の国民革命がいま勢いよく盛りあがっている時，孫中山は意外にも肝臓癌によって不幸にして1925年3月12日に世を去った。

1925年，労働者・農民運動は次第に高まり，外国の列強と軍閥もこの運動に対して鎮圧を強化した。上海，青島の日本資本の紡績工場で，資本家側の労働運動に対する妨害および労働者への搾取に反抗するゼネストが相次いで挙行された。日本の資本家はあろうことか発砲し，労働者代表の顧正紅を殺害し，労働者，学生および市民の激しい怒りを引き起こした。上海では募金と講演活動が繰り広げられ，ストライキの労働者を支援した学生がまた外国の警察官から逮捕されるに至って，各界の大衆のデモ抗議を激発させた。イギリスの警察官は理不尽に発砲，射撃し，その場で10数人を撃ち殺したし，負傷者はさらに多く，国内外を驚愕さ

せた「五・三〇事件」を生んだ。中共の指導のもとで，李立三を委員長とする上海労働者組合総会を設立し，学界，実業界を連合し商店のゼネストを行なった。全国各地の民衆も立ち上がって呼応し，北京，広州，青島，武漢，天津，唐山，南京，九江，長沙，重慶，鄭州などの都市で1,700万余りの民衆が上海市民の闘争を応援した。そのなかの20万人余りが16か月の長きにわたる世界労働運動史上最長の香港と広州のストライキに参加し，イギリスに与えた打撃はとりわけ大きかった。全国各地の民衆は一致して日本商品，イギリス商品をボイコットし，「打倒帝国主義」と声高に叫び，不平等条約の解消，外国の軍隊の撤退，租界の奪回を要求した。海外華僑，ソ連およびその他のいくつかの国の人びともさまざまなかたちで中国人民の闘争を応援した。「五・三〇事件」によって惹起された「五・三〇運動」は空前の大規模な反帝国主義愛国運動に拡大した。

　1925年7月，広東革命政府は国民政府として改組され，汪精衛が政府主席兼軍事委員会主任に就き，ソ連のミハイル・ボロディン（Mikhail Markovich Borodin, 鮑羅延）を顧問に招聘し，もと大元帥府が所轄した軍隊を国民革命軍に統一して編成し，一部の共産党員がそれぞれの軍のなかで，党代表および政治部主任を担当した。しかし，国民党の内部や連合戦線のなかで，すでにいろいろな兆しから，潜在的な危機が漂いつつあることがはっきりしてきた。1925年6，7月に，国民党中央執行委員戴季陶が孫中山のソ連と連合すること，共産党を容認すること，農民・労働者を扶助するという三大政策と相反する文章を連続して発表し，共産党を排斥し，国民党右派が指導権を奪い取るための世論の準備を行なったために，共産党の批判を受けた。8月，国民党左派のリーダーの廖仲愷が右派によって指図された暴徒によって暗殺された。11月，国民党右派が北京の西山で「国民党第1回4中全会」を開催し，孫中山の三大政策から離反し，反共，反ソ，反国共合作の決議を採択し，かつまた上海で右派によって組織された国民党中央党部を立ちあげ，「西山会議派」をつくった。これと対立し，中共は国民党左派と連合し，12月に広州で国民党第1回4中全会を開催し，西山会議の非合法性を指摘し，「西山会議派」の分裂行為を糾弾した。1926年1月，国民党第2回大会は孫中山の三大政策を重ねて確認し，「西山会議を糾弾する決議」を採択し，新しい中央執行委員会のメンバーを選出した。国民党左派と共産党員が国民党中央党部の指導機構のなかで優勢を占め，蒋介石が中央執行委員ならびに国民革命軍総監に選ばれた。しかし，蒋介石は権力を拡大した後に，ただちに3月に「中山

艦事件」(1926年3月20日に国民革命軍軍艦中山号が命令外の行動をとったとして，軍総司令官蔣介石は共産党員でもあった同号艦長李之竜以下を逮捕・尋問した事件）を画策し，これを利用して共産党を攻撃した。引き続いてまた，5月の国民党第2回2中全会で「党務を整理する案」を提出し，国民党の各級党部で執行委員に就く共産党の人数は全体委員の3分の1を超えることはできないこと，共産党員は国民党中央の各部の部長を担当できないこと，国民党に加入している共産党員の名簿は必ず国民党中央に提出しなければならないこと，共産党に対するコミンテルンの指示と国民党中共党員に対する中共の指示は，すべてまず国共両党の連合会議に提出し，討論決議の後に，はじめて発布できることを規定した。これは実際には連合戦線に対する共産党の指導権を撤廃し，かつまた以後の「清党」（党内の粛清）のための伏線を張ることになった。ところが共産党の指導者陳独秀は原則の譲歩を行なって，この案は成立した。蔣介石は国民党中央執行委員会常務委員会主席，組織部長，軍人部長および国民革命軍総司令長官に就き，最高の党権力，軍権力を一身に集めた。

　蔣介石をはじめとする国民党は組織的に，思想的に自らの勢力を強め，共産党の活動を制限したと同時に，共産党員の李大釗，鄧中夏，瞿秋白，蔡和森，周恩来，毛沢東らは中国革命と世界革命の現状を分析する文章を発表した。かれらは中国共産党の成立以来の理論と綱領を継承して，結党以来の経験を総括し，中国革命に対する認識をいっそう深めた。1926年のはじめに発表された毛沢東の「中国社会各階級分析」はこの認識の代表的な文章として，中国共産党の新民主主義の基本的な思想を次のように論じている。つまり，プロレタリア階級を指導者とし，全国の人口の大多数を占める半プロレタリア階級（主として貧農），プチブルジョア階級（主として中農）を団結させ，中産階級（主として民族ブルジョア階級）の左翼を味方に引き入れ，帝国主義，軍閥，官僚，地主，買弁階級およびブルジョア階級の右翼を打倒して，各革命階級の連合政権を樹立することは，新民主主義時期における中国共産党の主な任務である。また，当時の革命の指導の問題，革命の原動力，対象，任務，性質および前途に関する共産党の考えについても具体的に述べた（毛沢東，1926）。

　1926年3月，湖南の長沙の万人集会は「国民政府の北伐に関する請願」を採択し，4月に広州労働者代表大会は決議案のなかで，広東国民政府に「すみやかに北伐に出兵し，北方のすべての軍閥勢力を掃蕩する」ことを請願した。続いて，

全国第3回労働大会はまた「国民政府へ北伐促進請願書」をだした。国共合作のもとで，民衆を広く動員させてから，国民政府は共産党員と共産主義青年団員を主力とする葉挺独立団を派遣して，湖南と湖北の軍閥を掃討しはじめた。7月，「国民革命軍北伐宣言」を正式に発表した。国民革命軍は蔣介石を総司令長官として，10万の大軍が3つのルートで北上し，1927年3月まで，すでに直隷派の呉佩孚，孫伝芳の主力を撃滅し，長江を越えて，北方の黄河流域に前進した。国民政府は1927年1月に武漢に遷都した。
　北伐戦争と労働者運動，農民運動が相互作用してますますよい効果を収めた。共産党は劉少奇，李立三を武漢に派遣して労働組合活動を主宰し，1926年までに湖北の労働組合組織は北伐前の数組織から340余りにまで増えた。江西の南昌，九江などの市の労働組合組織も相次いで成立して，活動を展開させ，北伐に協力した。1927年1月，武漢の10万の労働者と市民が連日大会を開催して，国民政府の武漢への遷都を出迎えた。イギリスの軍隊が中国人を負傷させた際，劉少奇，李立三らは武漢の民衆を率い，抗議活動をとおして2月には漢口，九江のイギリス租界を取り戻した。これは『南京条約』以来，外国に占領された領土を奪い返したはじまりである。同時期に，陳独秀，周恩来らの指導のもとで上海の労働者が3回の武装蜂起を行なった。第3回の武装蜂起は80万の労働者のゼネストの支持のもとで，上海を解放し，特別臨時革命政権を樹立した。この時，その他の各省市の労働組合組織もいち早く復興し，メンバーは北伐前のおおよそ100万から300万人に増加した。北伐の勝利や都市の労働者運動の影響を受けて，中国の広大な農村でも農民運動が巻き起こった。毛沢東が1926年9月に発表した「国民革命と農民運動」は，農民問題を「国民革命の中心問題」だと強調している（毛沢東，1926）。1927年のはじめ，かれはまた実地調査を経て，「湖南農民運動考察報告」を書き，中国革命のなかでの農民運動の地位と役割を大きくほめたたえ，農民運動を盛りあげた。この文章は毛沢東の中国の問題を分析し，中国革命の実践と理論を指導する基礎を築いた（毛沢東，1927）。毛沢東は終始，農民の立場から中国のことを考えた。農民が中国社会の重要要素であるという中国の国情に対する明確な認識は，毛沢東思想の特徴といえよう。
　しかし，北伐が次々と勝ち進んでいる時，国共連合戦線の内部の矛盾もまた日増しにあらわれた。蔣介石はその支配地域の江西，浙江，上海，南京などの省や市の共産党が指導する労働組合に対して絶え間なく攻撃を起こし，武漢の国民党

中央と国民政府の武漢への遷都およびその関連の決議を拒否した。それに対して共産党の代表は国民党左派と合作し，武漢国民党中央と国民政府のなかで，蒋介石と闘う行動委員会を設立させた。そのうえ，3月に開催した国民党2期3中全会で，蒋が就いている中央執行委員会常務委員会主席，軍事委員会主席などの一連の職務を剥奪し，蒋個人の権利を制限する決議を採決したが，しかし，総司令長官と中央執行委員の職務は保留した。これらの決議に対する蒋介石の反応は，総司令長官の職務を利用して反共の準備をさらに進め，4月に正式に分共（国民党組織から共産党を排除）し，「清党」して，労働者糾察隊の武器を取りあげた。上海労働組合総会は10万人大会を開催して抗議したが，蒋は発砲を命じて，上海労働組合総会を解散させ，共産党員と労働組合の積極分子を捕らえて殺した。これが「四・一二」クーデターである。続けて，国民党は広州，南京，杭州，福州などにおいても「清党」運動を発動した。武漢の共産党員と国民党左派とが合作し，武漢の国民党中央と国民政府も蒋介石を党から追放し，一切の職務を免ずる命令をだした。武漢の国民党中央は第5回全国代表大会を召集し，どのようにして指導権を奪い取るかといった問題を討論した。しかし，厳しい形勢のもとで，汪精衛をリーダーとする武漢国民政府も蒋介石に転向して，その支配下にあった湖南，湖北が反共に寝返った。このように，国民党と共産党は徹底的に分裂して，2つの政党は武装闘争の長期戦に入った。

5 三つの政治・経済形態の発展

1927年の「四・一二」クーデター後，国民党各派の勢力間でまたさまざまな闘争と妥協が行なわれた。蒋介石はいちど下野したが，また復位した。1928年に成立された蒋介石を主席とする国民政府委員会は，形式的には全国統一政権である。しかし，蒋介石の実際の支配地域はわずかに長江中下流域のいくつかの省にすぎず，その他はそれぞれ馮玉祥（西北，中原），閻錫山（華北），李宗仁（広西，湖南，湖北）および張学良（東北）の勢力範囲であった。蒋介石は他の軍閥の勢力を解散させ，弱めることを意図したが，このやり方は軍閥の反蒋を引き起こさせた。蒋介石は東北の張学良と連合し，劣勢を逆転させて，いっそう自らの勢力を強めた。外交的には，蒋介石は帝国列強の支持もえた。蒋介石は積極的に共産党が指導する労働者運動と農民運動を鎮圧し，共産党の根拠地を掃蕩すると同時に，

いくつかの法律を制定した。そのなかには「中華民国訓政時期約法」を含み，その「法統」（権力の合法性）を確立し，そしてこの基礎のうえに商工業の発展計画を実施した。1928年，政治建設や経済建設とマッチさせるために，国民政府外交部は「国権回収運動」を発動し，関税自主権を取り戻し，そして領事裁判権を破棄して，なにがしかの進展を手にした。

　中国の関税自主権の喪失は1854年にはじまり，一連の不平等条約を経て，1902年までに輸入する外国製品に対する関税率は2.5％までさがり，中国は長期にわたって巨大な損失をこうむった。税関の自主権を取り戻し，輸入税率を引きあげることは一貫して中国の人びとの強い要求であり，辛亥革命以来の何度もの交渉を経て，1919年の「五・四」運動後には一部の税率がわずかに引きあげられたが，その後もずっと外国列強と交渉し続けてきた。このような努力の基礎のうえにたって，国民政府は関税自主運動を起こし，ついに各国に中国の関税自主権を承認させ，輸入税率を引きあげた。1936年までに，平均輸入税率は31.2％まで引きあげられ，最高は80％に達して，中国とイギリスやアメリカなどの平均的な関税率との差が縮まった。関税自主権運動の結果，財政総収入に占める関税収入の割合は1916年の24.4％から1934年の40.6％に上昇し，かつまたある程度中国工業の発展と国内市場を守り，外国製品のダンピングを阻止した（孫健，1989）。しかし，当時の税関の実際の行政管理は依然としてイギリス人の手中にあり，収入は滙豊銀行によって保管されていた。それゆえ，厳密にいえばまだ完全でなく，徹底した自主ではなかった。治外法権の廃棄は，1931年に『外国人管轄に関する実施条例』を公布したけれども，「九・一八」事変（満州事変）によって棚上げにされ，いまだに執行することができないでいた。この他，この時期に国民政府はさらに貨幣制度の改革を実行し，現代的な金融体系をつくりあげた。

　この時期，蔣介石，宋子文，孔祥熙，陳立夫（陳立夫・陳果夫兄弟）は手中の権力を利用して，国家官僚独占資本を蓄積した。この資本の形成過程は他の軍閥に対する兵を用いた「剿共戡乱」（共産党を討伐し，反乱を鎮める）などの戦争と同時進行であった。軍事費を調達することを名目として税収を増やし，あちこちで借款した。1927年から1931年までに，財政収入なかの税収の割合は60％から95％に達した（楊蔭傳，1985）。10年の内戦中，発行した国内外の債券は合わせて約28億元で，北洋軍閥が15年で発行した公債の4倍余りになった（『東方雑誌』第30巻第4号，1933）。かれらはまた兵器弾薬を購入することを利用して高額の利潤

を手に入れた。中央銀行の設立をとおして，その他の大銀行への併合と支配を強め，鉱工業，交通，運輸・通信および商業に対する支配と独占を加速させることによって，国家独占資本は非常な速さで拡大された。これに対して，民間資本は外国資本と官僚資本の圧力のもとで，険しく曲折した発展だけしかなかった。1936年になり，中国本国の産業資本は東北を除いても，1920年に比べて2.5倍増加した（呉承明，1985）。

中国共産党は1927年の「四・一二」事変以後，党員数は事変前の5万7,000人から1万人へ急激に減少した。共産党はまた血の海のなかからはいあがり，8月1日，周恩来の指導のもとで南昌蜂起を起こした。8月7日，中国共産党は武漢で緊急会議（「8・7会議」と略称される）を開いて，土地革命と武装蜂起を実行する方針を確定した。会議の後に，毛沢東はまた湘贛辺区（湖南省・江西省の共産党の指導する農村の根拠地）の秋収蜂起を指導し，革命根拠地を建てた。1931年，根拠地に中華ソビエト共和国が樹立された。土地革命は根拠地の人口の大多数を占める土地をもたない，あるいは土地の乏しい貧農，雇農に土地を分け与え，小作料および高利の貸付金の搾取を廃棄した。労働力，生産手段の不足の困難を克服し，生産を発展させるために，根拠地はさらに初級生産互助合作運動を繰り広げ，できる限り商工業を繁栄させ，根拠地の財政金融制度を樹立した。政治と文化面では，民主主義と社会主義の啓蒙を進めて，新民主主義の体制を確立した。これらの経済，政治そして文化における改革は，すべて直接革命戦争および根拠地の政権を強めるためであり，革命戦争時期の体制であった。これは新たな社会経済発展モデルの雛形でもある。共産党は江西中央革命根拠地を樹立した以外にも，さらに全国各地で大小さまざまな根拠地を樹立した。蒋介石の支配は相対的に強固になり，また当時の共産党の指導者王明の失策によって，中央革命根拠地は国民党の4回にわたる包囲攻撃を撃退した後に，第5回目の反「包囲討伐」のなかで逆に失敗に陥り，紅軍の主力は根拠地から移動せざるをえなくなった。紅軍は移動の途中，1935年に王明の支配を終わらせ，毛沢東が紅軍と中共のなかでの指導的地位を確立させた。共産党，紅軍そして革命根拠地は苦難に満ちた道を歩みながら実力を維持，拡大していった。

外国資本主義に対する中国国民党統治区の半従属的な経済発展と共産党根拠地の新民主主義経済の萌芽以外にも，1927年から1936年の10年間に，中国での外国の投資はまた迅速な伸びがあった。すなわち，1936年の総計は64億3,400万元に

達し，1920年に比べて2.86倍に増え，増加の速度は中国本土の資本を超えた（孫健，1989）。しかし，指摘しておかなければならないことは，全体からみれば，これらの資本の多くはもともと中国から略奪した戦争賠償金や儲けた利潤であり，中国から奪ったものを，また中国に投資する，それによってさらに大きな利潤を吸いあげたものであって，純粋な国際資本の投資ではなかった。この特徴はとくに日本の中国への投資に突出してあらわれていた。中国で各国の占める資本のなかで，この時期日本の占めるシュアの増加がもっとも速く，1930年には古株の大英帝国を追い越し，一躍トップに躍りでた。1931年の「九・一八」事変後，日本は東北を占領し，投資はさらに急増し，1936年の投資総額は16億米ドルに達し，そのうち13億ドルが東北に投資された。日本はますます東北の鉱工業，交通，金融および貿易を独占し，東北の土地，鉱産物，農産品および森林に対する略奪を強めた。そのなかでは，重工業がとく発展を遂げ，東北の経済発展は日本の経済発展に従属させられて，典型的な植民地型の不均衡な発展を示していた。

このように，国民党統治区，根拠地そして東北の日本占領区において，3種類の異なった形態の発展があらわれた。1936年，中国農工業の総生産額は689億元（当時価格）に達したが，この中国経済史の記録は1952年にようやく超えられるまでずっと続いた（謝明幹等，1990）。しかし，たとえこのようだとしても，巫宝三の『中国国民所得』の計算によれば，1936年の中国国民収入はわずかに法幣（1935年11月の通貨改革で定められた中央，中国，交通，農民の4銀行の発行する紙幣）256億9,400万元で，1人あたり57.1元で，米ドルの16.84ドルに換算すれば，アメリカのその年の1人あたりの国民収入（269.9ドルから285.4ドル）のわずか約6％であった（巫宝三，1947；馬洪，1987）。

また，この経済発展ははげしい民族的抑圧と社会的抑圧のもとで進んだために，基礎は非常に弱かった。東北の発展は直接日本のファシズムの銃剣のもとで強引に進められたもので，急ピッチな発展であり，破綻しやすかった。国民党統治区は一時的な発展を収めたけれども，しかし労働者運動と農民運動を弾圧して進められた。とりわけ農村の小作料の引き下げ「二五減租」（もとの地租額から25％減らすこと）や「土地法」などの経済政策が実施できなかったので，農民の土地問題や生計問題は相変わらず解決できなかったし，対外的には相変わらず列強に頼っていた。半封建・半植民地の社会状況はいまだに変わらないだけでなく，社会的分化，二元的な社会構造および各地域の経済，政治，文化的なアンバランス

はいっそう深刻化した。これは共産党の農村武装割拠の生存と発展の条件となったと同時に、国民党政権の禍根ともなった。

当時の共産党は主に農村で、とくに交通の不便な山間地帯で、立ち遅れた農民に対して啓蒙教育を行ないながら、農民を自らの仲間にし、散在する農村と農民を利用して国民党が支配している都市を包囲する方策を採った。その時の共産党と紅軍はまだ非常に幼弱であったため、全国的な政権を獲得するまで尋常でない困難を克服し、長い年月をかけなければならなかった。とりわけ、農民を革命の力として大量に取り入れたため、共産党および紅軍自身の近代化はますます困難になった。

6　全国一致の抗日

蒋介石の不抵抗主義に乗じて、東北をたやすく手に入れた日本は、戦時経済の発展と作戦力の強化にともない、中国大陸への欲望をますます膨張させた。

日本軍の絶え間ない挑発に直面して、一部の中国の愛国的将兵は自ら局地での抵抗を行なった。たとえば1932年の19路軍の淞滬抗戦、1934年の長城抗戦である。1935年北平で勢いよくあらわれた「一二・九」愛国運動は、「内戦を停止して一致して抗日せよ」の主張を強力に宣伝し、民族抗戦を動員するために思想、心理および幹部の準備を行なった。

日本の南進政策に対応するため、1935年の春から蒋介石は内政、外交、軍事、財政および教育など各方面の政策を次のように調整しはじめた。すなわち、積極的に国際、とくにソ連の支援をえるために努力したこと、日本との戦争に備えるために貨幣制度を改革し、収入を増やし支出を切り詰めたこと、3か年国防計画を制定し、陸軍を整備し、兵役法を実行して新兵を召集したこと、軍事産業を建設、拡大し、装備を強め、戦略上の要地で国防工事を行なったこと、西南、西北を日本との勝敗の最後の基地とし、西南、西北と外部を結ぶ鉄道、道路の建設を強めたこと、「新生活運動」を推進して国民精神を振興させたこと、骨董などの文物や大学を保護するために安全地域に移転させたこと、などなどである。

中国共産党の側では、「九・一八」事変以後、東北という日本の占領地域で抗日遊撃隊を組織し、1937年「七・七事変」の時までに、中共中央が指導する東北抗日連合軍はすでに4万5,000人位までになり、殲滅した日本軍および傀儡軍は

14万余りに達した。1934年，中共中央は日本の華北侵攻に対して，「全国国民に告げる書」を発表し，すべての愛国者は政治傾向の区別なく，連合して日本に抵抗して戦おうと呼びかけた。1935年，中国共産党は「抗日救国のために全国国民に告げる書」を発表し，全国国民が総動員し，一致して日本に抵抗して戦うことを呼びかけた。中央紅軍の長征が陝北に到着後，継続して宣言を発表し，全民族の抗日統一戦線を組織することを呼びかけた。1936年，毛沢東は紅軍を代表し東北軍の張学良と「抗日救国協定」に署名し，次第に紅軍，東北軍，西北軍の連合抗日の新たな局面を形づくった。

　1936年12月，張学良と楊虎城は西安で「兵諫」（武力に訴えて主君を諫めること）を起こし，蒋介石に内戦の停止，抗日救国を迫った。中共は周恩来らを西安に派遣し，西安事変の平和解決を促した。蒋介石は内戦を停止し，連合して日本に抵抗するといった条件を受け入れ，10年の内戦が終わった。ちょうど国共の交渉が具体的な合作協議に入った時に，日本軍が盧溝橋で突然攻撃をはじめ，歴史でいう「七・七事変」であるが，中国の守備隊の勇敢な抵抗に遭って，全面抗日戦争の開戦の幕がひかれた。民族存亡の危機が急を告げた秋，国共第2次合作の抗日民族統一戦線が正式にできあがった。抗日戦争初期，国民党軍が主力となって日本軍と戦い，1年と3か月と時間を経て，戦いながら退却し，1938年10月までに，中国の国土の半分がすでに日本軍に占領されていた。国民政府はついに重慶に遷都し，代替の首都とした。

　国共第2次合作協議に基づいて，共産党は根拠地でソビエト制度（革命根拠地政権組織）を廃止し，中華民国辺区政府に改め（後に陝甘寧辺区と改めた），北方の主力紅軍は編制替えをして国民革命軍第八路軍となった（後に第18集団軍と改称）。続いて，南方13地域の紅軍が編制替えをして国民革命軍陸軍の新四軍となり，日本軍の占領地域に深く入り込み抗日根拠地を建て，民衆を動員し，遊撃戦争を繰り広げ，敵の後方で戦場を切り開いた。1938年末までに，八路軍，新四軍が日本軍の占領地域で切り開いた抗日根拠地は，面積が200万平方キロメートルで，人口は5千万以上に達し，兵力も4万余りから17万5,000人に拡大した。延安と陝甘寧辺区（当時の陝西省北部，甘粛省および寧夏省東部）は中国共産党指導部の中枢になった。日本軍の占領地域での抗日遊撃戦争と国民党軍の正面からの抗戦の相互協力は，日本軍の3か月で中国を滅ぼすという狂気じみたもくろみを阻止した。1938年，広東と漢口の陥落以後，抗日戦争は勝敗のみえない段階

に入った。日本軍は至るところで，戦争とその他の暴力的な強制手段を直接使って中国を征服する以外にも，さらに植民地統治のための道具として偽政権，偽軍およびその他の漢奸組織の育成に大いに力を入れた。日本は偽満州政府をとおして東北を支配した後，また日本に投降した汪精衛らが組織する偽政府をとおして華北，モンゴルと新疆，長江下流沿岸それに華南沿岸地区を支配した。1941年，日本は南進を続け，「大東亜共栄圏」を樹立することを決定した。このため，アメリカの太平洋海軍基地の真珠湾を奇襲し，イギリスの戦略要衝地のシンガポールを攻撃したことで，戦争が太平洋戦争にまで拡大した。これと同時に，国際的な反ファシスト陣営も拡大した。1942年，中国，アメリカ，ソ連，イギリスなど26か国はドイツ，日本，イタリアのファシストに反対する国際統一戦線を結成した。

　1943年，世界の反ファシストの東の戦場と西の戦場はいずれも，次第に戦略的な反撃の段階に入った。1945年8月，アメリカは日本の広島と長崎に原子爆弾を投下し，ソ連は100万の大軍を中国の東北と朝鮮に出兵させ，中国軍は全国規模の反撃を起した。8月15日，日本政府は正式に同盟国に対して無条件降伏を宣言した。8年間にわたる民族全面抗戦は勝利をもって終わりを告げた。中国は日清戦争以来，日本軍によって占領された台湾を含む国内のすべての領土を取り戻した。これはアヘン戦争以来の近現代史上，国内と国際における2つの統一戦線の共同作用のもとで，中国がはじめて完全に勝ちとった民族解放戦争の勝利である。

　この8年間で，日本は中国の占領地域を戦争展開の基地とし，「以戦養戦」（戦いで戦いを盛りたてる）政策をとった。東北では戦時経済システムを維持して，植民地の近代化を推し進めた。産業5か年計画を2回立てて，とりつかれたように東北の資源と労働力を略奪した。そして，多くの工業，とりわけ軍事工業に関わる部門が突出した発展を遂げ，日本資本は絶対的な独占的地位にあった。東北での日本の資本は14億5,000万米ドルから57億4,000万米ドルへ激増し，約4倍のびをし，東北以外の占領地域での日本の資本を加え，合わせて68億米ドルになった（呉承明，1985）。これは典型的な戦争によって植民地の近代化を推進するものであった。しかし，その投入した資金は，日清戦争以来，日本が中国に要求した戦争賠償金および戦争によって中国にもたらされた巨大な損失（戦後初期の統計によれば，第2次大戦だけで中国の軍民は2千万人以上が死傷し，経済的損失は約600億米ドルであった）と比べると，実際には微々たるものである。そのうえ，日本は中国が近代化を推進する前期段階に，少なくとも2回（すなわち19世紀の

中国の洋務運動の時期と20世紀の30年代の「産業発展」の時期），中国の近代化の進行過程を中断させた。今に至っても，一部の日本の学者はこの巨視的な歴史的事実を顧みず，偽満洲国の工業化という日本の「業績」のみに着眼してその時の日本の「投資」や「貢献」を大きく論じていることは，明らかに学術界における植民地主義の亡霊の再現である。

　抗日戦争の時期，国民党は重慶に遷都し，四川，雲南，貴州，湖南，陝西，甘粛，西康の各省を「抗日大後方」として，日本軍に占領された地域の中国の一部の工業設備をこれらの地域に移動し発展させた。これは戦時の条件のもとでの局地的な特殊な発展であり，「防衛型」近代化の性格をもっている。国民政府経済部の統計によれば，1942年には，国民党が支配している地域の工場数と資本額はいずれもすでに日中全面戦争突入前の全国の工場総数と資本総額に近づいていたが，戦前のレベルには結局達しなかった。これは西南地域および西北地域のはじめての大規模な工業化運動である。沿海地域からこうした地域に移動させた先進的な技術，設備および人材は，現地の立ち遅れた伝統的経済や教育と著しく対照的な二元構造を形成した。抗日戦争に勝利した後，これらの工場，設備および人員の大部分はまた元の所在地に戻ってしまったため，これらの地域に強い虚脱感，失望感を与えた。しかし，交通，鉱山，製塩，精糖などの軽工業はすべて基本的には残された。また，元の所在地に戻ってしまった工業設備およびその要員は，これらの地域で活動した時，少なくとも情報に疎い西南山区の人びとの視野を広くし，近代化への啓蒙という役割も果たした。

　抗日戦争時期全体の中国経済を総合してみてみると，全体的には戦前の水準を超えることができなかった。

　1945年の春になると，共産党はすでに19の解放区（日本軍の占領からの解放）根拠地を建設した。八路軍，新四軍および華南抗日軍隊の主力はすでに91万人，民兵は220万人，解放区の面積は95万平方キロにまで拡大していた。共産党の「経済を発展させ，供給を保証する」という経済方針の指導のもとで，根拠地は全力をあげて農業，手工業の発展に努め，またいくつかの小規模な機械工場をつくり，それによって軍需と民需を満たした。とりわけ農業において，小作料と利息を引き下げる政策の実施および大規模生産と農家合作化運動の推進は生産を大いに増加させて，軍需と民需を満たすことに対して重要な役割を果たした。同時に，中国共産党およびそのリーダーの毛沢東は革命の経験を総括し，さらに進ん

で中国新民主主義革命の理論を系統的に明らかにした。毛沢東は『新民主主義論』などの著作のなかで，全面的，具体的に新民主主義の政治，経済，文化綱領を提出した。これは中国共産党の民主主義から社会主義への発展理論である（毛沢東，1940）。解放区という抗日民主政権の樹立と強化にともなって，新民主主義の社会制度の原形が次第にあらわれた。それを全国に押し広めることによって，新民主主義国家が誕生したのである。

7　国民党と共産党の決戦

　抗日戦争の勃発，民族矛盾の高まりは国共両党に抗日連合を一時的に合意させ，第2次合作を実現させたが，日本が投降するとただちに，国共両党の闘争が再び主要な矛盾となった。たとえ抗日戦争の時期であっても，事実上，国共両党，両軍の闘争はまた陰に陽にこれまでずっと止むことはなかったし，大小さまざまな流血と無血の衝突が絶えなかった。国民党側をみれば，「共産党に対する溶解，防御，制限，反対」の既定方針はこれまで根本的な変化はなかったし，ただ国内情勢の変化にともなって，戦術的，形式的な変化があっただけであった。そのなかでもっとも突出したのは新四軍を突然襲撃した「皖南事変」(1941年に安徽省南部で起こった国民党軍と共産党軍の武力衝突）である。1945年5月，重慶での国民党第6回全国代表大会で，蒋介石は再び「現在の中心的な任務は共産党を消滅させることにある！　日本はわが国の国外の敵であり，中共はわれわれの国内の敵である！　中共を消滅してこそ，はじめてわれわれの任務を達成することができる」と提議した。同時期，延安の共産党第7回代表大会で，毛沢東は「思い切って民衆を立ちあがらせ，人民の力量を強大にし，わが党の指導のもとで，日本の侵略者を打ち負かし，全国の人民を解放し，新たな民主主義の中国を築きあげよう」と提議した。このようにして，抗日戦争の勝利から1年を経ずして，1946年6月に中国の命運と将来を決定する国共両党，両軍の大決戦の火ぶたが切られた。

　戦争初期，国民党は430万の軍隊をもち，共産党軍よりはるかに優れた装備を整え，大部分の国土を占拠し，とくに主要大都市と交通要衝を占拠し，これらの地区は3億余りの人口を擁していた。しかし，共産党の軍隊もすでに120万人に達しており，支配している解放区の面積は104万平方キロに拡大し，人口は1億

2,000万人に達していた。人員数と物質力からみると，国民党が優勢のようである。ところが，抗日戦争前と抗日戦争後を問わず，蒋介石の国民党政府は，依然として農民の土地問題という民主主義革命の基本的問題を解決することができなかった。小作料や利息の引き下げという政策でさえ一部の地域で試みただけですぐに中止し，貫徹できなかった。したがって，中国総人口の80％を占める農民の支持をどこまでもえることができなかった。社会経済構造の分化にともなう多くの農民の破産と貧困化は，さらに農民の不満や反抗を激化させた。これに対して，工業，交通，金融，商業などの領域で，官僚資本は政府の権力に頼って，割合がまたたく間に上がった。工業のなかの官僚資本の比率は抗日戦争前の15％から抗戦期間中の50％に上昇し，抗戦後の1946年にはすでに65％に増加していた（呉承明，1985）。国家官僚資本の急激な膨張は，国民経済各部門に対する独占と支配をかつてないほど強め，民間の中小資本は次々と破産し，国民党政府に対する都市の中，下層の人びとの失望，不満そして反抗をもたらした。抗戦以来，続いてきた民主運動が一歩一歩高まった。とくに抗戦勝利後，国民党官吏は戦時中に「国難財」（戦時中のごたごたに乗じてもうけた財・富）でぼろもうけした後に，そのうえまた多くの官員は敵の正当性のない財産の「接収」を「劫収」（財産接収の際，不正に接収すること）に変えてしまい，機に乗じて一般の人びとの財物を根こそぎ略奪し，「戦勝財」でぼろもうけした。日本軍に占領された地域の人民は8年間の亡国奴隷の苦労をやっと耐えたが，国民党の中央軍がやってきた後には，さらにひどい目にあった。「中央がやってくるのをまち焦がれ，思いを寄せていたが，中央がやってきたら，さらなる災難に見舞われた」という巷間の流行りことばは，その時の状況をよくあらわしていた。結局，国土は「回復」したが，人心は離反した。国民党の党内，政府および軍隊の腐敗はますます深刻化し，収拾できないものになった。

　これに対して，共産党は国民党との長い闘争のなかで，つねに経験を総括し，理論と実践を結びさせて，統一戦線，武装闘争，党の建設という3つの「宝」を手に入れた。また，逆境のなかで刻苦奮闘の精神も身につけた。とりわけ，農家出身の党のリーダー毛沢東がずっと農民問題に関心をもったため，中国共産党は革命の根拠地で土地改革と小作料や利息の引き下げを次々と進め，まずなによりも全国の人口の大部分を占める農民の支持をえた。解放戦争のなかで，共産党がある地域の支配権を手中に収めたら，ただちにその地域の民衆を動員して，土地

改革を進めた。また，解放された農民に対して，勝利の成果を守るために，積極的に人民解放軍に加入し，国民党との戦いに参加しようと呼びかけた。同時に，共産党は統一戦線の戦術をもって，敵を分裂させて，孤立させた。とくに社会的影響が大きな知識人を味方に引き入れ，もっとも広範な統一戦線をつくりあげた。それゆえ闘争の結果，共産党が指導する力が迅速に拡大したが，国民党の統治のほうは非常な速さで瓦解した。1946年の夏から，国民党の全面進撃はわずかに4半期行なわれたにすぎず，戦争の形勢にはすでに変化が生じ，共産党に対する全面攻撃から重点的な攻撃に改めざるをえなかった。重点的な攻撃は1年にいたらず，また戦略的進撃から戦略的防衛に転じた。逆に，共産党は1947年夏から戦略的防衛から戦略的進撃に変えたため，国民党政権の徹底的な崩壊を引き起こした。政治面では，労働者，農民，学生および民主党派の反米，反蒋の愛国民主運動がすさまじい勢いで次々とあらわれて，共産党に次ぐ第2の反蒋戦線がつくられた。経済面では，国民党統治区の財政金融と商工業企業の破産が続出し，農業も大いに破壊されたため，都市と農村の人びとの生活はますます悪化した。これとは逆に，共産党が支配している解放区内の土地改革と整党整軍（党や軍の思想，政治，組織などを整えること）の実施をとおして，農業，商工業および財政金融産業を絶え間なく発展させた。共産党の軍事，政治，経済，思想の力量は日増しに高まった。このように国民党と共産党の決戦の勝負はすでに決まっていた。1948年9月から1949年1月まで遼瀋，淮海，平津の三大戦役を経て，1949年4月，中国人民解放軍は南京を占領し，中国大陸での国民党の統治を終結させた。国民党政権は台湾に移り，台湾を「反撃，国家復興の基地」とした。

　1937年の抗日戦争の開始から1949年の大陸のほぼ全域の解放まで，途中で1年足らずの戦争の中断があったにすぎず，12年間にわたる戦乱のなかで，中国の経済は絶えず破壊をこうむった。1949年，中国の経済は1936年以来の最低水準に下がった。1936年に比べて，工業総生産額はその半分ほど下がり，穀物食糧は25％下がり，綿花は47.6％減った（馬洪，1987）。一方，人口はかえって戦乱のなかでも増え続け，1949年には5億5,000万弱になり，1936年に比べて17％増加した（趙文林等，1987）。

　1949年6月，中国共産党は各民主党派および各界の人びとと協議を経て，解放した北京市内で新たな政治協商会議を開催した。準備会議で，中国共産党主席の毛沢東は「系統的，そして順序立てて全国において，政治的，経済的，文化的お

よび国防的な建設活動を進める」ことを提案した。9月、中国人民政治協商会議が正式に開催され、中華人民共和国臨時憲法として『共同綱領』を採択した。『綱領』は「中華人民共和国は新民主主義、すなわち人民民主主義の国家である」と規定し、ならびにそれに応じた新民主主義の政治、経済、文化、民族、外交などの各分野の政策を規定した。10月1日、中華人民共和国が成立し、毛沢東が最初の中央人民政府主席（後に、国家主席に改称）を務め、周恩来が政務院（後に、国務院に改称）総理を務めた。中国の歴史と中国の近代化は新たな1ページを開いた。

8　社会学の学説の多元化

「五・四」運動以後、さまざまな代表人物、さまざまな階級と階層を担い手としてさまざまな学説が多元的で、統一のない発展状況をなしていた。

そのなかで、マルクス主義の学説は中国共産党員の信奉として、また中国を根本からつくりなおす思想的武器として、中国で自らの物質的武器と成長の土壌をみつけだし、有力な社会思潮と社会革命運動を形づくった。マルクス主義の史的唯物論は、マルクス主義が社会現象を観察し、分析する哲学的基礎である。つまり、科学的社会主義はマルクス主義社会学の核心的な内容であり、主に社会主義の誕生、発展、成功の条件、道筋および各種のパターンを研究するものである、革命期のマルクス主義社会学の理論的な注目点は社会革命論であり、社会主義者が政権を掌握した後に、探求する中心テーマは社会主義建設の理論である。

中国のマルクス主義社会学のもっとも早い伝播者は李大釗である。かれは史的唯物論を社会学の法則とみなし、かつまた理想的な運動とみなした。1922年、共産党員の瞿秋白は上海大学社会学部主任に就任し、「現代社会学」を講義した。かれは社会学を一切の人類現象や社会形式の変遷およびその法則を研究する科学だと理解した。これは19世紀以来の社会学の広義の理解である。以後、国共合作の樹立にともなって、共産党員は、国民党農民部の名義のもとで、農民運動を繰り広げ、農民運動講習所を創設した。彭湃、毛沢東らは1924年から1927年までに、相次いで広州、武漢などで農民運動講習所を創設して、農民運動の幹部に中国革命と農民運動の知識を講じ、調査研究を進め、農民運動を組織する方法の訓練を行なった。李大釗、彭湃、毛沢東が行なった農民調査とかれらがこの時期に『中

『国農民』に発表した中国農民と土地問題，農村の社会構造に関する調査と分析は，マルクス主義理論と中国の実際を結びつけた特徴をはっきりと示しはじめた。そのなかで，毛沢東の「中国社会の各階級の分析」は中国社会を地主階級，買弁階級，中産階級（主として民族ブルジョア階級をさす），プチブルジョア階級（自作農，手工業主，小知識階層，小商人などを含む），半プロレタリア階級（半自作農，貧農，小手工業者，店員，小商人などを含む），プロレタリア階級（近代産業のプロレタリア階級）およびルンペンプロレタリアといった階級と階層に分けて，かつまた各階級の人数について数量的分析を行なった（以後，『毛沢東選集』に収録された時に削除・訂正されている）。これは毛沢東本人の思想的な特徴の形成にとっても，中国共産党の理論，政策および戦術の形成にとっても，創造的な意義をもっている。農民を改革の主体とみなし，しかも強烈な政治革命の実践性をもつことは，毛沢東が思想の基礎を定めた段階に特徴づけられたのである。

　国共両党の闘争を主要な政治的背景として，中国思想学術界は中国社会の性質，中国社会史，中国の農村社会の性質について3回の大論戦を行なった。当時の中国社会の性質に対する認識は中国の社会改革の任務をはっきり定める出発点である。この問題に対する異なった認識は，異なった社会改革の方針，路線に直接結びついている。当時，次の主要な3つの意見があった。すなわち，① 中国はすでに資本主義社会であるという考え。共産党のなかでこの観点をもつのは陳独秀を代表とする中国のトロツキー派である。かれらは1927年の「四・一二」事変後，国民党の登場がまさにブルジョア階級の登場であり，中国は反帝，反封建のブルジョア民主革命がすでに勝利し，プロレタリア政党はただ合法的な議会闘争を行なうだけであり，それをもって将来社会主義革命を行なっていくと考えた。トロツキー派の観点と雷同したのは雑誌『動力』を主要な陣営とする任曙，厳霊峯らである。かれらは当時の「中国は世界のなかですでに資本主義国家に発展した」（任曙，1932）と考え，中国と外国について「一視同仁」を主張した。② 中国は当時，「帝国主義の侵略のもとにある封建社会」（陶希聖，1929）であるという考えである。代表人物は上海の雑誌『新生命』を主要な陣営とする陶希聖であり，新生命派と呼ばれる。③ 中国は当時，半封建半植民地の社会であるという考えである。これは1922年の中共第2回大会で，すでに正しいと認められた観点である。王学文，潘東周らはこの論戦のなかで具体的に中国の当時の社会経済の半封

建的・半植民地的な性格を分析し，理論的，学術的に認識を深め，比較的強い説得力があり，思想界の注意を引いた。この論戦には前後100人余りが参加し，7,200編以上の文章が発表され，30冊余りの本と50種類の定期刊行物が出版され，大きな影響があり，人びとは中国社会の性質についての認識を深めた。

　中国社会史についての論戦は，1930年の郭沫若の『中国古代社会研究』の出版が発端となった。この本は，中国人がマルクス主義の史的唯物論と社会発展段階の理論をもちいて，中国の古代社会を分析したはじめての試みの成果であり，出版後ただちに学術界の大きな反響を引き起こした。中国の古代社会の具体的な区分と社会的性質についての討論によって，さらに「アジア的生産様式」に関するマルクスの論述の内包と外延に対する詳しい討議に向かった。その後，この討論はさらにまた中国の古代社会史からインドなどのその他の東方国家の古代社会史についての討論にまで広がった。論争の主体も中国の学術界からソ連，日本などの国々の学術界へ広がり，いまもまだ論争は終わっていない（郭沫若，1930）。

　中国の農村社会の性質についての討論は，農村の社会経済構造と農村発展の問題についての前の２つの問題の討論の継続，深化である。この討論はさらに中国農村，農民，農業問題を分析するマルクス主義政治経済学の理論と方法の具体的な運用にまで及んだ。この討論に参加した１つの派は雑誌『中国経済』を主要な陣営とする王宜昌，張志澄らであり，その観点は中国農村はすでに資本主義化したと考える観点の継続である。これと対立する別の一派は「中国農村経済研究会」が発行する雑誌『中国農村』を主要な陣営とする銭俊瑞，陶直夫，薛暮橋，孫冶方らである。かれらは江蘇，河北，上海，河南，陝西などの農村に深く入り込んで調査を行ない，マルクス主義の観点，方法でいくつかの調査報告や論文を書きあげ，理論と実際を結びつけて中国農村の半封建的・半植民地的な性質を実証した。この討論はマルクス主義の政治経済学を弁証法的に理解し，運用することに対して非常に啓発的であった。

　上述の３回の論争の内容は社会学，歴史学，経済学そして政治学のそれぞれの主要な学問領域を含んでおり，また社会学をそのなかに含む人文科学の強い現実性と中国の知識人の強い社会参加意識をあらわしている。これはまさに当時の中国社会の存在の所産であり，また社会変革が深まって行くために必要なことであった。

　社会における政治団体や学術団体によって中国社会に対して繰り広げた調査研

究活動や討議以外に，この時期は大学や研究機関の社会学科の設立，人材養成そして研究にもかなりの発展があった。

1947年までに，すでに中央大学，清華大学，中山大学，復旦大学，雲南大学，金陵大学，燕京大学，滬江大学，嶺南大学，華西大学，東呉大学，光華大学，輔仁大学，震旦大学，珠海大学，金陵女子文理学院，広東商学院，郷村建設学院，広州法学院が社会学部を設置し，大夏大学と斉魯大学が歴史社会学部，社会教育学院が社会事業行政学部を設置しており，合計22の大学や学院が社会学の学部を設置していた（孫本文，1948）。国民党政府教育部が1938年に公布した大学各学院課程によれば，社会学は文，理，法，師範の4つの学院の社会科学系の共通必修課程の1つとして定められている。社会学部のカリキュラムは社会学，統計学，社会学心理学，社会制度，社会調査，社会事業および行政，社会思想史，人類学，農村社会学，都市社会学，中国社会問題，中国社会制度史，中国社会思想研究，近代社会学理論，社会政策，社会立法，社会運動，社会事業史，社会変動，教育社会学，宗教社会学，コミュニティ研究，家族問題，人口問題，農民問題，労働者問題，華僑問題，犯罪学，優生学，社会統計学など50科目である。大学や学院の社会学は次第にソーシャル・ワーク，社会福祉そして社会行政などの応用の領域に広がり，専攻の設置と課程の設置が次第に増えた。

同時に，社会学会，専門学術刊行物も時運に応じて発展してきた。1922年，余天休は北京で「中国社会学会」を組織し，『社会学雑誌』（1922年から1932年まで発行）を創刊した。しかし，呼応するひとはまばらで，刊行物の観点も立ち遅れており，学術レベルも低く，影響は大きくなかった。1927年に燕京大学社会学部が『社会学界』（1927年から1938年まで発行）を年刊で創刊し，相当高い学術水準をあらわしていた。1928年，孫本文らは上海で発起して東南社会学会を設立し，翌年1929年に『社会学刊』（1929年から1937年まで発行され以後10年間の中断を経て，1948年再刊されたが以後休刊）を季刊で創刊した。1930年には，北京の陶孟和らと連携してこの学会を改組し，中国社会学社を設立した。この学社は全国的な社会学団体組織になり，同時に『社会学刊』の刊行を引き継ぎ，孫本文が会長と編集長に就いた。『社会学刊』は抗日戦争から休刊[訳注2]になり，学社の活動は大陸が解放されるまで停止した。1920年代のはじめ，滬江大学，金陵大学などの教会立の大学や華洋義賑会などの団体の外国の社会学者はかつて学生を指導し，広東，上海，河北，山東，江蘇，安徽，浙江などの省の農村で調査を行ない，いくつかの

調査報告を書いた。以後，また中国の社会学者の陳達，李景漢，陶孟和，楊開道らがそれぞれ北平（北京）付近で多くの調査を行なった。これらの調査は最初，多くは教育と結びつけて行なわれたが，後にすぐに専門的になっていった。たとえば，1920年代の北平社会調査所，中共秘密党員の陳翰笙が所長であった国民党中央政府の中央研究院社会科学研究所，抗戦時期の清華大学国情普査研究所，雲南大学社会学研究室，華西大学辺境研究所がそれぞれ北京，江蘇，河北，広西，上海，河南，陝西，雲南，四川などで相次いで農村，都市および西南の少数民族地区で行なった調査である。1930年代後期，文化人類学が中国に導入され，呉文藻と費孝通もまた伝統的な社会調査の思想と方法を基礎にして，専門的な社会学調査を行なった，これはまたコミュニティ（社区）調査とも呼ばれ，同様に成果を収めた。

　この時期，大学で社会学の教育と研究に携わる社会学者は，ほとんど外国（主としてアメリカ）で社会学を学んで帰国し，教鞭をとっていた。学生時代に指導を受けた外国教員の影響と帰国後の個人的な関心によって，それぞれの学問分化の傾向が形づくられはじめた。すなわち，比較的全面的である孫本文と呉文藻，社会問題（労働者，人口，生活，農村など）の調査研究を重視する陶孟和，李景漢，楊開道ら，社会心理学を重視する呉澤霖，胡鑑民，文化論を重視する孫本文，黃文，陳序経，呉文藻，費孝通ら，経済論を重視する呉景超，喬啓明ら，生物論を重視する潘光旦（優生学），などである。かれらはすべて自らの代表作と観点をもっており，また100を数える外国の社会学の名著を翻訳した。そのなかで影響がもっとも大きな人物と著作は孫本文（1891～1979）とかれの『社会学原理』である。孫は中国の社会学の開拓者の1人であり，北京大学を卒業し，1921年にアメリカに留学，ニューヨーク大学で社会学博士の学位を取得して，帰国し社会学の教授に就いた。1928年から中央大学社会学部教授兼学部長に就いた（建国後，中央大学は南京大学と改称され，社会学部の廃止後は亡くなるまでずっと哲学部教授に就いていた）。非マルクス主義の専門的社会学者のなかで著作，翻訳がもっとも豊かな学者として，すでに出版された専門書だけでも『社会学における文化論』(1927)，『社会学 ABC』(1928)，『人口論 ABC』(1928)，『社会学の領域』(1929)，『社会変遷』(1929)，『社会学原理』(1935)，『現代中国の社会問題』（4巻，1942～1943)，『社会思想』(1947)，『社会心理学』(1946)，『近代社会学発展史』(1947)，『当代中国社会学』(1948)など10数冊余りあった。かれの著作の学問的

な由来は基本的に西洋からのものである。主として，直接にはアメリカから（ドイツ観念論の文化哲学だが間接的にアメリカをとおして）導入した文化社会学の観点を立論の基礎として，精神力による文化の創造，累積，伝播から一切の社会現象を解釈している。文化心理的要素が人類社会の支配的要素であり，文化を使用し，文化を実行することが，社会過程，社会統制，社会変遷として具体的にあらわれると考えた（孫本文，『社会学原理』）。かれは基本的に西洋の観念論的な文化社会学を取りいれて，その枠組みのなかに中国の材料を当てはめた。したがって，とりたてて真に自らの理論体系を形成させたものではないし，社会学の中国化の仕事を完成させたわけでもない。

　孫本文はこのような観念論的な立場から出発し，史的唯物論を理論的基礎としている社会学は科学ではないといった（孫本文『社会学原理』），またマルクス主義社会学が当時の中国の社会学の2つの学派の一方であることも認めなかった。当時，燕京大学社会学部教授兼学部長の趙承信も弁証法的唯物論の社会学を「正統」とは認めず，「唯物論者によってブルジョアの社会学とみられているものこそ，中国の社会学の正統である」と考えた。しかしかれは少なくとも弁証法的唯物論の社会学が「中国の社会学の2大学派」の1つであることを認めた（趙承信，1948.1.22）。孫本文を代表とするこの「正統」の社会学は，もともと欧米から中国に輸入されたものであり，抗日戦争開始以後はソーシャル・ワーク，社会福祉そして社会行政という実用領域に近づきはじめた。しかし，この実用的なサービスは結局日一日と腐敗する国民政府の体制に従属するものであった。したがって，この官製色のある「正統」の観念論的社会学が一時はブームになったが，最終的にはやはり実を結ばない花のようであり，マルクス主義を旗印にした社会革命の成功の後，凋落してしまった。

　陳達はアメリカで孫本文と同じ指導教員についたが(訳注3)，外国の書物の多くの引用にとどまることなく，なおかつ中国の2つの大きな実際の重大な社会問題，すなわち人口学と労働問題に力を入れた。「資料によって論を立て，数字を使ってものをいう」という厳格な学問研究の精神と現実的なものを重視する態度で，長期間研究を行ない，『中国労工問題』（1929），『人口問題』（1934），『南洋華僑と閩粤社会』（1938）などの手堅い著作を書いたし，一組の夫婦は男女それぞれ1人だけ子どもを出産するという「対等の交替」（人口置換水準）の意見を提出した。これはかなり科学的価値と実用的価値をもつ創造的，先端的な研究成果であ

る。かれの研究は当時の国際人口学界で声譽を受けただけでなく(訳注4)，今日からみても，やはり相当な価値をもっている。

　1927年から1937年までは，抗日戦争の勃発前の南京国民党政権が相対的な安定に向かっていた時期で，都市の商工業は一定の発展があったが，都市と農村の発展のアンバランスな二元構造が日増しに顕著になり，また農村の小作料の引き下げと土地改革は国民党政権が倒された日になっても解決できなかった。農民問題はまさに中国最大の社会問題であり，中国の近代化の最大の難題であり，また共産党が指導する革命の中心テーマおよび革命の力の源泉でもある。まさにこのような背景のもとで，一部の学者は西洋の資本主義が高揚する時期の空想的社会主義者のように，前後して600余りの団体が中国農村のなかで点々とさまざまな郷村建設実験を繰り広げた。これはすべて「郷村建設運動」と呼ばれている。主なものには，独学で身を起こした近代の新儒家の梁漱溟を学院長とする山東鄒平郷村建設学院であり，その趣旨は農村の復興から着手して，「政治，教育，経済，衛生」を1つにし，儒家の倫理を中心とする礼教社会を建設することである。さらに，梁漱溟はその『郷村建設理論』のなかでやはりはっきりと，自分が農村を組織し，農民運動を行なった目的は「共産党を一掃し」，「共産党を食い止め」，「共産党に取って代わる」ことにあったと言明した。かれは山東軍閥の韓復榘が支給した数10万元によって，この活動を行なった。ところが農民は意外にもこの活動に対して無頓着で，結局のところ功績はなかった。

　そのほかに比較的有名なものはアメリカ留学をした博士の晏陽初が河北定県に開設した平民教育実験区である。これは「愚，貧，弱，私」の4大病を除くことを趣旨とし，平民教育を繰り広げることを手段として，政治，教育，経済，自衛，衛生および礼教の「六大建設」をとおして，それによって「農村建設」，「民族自救」，「天下の不公平をなくす」という目的を達成することであった。この実験区の活動は1930年から「除文盲，作新民」（非識字者をなくし，新しい民をつくること）を目標とした計画を実施しはじめた。1935年，国民党政府は県政改革を実行し，実験県を設置する命令をくだした。晏陽初は前後して，請われて湖南，貴州，四川に行き，実験県を開設し，もともとの趣旨およびやり方を変えて，「政教一体」を提唱し（ここでの「教」は宗教ではなく教育を指す），国民党の「県政改革」の方針と合致した。抗日戦争が勃発し，定県などの地域の実験は中断した。抗日戦争開始後，国民党政府が許可した「郷村建設実験」はただ徴兵や徴税

に利用されたために，農村はいっそう貧しくなった。これらの実験はまさに，孫冶方が当時「なぜ郷村改良工作を批判するのか」という論文のなかで次のように指摘したとおりである。「すべては現行の社会政治体制を認めることを前提条件としており，中国農村の発展，さらに中国全体の社会発展を妨げる帝国主義の侵略および封建的残余勢力の支配には，まったく触れなかった」と（孫冶方，1936）。とりわけ，こうした実験は農民の土地問題を無視し，国民党政権および地方の封建軍閥だけに頼ったので，後援者とともに失敗に終わったのも不思議ではない。しかし，定県実験モデルの「維新運動」のなかで，実際に実験に参加した知識人たちの社会献身の精神はやはりひとを感動させるものであった。一部の郷村建設運動の参加者は，まさに農民に対する同情と社会改革の責任感からでたものであり，次第に改良から革命に向かって進んだし，農村改革から中国全体の革命に向かって進んだ。微視的にみれば，農村実験もいくつかの実績をつくった。たとえば，定県実験区は平民教育をとおして，非識字者を大きく減少させたし，生産技術にも改良進歩があった。李景漢は調査部のトップとしてこの調査をとおして，『定県社会概況調査』を書き，標準的な社会学の方法で1つの県区域についての全面的な調査を行なうモデルを提供して，中国の社会学史上に学術的価値をもつ遺産を残した（李景漢，1933）。

　上述の政府の許可した「正統」の社会学の教育，調査そして実験と相対立する別の一派は，マルクス主義の社会学派である。この学派と中国共産党が指導する社会革命は，当時の中国でまだ支配的な地位を占めていなかった。大学のなかで，マルクス主義社会学の主要な人物は李達と許徳珩である。李達は長期にわたってマルクス主義の宣伝とさまざまな論戦に携わった，中国の著名なマルクス主義の学者である。1920年代，教育に携わるなかで書き綴り出版した『現代社会学』(1928) は系統的に史的唯物論と社会主義の基本的原理をはっきりと述べている。また中国と世界の革命の問題を結合させて，実際に論じているし，さまざまな反マルクス主義の学説を批判している。李達は1937年にさらに『社会学大綱』を出版した。この書は国民党統治区および共産党根拠地のいずれでも広範囲にわたる影響があった。毛沢東はかつて10回も閲読したとのことであり，さらに本書を延安哲学研究会と抗日軍政大学に推薦した。

訳注

（1）ここでの訳は，北村正子ほか訳を引用させていただいた（『魯迅全集』第1巻，学習研究社，1984年，pp. 425-427）。

（2）『社会学刊』は，日中戦争によって，1937年の5巻3号で一時休刊になり，1948年に6巻合刊として復刊した。しかし，その刊が最終刊になった。

（3）W. F. オグバーンをさす（韓明謨著，星明訳，2005年，『中国社会学史』，行路社，p. 160）。

（4）抗日戦争時期，陳達は中央研究院院士，国際人口学会会員（1947〜1949年副会長），国際統計学会会員，太平洋学会会員東南アジア部責任者を歴任し，専門論文40編，著書15冊をもつ。コロンビア大学での指導教授のオグバーンが前書きを書いた，かれの *Population in Modern China*, University of Chicago, 1946（後に，1981年，『現代中国人口』，天津人民出版社として中国語訳が出版された）は中国の人口研究の代表作である（韓明謨，2005年，『中国社会学名家』，天津人民出版社，pp. 188-122, pp. 209-212）。

参考文献

康有為「孔教会序一」1912年。
康有為「中国以何方救危論」1913年。
袁世凱「通令尊崇孔聖文」1913年。
『孔教会雑誌』第1巻第1号，1913年。
陳独秀「敬告青年」『青年雑誌』創刊号，1915年。
陳独秀「一九一六年」『青年雑誌』第1巻第5号，1916年。
陳独秀「復辟與尊孔」『新青年』第3巻第6号，1917年。
呉虞「家族制度為専制主義之根拠論」『新青年』第2巻第6号，1917年。
魯迅「狂人日記」（1918年）『魯迅全集』第1巻，人民文学出版社，1981年。
李大釗「法俄革命之比較観」『言治』季刊第3号，1918年。
李大釗「庶民的勝利」『新青年』第5巻第5号，1918年。
李大釗「布爾什維主義的勝利」『新青年』第5巻第5号，1918年。
黄郛『欧戦之教訓與中国之将来』上海中華書局，1918年。
李大釗「秘密外交與強盗世界」『毎週評論』第22号，1919年5月18日。
李大釗「由経済上解釈中国近代思想変動的原因」『毎週評論』第35号，1919年8月17日。
陳独秀「対日外交的根本罪悪——造成這根本罪悪的人是誰」『毎週評論』第21号，1919年5月11日。
陳独秀「為山東問題敬告各方面」（1919年）『陳独秀文章選編』（上冊），三聯書店1984年。
李大釗「我的馬克思主義観」『新青年』第6巻第5，6号，1919年5月，11月。
『中国共産党第一綱領』1921年。

『中国国民党章程』1924年。

毛沢東「中国社会各階級的分析」1926年。

毛沢東「国民革命與農民運動」『農民問題叢刊』1926年9月1日。

毛沢東「湖南農民運動考察報告」1927年。

李達『現代社会学』崑崙書店，1928年。

陳達『中国労工問題』商務印書館，1929年，『人口問題』商務印書館，1934年，『南洋華僑與閩粤社会』商務印書館，1938年。

陶希聖『中国社会之史的分析』新生命書局，1929年。

郭沫若『中国古代社会研究』上海聯合書店，1930年。

任曙『中国経済研究緒論』神州国光社，1932年。

『東方雑誌』第30巻第4号，1933年。

李景漢『定県社会概況調査』中華平民教育促進会，1933年。

孫冶方「為什麽要批評郷村改良工作」『中国農村』第2巻第5期，1936年5月。

李達『社会学大綱』上海筆耕堂書店，1937年。

毛沢東『新民主主義論』1940年。

孫本文『社会学上之文化論』景山書社，1927年，『社会学ABC』世界書局，1928年，『人口論ABC』世界書局，1929年，『社会的文化基礎』世界書局，1929年，『社会学的領域』世界書局，1929年，『社会変遷』世界書局，1929年，『社会学原理』(上・下) 商務印書館，1935年，『現代中国社会問題』(1～4巻，商務印書館，1942～1943年，『社会心理学』商務印書館，1946年，『社会思想』商務印書館，1945年，『近代社会学発展史』商務印書館，1947年，『当代中国社会学』勝利出版公司，1948年。

巫宝三『中国国民所得』中華書局，1947年。

趙承信「中国社会学両大派」天津『益世報』1948年1月22日。

章有義編『中国近代農民史資料』三聯書店，1957年。

王方中『中国近代経済史稿』北京出版社，1982年。

陳旭麓編『近代中国八十年』上海人民出版社，1983年。

楊蔭傅『民国財政史』中国財政経済出版社，1985年。

呉承明『中国資本主義與国内市場』中国社会科学出版社，1985年。

呉承明『帝国主義與国内市場』中国社会科学出版社，1985年。

馬洪編『当代中国経済』中国社会科学出版社，1987年。

趙文林，謝淑君『中国人口史』人民出版社，1988年。

孫健『中国経済史——近代部分 (1840～1949)』中国人民大学出版社，1989年。

謝明幹，羅元明編『中国経済発展四十年』人民出版社，1990年。

許滌新，呉承明『中国資本主義発展史』第2巻，人民出版社，1990年。

中国共産党党史資料庫 http://dangshi.people.com.cn。

第4章
共和国成立後の30年

1　発展条件の初歩的な充足

(1) 社会的, 政治的条件の形成

　中華人民共和国の中央人民政府の成立後, 国民党の残余軍事力に対して攻撃を続け, 1951年にまたチベットを平和的に解放して, 台湾, 澎湖, 金門, 馬祖などの島嶼および香港, マカオを除いて, 中国大陸は統一を実現した。

　1950年の冬から着手し, さらに新解放区でも土地改革を中心とする民主革命を進めた。これは中国の農村社会にはいままでになかった経済的, 政治的および思想的な大革命である(土地改革は農村人口の3～4％を占める人びとに打撃を与えた。全国の地主およびその家族はほぼ2千万人ぐらいであり, そのなかで法によって罰せられた少数の悪人のボスを除けば, かれらもほかの農民と同じように一部分の土地を分けてもらっていた)。同時に, 大々的に反革命を鎮圧し, これによって人民民主独裁を確固たるものにした。当時臨時憲法の役割を果した『中国人民政治協商会議共同綱領』(1949年9月29日採択, 以下『共同綱領』と省略)の規定によって, 中国の人民民主独裁は中国の労働者階級・農民階級・小ブルジョアジー・民族ブルジョアジーおよびその他の愛国的民主分子の人民民主統一戦線の政権であり, 労農同盟を基礎とし, 労働者階級を指導者とする。中国国内の帝国主義の勢力を粛清した後, 国内において人民主主義独裁の対象は地主階級, 買弁ブルジョア階級および反革命分子だけになった。これが当時の中国の社会構造である。都市と農村の発展からみれば, 伝統を主とする二元構造を呈していた。すなわち, 全国の総人口5億7,500万人のなかで農業人口は4億9,200万人で, 総人口の85.6％を占めており, 非農業人口は人口のわずか14.4％を占めるにすぎなかった。

1950年6月，朝鮮戦争が勃発し，アメリカは武力干渉し，かつまた台湾に軍隊を派遣し，駐留させた。中共中央はただちに台湾解放の計画を一時中止し，東北に軍を移動させ，1950年10月に中国人民志願軍の名義で彭徳懐が司令官兼政治委員の任に当たり，抗米援朝の戦争に突入した。8か月の戦いを経て，1951年7月，交戦の双方が交渉を開始した。またや，2年間の交戦，折衝とかわるがわるの闘争を経て，1953年7月，正式に朝鮮戦争に休戦協定が成立し，中国は朝鮮に入る時に予期していた目的を達成した。抗米援朝戦争の勝利は，若い共和国が第2次大戦後の超大国のアメリカとの武力衝突の試練にしっかりと耐えたことである。当時の中国の新政権が強固になったことやその後の中国大陸と台湾の対峙，および米ソ両大陣営の対立状態は，いずれもこの朝鮮戦争と深いかかわりがあった。抗米援朝戦争は中国人の愛国の熱情を奮い立たせ，戦争の勝利の終結は民族のプライドと中国の国際的な威信を高めた。当時の歴史的条件は中国共産党にソ連「一辺倒」の外交を選択させることを決定付けた。

1951年から1952年まで，政権の建設面では，『共同綱領』の原則によって，民主主義建設をとおして，地方の各レベルの政権を樹立した。その後，上から下まで国家の基本制度として人民代表大会制度を確立し，国家機構の再編と簡素化を進めた。中国は56の民族を有し，中国人民共和国が成立した時，少数民族の人口は全国人口の6％を占めており，全国の総面積の60％以上を占める国土に比較的集中して，あるいは分散して居住していた。それぞれの民族の経済，文化の発展はアンバランスな状態にあった。歴史からみれば，それぞれの民族は和睦し，相互の発展を促進しあった時期もあるが，民族間で相争い，怨恨から殺しあった時期もある。建国後，政府は少数民族地区で民族区域自治政策を実行し，民族の平等，団結そして共通の進歩を実現した。

この時期，中国共産党と人民政府はただちに社会の状況の把握や経験の総括に力を入れ，政策をきちんと実施し，団結できるすべてのひとを団結させ，統一戦線を拡大し，またこれを強めた。同時に，共産党が執政党として農村から都市に入った後，党自身の建設にも注意を払い，整風整党をとおして党自身の優れた伝統と気風を発揚させ，新たな条件のもとで生まれた「左」翼的な粗暴なやり方を正し，さまざまな新たな問題を解決した。さらに，1951年の冬から1952年の春にかけて，政府機関，軍隊，学校，国営企業で反汚職，反浪費，反官僚主義の「三反運動」を繰り広げた。

これらの努力をとおして，統一，団結，安定した政治，社会的局面が出現し，民主集中制の基礎のうえに清廉潔白で，能率の高い各レベルの政権機構を打ちたてた。共産党と人民政府は自らの実績をもってきわめて大きな凝集力をもつ崇高な権威を樹立した。5億7,000万人の人民は空前の祖国建設の熱情を奮い立たせ，中国の近代化の政治条件がはじめて整った。

（2）経済の回復と発展

　新中国の新民主主義経済は国営経済，合作社経済，農民および手工業者の個人経済，私的資本主義経済および国家資本主義経済の5つの要素から構成されていた。『共同綱領』は「中国人民共和国の経済建設の根本方針は公私ともに注意をはらうこと，労資双方の利益をはかること，都市と農村，労働者と農民とが互いに助けあうこと，国内外の交流をするといった政策をもって，生産を高め，経済を繁栄させるという目的を達成することである」と規定している。中央人民政府の劉少奇は「新民主主義段階の中心任務は生産力を発展させ，工業化を完成させることである」と指摘し，かつまた明確に「すべては経済建設を中心とする」と提議した（薄一波，1991）。

　5つの経済的要素のなかで，主導的役割を占めたのは国営経済である。国営経済は根拠地，解放区の公営経済を継承し，発展させた基礎のうえにたって，また官僚資本を没収したり，一部の外資企業を国有に変えたりして，設立し，発展させてきたものである。没収した官僚資本は主として国民党の各レベルの政府が経営していた企業および抗日戦争の勝利後に接収して管理した日本，ドイツ，イタリアの中国内の企業である。同時に，中国国内での外国の特権を撤廃した。その主要な内容は不平等条約の破棄，関税と対外貿易の自主管理である。中国にある外資企業に対しては，さまざまな情況に応じた処置を進め，1952年までに中国にある外資企業はすでに1949年の1,192社から563社に減り，所有資金は12億1,000万元から4億5,000万元に減少した（林蘊暉等，1991）。この過程のなかで，政府は政策に実施に十分注意を払い，没収された企業の従業員と財産の適切な按配，管理および生産経営の迅速な回復と発展を保証した。1952年，全民所有制企業の固定資産価値はすでに241億元に達し，国家財政収入の58％を供した。全民所有制工業が工業総生産額に占める割合はすでに1949年の26.25％から1952年には41.54％に上昇して，国家の経済上のもっとも重要なところを掌握した（中国国家

統計局，1991）。

　建国初期，私的資本主義商工業は国民経済のなかでなお相当重要な地位を占めていた。1949年，全国で合計して資本主義工業企業が12万3,000社，従業員164万人余りがあり，全国の工業従業員総数の54.6％を占めており，生産額は全国工業生産額の63.2％を占めていた。個人経営の商業企業は1950年には合計402万戸であり，全国の商業総戸数の98％を占め，従業者数は662万人で，商品卸売額は全国の70％を占め，小売額は全国の85％を占めていた（馬洪，1987）。当時，個人経営の商業は国の経済と人びとの生活，とりわけ日用品と商業サービス面の提供に対して，重要な役割をもっていた。しかし，個人経営の資本主義企業は一般に規模が小さく，業種がばらばらで，工業の割合が少なく，商業と金融業の割合が大きかった。そのうえ，工業のなかでも軽工業の割合が大きく，技術もたち遅れていた。これは中国の資本主義の発展が非常に不十分だという重大な弱点を反映していた。共産党と人民政府は私的資本主義商工業の経済に対して，利用，制限，改造といった方針を講じ，所有者と経営者に対して団結，教育，改造といった政策をとった。国民経済の回復期に，国家はまず政治権力および掌握した経済力を利用して物価を安定させ，徐々に私的資本主義商工業に対する管理制度を確立し，金融，税収，市場，労資関係などに関する一連の法令，条例を制定し，財政と経済の管理を統一した。1952年に展開された不法な資本家の贈賄，脱税，国家資材の窃取，手間抜きと材料のごまかし，国家の経済情報の窃取に反対するという「五反運動」は，商工業の秩序を立て直した。この時期に，私的資本主義商工業は回復と発展を遂げたけれども，全人民所有制の国営企業，合作社集団経済そして都市と農村の個人経済の回復と発展はさらに速かった。私的資本主義経済の割合は下降傾向を呈し，1952年の工業総生産額の割合は34.6％に下降し，商品小売総額のなかの割合も60.9％に下がった（国家統計局，1991）。これと同時に，国家が生産品の買い上げ，原料を提供した委託加工，注文および貸付などの多様な方式を講じて，一歩一歩私的資本主義商工業を国家資本主義の軌道に引き入れ，その最高レベルの形式を公私合営（私的資本主義商工業に対する社会主義改造のやり方で国家側が管理者を派遣し，資本家側と共同で経営すること）とした。

　立ち遅れた中国の経済構造のなかで，農民と手工業者の個人経営は全体の経済のなかで総生産額，さらに従業員数からみても，いずれもきわめて大多数を占めていた。建国後，政府は個人手工業に対して，保護と育成の方針をとると同時に，

手工業者を一歩一歩組織するよう導き，困難を克服し，生産を拡大，発展させた。1952年末には，すでに個人手工業者総人数の3.1％を占める22万8,000人の手工業者が手工業合作組織に加入し，その生産額はすでに工業総生産額の3.5％を占めた（馬洪，1987）。

農村，農業および農民の問題では，土地改革を経て，地主階級の土地所有制を廃止し，「耕者有其田」を実現した。1952年8月には，全国農村人口の90％を占める地区で土地改革をやりとげ，およそ3億の農民が7億畝（4,600万ヘクタール）の土地とその他の生産手段を手に入れ，農村の生産力を解放した。政府はまた一連の農業生産を奨励する施策をとった。土地改革，農業生産の回復と発展の過程のなかで，農民の互助合作運動もある程度繰り広げられ，1952年末には，組織された農家はすでに4,536万戸に達し，全国の農家の39.9％を占めた。

経済類型からみれば，1952年末の全国民所得のなかで，国営経済は19.1％，集団経済は1.5％，公私合営経済は0.7％，私的資本主義経済は6.9％，農民と手工業者の個人経済は71.8％を占めていた（馬洪，1987）。

経済は3年間の回復，改革および発展をとおして，1952年には，中国の農工業の総生産額および各種主要な農工製品の生産量はすべて歴史上の最高記録を超え，国の内外の貿易もすべてすみやかに回復と発展を成し遂げた。農工業総生産額のなかの工業生産額の割合は1949年の30％から1952年の43％に上昇し，そのなかで農工業総生産額のなかの近代工業の生産額の割合は17％から26.7％に上昇した（謝明幹等，1990）。

これは中国の近代化が計画的な全面発展に入る時期の経済的基礎である。しかし，このスターティング・ポイントは非常に低いものである。P. Bairochの計算によれば，1800年には，中国の製造業生産高がなお世界の製造業生産高の33.3％を占め，人口も世界の3分の1を占めたため，1人当たりの生産高は世界1人当たりの平均並みであった。1953年になると，中国は世界人口の23％を占める最大の人口大国であるが，世界の製造業に占める割合はわずかに2.3％にすぎなかった。これは中国の近代化建設の難しさを物語っていた（保羅・肯尼廸，1988）。

（3）教育，科学，文化の回復と発展

『共同綱領』の規定によれば，「中華人民共和国の文化教育は新民主主義的，すなわち民族的，科学的，大衆的文化教育である。人民政府の文化教育工作は人民

の文化レベルを高め，国家建設の人材を育成し，封建的，買弁的およびファッショ的な思想を一掃し，人民のために奉仕するという思想を発揚させることを，主要な任務としなければならない」(第41条)と，また「人民政府は計画的に一歩一歩，古い教育制度，教育内容および教育方法を改革しなければならない」(第46条)とある。建国後，人民政府は旧中国が残していた文教部門を受け入れ，かつ計画的な改造を行なって，外国の文化侵略の勢力を排除した。学校では共産党の指導のもとでの校長責任制が国民党の訓導制に取って代わり，マルクス＝レーニン主義，共産党史などの科目が国民党の三民主義や宗教などの科目に取って代わり，共産党と共産主義青年団を中心とする政治思想教育体制を確立し，学校制度を改革した。さらに，高等学校に対してはソ連の高等学校モデルに照らし学院や学部の再編成を進めた。旧中国の80％以上のひとは非識字者で，なかでも多くの勤労大衆およびその子どもは教育を受ける権利をえられなかった。大多数の少数民族の地区の教育はさらに極端に遅れていた。このため，農民，労働者および少数民族の教育水準を高めることは，当時の教育の重点となった。

　教育，科学，文化の主要な担当者としての知識人は，当時全国でわずか200万人程度にすぎず，全国総人口の約0.73％であった，この比率は世界の最低水準であった。知識人は新中国を建設し，近代化を実現する貴重な人材であるので，建国後，「知識人を味方に引き入れ，団結させ，改造する」という方針の指導のもとで，人民政府はまず旧社会を経験した知識人をすべて「受け入れ」，責任をもって仕事を手配し，その長所を発揮させ，同時にかれら・かのじょらに対して思想改造を進めた。
さまざまな努力によって，教育，科学，文化の各方面の事業はすべて迅速な回復と発展をみて，各レベルの学校の在校学生総数，新聞雑誌や図書の発行数および映画館，芸術演技団体，文化館など大衆文化の娯楽部門が倍増し，一定の規模をなした。

　全般的にみれば，この時期の政府の仕事はまじめで慎重に行なわれたため，実りの多い成果をあげた。こうして，中国はアヘン戦争以来1世紀の犠牲や奮闘によって，ついに中国共産党の指導のもとで，大規模な近代化建設を行なうための政治，経済，社会，文化的条件が初歩的に整った。

　条件が「初歩的に整った」ということは，いくつかの条件がいまだ未成熟で，固まっていないことでもある。たとえば，政治的には「新民主主義」の政治的秩

序をほぼ安定させ、共産党指導の権威および各クラスの人民政権も樹立したが、しかし、近代的な民主法制の建設はいまだ草創期にあり、法理権威の制度化や政策決定の民主主義のしくみはまだつくられていなかった。「新民主主義」の理論はすでに形づくられていたけれども、その発展過程に対する把握はいまだ世界史上の理論的深まりを欠いていた。当時、すでにいくつかの具体的な問題において功を焦り、社会主義的改造を加速する兆候があらわれた。資本主義商工業と知識人に対する問題においても、すでにさまざまな「左」翼的傾向があらわれたし、一時的に是正されたが、思想的には根絶することができなかった。

いくつかのより具体的な問題の処理において、大雑把で乱暴な対応により多くの失策を引き起こした。短時間のうちにこのような大変革を完成することからいえば、一部の失策はとうぜん避けることができないものである。しかしながら、うわべは「小事」のようにみえる一部の失策だけれども、その引き起こした影響は決して小さいものではなく、放任すれば、さらに恐ろしい危害をもたらすだろう。

2　社会学の廃止

1949年の建国の直前、全国の大学、学院のなかにはすでに20の社会学部があり、社会学と性格が近い5つの家政学部と3つの人類学部がその他にあり、合計千人余りの学生がいた。建国初期、1950年に政務院教育部が公布した「高等学校文法両学院各部課程草案」のなかで、社会学部の任務について「政府およびその他の関係部門（たとえば内務部、労働部、民族事務委員会など）が必要とする幹部および中等以上の学校の教師を養成することである」と規定した。さらに、社会学部には理論、民族、内務、労働の4つの必修科目をおくことを規定した。しかし、1952年の大学、学院、学部の再編成のなかで、意外にも社会学部を廃止した（中山大学と雲南大学の社会学部は1953年に廃止された）。

建国前の「正統」な社会学は国民党政権に依存していたけれども、しかし建国以後、古い「皮」（外殻）がなくなった以上は、新たな政権の「皮」に依存しなければならない。そのような旧社会出身の社会学者は観念論的な文化論や実証論の影響を受けてきたとはいえ、しかし建国後には、たとえ孫本文のような国民党統治時代の「正統」な社会学者でも、共産党、人民政府に対して心底から承服す

る意をあらわし，さらに喜んで自らの世界観を改造し，人民に奉仕した(訳注1)。かれらの改良主義的な社会学は大陸での国民党の全滅を救うことができなかったが，しかし改造をとおして，新中国，新社会の建設に役立つことができるだろう。前述したように，陳達の中国の人口問題についての研究，およびかれが提出した一組の夫婦は男女それぞれ1人の子どもだけを出産するという「対等の交替」という対策は，社会学の機能と存在の必要性を十分証明している。もしかれと経済学者の馬寅初の意見を機を逸せずに受け入れていれば，そのうえ1957年の時のように，かれらが人口問題について提出した積極的な建議を人口問題で「党に向かって侵攻の突破口をつくる」ことだと暴力的にいいくるめなかったら，かれらをブルジョア階級の右派分子として叩かなければ，20年早く計画出産，人口抑制をはじめることができたし，中国は何億人か人口を少なくすることができ，今日の人口圧力を軽くできたはずである。

　当然，社会学は1つの学問分野およびその教育研究機構として，廃止することができる。しかし，社会の存在と社会問題そのものは取り除くすべがない。大陸で社会学が廃止された後，社会学に取って代わった政治学，哲学などの学問が代わって役割を果たした。相当長きにわたって，主として階級的観点および階級闘争の手段によって社会問題を解釈し，解決した。

3　近代化建設の初歩的な成果

　国民経済の回復，社会安定の後に，1953年から大陸は計画に基づいた大規模な近代化の発展を進みはじめた。その発展綱領は1953年に中共中央が提出した過渡期の総路線である。つまり「かなりの長期にわたり，基本的に国家の工業化を実現させ，さらに農業，手工業，資本主義商工業に対して社会主義的改造を実現しなければならない」(『毛沢東選集』第5巻) というものである。中央中共の計画によって，この過渡期は1949年にはじまり，3年の準備を経て，さらに3期の5か年計画で，すなわち18年ほどの月日で基本的に「一化（工業化）三改（農業，手工業，資本主義商工業の社会主義的改造）」を成し遂げる予定であった。1955年の下半期から，農業，手工業，資本主義商工業に対する社会主義的改造のなかで，功を焦り，そしてあまりにも純粋に社会主義を求めすぎ，一部の知識人や商工業者に対して不適切な対策を取ったけれども，全般的にみれば，経済，政治，社会，

文化，国防そして外交の発展は比較的健全で順調で，発展の速度は非常に速かった。1949年から1956年までの7年間は中華人民共和国が成立後から改革開放に至る前のもっともよい時期であった。

（1）第1次5か年計画の実施

　1953年に第1次5か年計画を実施しはじめた。この5か年計画はソ連の援助のもとで制定し，実施したものである。それは過渡期における国家の総路線を実現する第一歩であり，中国が19世紀中葉に近代化が発足してから以後，はじめて実施に移した全国規模の発展計画でもある。その経済建設の主要任務はソ連が設計を援助した156の建設項目を中心とし，基準枠（ある程度の規模をもつ）以上の694の項目から構成された工業建設である。全国で上から下まであげての刻苦奮闘を経て，最初に決めた1957年の目標値は実際には1956年にはすでに前倒しで達成された。1957年には，予定目標以上に第1次5か年計画の建設任務を達成した。5年間に，農工業の総生産高は年平均11.9％増加し，そのうち工業は年平均18％増加し，農業は年平均4.5％増加した。農工業総生産高のなかの工業生産高の割合は，1956年にはすでに51％を超えており，1957年には56.7％に達し，中国の経済史上，農業と工業の割合の歴史的転換となった。第1次5か年計画の期間，全国の経済，文化，教育などの方面の建設の総投資は427億4,000万元となり，これは黄金7億両に相当し，1953年の第1次全国人口センサスの6億人（香港，台湾および国外の華僑と留学生を含む）で計算すると，1人平均1両余りの黄金となる（第1次5か年計画の期間にソ連などの国から借りた借款36億4,000万元は，わずかに同時期の国家財政収入の2.7％にすぎない）。第1次5か年計画の期間に，国家集権的な経済と管理体制を一応形成した。すなわち，工業，基本建設（国民経済の各部門の固定資産の新設・改造・回復），物資，労働，賃金，物価，財政，貿易などの方面はすべて中央部門に集中的に管理されること，食糧，綿花，綿布，食用植物油などの方面は国家計画による統一買付・統一販売を実行したこと，ソ連モデルを学習し，現物の供給を中心とし，行政手段を第一とする高度集中的な計画管理体制をつくりあげたことである。この体制の採用は，当時一定の客観的な情勢の要求であったかもしれず，一定の合理性があった。しかし，以後長期にわたって固定してしまい，国家指令の価格と実際価格および市場価格はますます乖離し，経済体制はますます硬直化し，経済発展に対する制約作用もますます大

きくなった（馬洪，1987）。

（2）農業，手工業および資本主義商工業に対する社会主義的改造

　個人経済（個人農業，手工業，小商人および個人運輸業を含む）は中国では洋々たる大海のようであり，1952年には相変わらず国民収入の71.8％を占めており，まるっきりばらばらで，立ち遅れており，さらに不安定であった。土地改革後，総農家の60％から70％を占める貧農，下層・中層農は1戸当たり平均11.7畝の耕地，半頭の役牛，3分の1の鋤，17分の1の水車をもつにすぎない。個人手工業，小商人および個人運輸業の力も非常に不十分である。この状況は生産に非常に大きな制約を与えて，工業化，社会化の大生産の需要に適応しにくいし，農業機械，新技術および科学的な耕作制度を採用することもできず，災害と闘う能力は弱く，簡単な再生産を維持することも難しかった。このままでいくと，少数の富裕農家が発展すると同時に，多くの小農家が破産して，厳重な社会問題となるに違いなかった。中国共産党は1922年の革命戦争年代から，農民を組織して困難を克服し，ともに豊かな道を歩むよう指導しはじめた。土地改革後，互助組（農業生産互助組）を主要な形態とする合作組織はすでに初歩的な発展があったが，農業合作社はまだ多くなかった。1953年，「中国共産党中央委員会が農業生産合作社の発展に関する決議」は歴史的経験を総括し，農業に対し低いレベルから高いレベルへと一歩一歩社会主義的改造を行なう目標を打ちだした。1955年の前半まで，中共中央のこれまでの毎回の決議，指示はすべて積極的な指導，漸進的に前進する方針を堅持し，自由意志と相互利益の原則を強調した。また，合作社の増産の優越性や国家の援助政策を宣伝し，逐次格上げするような発展形式を採用した。1955年の上半期までにつくられた63万4,000の合作社のなかで，ほぼ80％以上は増産し，10数％は増えも減りもせず，減産したところはわずか数％にすぎない。これは，この時期の農業の発展が大体健全であり，大きなミスがなかったことを意味する。ところが，1955年夏，毛沢東の「農業合作化の問題について」の報告を転換点として，情勢に突然変化が生じた。この報告の主要な傾向は「反右傾」であったので，猪突猛進する気分を助長した。1955年の夏，合作化運動の高まりが起こり，当初の計画では1960年までに初級合作社を普及して，その後は何回かに分けて高級合作社に格上げするということであったが，運動の大きな高まりがきて，一冬一春ですべての地域で初級合作化が成立してしまった。

さらに，1956年末までのわずか1年半の間に「全面的に高級合作社が実現した」し，1億700万戸の農民が高級社に加入した。これは全国の総農家の88％を占め，1957年にはさらに96.2％にまで高まった。高級社の拡大の速さはますますはやくなり，公有化の程度がますます高まり，すでに生産力および農民の認識の実際のレベルを超えた。土地，農耕用家畜，農業用具などの生産手段は価格をおさえて没収して，そのうえ労働に応じて分配するという原則を実行せず，農民の利益を侵害し，かえって生産力を破壊し，家畜の飼育頭数も毎年下降し，1957年は1954年と比べて356万頭減少した。

　個人手工業者は個人農民と同じく，労働者であるのみならずまた小私的所有者でもある。工業が発達していない中国で，小手工業者の人数および生産額は社会の就業，国家の経済と人びとの生活のなかで重要な位置を占めている。1953年の全国の都市と農村の個人手工業の雇用労働者と個人手工業の自営労働者は合計2千万人であり，生産額は100億元に近い。手工業の合作化は購買販売の合作からはじまり，さらに生産合作へ発展した。その合作化のペースはほぼ農業の合作化と同時に進み，1956年末までに全国の92％の手工業者が生産合作社に加入し，その生産額は手工業の総生産額の93％であり，すでに基本的に合作化を実現していた。農業の集団化過程と同じように，手工業の合作化の過程のなかでも「左」翼政策に暴走する傾向があらわれた。

　政府が資本主義商工業に対して最初採用したのは利用，制限，改造といった政策である。すなわち，「公私兼顧，労資両利」（公私双方に配慮し，労資双方の利益をはかる）という原則によって，その積極的役割を利用し，またその適切な発展を促すこと（以後実際には，過度の速さで資本主義商工業をなくしてしまった，したがってもはや再びその積極的な役割の利用をうんぬんするまでには至らない），その消極的役割を制限すること，次第に平和的方法と買い取りの政策を用いて，資本主義商工業を社会主義経済に改造しようとした。改造の方法は加工，商品注文，国による統一的な買い付け，買い上げ，と取次ぎ販売，代理販売などの低い段階から，公私合営（国が幹部を派遣し，資本家側と共同で経営すること）の高い段階へ移行させことである。しかし，1956年末までに，もと私営商工業の99％が早くも公私合営の企業となった。

　資本主義商工業に対する社会主義的改造も農業の集団化と同様に急ぎすぎ，荒々しすぎたし，あまりに一律化すぎた。「三大改造」はこのように「予定より

はやく完成した」。国民の所得からみれば，国営，合作社，公私合営の3つの社会主義経済の要素は1956年にすでに93％に達し，残りの7％が個人経済であった。1957年，社会主義経済の要素はさらに97.2％に増加し，個人経済はわずかに2.8％にすぎなかった（馬洪，1987）。

「三大改造」の早期の，そしてスピーディな「完成」は，運動の指導者とりわけ党の最高リーダーおよび政策決定者としての毛沢東が，中国商品経済の発展がいまだ非常に未熟であるというこの基本的な国情を真に理解できていないこと，中国の根本的な問題はまぎれもなく資本主義の発展が不十分なことであるという認識がないことを物語った。中国の資本主義の発展はやはり長足の発展を必要とし，そうしてこそ社会主義に向かう過渡期の生産力およびその他の物質的，精神的基礎を築くことができる。中国共産党はまず着実に資本主義の経済建設の任務を完成してから，しかる後にようやく社会主義のビルを建てることができる。このような認識をもっていない毛沢東のやり方はまさに「農業社会主義」のもので，立ち遅れた中国の経済と社会生活の産物でもある。その後の中国共産党はさまざまな代価を払ってからやっとわかったのは，近代化経済建設の事業は政権を奪い取ることと比べて，さらに並大抵でない任務であり，さらに長い時間を必要とし，さらに大きなしんぼう強さと理性的精神を必要とするということである。

（3）政治，国防および外交の新局面

『共同綱領』の規定により，中華人民共和国の政治制度は人民代表大会制度である。1954年に第1期全国人民代表大会が開かれ，そして「中華人民共和国憲法」を採択したことは，中国が法治国家になる重要なシンボルと新たな起点となった。第1期全国人民代表大会では毛沢東を国家主席に，朱徳を副主席に，劉少奇を第1期全国人民代表大会常務委員会委員長に選び，大会で国家主席の指名によって，周恩来を国務院総理に決定した。

人民代表大会制度確立後，中国人民政治協商会議は人民代表大会の職権代行を停止したが，中国共産党の指導のもとで各民主階級，各民主党派およびその他の愛国民主人士の間の団結合作の統一戦線組織として引き続き存在した。

革命戦争のなかで組織された人民解放軍は，基本的に歩兵だけであった。この時期の国防の近代化，正規化の建設も大きな成果を収め，人民解放軍は近代武器を装備し，陸軍のほか，海軍や空軍も含める国防軍になった。1954年，中央政治

局は政治局と書記処の指導のもとで軍事工作を指導する軍事委員会をつくることを決定し，祖国を守る戦略方針を確定した1955年，全国人民代表大会第1期第2回会議は『中華人民共和国兵役法』などの法規，条例を採択し，解放軍は徴兵制，軍隊の位階・階級制，月給制を実行し，解放軍の正規化建設の重大な措置と指標となった。

　国際部門の仕事のなかでは，中国の平和外交政策は飛躍的な進展を遂げた。周恩来をトップとする中国代表団はジュネーヴ会議に出席し，インドシナ平和問題についてアメリカなどの国と意見の一致をみた。1953年，周恩来はインドの代表団と会見した時，はじめて平和共存の5原則，つまり領土主権の相互尊重，相互不可侵，内政の相互不干渉，平等互恵および平和共存を提議した。以後，中国・インド，中国・ビルマの総理との共同声明のなかで確認され，国家関係を導く原則になったし，またそのうえ国際世論の承認をえて，その影響は日増しに広がり，いまなお生命力を保持している。この時期，中国はさらにバンドン会議（アジア・アフリカ会議）が団結して成功するよう助力し，帝国主義の束縛から抜けだし，アジア・アフリカの新たな独立国家の政治的，経済的独立を守るバンドン精神（植民地主義反対と民族自決支持の精神）をつくりあげた。中華人民共和国の政権の揺るぎなさと平和外交の展開にともなって，1956年までにすでに中華人民共和国は31か国と外交関係を結び，アメリカともまた接触のルートを設けて，大使級の会談を行なった。

　うえに述べたことからわかることは，1955年の夏以後，個人農業，手工業および資本主義商工業の改造のなかで，急ぎすぎ，レベルの高すぎ，純粋すぎといった傾向があらわれ，将来の憂いを残したとはいえ，総じていえば，全面的な近代化の発展の初戦で勝利したというべきである。

　1956年4月，毛沢東はまた広範な調査研究と意見聴取をとおして，建国後の経験，つまり経済建設をはじめとする政治，社会，文化，国防などの各方面にまでおよぶ10大関係に全面的な総括を行なった。この10の方面とは重工業と軽工業，農業との関係，沿海工業と内陸工業との関係，経済建設と国防建設との関係，国家，生産単位，生産者個人の関係，中央と地方との関係，漢族と少数民族との関係，党と党外との関係，革命と反革命との関係，是と非との関係，中国と外国との関係である。当時からみても，現在からみてもいずれにしても，毛沢東の分析はすべてもっともなものである。同じ月，毛沢東はさらに中共中央政治局会議で

「双百方針」，すなわち芸術問題における百花斉放，学術問題における百家争鳴を提案した。これは科学や文化の発展に有利な正しい方針である。

4　紆余曲折の発展のなかの成果

（1）反右派闘争の拡大化と8大路線の改変

　1956年9月に開かれた中共第8回全国代表大会（以下「8大」と省略）は，「三大改造」を完成させた後の大陸地域が社会主義を全面的に建設した時期に入ったしるしである。8大の決議では，国内の主要な矛盾はもはや労働者階級と資本家階級の矛盾ではなく，先進的な社会主義制度と立ち遅れた社会生産力の間の矛盾であり，経済・文化の迅速な発展に対する人びとの要求と当面の経済文化が人びとの要求を満足させえない状況の間の矛盾であることを指摘した。とくに，当面の全国人民の主要な任務は力を集中して社会生産力を発展させ，できるだけ速く立ち遅れた農業国を先進的な工業国に変えることであり，人びとの日増しに高まる物質的，文化的要求を一歩一歩満足させることだと正しく提議した。さらに，中共8大はソ連を戒めとして，全党が民主集中制と集団指導を継続して堅持し，個人崇拝に反対し，党内民主と人民民主を発揚し，党と人民大衆の関係を強めなければならないことを提議した。中共8大以後，全国各民族は一層高揚した熱情を大規模な建設に注ぎ込んでいったが，これと同時に，国外では1956年のソ連共産党20回大会で公にされたスターリン批判の連鎖反応として，東欧で相次いでポズナン暴動（1956年6月）とハンガリー事件（1956年10月～11月）が起こり，中国国内でも労働者のストライキ，学生のストライキがあらわれた。国内外の新たな情勢，新たな問題に対して，毛沢東は1957年2月に召集した最高国務会議でまだリラックスした詩情あふれることばをもちいて，「風がにわかに吹き，水面に波紋ができる」，「10級の台風ではない」といった。かれが行なった「人民内部の矛盾を正しく処理する問題について」という講話は中国および世界の社会主義の発展が20世紀の50年代までに実際の生活に打ちだしてきた問題に対する総括，概括そして回答であった。かれのこの講話は社会主義建設時期の人民内部の矛盾（非対抗性矛盾）と敵対階級との間の根本的矛盾（対抗性矛盾）の2つの性質の異なる社会矛盾を区分し，中国は当時階級闘争がいまだに終わっていないけれども，大衆的な大規模な激しい階級闘争はすでに終わり，大量に存在するのは人民

内部の矛盾であると考え，民主主義的方法だけが人民内部の矛盾を処理する方法だと強調した。これはかれの生涯で最後のもっとも理論的価値と実践的意義をもつ論文である。

　しかし，この後の毛沢東自身でさえ8大で確定した方針およびかれ自らが「10大関係を論ず」と「人民内部の矛盾を正しく処理する問題について」のなかで提議した理論と原則をしっかり把握していなかった。わずか数か月で，かれは境界を曖昧にし，党内外からの批判や建議を右派分子の共産党への攻撃とみなし，反右派闘争を大いに拡大した。その誤りは主として2つの面にあらわれている。すなわち，1つは「攻撃の手段が重すぎた」ことである。たとえば，批判闘争を行ない，言論をもって罪を定め，右派のレッテルを貼る。罪が深いものは労働教養所に送り，罪が軽いものは職に留め，監察下におき，降格し，賃金を引き下げ，しかも親子から親友までその累は及んだ。2つは摘発した範囲が大きすぎたことである。最初は数千人位と見積もられていたが，以後ますます拡大し，実際には全国で合計して55万2,877人となった（李維漢，1986）。反右派闘争の拡大化と採用した大衆闘争方式および言論をもって罪を定めることは，はじまったばかりの法制建設を大きく破壊し，人治思想を高めさせた。反右派闘争の後，毛沢東も劉少奇も非常に人治を重視し，法制をけなして抑えつける話を行なった。多数のひと（主として，知識人）を間違って右派分子に区分した。毛沢東は1957年2月の最高国務会議で，全国の知識人は大体のところわずか500万だと見積もったが，これにより推算すると10％以上が「右派」になり，そのなかで多くのひとは才能がある知識人であった。これは中国の近代化事業にとって，重大な叔失であったといわざるをえない。1957年10月，毛沢東は再び最高国務院会議で500万の知識人と70万の資本家（実際にはほんとうの資本家およびその代理人は16万を超えず，残りはすべて零細商工業者や自由業者がまちがって資本家とされた）をいっしょに計算して「約600万人を有し，5人家族を掛けると3,000万人を有する」といった（叢進，1989）。かれは知識人をブルジョア階級および資本主義を復活させる勢力に区分し，ますます「左」翼的な政策を採用し，しかもその家族まで巻き添えにした。

　反右派闘争後の整風はもともとの主観主義，派閥主義を克服する主旨から外れており，逆に主観主義がさらに大きくなった。1957年6月，毛沢東の「人民内部の矛盾を正しく処理する問題について」が発表された時，すでに2月の講話の初

稿および8大決議の内容について修正が行なわれはじめていた。以後，さらに徐々にエスカレートし，1958年5月の第8期中央委員会第2回全体会議で，毛沢東が提議した「当面のわが国の社会の主要な矛盾は依然としてプロレタリア階級とブルジョア階級の矛盾，社会主義の道と資本主義の道の矛盾である」という論断を正式に承認し，これによって中国社会の主要な矛盾についての第8期第1回中央全体会議の論断を完全に変えた。この後，「2つの階級，2つの道の闘争」の観点がますます強まった。

(2)「三面紅旗」運動

1958年5月の中共8期2中全会で再び毛沢東が提議した大いに意気込み，常に高い目標を目ざし，より多く，より早く，よりよく，より倹約して社会主義の建設を進めるという社会主義の総路線を採択し，「できるだけ速くわが国を近代工業，近代農業および近代科学文化をもつ偉大な社会主義国家として建設すること」を決意した。この路線の先導で，次第に「大躍進」運動と人民公社化運動が高まった。以後，人びとは総路線，大躍進，人民公社を「三面紅旗」と略称し，苦労して20年間支えたが，1978年中共11期3全会後ようやく破棄された。「大躍進」運動の特徴は現実離れした速いスピード，高い目標を追求したことにある。

「大躍進」は，毛沢東が絶えず急進に反対することを批判したり，「右傾保守」に反対したりすることと歩調を合わせて進行した。科学の法則は次第に忘れられてしまい，知慮がますます冷静さを失い，今現在の「1日は20年に等しい」と思い込み，先進資本主義諸国を追い越す時間をいつも意のままに縮めていた。たとえば，毛沢東が1957年に，15年でイギリスを追い越すといったが，1958年のはじめにまたも鋼鉄などの主要生産品の分野で，7年でイギリスを追い越し，さらに8年から10年でアメリカを追い越すといった。その後さらに3年あるいは2年でイギリスを追い越し，15年あるいは10年でアメリカを追い越してから，共産主義へ移行しはじめると提議した。これによって，工業は鋼鉄の生産をかなめとして，全人民を動員して大大的に製鉄を行なった。農業は穀物の生産をかなめとして，生産高の新記録が絶えずでっち上げられ，小麦は1畝当り7,320斤（河南西平県，1斤は500グラムにあたる），水稲は1畝当り130万3,434斤（広西環江県）と報告された。実際には，新中国成立初期，小麦の生産高は1畝当り150〜200斤，水稲は400斤であった。広東省党委第一書記の陶鋳は「食糧増産有限論」を批判した

論説を書いたし,『人民日報』の全段とおしの大見出しに「ひとに大きな度胸があれば，土地はそれに相応した穀物を生産できる」とあり，ただ思い至らないだけで，考えつくことができればなすことができると公言した（『人民日報』1958.8.13；1958.8.27）。

「大躍進」は一時，鉄鋼生産量を一気に上昇させたけれども，品質ははなはだしく低下した。そのうえ，労力，物資の大きな浪費をもたらし，国民経済構造のはなはだしいアンバランスを招いた。「大躍進」によってさらけだされた問題について，毛沢東と中共中央はほどなく察知したため，1958年11月に「引き締め政策」を打ちだし，次年度の計画目標値を引き下げ，鉄鋼生産の大衆運動をやめさせた。毛沢東は，迷信は捨ててもよいが，科学は捨ててはいけないと指摘し，かつまたいくつかの是正措置を講じた。しかしながら，政治的，経済的な「左」翼的傾向については，根本的な是正措置をとらなかった。

「大躍進」と互いにあおり立て合ったのは人民公社化運動である。それは小規模な合作社を大規模な公社に合併し，公社規模の拡大および公有化水準の向上によって発見された「共産主義へ向かう過渡的な形式」であった。

もともと，1955年夏以後，「3大改造」はすでに猪突猛進的な情況があらわれていたし，合作化の後，まもなく一部の地区の農民が退社を要求する現象があらわれた。この情勢に直面して，毛沢東は以前どおり引き続き急進に反対することを批判し，かつまた以後「急進に反対してはいけない」と規定した。社会改革と経済活動はコントロールの「ブレーキ・ペダル」を取り払ったため，もともと作成した理論，路線，政策および進度からますます遠ざかった。

1958年8月，毛沢東は農村の視察で，「人民公社はすばらしい」と賞賛し，同じ月にまた政治局拡大会議を開き「農村に人民公社を設立する決議」を採択した。「決議」は公布されると，各地でいっせいに立ち上がり，わずか1か月余りの時間で，全国で基本的に公社化が実現した。毛沢東の「一大二公」（規模が大きく，所有制が公有制であること）の思想の指導のもとで，全国の72万の合作社が2万余りの公社に合併された。公社の規模は平均4,600戸余りであり，最高は1万戸に達し，小さなものは2,000戸余りである。もともと高級農業合作社を設立した時にすでに速すぎるスピード，大きすぎる規模，高すぎる公有化のレベルなどの問題があらわれていたが，人民公社運動はこうした問題をさらに拡大させ，全国的な「一平二調」（平均主義を進め，集団と農民の財産を無償で調達した。実際

は農民に対する剥奪）の「共産の風」，ウソつきやめちゃくちゃな指揮の風潮を生みだし，農業生産に巨大な損失をもたらした。分配においてはやたらに権威のある著作を引用し，「ブルジョア階級の権利」の打破をとおして，はやくも労働に応じた分配を否定し，必要に応じた分配を実行しようとした。このため，各地の農村に共同食堂を設置し，無償で食事を提供した。ある県はすでに社会主義をつくりあげ，「共産主義の実験」を行なっている最中であると公言した。しかもこの熱中病を「共産主義運動史上の新たな一里塚」と思い込んでほらを吹いた。このほらは半年も経たないで，1958年11月の中共鄭州会議でブームが冷めはじめた，毛沢東自身はまっさきにこのような「共産主義」を否定して，人民公社の集団所有制，商品生産の発展および価値法則を守る必要性を肯定した。同年年末に採択された「人民公社の若干の問題の決議について」は引き締め対策を打ちだし，理論的に，政策的に「一平二調」が否定されたが，まだ完全に「左」翼の誤りは一掃されなかった。

（3）「反右傾」と「困難で苦しい時期」

　毛沢東は1958年の冬，すでにかれよりもさらに「左」翼的な傾向に気づき，かつまた是正しはじめた。かれは集団所有制と全人民所有制の違い，社会主義と共産主義の違いを区別すべきと指摘し，全人民所有制や共産主義への急激的な移行政策に反対した。毛沢東はさらに陳伯達らが提議した商品生産一掃という観点を批判し，社会の発展段階を超えた革命の空想に夢中になってはいけないとみんなに忠告し，平均主義に反対した。しかし，かれが「左」翼を正す目的はかれが打ちだした総路線，大躍進，人民公社という「三面紅旗」を擁護することにあるため，これに対する疑義を許さなかった。したがって，1959年の廬山会議で彭徳懐，黄克誠，張聞天らが大躍進，人民公社の運動のなかにあらわれた「プチブル熱狂」およびその他の具体的な問題に対して忠告や批判をした時，毛沢東は怒りを抑えることができず，かれらは「右傾機会主義」を代表するものだと猛烈に批判した。この反「右傾」は以前の「左」翼的な傾向をいっそうエスカレートさせて，全国に莫大な損失をもたらした。同時にまた，毛沢東の独断的な地位がいっそう強くなった。1962年の中共第8期第10回全体会議で，毛沢東はさらに次のことを断言した。すなわち，社会主義発展の全歴史段階において，ブルジョア階級が存在しながら常に復辟を図るであろう。これもまた共産党内で修正主義を生みだす

根源になる。したがって，階級闘争は月々，日々注意しなければならないという。これによって，その後まもなく行なわれた都市・農村社会主義運動およびイデオロギー領域の闘争のなかで，「左」翼的な傾向がいっそう強まり，ついに1966年から1976年にわたる「文化大革命」を招いた。

　1957年から1960年にかけて，反右派闘争の拡大化，「大躍進」，「人民公社化」そして「反右傾」などを経て，生産関係はますます実際の生産力の水準から離れ，生産建設の速度は国力と客観的可能性を大きく超えたため，中国の経済を大きく破壊させた。加えて，鉄鋼生産の大衆運動および無料の共同食堂の設置は巨大な浪費を生み，3年間の大躍進の経済損失はおよそ1,200億元にのぼった（叢進,1989）。そのうえ，1960年7月にソ連政府は突然一方的に数100の契約を破棄することを決定し，中国にいる専門家1,390人全員を引き揚げた。さらに当時の自然災害も加わり，中国の経済は非常に厳しい立場に追い込まれた。穀物と綿花の生産額は1960年には1951年の水準に下がり，ちょうど10年前に遡った。管理が混乱し，国民経済の比率が非常にアンバランスになった。市場は物品が不足し，人びとの生活は極度に苦しくなった。とくに，農村でひとが餓死するという現象があらわれたし，1960年の人口死亡率は25.43％に達し，1961年の全国人口は1,348万人純減した（『中国人口統計年鑑1988』）。しかしながら，農民はかやぶきの小屋であっても，各家家はすべて「共産主義は天国であり，人民公社が懸け橋をかける」という対聯を貼りつけた。

（4）経済政策の調整

　1961年，中共中央は国民経済に対して「調整，強化，充実，向上」の方針をとることを決定した。つまり，農村では生産関係を調整し，人民公社は生産隊を基本採算単位とし，労働に応じた分配の原則を実行し，公社の社員に個人保有地を返還し，家族の副業経営を励まし，農村の定期市での売買取引を回復させ，食糧の買い上げ量を下げ，農民の負担を軽くし，生活を安定させて力を養わすようにした。都市ではインフラ建設の規模や重工業の建設を縮小し，経済効益の悪い企業に対して，閉鎖，操業停止，合併，転業などの対策を講じ，整理された従業員を農村に帰させたため，都市と鎮（町）の人口が2,600万人減少した。

　1年余りの努力を経て，1962年末になると，経済情勢は著しく好転し，農業生産力と生産水準は下降が止まり，農業，軽工業，重工業の比率は改善しはじめ，

財政収支はバランスがとれて、上がった物価が下がりはじめ、全体の国民経済と社会生活がよみがえったような形勢を呈した。1963年から1965年までにさらに継続して調整が行なわれ、1965年の農工業総生産高、国民所得、財政収入、主要農工業の生産量はすべて1957年を上回った。

同時に、この時期には「4つの近代化」の目標が次第に明確になった。1957年に毛沢東が「人民内部の矛盾を正しく処理する問題について」のなかで提案したのは工業、農業および科学文化の3つの近代化であった。1960年にかれが政治経済学教科書を読んだ時に、「社会主義のもともとの要求は工業の近代化、農業の近代化、科学文化の近代化を建設することであり、現在さらに国防の近代化を加える必要がある」と提議した。1963年、周恩来が上海科学技術工作会議で「社会主義の祖国を建設するキー・ポイントは科学技術の近代化を実現することにある」という講話を発表した。翌年末に行なわれた人民代表大会第3期第1回会議で、周恩来は『政府活動報告』のなかで、毛沢東の建議に基づいて上述の「4つの近代化」の構想を正式に提議し、この大会で可決された。

1957年から1966年の上半期まで、中国の経済発展の速度曲線は両端が高く、中間が低い（1961年がもっとも底の）U字型を呈した。このような曲折があったけれども、1958年から1965年まで、工業・農業総生産額の年平均増加率は依然として6％に達した。国営工業の固定資産は、1965年は1957年と比べて2.1倍増加した。工業地域分布のアンバランス状況にも改善があった。とくに極端に困難な時期においてソ連への負債（主に抗米援朝の時期にソ連の武器を使った費用）を完済した。原子爆弾の実験の成功は中国の原子力、ミサイルおよび電子技術などの先端的な軍事産業を興した。また、この時期に、石油の自給自足をも実現した。

しかし、同時期、まさに日本などの国家は経済がテイク・オフする時代に向かったのに、中国は8年の曲折を経過して、これらの国家との発展の差がかえって大きく引き離された。

この時期外部との関係において、中国大陸も日ごとに取り囲まれた危険な局面に直面していた。すなわち、北側では中ソ関係が日増しに悪化し、東側ではアメリカが米日、米韓などの条約を利用し、日本、韓国に「核武器」を装備した強力な軍を駐在させ、台湾海峡が緊張し、南側ではアメリカがベトナムに侵入し、戦火が絶えず中国へ燃え移る危険があったし、西南側では中国とインドが国境をめぐる衝突と対立も激化していた。当時の毛沢東は「帝国主義に反対し、現代修正

主義に反対し，各国のすべての反動分子に反対する」ことを中国の国際戦略のスローガンとして，アジア，アフリカ，ラテン・アメリカの民族解放運動および各国のマルクス＝レーニン主義「左」派政党を支援することを自らの国際的義務としたが，国内の経済はちょうどきわめて厳しい困難にぶつかったため，その負担は非常に重いものであった。1966年春，中国共産党は「社会主義陣営」の存在を認めなくなると同時に，ソ連はモンゴルと中ソ国境に100万の軍隊を配備し，中ソの両党関係，「社会主義陣営」は正式に分裂した。これは中国共産党とソ連共産党の関係，中ソ両国関係および国際共産主義運動にとってきわめて重大な歴史的転換である。

　1957年から1966年に至る10年間の成功と失敗，蓄積された理論，観点および政策，築かれた物質的基礎，養成した多くの人材は，まさに1978年以後の中国が独自に改革開放を行なうことができ，中国的な特色をもつ社会主義の発展の道を切り開くことできる前提条件であった。しかし，晩年の毛沢東は極端な主観主義，一方に偏りすぎた理論および独断専行の性格に制限されて，このような転換を達成できるどころか，さらに中国をほとんど窮地に追い込んだ。

5　「文化大革命」の災禍

　毛沢東はそのますますかたくな「左」の誤った思想に基づいて，1966年5月，「歴史上例をみない文化大革命」を発動した。1966年5月7日の毛沢東が林彪に宛てた書簡（「五・七指示」と略称）からわかるように，文化大革命を発動した毛の本意は自ら1つの共産主義のモデルないしプロレタリア独裁のモデルをつくりだそうとしたことにある。すなわち，各業種がいずれも農業も工業もやり，文も武もやる革命化した大きな学校，すなわち毛沢東思想の大学校，共産主義の大学校になることを要求した。これはだいたい資本主義以前の低い生産水準のうえに築かれた単純な軍事共産主義のモデルである。その担い手はまだ金銭欲の嫌らしさや資本主義の時代が生みだした文化の汚染を受けていない清らかで質朴な労働者，農民，解放軍兵士のほかにはなく，「プロレタリア文化大革命」をとおしてブルジョア階級とすべての搾取階級およびその思想文化的影響を一掃しなければならないとした。つまり，具体的なやり方としては「天下の大乱により，天下の安定に至る」ということである。

1966年5月16日の中共中央政治局拡大会議では，後に「文化革命」なかで時代の実力者になった康生，張春橋，陳伯達らによって情況が報告され，毛沢東の一連の指示が伝えられた。そして，毛沢東の指示の主旨に照らして，「中共中央委員会通知」(「五・一六通知」と略称)が採択され，中共中央書記処書記，北京市党委員会第一書記彭真が組長であった文化革命5人小組を解散させて，新たに陳伯達を組長，康生を顧問とする中央文化革命小組(中央文革小組と略称)を成立させた。副組長には江青，張春橋らがなり，メンバーには姚文元らが含まれた。中央文革小組は名目的には政治局常務委員会の支配下におかれたが，実際には中共政治局，書記局の権力に取って代わった。

文革がはじまるやいなや，中央文革小組はすぐに方々で活動を行なった。北京大学などは大学内の指導者や北京市の党委員会の指導者を批判する大字報(壁新聞)を貼りだしはじめた。6月1日の『人民日報』は中央文革小組が審査し，決定した「すべての牛鬼蛇神を一掃しよう」という社説を発表し，「五・一六通知」の主な内容と主旨を公開した。『人民日報』，『解放軍報』そして雑誌『紅旗』(以後，「両報一刊」(2種の新聞と一種の雑誌)と略称されて，文革期の毛沢東と中央文革小組の主旨を公に伝達する代弁者となった)はさらに社説，文章を発表し，徹底的に「反動グループ，反動組織，反動的な規律」を粉砕することを呼びかけた。同時に，中央文革小組のメンバーおよびかれらと緊密な関係をもつ「左派」の人物が全国各地で民衆を動員し，至るところで造反の旗を揚げて，「牛鬼蛇神」(悪人)を暴きだす大衆運動を煽りたてた。このようにして，各クラスの党や政府の指導者が相次いで「反党，反社会主義，反毛沢東思想の悪い人物」として暴きだされ，学校の党組織はたちどころに麻痺し，多くの専門家，学者が反動的な学術の権威にされてつるし上げを受けた。

文革の初期段階には，劉少奇，鄧小平らはなお第一線のなかに身をおいていたが(毛沢東は当初すでに第2線に退くと公言したが，実際には相変わらず一切かれが勝手に決めていた)，大衆運動がはじまって1か月も経たないうちに，毛沢東は劉少奇，鄧小平らが共同で決めた各職場への工作組派遣を否定した。大学，高校および中学校は革命に参加するため授業を停止して，無政府状態に陥った。この年から全国の大学，高等専門学校の計画に基づいた学生募集の停止は6年間にも達し，中国の高等教育の中断を招いて，近代化のための人材養成にも大きな損失をもたらした。

1966年8月のはじめ，中共第8期第11回中央全体会議が開催され，席上で毛沢東が青少年紅衛兵の造反を支持する書簡および「司令部を砲撃せよ」という大字報が印刷配布され，中央には2つの路線，2つの司令部の闘争があると提起し，闘争の矛先を直接「劉少奇をはじめとするブルジョア階級司令部」に向けた。この会議では「プロレタリア階級文化大革命についての中国共産党中央委員会の決定」（すなわち，「十六か条」）を可決し，「革命青少年」の「革命大方向」（革命の大目標）を極力肯定した。そして「この運動の重点は，党内の資本主義の道を歩む実権派を打倒すること」にあると指摘し，かつまた「一闘二批」（一に闘争，二に批判）の任務を示した。政策上では，幹部に対して分類を行ない，大多数の幹部は善良と比較的善良であると指摘され，整頓すべき重点は大中都市の文教部門および党と政府の機関であると指摘された。さらに，「中央文革小組」および「革命委員会」は文革の「権力機構」であると規定し，「大鳴，大放，大字報，大弁論」（大いに論争すること，大いに意見を述べること，大字報，大いに討論すること，「四大」と略称）の形式を是認した。すでにあらわれていたひとを殴るなどの体罰現象に対して，毛沢東はとくに「要用文闘，不要用武闘」（説得によるべきで，暴力を用いてはならない）と提言した。中央全体会議はまた毛沢東の提議によって中央指導機構を改組し，さらに毛沢東（主席）と林彪（会議の後に，唯一の副主席になった）の地位が際立ったものになった。この中央全体会議は「文化大革命」の全面的発動の重要なメルクマールである。

　8月18日，北京の天安門で「プロレタリア文化大革命を祝う」百万人大会が挙行され，毛沢東は軍服を着用し，腕には「紅衛兵」の腕章を巻いて，文革の大軍を閲兵した。林彪は大会で「すべての搾取階級の旧思想，旧文化，旧風俗，旧習慣（後に「四旧」と略称された）を徹底的に打破しよう」と呼びかけ，紅衛兵運動がにわかに嵐のような勢いで盛りあがった。全国で「四旧の破壊排除」，暴力，破壊，強奪，財産没収，逮捕，暴虐をほしいままにした。北京市だけでも8，9月の2か月の間に，千人余りが殴り殺されたし，北京通県では22世帯の「四類分子」（地主，富農，反革命分子，悪人）は皆殺しにされて，80歳の高齢者から生後38日の乳児まですべて難を免れることができなかった。さらに多くのひとが「牛鬼蛇神」と名指しされて，殴られ，罵られ，高い三角帽子をかぶせられ，罪状を書いた板を首から掛けられ，街頭を引き回され，家捜しをされるといったことにみまわれ，約40万人の「牛鬼蛇神」が都市から農村へ追放された。とりわけ

学術界，教育界，マスコミ界，文芸界，出版界（「五界」と略称）はまっさきにその矢おもてに立ち，知識人は尊敬されなくなり，さまざまな野蛮な侮辱を受けた。さまざまな図書，文化財，古跡はさらにかつてないほど大きな災禍にでくわした。統計によれば，北京で1958年の第1回文物一斉調査によって保存されていた6,843点の文化財のなかで4,922点が破壊され，そのなかで大多数は1966年8，9月に壊された。中国全体が極端な無政府主義な恐怖の状況に陥った（王年一，1990）。

　毛沢東はさらに「ブルジョア階級反動路線」を徹底的に批判しなければならないと提起し，「極左」政策をさらにエスカレートさせた。そのため，造反派たちは至るところで権威を攻撃したり，官吏を免職したりした。劉少奇，鄧小平は中国で資本主義の道を歩む第1号，第2号の実権派のリーダーとして批判を受け，ほどなくして朱徳，賀龍ら解放軍のリーダーも批判の対象になり，中央政治局常任委員会委員，常務書記，中央文革小組顧問の陶鋳が「中国最大の保守派」としてひっぱりだされた。各省，直轄市，自治区の党と政府の指導機構が攻撃を受けて麻痺状態に陥り，造反の燃え盛る火はさらに全国の企業および農村地域にまで広がった。多くの幹部や一般大衆は最初こうしたやり方を理解できず，次第に疑いを抱くようになったため，「文革」の進行は次第に大きな抵抗にあった。一部のむこうみずの若者が「虎の山へ行こう」（大物を恐れぬという意味）という類の造反組織をつくって，中央文革小組および林彪副主席の権威に挑戦したが，ただちに「中央文革小組を攻撃する」「反革命現行犯」として手ひどい鎮圧にあった。紅衛兵と各界の大衆造反組織は分裂によって激しく対立し，江青は「左」派組織に「文攻武衛」（攻撃する時は言論をもってし，正当防衛で守る時は武力を使う）を呼びかけたので，各派はおのずと「左」派を自任し，「武衛」を進めて，大衆組織の間の武闘はいっそう激しさを増していった。

　1967年の新年早々，中央文革小組が支持した上海「労働者造反司令部」の頭目王洪文はこの造反組織を率いて，武闘によって反対派の組織を打ちのめしてから上海市党委員会の権力を奪い取り，「上海公社」を成立させてまもなく毛沢東の指示にしたがって「上海革命委員会」と改称した。毛沢東はこの勢いに乗じて，「プロレタリア階級革命派は大連合して，資本主義の道を歩む実権派から権力を奪い取ろう」と全国に呼びかけた。1967年1月22日の『人民日報』の社説は，これを「国際共産主義運動のなかのきわめて偉大な試みであり，人類史上これまで

になかった大事であり，世界の前途および人類の命運に関わる大事である」と述べた。その後，「プロレタリア階級革命派」と自称した造反組織は，全国各地で相次いで権力を奪って，革命委員会を成立させ，「革命幹部代表」，「軍隊代表」および「革命大衆代表」によって「三結合」の指導グループを組織した。権力を奪いあう過程で，さまざまな造反組織がすべて「プロレタリア階級革命造反派」だと自称し，絶えず攻撃しあったため，社会は次第に激しい派閥闘争と無政府状態に陥り，企業生産の秩序が混乱し，生活の安定も維持できなくなった。このような状況を改善するため，毛沢東は軍隊を各地域に派遣して，左派や工業生産，農業生産を支持し，軍事管制，軍事訓練（学生に対する訓練）を行なった（これは「三支両軍」と略称された）。結果として，軍隊も派閥の闘争に巻き込まれ，とりわけ急進的な造反派との一連の衝突が起きて，流血事件さえ発生した。軍隊は造反派の攻撃を受けただけではなく，造反組織間の武闘もエスカレートした。

1967年2月，葉剣英，陳毅，譚震林，李先念らはこれ以上耐えられなくなり，立ちあがって反撃を行なった。周恩来はきわめて困難な情況のもとで，大局の安全のために譲歩政策を採用し，できるだけ新中国以前に革命の活動に携わっていた古参の幹部を守った。また，容赦のない闘争や残酷な攻撃をしないように青少年に訴えた。しかし，周恩来とは逆に，毛沢東はこれらの古参幹部の反撃行為を「2月の逆流」とみなして，批判運動を発動した。さらに，この時から党と国家の重大な問題の審議を「中央文革碰頭会」（碰頭会とは，簡単な打ち合わせ会のこと）に任せてしまった。

前述の「大連合」や「三結合」がうまく進められないため，毛沢東はまた「大批判」の手段で道を切り開こうと呼びかけた。1967年3月，共産党の機関紙『紅旗』は中央文革小組のメンバーの戚本禹によって書かれた劉少奇を打倒しようという長文「愛国主義か，それとも売国主義か」を発表した。以後，「革命大批判」の烈火は都市と農村にあまねく燃え広がった。4月，中国の伝統である封建的な連座法を用いて劉少奇の夫人王光美に対する公開批判がはじまり，清華大学で開かれた王光美批判大会には30万人が出席し，当時の北京市党書記彭真ら300人余りも一緒に批判された。

このような横暴で道理をわきまえない批判闘争は当然「革命大連合」を促進させるという目的を達成できなかった。7月，8月の間，造反組織間の派閥闘争はいっそう激しさを増した。各地で「左派」を支持する軍隊が，陰に陽に支持する

造反組織に武器を提供したため，造反組織間の武闘は毛沢東のいうような「全面内戦」「天下大乱」にまで拡大してしまった。そのなかでもっとも著名なのは中央文革小組が直接介入した湖北の「七・二〇」事件であり，対立組織双方の数百万人が武闘に巻き込まれ，死傷者は18万4,000人余りに達した。江青が打ちだした「文攻武衛」は，造反派間，軍民間の矛盾をますます複雑にし，しかも激しくさせた。このような局面を是正するため，毛沢東は造反組織の各派閥に自己批判を多く行ない，「革命大連合」をすること，「教育面を広げ，攻撃面を縮小すること」を呼びかけはじめた。かつまた，「紅衛兵に対しても教育を行なうべき，紅衛兵自身も学習を強化しなければならない。革命造反派の頭目と紅衛兵の若者たちに，いままさにかれらが過ちを犯かすかもしれない時になっていると教えなければならない」と忠告した（王年一，1990）。毛沢東のこれらの発言が伝わって以来，形勢が緩和しはじめた。

　毛沢東が若干の誤りをただす過程のなかで，中央文革小組のメンバーの王力，関鋒，戚本禹は相次いで「摘発された」ため，世間を驚かせた。文革で批判された一部の幹部と大衆は機会をとらえて名誉回復を求めた。このような動きを阻止するために，毛沢東と中央文革小組はさらに「（文革を否定する）右からのまきかえしに反撃する」キャンペーンを行なった。名誉回復をめざす古参幹部たちは再び批判の対象になり，中央軍事委員会常務委員会の活動を停止させ，その代りに黄永勝は軍事委員会弁事組長に任じられた。この時になると，左派と右派の弁別はますます困難となったため，毛沢東の指示に基づいて，「五・一六」分子の摘発と「階級隊列の純潔化」運動が行なわれた。「五・一六」分子として捕まったのはほとんど出身がよい急進的な造反青年および幹部であり，「階級隊列の純潔化」運動の打撃対象はかえっていわゆる「歴史問題のある」中老年幹部と大衆であった。厳しい手段の使用と打撃対象の拡大化によって，多くのひとが死に追いやられ，数百万人が「文革」の終結後にようやく名誉回復された。

　1968年7月から，造反組織間の武闘を制止させ，学生間の連合に協力するために，毛沢東は清華大学に「労働者の毛沢東思想宣伝隊」を派遣した。その後，「労働者の毛沢東思想宣伝隊」や「解放軍の毛沢東思想宣伝隊」が相次いで各学校と一部の混乱に陥った職場に派遣された。その結果，学校における極端な混乱および武闘現象がようやく終息へ向かった。9月，全国の各省，直轄市，自治区にすべて「革命委員会」がつくられ，いわゆる「全国山河一片紅」（革命の赤旗

が全国の隅々までに翻っている）の目的を達した。9月7日，『人民日報』，『解放軍報』は共同で社説「プロレタリア階級文化大革命の全面的勝利万歳」を発表し，そのなかで「運動はすでに全国的範囲で闘争，批判，改革の段階に入った」ため，革命派は「深く，持続的に革命の大批判を繰り広げ，自ら進んで階級の敵に向かって猛攻を起こし，真剣に階級隊列の純潔化を行ない，確実に，内部に入り込んだほんの1つまみの裏切り者，スパイ，どうしても悔い改めない走資派および改造をやり遂げていない地主，富農，反革命分子，悪人，右派分子を攻撃しなければならない」と述べた。また，毛沢東がブルジョア階級の範疇とみなした知識人は，実際にはプロレタリア独裁を行なう対象の地位（江青は「臭老九」（九番目の鼻つまみ者）と罵った）にあった。上述の9種類のひとは文革期の主要な攻撃対象であった。

1968年10月，中共8期12回中央全会（拡大）会議が開催されたが，8大中央委員と候補委員のなかの相当部分のひとが死亡，あるいは打倒されてまだ復職しておらず，会議に出席したのは30%に満たなかったが，「中央文革碰頭会」などの組織のメンバーは会議に臨んだ。このようなきわめて不正常な情況のもとで「裏切り者，敵の回し者，労働者階級の裏切り者劉少奇の罪悪行為の審査報告について」が採択され，劉少奇を「永久に党から除名した」。1969年10月17日，劉少奇は開封の監禁所で冤罪が晴れぬまま亡くなった。

1969年4月，中共第9回全国代表大会と9期1中全会が北京で開催され，大会で新しい党規約を採択し，林彪を「毛沢東同志の親密な戦友であり，後継者である」と前文に書き入れることを決めた。「選出」された新たな中央委員会のなかに，8期の中央委員と中央委員候補は僅かに29%が残ったにすぎない。毛沢東は会議の講話で，「整党建党」（党内の思想，作風，組織を整頓し，党の建設を強めること）を再び提起し，「できるだけ多くのひとを団結させること」や「戦争を準備しなければならないこと」を強調した。9大後，打倒された幹部の多くは全国各地で職務を回復され，「中央文革小組」の名前はあまりでなくなった。毛沢東は自ら6つの工場と2つの大学（「6廠2校」と略称）の実験に力を入れて，「闘争・批判・改革（資本主義の道を歩む実権派との闘争，資本主義・修正主義路線への批判，革命路線に基づく改革）」を行なった。主要な内容は次のようなものを含んでいた。すなわち，資本主義・修正主義路線への大批判，階級隊列の純潔化，党の整頓・建設，幹部の農村下放，知識青年の農山村下放，教育革命

（試験制度を廃止し，労働者・農民・解放軍の兵士を推薦して大学に入学させるなど）および文芸革命（封建主義，資本主義，修正主義などを宣伝する作品を批判し，「革命模範劇」を打ちたてることなど）である。

　9大以後，林彪はいっそう特別な地位を手に入れ，ほどなく国家主席を設けるか設けないかという問題で，毛沢東と不一致が生まれた。毛沢東は過去に劉少奇が国家主席に就いて「大権旁落」（権力が他人の手に帰する）を感じた教訓にかんがみて，再び国家主席を設けることを考えなかった。しかし，林彪と陳伯達は国家主席を設ける動議を重ねて提出しながら，毛沢東が天才であることを称えた。毛沢東は林彪を名指しせずに，「おもてむきはわたしをたてるといい，だれをたてるかわからない，かれ自身をたてたいことは明白なことだ」と述べた。1970年8から9月にかけて開かれた9期2中全会で，毛沢東は「わたしの若干の意見」を発表し，陳伯達が野心をもっていることを指摘したが，林彪に対する不満は隠してなにもいわなかった。会議後，「陳（伯達）批判と整風」運動がはじまり，林彪はおのずと陳に対する批判が実際には，自分自身に対する批判であることをわかっており，すでに秘密に軍事クーデターを準備していた。毛沢東，周恩来は林彪がこのクーデターを実行する前に毅然として粉砕した。1971年9月13日，林彪らは飛行機で逃亡し，蒙古のオンドルハンで墜落して死んでしまった（以後，「9・13事件」と略称）。

　林彪の死後，「陳（伯達）批判と整風」はおのずと「林彪批判と整風」に変わり，周恩来によって中央の日常の業務が執行され，軍事委員会（軍委と略称）の日常の業務は葉剣英によって執行され，軍委弁公会議は集団指導が行なわれた。文革初期に打倒された多くの幹部と知識人が名誉を回復され，職務を復帰させた。

　1973年春，周恩来は癌を患って大量の血便がではじめ，手術を必要とした。毛沢東の意見によって，中共中央は「鄧小平同志の党の組織生活への参加および国務院副総理の職務を回復させる決定について」をだした。8月，中共10大が日時を早めて召集され，10期1中全会は毛沢東を中共中央主席に，周恩来，王洪文，康生，葉剣英，李徳生らを副主席に選んだ。10大以後，江青ら「文革派」は文革路線を堅持し続け，毛沢東も「文革」路線を懸命に擁護した。

　1974年10月，毛沢東の提議によって鄧小平が国務院第一副総理に任じられ，実際に国務院の業務を主宰した。この時は第4期人民代表大会の開催を間近に控え，まさに国家機構の人事の按配が準備されているところであった。江青はかのじょ

による「組閣」をたくらみ，故意にもめごとを起こして，政治局会議で鄧小平に詰問したが，毛沢東によって抑止された。毛沢東は鄧小平を「貴重な人材」と賞賛し，鄧小平が軍委副主席，第一副総理兼総参謀長の任にあたることを提案し，かつまた王洪文に江青，張春橋，姚文元と組んで「四人組」を結成しないように戒めた。

　1975年1月，鄧小平は中共10期2中全会で中共中央副主席，政治局常務委員に選出された。引き続いて，人大4期1回会議で周恩来が総理，鄧小平ら12人が副総理に選出され，周恩来，鄧小平を中心とする国務院の指導機構が確定した。周恩来は政府活動報告のなかで「4つの近代化」の任務を重ねて述べたが，病状が重くなったために，総理を代行した鄧小平によって国務院および中央政府の日常の業務が執行されたようになった。鄧小平はただちに「文化革命」によって壊された各業界の整頓に着手した。交通運輸，工業生産および全体の経済情勢が速やかに好転し，打倒された幹部の多くが職務を復帰させ，文化政策，教育政策および知識人政策も改善された。その年，農工業総生産額は前年より11.9％増加した。混乱した思想，理論についての整理もはじまった。鄧小平が各業界に対して整理・整頓を行なう最終目的は国民経済を向上させることである。これは実際には「文化革命」の一連の「左」翼理論およびやり方に対する否定である。これに対して，毛沢東は「文化大革命を発動したこと」をかれの一生の2大偉業の1つとみなし（もう1つは日本帝国主義と蒋介石を追いだしたことであり，これはすでに成し遂げられている。「文革」は未完の事業である），みんなに肯定と擁護をさせたいと考えたため，鄧小平との間に根本的な不一致が生じていた。したがって，毛沢東はまた立場を変え，江青の「文革派」を支持するようになり，1975年の冬から「（文革否定をめざす）右からの巻き返しに反撃せよ」というキャンペーンを行ないはじめた。

　1976年は，中華人民共和国の歴史に重大な転換があった1年である。

　1月18日，周恩来が亡くなり，国をあげてひどく悲しんだが，「四人組」は反対に人びとの哀悼の念をわざと制限し，「右からの巻き返しへの反撃」を最優先した。周恩来が亡くなってから，鄧小平は批判された。毛沢東は政治局委員，副総理の華国鋒を抜擢し，国務院の総理代行に任じて，国務院の日常業務を執行させた。華が表舞台に立ってからは，党，政府，軍の責任者に対して，「鄧を批判し，右からの巻き返しを反撃せよ」という毛沢東の一連の「重要指示」をありの

ままに伝達した。「鄧小平批判」は党内で公に発表された。しかし，華国鋒を倒そうと思っている「四人組」は鄧小平批判に力を入れただけでなく，また「鄧小平を批判し，右からの巻き返しを反撃する」キャンペーンを華国鋒および多くの古参幹部までに拡大しようとした。「四人組」の無理なやり方に対して，人びとの怒りは周総理に対する哀悼をとおして爆発させた。全国の各大都市には「四人組」に反対する標語や周恩来を哀悼する詩，対聯などがあらわれた。清明節の前夜，大衆が自ら行なった周恩来を記念する活動がますます広がり，4月3日と4日には，北京天安門広場での記念活動はクライマックスに達し，花輪，小さな白い花，詩を書いた旗幟，哀悼の対聯が天安門広場を雪のように白く染めた。多くのひとはこの活動に参加し，4月4日，1日だけで200万人に達した。しかし，中共中央政治局会議で，華国鋒らは「四人組」と一緒になって，こうした記念活動を「反革命」的な活動と認定し，反撃することを決定した。毛沢東の連絡員毛遠新は，病気治療中の毛沢東に政治局の意見を伝えて，毛沢東の賛成をえた。4月5日，すぐに民兵，公安および衛成部隊を派遣し，天安門広場の花輪などの記念の品々を1つ残らずもちさって，哀悼をささげる大衆と衝突が発生した。夜にはまた民兵，警察などを出動させ，衛成部隊は棍棒を手にして広場を包囲し，哀悼活動に参加している人びとを殴ったり，逮捕したりした。歴史上では，これは1976年の「天安門事件」と呼ばれている。4月6日，政治局委員が会議を開き，関連する総括報告を聴取し，大衆の行動は「反革命の暴動」だと認めた。毛沢東はこの鎮圧行動を肯定し，「士気を大いに高めた，素晴らしい，素晴らしい，素晴らしい」と書面で指示したうえ（王年一，1990），鄧小平の一切の職務を解くように命じ，華国鋒を党の第1副主席と国務院総理に抜擢した。

7月6日，中共中央政治局常務委員，全国人民代表大会常務委員会委員長で，著名な中国人民解放軍総司令官の朱徳元帥が亡くなった。

7月28日，河北省唐山地区できわめて強い大地震が発生し，死傷者が24万人以上に達した。しかし，「四人組」からみれば，「鄧小平批判」をとおして権力を奪うことがもっとも重要なことで，救災活動でさえ「救災を利用して鄧小平批判を抑止しようとする行動」として批判された。

9月9日，いままでに中国の現代史にもっとも大きな影響を与えた人物である中共中央主席毛沢東が亡くなり，全国上から下まであげて哀悼をささげた。

毛沢東が亡くなった後，中央政治局の多くの委員と「四人組」の間の闘争が公

になった。華国鋒，葉剣英，李先念らは協力し合って，10月6日，すばやく「四人組」を逮捕した。これは毛沢東が亡くなってから1か月たらずのことであった。
　「四人組」が壊滅し，人びとは大いに溜飲を下げ，10年の大災禍がついに終わった。中国大陸は大混乱から大きく安定しはじめた。皮肉なのは，このことを毛沢東は「天下大乱により，天下大治（安定）に至る」ということばでいいあてた。しかし，この大治の局面は，毛沢東が文革をとおして実現しようとした純粋なユートピアではなく，現実的，寛容的，活気にあふれると同時に暗い側面をももっている10億人がたずさわる近代化建設である。
　「文革」の10年を振り返ってみると，政治，経済，社会，文化を問わず，どの方面の政策をみても，いずれも反近代化的なものであり，回想しただけで心が痛むものであった。かつて毛沢東は，いささかも隠すことなく「和尚打傘，無法無天」（坊さんは頭を剃っているので髪がない〈中国語では無髪と発音が同じ無法につうじる〉，傘をさすと空がみえない〈無天が天理にもとるにつうじる〉。意味は順法精神を欠き，めちゃくちゃなことをやること）と明言した。かれはまさに先頭に立って党紀や国法を踏みにじっていた。1978年12月13日，葉剣英は中共中央工作会議で「文革のなかで，打倒されたひとやその連座で巻き込まれたひとを含めれば，被害を受けたひとは1億人にのぼり，全国の人口の9分の1を占める」と述べた。「文革」中，つくられた冤罪事件，でっち上げ事件，誤審の事件は200万件余りあり，違った処分を受けたひとが数百万人に達した。1978年から1984年3月までに，公安部，検察院，人民法院が判決を見直した冤罪事件，でっち上げ事件，誤審の事件は100万件あまりであり，その大部分は「文革」期間に発生した案件である。また統計によれば，「文革」なかでただ林彪，江青らによって無実の罪をきせられ，迫害されたひとが72万9,511人あり，そのなかで3万4,800人が死に至った（『北京晚報』1980.11.21）。
　文革のなかで，経済建設も重大な破壊を受け，周恩来，鄧小平らが何回も荒れ狂う波をおしとどめ，経済建設を回復させようとしたが，いずれも「文革擁護派」に破壊された。文革中，国民経済はすでに崩壊の瀬戸際にあった。10年の間，経済成長は上がり下がりし，経済構造の均衡もはなはだしく破壊され，人口は膨張し，1人当たりの国民所得の増加は微々たるものであった。1977年12月，国務院副総理李先念は全国計画会議で，「文革」の10年で，国民所得は人民元で5千億元の損失であったと述べた。この数字は建国30年のインフラ建設投資の80％に

相当し，建国30年の全国の固定資産の総額を超えていた。毛沢東が中国大陸で「天下大乱」を生みだしている時に，外の世界はまさに新技術革命と経済の高度成長の時代に入った。たとえば，この時期の日本の1人当たりの国民所得はすでに1965年の785米ドルから1977年の5,177米ドルに上昇しており，世界のもっとも豊かな国家の仲間入りをした。これとは逆に，中国大陸は再び人為的につくりだした内部の動乱によって，きわめて貴重な10年を無駄にしてしまった。

　そのようであったにもかかわらず，この10年の間に，「戦争に備え，自然災害に備え，人民の利益をはかる」という毛沢東の呼びかけにしたがって，多くの技術者，労働者，解放軍の幹部や兵士が相変わらず献身精神をもって，三線（戦略的な後方となる地区をさす。主に四川省，貴州省，雲南省東部，甘粛省と陝西省の南部，河南省・湖北省・湖南省の西部，広西省北部を含む）建設に努め，大西南と中南，西北地区を結ぶ大規模な鉄道網を完成させ，重要な軍需企業の建設を進めた。「三線」建設は中国の工業分布の改善，西部地区の開発および全国の経済構造の改善に貢献し，中国の工業の基盤を確立させた。水爆実験と人口衛星の打ちあげの成功によって，中国は核と宇宙飛行技術をもつごく少数の超大国の独占を破り，超大国の核脅威にも対抗できるようになった。しかし，「三線」地区はもともと経済的基盤が弱く，教育水準が低いので，大規模な開発建設はこうした地域の都市と農村，工業と農業の二元構造をいっそう強めた。そのうえ，戦争に備えるという考えから，「山の中・分散・隠れ」という方針に照らして工場を設置したため，きわめて大きな資金と労働力の浪費をもたらした。さらに，企業の生産と人びとの生活に不利な地域で企業をつくるのは，投資の効果がよくないことも明白なことである。戦争に備えることや内陸地域の建設に偏りすぎた政策は，もともと経済的基盤が比較的良好な地区への投資を過少にし，企業利潤の上納を過大にしたため，全国の投資および国民経済全体の効果と利益に大きな影響を与えた。

　「文化革命」は名目上では「文化革命」であるが，実際には政治，経済を含む社会システムへの全面的な大破壊であった。しかし，「文化革命」は確かにまっさきに文化領域からはじまったのであり（姚文元，1965），また「知識人を農村に行かせて，貧農および下層中農から再教育を受ける」ことで終わりを告げたのである。毛沢東は当時の中国の文化，教育領域を「ブルジョア階級が支配した天下」と見なして変革させようとしたので，「授業を停止し，革命に全身全霊を打

ち込もう」と呼びかけ，「知識は多ければ多いほど反動である」，「読書は無用である」と述べ，白紙答案を提出したひとを「教育革命の英雄」として称え，文化ニヒリズムと教育撤廃主義を極端にまで鼓吹した。物質的文化収蔵物（図書，古美術品など）が焼き払われ，文化の担い手（専門家，学者，作家，教師，役者などの各界の文化人）はあらゆる侮辱を受け，ほんとうにいまだかつてない大きな文化的災禍であった。

　外交面では，中華人民共和国はこの時期，逆に目だった勝利を収めた。1971年，第26回国連総会では圧倒的多数の賛成で国連における中華人民共和国の合法的な地位の回復に関する提案が採択された。この前後，多くの国が次々と中華人民共和国と国交を樹立した。1971年4月，アメリカの卓球団の訪中が引き金になって（すなわち，いわゆる「ピンポン外交」），その後アメリカの国務長官キッシンジャーが2回訪中し，アメリカ大統領ニクソンが訪中するための準備を行なった。1972年2月，ニクソンが訪中して，毛沢東と会見し，周恩来との会談後，上海で「共同コミュニケ」を発表し，中米両国関係の正常化と今後の継続的な交流のための扉を開いた。1972年9月，日本の内閣総理大臣田中角栄が周恩来の招きに応じて訪中し，「中日両国政府共同声明」を発表し，国交正常化を宣言した。1973年に，毛沢東は3つの世界の区分理論，すなわちアメリカ，ソ連は第1世界，日本，ヨーロッパ，カナダなどは第2世界，中国などのアジア，アフリカ，ラテン・アメリカの発展途上の国家は第3世界とする理論を打ちだした。この理論は世界中で多くの人びとの賛成をえて，現在でもよく使われている。

　訳注
　（1）新中国の成立以前の中国でもっとも影響力をもつ社会学者であったといわれる孫本文は，社会学を通俗的なものや宣伝的なものから区別するとともに，社会学と社会主義を混同することを批判している。「……そもそも社会学は一つの科学であり，社会主義は一つの主張である。両者にはそれぞれの領域があり，混同することは許されない。わたしはけっして社会主義を研究することに反対するものではない，社会主義を社会学として社会学を社会主義と混同することに反対するのである。……最近，社会学が研究する学理を一種の史観とするひとがあるが，これは主観的な見解である。しばしばいわゆる史的唯物論社会学などという名称を聞くが，そもそも社会学は科学であり，科学が研究する対象は客観的な現象である。……社会現象を解釈するかなめは，観点は観点として，科学は科学として，両者を混同して論じないことである。わ

たしは史的唯物論を研究することに反対するのではない，史的唯物論で社会学を解釈し社会学を一種の史観とする主観的見解に反対するのである」(孫本文，1935年，『社会学原理』，商務印書館，pp. 631-632)。

そしてこの立場のゆえにかれは新中国で否定され，社会学者として地位は保証されなかった。かれは，反右派闘争期にこれまでの自らの研究を否定する次のような見解を述べている。

"I have come to understand that all my books are only good for burning and hence I have none to send you. I have also learned that I formerly neglected to study the works of Karl Mark which I am now doing many hours a day. Please don't write again」(O'Hara, Albert R. 1961, "The Recent Development of Sociology in China," *ASR*, vol. 26, no. 6, pp. 928-929)

うえの文章は孫本文が反右派闘争期にアメリカの社会学者に送った手紙の内容であるが，この内容は A．インケルスの著『社会学とは何か』(Inkeles, Alex, 1964, *What is Sociology*) のなかで，社会学は自由社会でのみ発展が可能であるという E. デュルケムの意見を取り入れた「社会学と自由社会」という節にも取りあげられている。

また，孫本文は1958年にブルジョア社会学および当時の右派分子の代表の一人とされた費孝通を批判した次のような一文を書いている。

「わたしは旧社会でブルジョア社会学を学び，かつ長期にわたって研究に携わってきた。……今，自分の古い思想を完全に改造し終わったとはいいきれないが，ただブルジョア社会学は極端に反動的であることを認識するにいたった。……ブルジョア社会学はブルジョアの利益に奉仕し，資本主義制度に奉仕する。これがブルジョア社会学の本質である。ブルジョア社会学は一般理論でも，また具体的な問題の研究においても，人民の政策に反する反動的思想とブルジョア思想を宣伝している。……右派はなにゆえブルジョア社会的調査を誇張するのか。……費孝通の『重訪江村』の調査はこの右派の調査の事例である。費孝通の調査は階級分析の重要性に対する蔑視がある，建国後の巨大な成果を故意に低く評価している，党の指導や社会主義の優越性に反対し疑いをもっている，公然と帝国主義国家のために奉仕している，といった適例である」(孫本文，1958年「堅決反対資産階級社会学復辟」，科学出版社編輯部『反対資産階級社会科学復辟—中国科学院召開的社会科学界反右派闘争座談会発言集』(第２輯)，科学出版社，pp. 174-180)。

参考文献

『人民日報』1958年８月13日，８月27日。
姚文元「評新編歴史劇〈海瑞罷官〉」『文滙報』1965年11月10日。
『毛沢東選集』第５巻，人民出版社，1977年。
「触目驚心的統計」『北京晩報』1980年11月21日。

李維漢『回憶與研究』下巻，中共党史資料出版社，1986年。

馬洪『当代中国経済』中国社会科学出版社，1987年。

保羅・肯尼廸『大国的興衰』中文版，求是出版社1988年（Paul Kennedy, *Rise and Fall of the Great Powers: Economic Change and Military Conflict from 1500 to 2000*)。

『中国人口統計年鑑1988』中国展望出版社，1988年。

叢進『曲折発展的歳月』河南人民出版社，1989年。

謝明幹，羅元明編『中国経済発展四十年』人民出版社，1990年。

王年一『大動乱的年代』河南人民出版社，1990年。

薄一波『若干重大決策與事件的回顧』中共中央党校出版社，1991年。

林蘊暉等『凱歌行進的時期』河南人民出版社，1991年。

中国国家統計局『中国統計年鑑1991』中国統計出版社，1991年。

第5章
近代化の新時代

1　歴史的な戦略の転換

　「四人組」を粉砕した後，中共中央主席，国務院総理，中央軍委主席華国鋒や中共中央政治局委員汪東興などの文革中に台頭してきた人物は，依然として毛沢東の晩年の「左」傾路線を受け継ぎ，「すべての毛主席の決定は断固守らねばならず，すべての毛主席の指示には忠実にしたがわなければならない」（「両個凡是」（2つのすべて）と略称）と固執した。華国鋒の誤りを糾し，経済発展の膠着状態を打開するために，1977年3月の中共中央の会議で，陳雲らは1976年の「天安門事件」の名誉を回復すること，鄧小平を再び中央の指導者に復帰させることを提案した。鄧小平も中共中央に手紙を書き，毛沢東思想の体系を正しく，全面的に理解したうえで国家の指導方針にすべきであり，「2つのすべて」の主張はだめだと指摘した。上から下まで各方面の努力をとおして，1977年7月の中共10期3中全会で，満場一致で鄧小平の中共中央副主席，中央軍委副主席，国務院副総理，中国人民解放軍総参謀長などの職務を回復させることを採択した。8月，中共第11回全国代表大会が召集され，華国鋒を中央委員会主席に，葉剣英，鄧小平，李先念，汪東興を副主席に選び，正式に「文化大革命」の終結を宣言した。

　11月，1976年の「天安門事件」の名誉を正式に回復させた。その後，真理の基準の問題に関して深く掘り下げて討論を行ない，理論上から華国鋒の「2つのすべて」の方針を否定し，実践が真理を検証する唯一の基準であるという唯物論的認識論の基本原則をはっきりさせた。1977年12月，中共中央は過去長期にわたって共産主義青年団中央書記を担当した胡耀邦を中央組織部長に任命した。かれは実事求是（事実に基づいて物事の真相・真理を求め尋ねること）の方針に基づい

て，「2つのすべて」の障害を排除し，たんに「文化大革命」時期の冤罪事件に名誉回復させただけでなく，さらに歴史上もち越されてきた冤罪事件，とりわけ反右派運動の拡大化がもち越してきた数百万の冤罪事件に名誉回復させたので，無実の罪を着せられた幹部，大衆が冤罪を晴らすことができた。経済も速やかに回復したが，華国鋒は「新たな躍進の情勢がすでに到来した」と思い，成功を求めることを急ぎすぎたためにまた新たな失策があらわれた。この期間，文化，教育，科学，政治の民主化，法整備，統一戦線（中国共産党と各民主党派や無党派との提携協力政策），労働組合，共産主義青年団，婦女連合会および外交などの各方面の仕事もすべて回復ないし好転した。

　1978年11月，中共中央工作会議が開催され，中央全会を開くための準備を行なった。席上，毛沢東時期の党内闘争からもち越してきたすべての重大な冤罪事件を再審査して名誉回復させること，思想をさらに解放させること，実事求是の精神を堅持すること，全国民を一致団結させ未来に向かわせることなどについて，陳雲，鄧小平らは相次いで重要な講話を行なった。華国鋒は席上，「2つのすべて」の誤った方針に対して，自己批判を行なった。12月18日から22日まで，中共11期3中全会が召集された。これは中国共産党が中国で政権を握って以来，もっとも重要な歴史的転換点になる会議である。この会議では全党の活動の中心および全国人民の関心を社会主義近代化の建設に移すことを決定し，改革，開放の総方針を確定した。また，「文化大革命」以後および以前の歴史問題を討論し，共産党の民主集中制を健全にすることを決定し，さらに陳雲を中共中央副主席に，鄧穎超，胡耀邦，王震を政治局委員に選出し，胡耀邦を中共中央秘書長兼宣伝部長に任命した。この会議は中国共産党の思想理論と路線における転換であり，また中国の近代化の全面的発展のあらたな出発点でもある。

　11期3中全会後，引き続き理論の是非に関する討論をとおして改革路線の障害を排除した。また数多くの冤罪事件を晴らし，すでに故人となった共産党の指導者である瞿秋白，劉少奇らの名誉も回復された。1982年末までに，全国で合わせて300万人あまりの幹部の名誉が回復され，かれらの冤罪に巻き添えにされた1,000万あまりのひとも同時に心身の解放を手に入れた（「組織工作的重大転変」1983）。この時期に，共産党の指導制度および指導層の構成に関する改革も行なわれた。1979年9月，中共11期4中全会で，四川省党委員会第1書記の趙紫陽が中央政治局委員に選出された。1980年7月に開かれた5中全会では，胡耀邦と趙

紫陽が政治局常務委員に選ばれ，中共中央に再び書記処を設置し，胡耀邦が中央委員会総書記に任じられた。共産党幹部の革命化，若齢化，知識化，専門化を進めることにも力を入れた。1980年9月はじめに開かれた全人大5期3回会議では，国務院指導層の改組に関する中共中央の提言が採択され，華国鋒が国務院総理の兼任を辞め，趙紫陽が総理に任命された。また，鄧小平，李先念，陳雲も国務院副総理および全人大常務委員会副委員長の兼任を辞退した。これは党と政府を分離させ，幹部の任用を終身制から任期制と定年制へ移行させる重要な一歩であった。1980年末，鄧小平は政治局会議で胡耀邦を中央委員会主席に推薦した。

2年間の準備を経て，1981年6月，中共11期6中全会で「建国以来の党の若干の歴史問題に関する決議」を審議し，採択した。この決議は建国以来の重要な歴史問題について冷静に，実際に符合した評価を行ない，かつ毛沢東個人の功罪についても歴史的分析を行なって，中国革命に対する毛沢東の功績は過ちをはるかにしのぐことを認めた。「決議」では毛沢東思想の内容を定義した。すなわち，毛沢東思想が中国共産党の集団的知恵の結晶で，実事求是，大衆路線，独立自主，自力更生という精神は毛沢東思想の精髄であり，継承し，発揚しなければならない貴重な精神的な財産であることが指摘された。「決議」は中国の国情を分析し，正式に「われわれの社会主義制度はまだ初級段階にある」と提起し，さらに中国の近代化水準の低さ，社会主義を建設する任務がきわめて困難で，長い時間がかかることをはっきりと述べた。この「決議」は当時の思想の混乱や考え方の不一致をある程度収拾した。中共11期6中全会では，華国鋒の中央委員会主席と中央軍委主席の辞任が承認され，中央の主要な指導メンバーについて改選と増員の選挙が行なわれた。その結果，胡耀邦が中央委員会主席に，趙紫陽，華国鋒が副主席に，鄧小平が中央軍委主席になった。ここに至って，中国共産党の指導思想の転換がすでに基本的に完成したといえる。

1982年9月，中国共産党第12回全国代表大会が開催され，鄧小平が開会の辞を述べ，中国の特色をもつ社会主義を建設するという指導思想を強調し，胡耀邦が行なった「社会主義近代化建設の新局面を全面的に切り開く」という報告が採択された。この報告では，新しい歴史時期における中国共産党の主な任務は，全国各民族人民を結集して，自力更生，刻苦奮闘につとめ，工業，農業，国防，科学・技術の近代化を漸次実現し，中国を高度の文明と高度の民主をそなえた社会主義国に築きあげることを明確にした。大会では胡耀邦が総書記に選ばれ，組織

上，最高指導層の新旧の協力と交代が実現した。

経済面では，中国は速いテンポで第6次5か年計画（1981～1985）の目標値を期限前にかつ予定額以上で達成した。1984年10月，中共12期3中全会が採択した「経済体制改革ついての中共中央の決定」は社会主義経済が公有制を基礎とする計画的商品経済であることを指摘した。これは計画経済と商品経済が相容れないものだという考え方を打ち破り，計画経済と価値法則の運用および商品経済の発展の相互補完関係を明らかにして，現行の経済体制を全面的に改革し，社会主義商品経済を発展させるための理論的根拠を提供した。

経済体制改革の全面推進，経済発展，社会生活の活性化，人民の文化素質の向上は政治体制の改革に対していっそう高い要求を提出した。1986年6月10日，鄧小平は関係する指導者から経済情況の報告を聴取した時，「現在の状況をみると，政治体制の改革をしなければ情勢に適応できない。改革は政治体制の改革を含むべきであるし，かつ政治体制の改革を改革の1つのしるしとすべきである」と提起した（王洪模等，1990）。政治体制改革の主な内容は，党と政府の分離，権力の分散と委譲，機構の簡素化である。これをもって，党と国家の活力を維持，向上させ，官僚主義を克服し，政府の仕事の効率をあげようとした。1986年9月，政治局常務委員会の直接の指導のもとで趙紫陽ら5人からなる中共中央政治体制改革検討小委員会も成立し，衆知を集めて有益な意見を広く吸収して，「政治体制改革総体構想」を打ちだした。この構想は中共12期7中全会で基本的に承認をえた。

1986年から1987年のはじめ，北京，上海などで相次いで比較的大規模な学生運動が起こった。早くも1979年春，鄧小平はある理論研究会で，われわれが4つの近代化を実現しようとすれば必ず4つの基本原則すなわち，社会主義の道，人民民主（プロレタリア）独裁，共産党の指導，マルクス・レーニン主義と毛沢東思想を堅持しなければならないと提起した。かれはこうした学生運動を「数年来，ブルジョア階級自由化思想に対する旗印が不鮮明で，態度が毅然としていない結果によるもの」であり，「問題の性質からみれば，1つの非常に重大な事件である」と考えた。そして再び「旗印を鮮明にして，4つの基本原則を堅持しなければならない，さもないとブルジョア自由化を放置することになり，これが問題発生の原因となる」と強調した（鄧小平，1986.12.30）。中共中央総書記胡耀邦はこの問題の指導責任を負って，1987年1月に総書記の職務を辞任した。政治局は趙

紫陽を後任に選び，胡耀邦は以前どおり政治局常任委員に留まった。同月，中共中央は「当面のブルジョア自由化に反対する若干の問題に関する通知」をだし，党の11期3中全会以後の路線には2つの基本的なポイントがあること，すなわち，1つは4つの基本原則を堅持することであり，他の1つは改革，開放，経済の活性化を堅持することであり，この2つはどちらも欠くことができないことを強調した。これが「2つの基本点」に関する最初の明確な発表である（中共中央，1987.1.28）。1987年10月，中共第13回全国代表大会が召集され，11期3中全会以来の経済的な成果と理論研究について総括を行なった。そして「社会主義の初級段階において，中国の特色をもつ社会主義を建設するという党の基本路線はつぎのとおりである。つまり，全国各民族人民を指導し，結集して，経済建設を中心としながら，4つの基本原則と改革開放を堅持し，自力更生し，苦労して基礎を築くことにつとめて，わが国を富強，民主，文明の近代化した社会主義国に築きあげるために奮闘することである」と提起された（「1つの中心と2つの基本点」の基本路線と略称）。かつまた，この会議では中国共産党の基本路線を貫徹するためのマクロな経済発展戦略と経済体制改革，政治体制改革をいっそう推進する綱領も制定された。13期1中全会で趙紫陽が総書記に選ばれ，趙紫陽，李鵬，喬石，胡啓立，姚依林が政治局員になり，鄧小平は中央軍事委員会主席になった。11月，全人大常務委員会で趙紫陽の国務院総理の辞任に同意し，李鵬に総理代理を任せた。まもなく，第7期全人大で李鵬が正式に総理に承認された。中共13回大会以後，各方面の改革が進められたと同時に，経済の「過熱」と一時的に深刻なインフレがあらわれた。政治上の改革の遅れは不正の風の蔓延，腐敗現象の広がり，思想教育の誤りを引き起こした。1988年の夏には物資の買占め騒動が出現し，1989年6月4日にはまた大きな政治的波乱があらわれた。鄧小平は，主観的に回顧してこれは2つの基本点に対して「一方は強く（改革，開放の面を指す），他方は弱いこと（すなわち，「4つの基本原則」を堅持し，ブルジョア自由化に反対する力が弱いこと）」によるものだと考えた。この波乱によって，趙紫陽は総書記の職務を解かれ（党籍は保留），政治局常務委員と書記処の一部のメンバーが入れ替えられた。元上海市共産党委員会第一書記，政治局委員江沢民を異動させて中共中央総書記に任じ，江沢民，李鵬，姚依林，喬石，宋平，李瑞環（もと天津市共産党委員会第一書記，政治局委員）が政治局常務委員会のメンバーになり，新たな指導の中核を形成した。

1991年4月，第7期全人大4回会議で「中華人民共和国の国民経済と社会発展の10年計画および第8次5か年計画綱領」が承認され，20世紀末までの発展計画が打ちだされた。

2　三段階発展戦略

1978年の11期3中全会以後，中国共産党はまっさきに活動の指導思想を毛沢東の「階級闘争をかなめとする」ことから経済建設を中心とすることへ移した。趙紫陽は中共13期大会における報告のなかで，「生産力の発展に有利かどうかを，われわれが一切の問題を考慮する出発点と一切の活動を検査する根本的な基準としなければならない」と指摘した。これは唯物論の前提に戻り，とりわけ生産力がたち遅れて苦しみをなめつくした中国の発展の需要と広範な人びとの願望に合致した。

中共11期3中全会後の経済発展戦略は，ほぼ3つの段階に分けられる。つまり，第1段階の戦略は1980年からの10年で1人当たりのGNPを2倍にすること，人びとの衣食の問題を解決することである。第2段階は1990年からの10年間で，1人当たりのGNPをさらに2倍にし，全国の人びとの生活が小康レベル（やや裕福）に到達させることである。第3段階は21世紀の中葉までに，1人当たりのGNPが中等程度に発展した国家のレベルに到達させること，人びとの生活が比較的豊かになり，基本的に近代化を実現させることである。

（1）農村から改革をはじめる

中国共産党のしごとの重点を経済建設に移すためには，まず生産力の発展に適応しない現行の制度を改革しなければならない。鄧小平はこれを「2次革命」と称したが，決して誇張ではなかった。その主な内容は権力の過度の集中，党・政府・企業の未分離，教条主義的な体制に対して大鉈を振るう改革である。これらの改革は一歩一歩進められた。改革はまず農業，農村，農民政策の改革からはじめられた。1979年1月，中共中央が発した「農業の発展をはやめる若干の問題についての決定（草案）」と「人民公社工作条例（試行草案）」は生産隊の自主権を尊重し，農作業の請負制が実行できることをはっきりと規定した。安徽，四川などの省はさらに改革の試験の範囲を広げて，さまざまな農作業請負制をつくりだ

した。1980年，中共中央の「農業生産責任制のいっそう強化および完備に関するいくつかの問題」という文書も，生産量の請負制や農家（あるいは個人）による請負制の農業経営方式を肯定し，生産隊の指導のもとで実行した農家請負制が社会主義経済の管理形式であることを認めたため，人民公社の「一大二公」（一に規模が大きくて総合的生産建設に好都合であること，二に集団所有制がさらに進むこと）と政社合一（農村人民公社が農業経済運営の主体であるばかりでなく郷・鎮の行政事務を合わせ管理すること）の体制が打ち破られた。こういった物質的利益と労働成果の直接の連結，自主経営，損益の自己責任を特徴とする請負制は中国の現実の生産力水準に適合し，農民の要望に答えたので，速やかに普及し，農業は増産し続けた。1982年12月，全人代5期5回会議で採択された『中華人民共和国憲法』は，農村人民公社は政社合一の体制を改め，郷政権を設けなければならないと規定した。1983年から，政社分離の改革は徐々に展開され，1985年の上半期までに，全国で9万余りの郷・鎮人民政府が設立され，かつまた82万余りの村民委員会が成立されて，人民公社制度は廃止された。

　農業の増産，農村経済の活気は農民の生産と生活を自給，半自給的な生産から専業化，商品化，社会化，近代化の生産への変化を加速させた。1985年，第1段階の改革の基礎のうえに農村の第2段階の改革を押し広めた。その重点は農産物の統制的割当，統制的購入制度を改革することにある。これによってごく一部の品種を除いて，国家はもはや農民に農産物の統制購入や割当購入を命ずることができなくなり，その代わりに契約による購入と市場での購入があらわれると同時に，農村の産業構造も現実との適合がなされた。農民は土地使用権をえたのちに，また生産経営上の比較的大きな自主権をえて，農民が商品生産を発展させる積極性をさらによび起こした。郷所有，村所有，いくつの農家の共同所有，個人所有およびその他のさまざまな所有形式の農村郷鎮企業が出現し，郷鎮企業の長足の発展を促進した。農村における工業，建築業，運輸業，商業，飲食業などの第2次，第3次産業の発展は，非農業の比率を高めさせた。1990年の農業生産額の絶対値は改革前の1978年より2倍以上に増えたけれども，農村地域の総生産額を占める比率はすでに改革前の69％から43％に下がった（『中国統計摘要1992』）。農業の内部でも「糧食をもって綱とする」という制約を突き破り，農業，林業，畜産業，漁業の全面的な発展は農村の産業構造と農業の内部構造のいずれにも最適化をもたらした。

中国の1人当たりの耕地面積は相対的に狭い。国家土地管理局の計算によれば，1990年の1人当たりの耕地面積はわずかに世界平均の31.2％であった（『人民日報』1990.4.13）。しかし，深く耕して丹精込めてつくるという集約化農業の伝統に，近代農業科学技術を用いて，土地の生産率はすでに国際的な先進レベルに達した。穀物，綿花，野菜，肉類，卵類，水産物および煙草の総生産量はすでに世界の最前列にある。穀物の単位面積の生産量は，1989年には中国は1ヘクタール当たり3,893キロとなり，世界平均の1ヘクタール当たり2,646キロをはるかに超えたし，先進国の1ヘクタール当たり3,089キロもすでに超えた（『国際経済和社会統計提要（1990）』）。しかし，中国農業の労働生産率からみれば，依然として低いほうである。農業生産手段の立ち遅れ，技術装備のレベルの低さが労働生産率の低い主要な要因の1つである。統計によれば，1990年の中国大陸の農業生産労働量の機械化率は40％であり，生物動力（人間の肉体労働力や家畜の力）が5割以上を占めている（『中国商報』1991.6.8）。工業化レベルの低さ，農民がまだ機械およびその他の近代的な技術を利用する財力をもてないことが，中国農業の機械化を遅らせた主な要因である。農村地域における大量の過剰労働力が，農業労働生産率の向上への社会的制約の要因となっている。中国の農業人口の割合は大きく，絶対数は世界第一である。中国の農業労働者の生産率を近代的なレベルまで引きあげ，中国の農業人口の相対的な割合と絶対数を縮小すべきであるが，非常に難しいことである。

1990年には，農業人口比率の低減を制約している主要な要因は次の3つである。すなわち，1つは農業人口の自然増加が非常に速いことである。絶対数からみれば，農業人口の自然増加数は農業人口の非農業人口への移動よりもまだまだ大きく，改革以来，億という数の農業労働力が第2次，第3次産業に移動したけれども，12年間の農業労働力は相変わらず約5千万人増加した。2つは投資の不足である。農村はなお1億余りの余剰労働力があり，90年代にはさらに1億が増えると見込まれているが，この期間に増やすことができる就業ポストは1億にすぎない。それゆえ，90年代には，やはり1億の農村余剰労働力が潜在的な失業の形態で農業に留まらざるをえないため，農業の労働生産率の向上を甚だしく制約することになる。3つは農業労働力の文化的素養が低く，農業の近代化や職業移動の需要に適応できないことである。中国の近代化の目標を実現するためには，こういった中国の現実に着目して，3つの対策をとらなければならない。すなわち，

1つは農村の計画出産政策を強化し，農業労働力の自然増加を抑制することである。2つは郷鎮企業の発展に力を入れ，農民を支援することである。改革から10数年来，農業から非農業へ移動した約1億余りの労働力は，ほとんど農村や集鎮（農業人口を主とし，やや大きな町）に散在する郷鎮企業によって吸収されており，郷鎮企業は農業労働力の移動を速める主要な手段となっていた。3つは基礎教育と職業訓練を強化することである。農業労働者自身の文化的素養を高めることは，農業自体の近代化および余剰農業労働力を農業以外の産業に移動させるための前提条件であると同時に，農民に子どもを多く産みたいという出産意欲を低下させることができるのである。

（2）改革と発展の全面的推進

　農村経済改革の第1段階が成功を収めたので，1979年から都市部における企業改革を開始した。改革の重点は政府と企業の分離，企業の自主権の拡大，企業の活力の強化，企業採算の厳格化，労働に応じた分配の原則を実行することにおかれた。1981年，改革はさらに多くの方面に拡大された。経営請負責任制の確立と改善，国家・企業・従業員という3者間の責任と権利の明確化につれて，企業と従業員の努力が直接その経済的利益に反映されるようになるため，企業と従業員の責任感と仕事の積極性が強まった。農業と工業の体制の改革に応じて，商業体制の改革も始まった。この改革の目的は，長年にわたって形成された流通ルートの単一さ，管理部門の多さ，生産と消費の不均衡といった弊害を改革し，多様な流通ルートと簡潔な管理，生産と消費が結合した流通体制を築くことにある。同様に，国有や集団所有の商業企業の内部でも自主権と経営責任制の拡大を実行した。

　中国は農業，工業，商業の経営管理体制を改革したと同時に，生産手段の所有制についても，単一の公有制から多様な所有制の存在へゴーサインをだし，各方面の積極的な要素を動員し，生産力を発展させようとした。

　従来から，価格改革は社会主義国家の経済改革のなかでリスクが非常に大きな難題である。改革以来，中国はこの方面ですでにかなり大きな進展をみた。不合理な価格構造と価格管理体制を計画的に調整し，一部の価格管理権限を下級へ移譲した。高度に集中した価格管理体制が根本的に変わった。市場メカニズムの導入によって，国家指令による価格の割合は縮小し，国家指導価格と市場調整価格の割合が明らかに拡大した。1990年，社会の商品小売総額のなかで，国家定価の

割合は1978年の97％から29.7％に下がり，市場調整価格の割合は1978年の3％から53.1％に増加し，その余りの17.2％が国家指導価格である。農民が販売した農産品総額のなかで，国家定価の割合は1978年の94.4％から25.2％に下がった。それに応じて，人びとが長期にわたって形成してきた硬直した伝統的な価格観念もすでに大きく打ち破られた。

現在，中国はすでに部門別に比較的完備した工業体系を形成しており，一部の基本的な伝統工業部門の総生産高はすでに世界の最前列にある。科学技術の進歩および労働者の資質の向上は経済発展の新しい原動力になり，工業生産の面においても，生産規模の拡大より産業構造の合理化，製品の品質の向上，コストダウン，労働生産性の向上，経済の質と効率の向上が重視されている。産業構造の転換と経済の質の向上は，各産業部門の内部の生産品構造の調整としてあらわれるだけでなく，マクロな産業構造の近代化としてもあらわれる。近代化の過程のなかで，マクロな産業構造の高度化は一般的に第1次産業，第2次産業，第3次産業の順から，第2次産業，第1次産業，第3次産業の順を経て，さらに第2次産業，第3次産業，第1次産業の順を経て，第3次産業，第2次産業，第1次産業の順となる。中国大陸の第3次産業の発展は，改革前にはずっと明らかに遅れをとっていた。1949年以後，第3次産業の生産高は上がったとはいうものの，成長のスピードは第2次産業よりはるかに遅かった。それゆえ，国民総生産なかで占める比率は相対的に逆に下がった。1979年の改革開放以後の成長のスピードはすでに国民経済全体の成長スピードを超えたが，しかし中国の国民総生産のなかの第3次産業の生産額の比率は，いまも依然として世界の比較の低い隊列のなかにある。1990年，国民総生産にしめる中国の第3次産業の総生産額と第1次産業の総生産額の比率はそれぞれ27.2％と27.5％であり，すでに十分に近づいている。筆者は，2015年には第3次産業の比率は50％に上昇させることができる，すなわち世界中等所得国家の第3次産業の発展レベルに達することができ，21世紀の20年代末には先進国の現在の第3次産業のレベルに達することができると考えている。

ここで，中国における1人当たり国民総生産の問題に触れたい。これは中国の経済発展の水準を研究する時，みんなが非常に関心をもち，しかも計算の難しい問題である。1人当たり国民総生産という指標は，もともと経済発展の水準をもっともあらわすことができる代表的な指標である。アメリカの社会学者A.イ

ンケルスは近代化の指標のなかで，1人当たりのGNP 3,000米ドル（1960年代初期の価格による計算）を近代化の指標としたし，1988年に世界銀行は1人当たりのGNP 6,000米ドル以上を高い収入国家の標準とした。しかし，各国の統計の体系，計算方法，貨幣購買力，為替レートおよびそれぞれの時期の米ドルそのものの価値の変動によって，米ドルを用いて，正確にそれぞれの国，とりわけ発展途上国のさまざまな時期の国民総生産およびその成長の実際の情況を計算することは非常に難しい。

インケルスもこの問題に注意を払い，1986年の2度目の訪中講義の時に，「世界のなんにんかの社会統計学者の意見に基づいて，世界全体で，発展途上国の実際の生活レベルをありのままに反映するためには，これらの国の1人当たりの収入に3を乗ずるべきである」と説明した（インケルス，1986）。アメリカの元国務長官H. A.キッシンジャー，元国家安全保障問題担当大統領補佐官Z. K.ブレジンスキーそしてS. P.ハンチントンらが署名したアメリカ総合長期戦略委員会の研究報告「戦争を抑止する」は，ランド会社のデータを基礎にして，「購買力平価」[1]基準を採用し，中国の1990年の国民総生産を約1億4,000万米ドルと計算した。同年，中国大陸の総人口は11億4,333万人であり，この計算方法によれば，中国大陸の1人当たりの国民総生産は1,225米ドルとなるはずである。当報告はさらに中国の2010年の国民総生産は3万8,000億米ドル，同年日本は3万7,000億米ドル，ソ連は2万3,000億米ドルに達し，中国は世界第2ないし第3の経済大国になりうると予測している。

（3）全方位開放と外交

改革と開放はつねに同列に論じるものであり，両者は緊密であり不可分である。大陸の開放それ自体が改革の重要な内容および構成部分であり，また改革は開放の保証条件である。中共11期3中全会は鎖国政策を中止し，対外開放政策の実施を決定した。この開放は多角的である。すなわち，先進国や発展途上国，社会主義国家や資本主義国家を問わず，すべての国に対して開放する。しかし，大陸各地の発展のレベルと条件は異なっているので，決していきなり全方位開放するのではなく，絶え間なく開放条件をつくり，経験を総括することをとおして，順を追って進めた。まず香港，マカオ，そして台湾のすぐ隣の広東，福建で深圳，珠海，汕頭，厦門の経済特区（1988年にはまた海南省大特区を設けた）を試験的に

開設し，これらの特区が開放の第1段階になった。1984年，さらに大連，秦皇島，天津，煙台，青島，連雲港，南通，上海，寧波，温州，福州，広州，湛江，北海などの14か所の沿海都市を開放都市に決めたが，これが開放の第2段階である。5つの特区と14の開放都市は，3つの「ゴールデントライアングル」（すなわち，長江デルタ，珠江デルタ，閩南厦漳泉デルタ地域）および2つの半島（山東半島，遼東半島）がつらなり，32万平方キロの面積をもち，2億人の人口を擁する沿海開放地帯を形成した。続いて，内陸の一部の中心都市が次々と経済技術開発区を設けた。とくに上海浦東開発区の設置は，開放の中心地域を海岸線に沿って北に移動させたし，かつまた開放の熱いブームを長江と鉄道路線に沿って内陸部に広げさせた。同時に，東北，華北，西北および西南などの内陸の国境地帯でも，朝鮮，ソ連，モンゴル，パキスタン，ネパール，ミャンマー，ラオス，ベトナムとの国境貿易や国際協力が日増しに盛んになった。これによって，沿海，沿江，沿内陸辺境の「3沿開放」が形成された。

　対外開放の具体的な方法と内容は対外貿易の拡大，外資の利用，先進的な技術と経営ノウハウを導入すること，人材の交流，労働合作，国際観光の発展などを拡大することを含んでいる。開放の実行と同時に，国際経済体制（たとえば，国際貿易，外国為替の管理体制）についてもそれに応ずる改革を進めて，いくつかの新たな制度，法律および法規をつくった。対外開放以後，中国大陸の輸出入貿易総額は1978年の206億米ドルから1991年には1,357億米ドルへ上昇し，輸出総額は世界の順位では34位から15位に上がった。輸出総額のなかで輸出工業製品が占める比率も46.5％から77.5％に上昇した（『中国統計摘要1992』）。同じ時期，技術導入のため外国と契約した金額は合わせて264億米ドル余りに達した。その導入方法は技術の許可，顧問コンサルタント，技術サービス，プラント，基幹設備および合作生産などさまざまである。外国から招聘した経済や技術の専門家は約20万人である。これらはすべて大陸の技術進歩と製品開発を大いに加速させた。

　同時に，中国大陸の経済，科学技術および文化の発展につれて，外国への技術輸出も絶え間なく増加し，開放から1991年6月までに，中国大陸はすでに累計すると輸出技術は700項目余り，契約金額は24億米ドル余りに達しており，機械，電子，ソフトウェア，機械計器など20余りの分野を含んでいる（『人民日報』1991.11.4）。アメリカ，日本，ドイツなどの先進国に輸出したハイテクもある。それに応じて，外国への労働力輸出はすでに建築業から工業プラントやハイテク

の分野に移っていた。中国企業の海外進出は基礎的な工業から人工衛星の打ちあげまで，工業，農業，林業，交通，通信，水利などの各分野を含んでいた。同時に，中国の海外投資も着実に増加した。中国の対外開放はすでに門戸を開放することから世界に向かって発展している。対外開放から1991年までの12年間，中国に観光に訪れた海外の観光客および海外の華人の人数は14.2倍に増加し，毎年平均25.4％増加した。これと同時に，中国大陸が外国に派遣したさまざまな留学生は15万人に達し，またそれ以上多くの学者，専門家，政府職員，企業家，技術者，管理者，労働者も外国に派遣した。民間の海外旅行も次第に増えていった（程達才，1991）。

対外開放を徐々に拡大すると同時に，中国は自主独立の外交政策で，平和共存の5原則を堅持し，多くの国家と外交関係を回復し，発展させた。1978年には「中日平和友好条約」を締結し，1979年にはアメリカと正式に国交を樹立し，相互に大使を派遣し，また大使館を設置して，中国の外交の新たな局面が開かれた。中国・ソ連，中国・モンゴル，中国・ベトナムなどの関係も徐々に正常化し，かつまた話し合いをとおして国境問題を解決した。この時期，対外関係のなかで一部の困難にもであった。その主要なものは1989年6月の政治騒動後の西側国家の「制裁」の圧力と旧ソ連および東欧諸国の社会制度の激変の衝撃である。しかし，中国は以前のとおり改革を深め，開放を拡大することを堅持して，国内的，国際的な騒動後において中国の国際交流を継続して発展させることができた。現在，中国とまだ正式に外交関係を樹立していない国は多くない。中国は日増しに強まる国力を後ろだてとして，独立自主の平和外交政策を実行し，国際的にますます重要な役割を果たすようになっている。

（4）科学，教育の改革と発展

1984年の中共第12期3中全会以後，改革は深さと拡がりの両方向に発展した。すなわち，経済体制改革は農村から都市に推し進められ，同時にマクロな改革は科学技術，教育などの各領域に広がり，それぞれの領域の改革が相互関連，相互促進する局面を形成した。

科学技術は近代化のキー・ポイントであり，社会発展における科学技術の重要な役割は社会が認めるところである。新中国の成立後，数10年の努力を経て，科学技術の人材や技術設備などの面において，すでに一定の基礎が築かれていた。

しかし，改革以前に形成された旧科学研究体制は，どちらかといえば科学研究の発展法則を離脱した「行政計画体制」であり，科学研究関連部門は自主権と経済的な自立発展の能力を欠いており，科学研究と生産建設は互いに分離していた。改革以後，「経済建設は必ず科学技術に基づかなければならず，科学技術活動は必ず経済建設の必要に合わせなければならない」という戦略方針（「中共中央関於科学技術体制改革的決定」1985）を確立し，科学技術発展法則の重視を強調した。科学技術体制とその他の領域の改革の協力は，科学技術と経済建設が相互に結びつき，直接生産力に転化するメカニズムの形成を促した。同時に，近代化における科学技術の役割に対する人びとの認識もつねに高まり，さらに進んで科学技術は第1の生産力という考えおよび「科学技術創造立国」という方針を確立した。1980年代以来，中国は相次いで「国家科学技術課題研究計画（国民経済に対して重大な効果と利益をもついくつかの課題を解決する計画）」，「星火計画（実用技術を普及させ，農村発展を促進する科学技術計画）」，「火炬（たいまつ）計画（ハイテク新技術研究成果の商品化を推進し，ハイテク新技術産業の形成と発展を推進する計画）」，「ハイテク研究発展計画（また「863計画」ともいい，中国の今後の発展に対して重大な影響をもつ生物，宇宙開発，情報，レーザー，オートメーション，エネルギーおよび新材料の技術領域を重点とする発展計画）」，「基礎理論研究計画」および「重要な科学技術成果を推し広める計画」を確定した。これらの6大科学技術発展計画によって，ハイテク新技術，科学技術応用の普及および基礎理論研究という3次元の立体的な体制が形成された。科学技術体制の改革とこれらの計画の実施はすでに成果をえた。1979年から1990年の間に，重要な科学技術成果は12万余りに達した。これは1949年から1979年までの30年間の12倍に相当し，2,800億元の経済利益をえた。そのなかで，「星火計画」はわずか実施5年で，新たな増産額が339億元，そのうえ技術および生産品の輸出をとおして30億元の外貨を稼いだ。農業や郷鎮企業の発展を促進し，多数の農民が科学の光明を享受するにいたった。生物技術，農業科学，高エネルギー物理，コンピュータ技術，ロケット運載技術，衛星通信技術，超伝導材料の理論研究などの領域のいくつかの方面で，中国はすでに世界の先進国の列に連なった（「中共中央関於科学技術体制改革的決定」1985）。

　ひとは近代化の発展の主体であり，近代化の推進過程はひとの資質を高める過程である。1985年の「教育体制の改革に関する中共中央の決定」は，教育体制改

革の根本的な目的は民族の資質を向上させることだとはっきり決めた。現行の教育体制の弊害に的を絞って、管理体制を改革し、学校運営の自主権を拡大し、教育構造を調整し、近代化の発展と不相応な教育思想、教育内容、教育方法を改革することを決定した（「中共中央関於教育体制改革的決定」1985）。1986年、全人大第6期4回会議で「中華人民共和国義務教育法」を採択した後、9年の義務教育が計画的に実施できた。旧中国では、全国人口の80％以上が非識字者であり、学齢児童の入学率もわずか20％位にすぎない。新中国成立後、貧困で立ち遅れて、教育水準が低い状況を改めるために努力をしてきた。しかし、経済の立ち遅れや「文化大革命」による遅滞によって、すでに一掃してきた非識字者がまたもとの状態に戻り、そのうえ新たに多くの非識字者が生まれた。改革以来なんども教育に力を入れたが、しかしなんども「読書無用論」の影響を受けて、中途退学する児童数は増減した。また、教育経費は著しく不足し、「知識を尊重し、人材を尊重する」ことはまだ全面的に貫徹していないし、教師の実際の地位も依然として低い。教育は改革以来、失策が比較的明らかな領域であり、したがって、1990年になっても中国の教育の全体的なレベルはやはり低い。1990年の第4回国勢調査によって、中国大陸の15歳以上の非識字者人口はいまなお1億8,200万人に達することが明らかになった。インケルスの近代化の指標によれば、総人口のなかの成人の識字人口の比率は80％以上に達しなければならず、中国は1990年には69％で、その差は11ポイントである。1990年7月1日の国勢調査が示した1億8,200万人の非識字者・半非識字者のなかで、15歳から39歳のものは4,600万人であるが、この人たちはすべて共和国成立後の生まれである。そのなかで、15歳から22歳の非識字者・半非識字者は1,130万人で、同年齢の人口総数の5.5％を占め、この8年間で新たに発生した非識字者・半非識字者である。これは中国が新たな非識字者を発生させる諸要因をいまだに徹底して抑えられていないことを証明している。1990年、中国大陸の小学校の学齢児童の入学率はすでに98％に達したが、農村はまだ相当深刻な中途退学、またさらにははじめから入学しない現象さえある。とりわけ、農村の女子児童の未就学率が比較的大きい。たとえ今後再び新たな非識字者を発生させないとしても、20世紀末までに現在50歳以下の青壮年の非識字者をなくすためには、毎年平均して460万以上の非識字者をなくさなければならない。中国大陸は1949年以来すでに累計して約2億人の非識字者をなくしてきたが、これは毎年平均して475万人以上の非識字者をなくしてきたことになる。

このスピードに照らせば，21世紀の20年代には高齢者を含む成人の非識字者を基本的になくすることができる。しかし，任務はきわめて困難であるので，まず新たな非識字者が発生することを根絶しなければならない。

　教育の近代化の重要な指標となる高等教育からみれば，1990年の国勢調査の結果は，10万人当たりの大学の学歴をもつ人数はすでに1982年の615人から1,422人に増えたことを示している。これは中国大陸の高等教育，とくに80年代以来の成人高等教育の発展の成果をあらわしていた。しかし，入学に該当する年齢人口の大学入学率からみれば，中国大陸は先進国よりはるかに低いばかりでなく，そのうえ発展途上国の平均よりも低い（『人民日報』1991.10.31）。

　1990年の人口の教育水準からみれば，教育レベルを向上させる重点はすでに80年代中期以前の初等教育を普及させることから中等教育の普及へ移っている。経済と文化の発展の法則や中国大陸の教育発展の趨勢からみれば，21世紀以後，中国人口の教育レベルの向上の重点は中等教育レベルから高等教育レベルへ移っていくだろうと予測できる。したがって，21世紀の20年代，30年代には，大学生当該年齢人口および総人口のなかの大学の学歴をもつ人口の比率はいずれも大幅に上昇するし，21世紀の中葉には先進国の中等レベルに追いつくことができよう。

（5）人びとの生活の改善

　改革開放以来の経済文化の発展の実際の成果は，人びとの生活面にもっとも明らかに反映している。12年間のなかで，都市と農村の人びとの1人当たりの実際の収入はいずれも大いに増加し，農民の増加幅はさらに大きく，消費の質も量もいずれも大きな向上があった。

　「民以食為天」（人びとは食に頼って生きるから，食をもっとも大切なものとする），食は人類の生存の第一の要素である。改革前の中国はまだ食糧の輸入大国であったが，改革数年後には自給自足を実現した。中国大陸の1人当たり一日のカロリー平均摂取量は1978年に約2,311キロカロリーであったが，1990年には2,630キロカロリーに達し，すでに世界の平均値に近づいた。国際的に，一部の学者は嬰児死亡率が30‰以下に下がることを近代化の基準と定めているが，中国大陸の1987年の嬰児死亡率は30.1‰であり，この基準に近づいている。世界銀行の『1991年世界発展報告』によれば，中国の上海の嬰児死亡率はすでにアメリカのニューヨークより低い。1990年，中国の新生児の体重が2,500グラム以上の比

率はすでに93.99％に達しており、WHOの『世界保健統計（2000年）』の指標（90％）を上回っている。中国大陸の1988年の平均寿命はすでに70歳に達し、高所得国の平均寿命に近づいた。1990年、1人の医者が受けもつ人口は650人であり、すでに先進国の平均レベルに近づいた（『七・五期間国民経済和社会発展概況』1991）。

　中国大陸の都市と農村の住民の居住条件をみると、改革前には、農村の極度の貧困および都市の住宅建設の立ち遅れや分配体制の制限のために、都市も農村も住宅水準は非常に低かった。改革以後、都市と農村の1人当たりの居住面積はいずれも急テンポで広くなったが、先進国と比べれば、やはり大きな隔たりがある。長い間まず生産に力を入れて、その後に生活に力を入れたために、住宅建設は立ち遅れ、そのうえ都市住宅体制改革の遅れもあり、1990年に都市の1人当たりの居住面積は6.85平米となり、かろうじて先進国の半分に当たる。品質と設備の面では、1990年、中国の都市の住宅のなかでそれぞれの完備率は自宅占用水道82.13％、浴室とトイレ12.24％、暖房設備22.66％、台所86.5％、都市ガスおよびプロパンガス39.53％であり、先進国と明らかに隔たりがある。とくに、衛生と熱エネルギー、ガスの供給の面での隔たりはさらに大きい。農村の1人当たりの居住面積は1990年には18平米となり、都市と鎮の住民の2.6倍となった。そのうち、85％以上は煉瓦と木材からなる構造、鉄筋コンクリート構造であり、昔のかやぶきの小屋に取って代わった（『七・五期間国民経済和社会発展概況』1991）。衣類およびその他の日用品の面では、中国の市場は非常に活況を呈し、すでに服装、紡織品そしてさまざまな日用品雑貨商品の輸出大国になったし、テレビのような家庭電器の生産はすでに安定して世界第1位を占めている。衣類、日用品および家庭電器の1人当たりの消費量はすでに中等の所得国家のレベルに近いかあるいは超えている。1990年、中国のテレビ保有数は1億8,546万台に達し、都市家庭のカラーテレビ普及率は59.04％に達し、すでに高所得国家の水準に達した。テレビの迅速な普及は人びとの文化生活の内容を大いに豊かにしたし、かつまた大衆の教育と社会化のもっとも主要な手段になっている（『中国統計年鑑1991』）。

　近代化の進展にともなって、人びとの労働時間が相対的に短くなり、学習と娯楽の時間が相対的に増えた。これは人間の全面的発達と生活内容の豊かさ、とくに精神生活の豊かさのために時間を提供した。1990年までの中国人の労働時間は、自営農民そして都市の個人経営労働者が自らコントロールするものを除けば、国

有企業と集団所有制企業の職員・労働者は，一般に毎週6日（祝祭日を除く）労働，1日8時間労働であり，発展途上国と差はないが，先進国と比べると長い。中国大陸は農村の労働力が過剰であるために，農閑期の多くの時間はしばしばむだに浪費され，労働の効率と利益をいまだに発揮していないのみならず，健康的な娯楽の条件も乏しい。これは中国の農業生産率の低さと農民の文化的な素養の低さを集中的にあらわしている。都市の国営企業や事業部門も，一般的に労働効率が低く，労働のペースが遅く，時間の有効利用が少ない。そのうえ正規の労働時間内でもいつも仕事と雑談，家事活動などが区別されず，労働が散漫になり，効率が低い。それなのに正式に規定された自由に使える余暇時間はあまり多くない。こういった現象それ自身は前近代的な時間観と生活様式の残存である。

（6）社会構造の変遷

　11期3中全会が原則的に採択した「農村人民公社工作条例（試行草案）」は，長年，法律を順守してきたすべての地主，富農，反革命分子，悪質分子（農村では「4類分子」と略称される。「右派分子」は主として都市の知識分子であり，もし「右派分子」を加えると「5類分子」となる）の名誉を一律に回復させ，人民公社社員の待遇を与えることを規定した。すなわち，地主，富農の子どもたちの階級区分は一律に公社社員とし，もはや地主，富農家族出身とせず，他の社員と同じ待遇を受けることを規定した。これによって，全国で相次いで440万余りのひとが「4類分子」の汚名を返上し，そのうえ54万余りの「ブルジョア階級右派分子」が名誉を回復した。全国で約500万人（「文革」時期につくられた冤罪，でっち上げ，誤審による被害者は数に含まない）が被監視者という社会的地位から解放され，公民権を獲得した。かれらの直系家族も含めて約2千万人が，過去のような政治，経済，就労，進学，従軍，抜擢，結婚において，ひいては人格において，ひときわ差別を受けた生活に終止符を打った。それに70万の小商人，行商人，小手工業者およびその他の一部の労働者は元「商工業者」（すなわち，資本家の別名）から区別されるようになり，労働者の地位を回復した。16万人の元商工業者にも名誉を回復させ，政治的に労働者，幹部と同様の待遇を受けて，合理的に職務を按配した。これは，実際上は中国の都市と農村，とりわけ農村の第2次民主改革である（「組織工作の重大転変」1983）。

　以後，都市と農村における企業所有制の多元化と社会的分業の細分化にとも

なって，さまざまな企業で働く就業者の職業構造にも大きな変化が生じた。現在，中国大陸の主要な職業分類には農業従事者，労働者，技術者・専門職，幹部，職員，企業管理者，自営業者および私営企業家があり，そのなかで改革後に回復，発展してきた非公有企業での就業者の増加がもっとも顕著である。都市の自営業者は1978年の15万から1990年の681万に，44倍増加した。全人民所有制（国有）でも都市の集団所有制でもないその他の所有制（国有企業と集団所有制企業の共同経営，国有企業と私有企業の共同経営，集団所有制企業と私有企業の共同経営，中国企業と外国企業の共同経営，華僑あるいは香港，マカオ，台湾人所有・経営の企業，外国資本の企業およびその他）の企業の従業者数は1984年の34万（1983年以前はまだ単独の統計をとっていない）から1990年の164万に上昇し，その結果全従業者に占める公有制企業の従業者の比率は下降した。

　同時に，近代化の発展と産業構造の変化にともなって，それぞれの産業の就業者の構造にもそれに応じた変化が生まれた。すなわち，1990年は1978年に比べると，全就業者に占める第1次産業従業者数の割合は70.5％から60.1％に下降したが，これに対して，第2次産業従事者数の比率は17.3％から21.4％に上昇し，第3次産業従事者数の比率も12.2％から18.5％に上昇した。産業区分による社会構造からみれば，この12年来の変化の速度はやはり相対的に速かったが，しかし1990年の第3次産業の就業人口が占める割合は先進国より低いだけでなく，大多数の発展途上国よりも低い。ところが，今後の産業構造の発展の趨勢からみれば，産業構造は変化のスピードを速めるにしたがって，それぞれの産業の内部の就業者構造も急速に変化するだろう。とくに，第3次産業に含まれる分野はさらに拡大するだろうと予測できる。科学研究機構と技術サービス業，公共事業，不動産管理と住民サービス業，交通と郵便・電信業，商業と物流業，衛生・スポーツと社会福祉業，教育・文化とラジオ・テレビ放送業，金融と保険業の発展にしたがって，国家公務員や結社団体の従業者，とりわけ科学者，教師，技師，医師，弁護士，記者，企業家，芸術家およびその他の高学歴の就業者は大いに増えるだろう。このような社会構造の変化が完成する時，中国は基本的に農民主体の社会から多元的な近代社会に変わると予測できる。

　人口分布から社会構造をみれば，工業化の発展にともなって，都市化率は必然的にそれに応じて高まる。1949年から1978年の改革開放前まで，中国の都市化率の変動は比較的大きく，かつまた統計の規準もいくども変化したので，他国と比

較することが困難である。1978年の改革以後，経済的発展にともなって，都市化の速度もスピードを増した（『中国城市四十年』1990）。1990年の第4回国勢調査は市，鎮（小都市）の人口について客観的な基準を設けた。すなわち，市人口は市管轄区の人口および区を設置していない市管轄の街道人口とし，鎮人口は市管轄の鎮の居民委員会の人口および県管轄の鎮の居民委員会の人口とした。国務院は1984年に制定した鎮の設置標準を「総人口が2万人以下の郷で，郷政府の所在地の非農業人口が2千人を超える郷は鎮を設置することができる。総人口が2万人以上の郷で，郷政府の所在地の非農業人口が全郷人口の10％以上である郷も鎮を設置することができる」と規定した。この規準に照らせば，1990年の中国大陸の市，鎮の総人口は2億9,695万8,321人となり，全国の総人口の26.24％を占めることになる（『中国1990年人口普査10％抽様資料』）。この統計規準は世界の多数の国家と共通であり，他国と比較することが可能であろう。改革以後の郷鎮企業の迅速な発展につれて，郷鎮企業の所在地として，すでに7万余りの郷・鎮が空前の発展の機運をえた。郷・鎮はすでに中国の都市化速度が速まる主要な要因となっている。したがって，国家が積極的に郷鎮企業を支援する方針を堅持して行きさえすれば，強力な駆動力としての郷鎮企業に依拠して，中国の都市化はさらに加速する可能性があると考えられる。

　しかし，都市化の速度は経済社会発展の速度と互いに適応させなければならず，都市化率が高すぎたり，発展しすぎたり，先を越しすぎてはいけない。スイスは，世界で1人当たりの国民所得がもっとも高い国家の一つであり，1988年の都市人口は全国の人口の61％を占めているが，大多数の先進国の都市人口の比率より低く，その最大の都市チューリッヒでも88万人を超えていない。発展途上国のチリの同年の1人当たりの国民所得はスイスの1人当たりのそれの5％であり，都市人口の比率は逆に85％に達し，スイスと比べて24ポイントも高い。その第1の都市サンチアゴの人口は479万人に達し，全国の人口の44％を占めている。スイスは第1次，2次，3次産業の発展のバランス，インフレ率および失業率の低さ，都市と農村の調和そして環境保護の優れたモデルケースであり，1人当たりの国民所得は1984年の1万6,330米ドルから1988年には2万7,500米ドルに上昇した。反対に，チリは山ほどの負債，産業発展のアンバランス，インフレ率および失業率の高さ，過度の都市化の典型であり，その1人当たりの国民所得は1984年の1,700米ドルから1988年の1,510米ドルに下がった（世界銀行，1986：1990）。先進

国の工業化後にあらわれた逆都市化現象と一部の発展途上国の過度の都市化がもたらした弊害にかんがみ，中国はやはりコントロールされた適度な都市化および都市と農村の一体化を講じるべきである。いわゆる「適度」とは，都市化の速度とさまざまな都市の規模が経済および社会文化の発展の速度と規模に互いに対応しなければならないということである。都市の発展の停滞は社会経済の発展を束縛するし，過度あるいはコントロール不可能になることも社会経済の発展に逆の効果をもたらすはずである。中国の実際の国情から出発し，郷鎮の発展を基礎にして，そこで農村から移動してきた人口を大いに受け入れ，大都市の規模を厳しくコントロールし，中都市および小都市を合理的に発展させるべきである。計画的に中国の都市化を推進して，都市・農村一体化のネットワークを形成することは，中国の都市と農村の近代化の現実的で，理想的なモデルである。

　もし中国大陸の現在ある7万余りの郷・鎮の建設がうまくいけば，第1次，2次，3次産業がバランスよく発展する政治，経済，社会，文化の中核地域および都市・農村の結合部の中枢となり，各鎮平均1万人の人口をもつことができれば，さまざまな仕事に従事する7億余りの人口（兼業者を含む）を受け入れることができる。そのうえ適度な大・中都市の発展は3億ないし4億の人口（1990年には大・中都市住民人口はすでに2億余りに達した）を受け入れることができ，全国の都市の総人口は10億以上に達し，21世紀の20年，30年代までに，鎮以下の農村人口の比率は30％以下に下げることができる。

（7）国防の近代化

　中華人民共和国の成立後，まず優れた科学技術の人材と物的資源を集中させて，国防工業を強力に発展させた。中国軍隊の武器装備はほとんど自国製造のもので，そのうえすでに核兵器と宇宙飛行技術を有する核・宇宙大国となり，強大な国防力を打ちたて，国家安全と近代化建設の発展を確実に保証した。同時に，国防建設のなかで難関に打ち勝つことができる高い資質をもつ科学技術の人材を多く育成した。

　しかし，国防工業製品は主として，直接軍隊に供給する戦争のための消耗品であり，人びとの生活の改善や再生産の拡大にはつながらないものである。国防消費は基本的に一般の生産と生活に属さない消費である。もし占める割合が大きすぎるならば，国民経済全体の発展を制約する可能性がある。現在，国内外の情勢

と条件の変化によって，中国はすでに軍事専用の膨大な国防科学研究体系と工業体系を維持する必要がなくなった。新たな歴史的条件のもとで，鄧小平は1977年12月，軍民兼用の国防近代化の発展モデルを打ちだした。すなわち，平和時と戦時の結合，軍民兼用の生産体制の確立，軍隊のなかで軍民両方に有益な人材の養成という方針が確立された。1990年の末までに，軍需企業で生産した民用製品はすでにその生産額の65％を占めており，軍隊で養成した軍民両方に有益な人材は650万人にのぼった（『人民日報』1991.1.4；『中国統計信息報』1991.8.19)。これによって，軍民両方に有益な人材の育成体系，軍民兼用の科学技術研究体系と工業生産体系がつくりあげられた。これは国防の潜在力を増強したと同時に，軍隊のなかの人材を平和時に国家全体の近代化建設に貢献させることができた。軍備の負担を軽減したのみならず，軍隊の生活水準と装備も改善した。

　国防の人材，科学研究，工業体系を軍民兼用モデルに移行させると同時に，軍隊自体は時代の条件，とくに科学技術の進歩と国防の特徴の変化に適応し，国防意識と戦略，戦術思想の刷新を進めた。個人と全体の素質を高める努力の過程で，「百万大裁軍」（軍人100万人を削減する軍縮）と軍隊組織の再編を進め，これによって国防の近代化を全面的に推進した。

3　時勢に応じた社会学の復興

　改革開放の条件と社会の近代化の進展のニーズが，27年間中断していた社会学にも息を吹き返させ，復興の機会を手に入れた。

　1978年の新年早々，中国社会科学院は社会学研究所を設立する事前の準備をはじめた。1979年3月15日から18日まで，全国哲学社会科学企画会議準備処が座談会を開催し，60人余りの社会学者と政府の関連部門の関係者が参加した。中国社会科学院長の胡喬木が会議に出席し，スピーチを行ない，社会学の名誉を回復させた。かれはいう，社会学が1つの科学であることを否定し，そのうえ非常に乱暴なやり方で，中国でのこの科学の存在，発展，伝播を否定したが，これは完全に誤りであった。たとえ科学的，政治的観点からいっても，このような方法，手順をとったことは社会主義の科学の原則，政治の原則にも背くものであると。この座談会では中国社会学研究会（1982年，「中国社会学会」と改名）を設立することを決定し，同時に「中国社会学研究会工作条例（草案）」を採択し，50人の

理事会員を選び，理事会で費孝通を会長に選んだ。これは中国の社会学の回復と再建の重要な指標である。

　1979年3月21日，鄧小平が理論検討会で著名な「4つの基本原則を堅持しよう」というスピーチを行なった。そのスピーチの「思想理論活動の任務」の部分で，「政治学，法学，社会学および世界政治の研究をわれわれは過去長年，軽視してきた。今，早急に補習する必要がある」と提起した。再建活動は人員を組織し，組織機構をつくり上げることからはじめられた。まず，過去に社会学に携わったことのあるひとを広く募って，社会学界に戻ってもらい，かつまた1980年1月に中国社会科学院に社会学研究所が設立され，費孝通が所長になった。設立初期の主な任務は社会学の教員と研究者を養成し，いくつかの大学の社会学部の設置を援助すること，社会調査基地を設立し，社会問題の調査研究を一歩一歩繰り広げること，人口センターを設立し，中国の人口問題の研究を発展させることであった。上海，ハルピン，天津でも前後して地方の社会学会，社会学研究所そして社会学部および研究室の準備や設立をはじめた。1980年から1981年まで，中国社会学研究会と中国社会科学院社会学研究所が協力して，2回の講習クラスを連続して開催し，国内の一世代前の社会学者および外国人社会学者によって，社会学の基本的理論と方法が教授された。受講生はすべてほかの学問から社会学に移ってきた人たちで，かれらは後に，大多数が全国の各社会学の教育部門や研究部門の中核になった。1981年，中国社会科学院社会学研究所と南開大学が協力して，南開大学でまた1年間の社会学養成クラスを開催した。受講者は全国の18の大学から選抜されたさまざまな専攻の大学生であった。修業後，このクラスの基礎のうえに社会学修士の学位を授与する大学院生クラスをつくった。この期間，北京，上海，長春，武漢でも各種のテーマの社会学講習クラスが開催された。ごく短い3年余りの時間の努力を経て，1982年5月に，中国社会学会が年次大会を開催した時（この大会で，中国社会学研究会は中国社会学会と改名された），全国にはすでに7つの省が社会学会や社会研究所を設立し，4つの大学が社会学部あるいは社会学専攻を設置していた。中国社会学研究会の定期刊行物『社会学通訊』（不定期，内部刊行物）と復旦大学分校社会学部の主宰の『社会』（*Chinese Journal of Sociology*）も1981年10月に同時に創刊された。こうしてもっとも初歩的な学科の基礎がつくられた。

　この初歩的な基礎があった後に，調査研究をはじめると同時に，人材を養成し，

組織機構を充実させ，学科建設を進めた。1983年4月，第6次5か年計画時期（1981年から1985年まで）の社会学学科企画会議が四川省の成都で開催された。会議は「江蘇小城鎮研究」，「わが国の都市家族現状およびその発展の趨勢——5都市（北京，天津，上海，南京，成都）家族研究」，「中国人口問題研究」，「全国青年労働者現状調査」，「全国青年農民現状調査」，「青年労働就業研究」および「青少年犯罪問題研究」などの課題を「六・五」国家重点の社会学研究項目に組み入れた。これらの重点項目の実施は，社会学の調査と研究活動の発展，人材の隊伍の成長と社会学全体の発展を推進した。これらの項目の大部分は1986年前後に完成し，いくつかの成果をだしたし，なんにんかの人材を成長させた。

　1986年10月，第7次5か年計画時期（1986年から1990年まで）の社会学学科企画小グループはまた13の課題を「七・五」期間の国家重点社会学研究の課題とした。この13の課題は，（1）小都市と都市の関係の研究，（2）農村家族の機能の変化およびその社会発展に対する影響，（3）中国発展戦略研究，（4）中国の現段階の階級と階層の研究，（5）社会学基本理論研究，（6）社会・経済・科学技術の協調発展のモデル研究，（7）中国近代化社会構造モデル研究，（8）精神文明建設中の価値観念の変化と社会問題，（9）中国の都市および農村の住民生活様式の研究，（10）「七・五」期間中の社会保障問題の研究，（11）中国の都市の高齢者問題とその対策の研究，（12）社会発展指標体系の研究，（13）香港社会の研究である。これらの課題のあるものは「六・五」の課題の延長と拡大（たとえば，小城鎮研究，農村家族の研究），さらに多くのものは中国の近代化の進展を取り巻くテーマの理論と実践の研究であり，はっきりと中国の社会学が深さと広さにおいて拡大発展した形跡をあらわした。これらの課題は大部分1991年前後に完成し，調査研究の成果のあるものはすでに出版されたし，またあるいはほどなく出版されるだろう。これ以外に，まだ毎年，国家社会科学基金によって援助された年度研究項目と青年研究者を専門に援助する研究項目がいくつかあり，同時にそれぞれの研究および教育部門にはまた別にそれぞれのレベルの団体あるいは個人が引き受けたり，選んだりした研究項目がある（『中国社会学年鑑』1989）。

　中国は56民族を抱える世界第1の人口大国なので，各地の経済発展はアンバランスで，文化もそれぞれ異なっている。また，ちょうど伝統社会から近代社会に向かう転換期にあり，社会生活のそれぞれの面が表層現象から深層の心理に至るまですべて変動のなかにあり，さまざまな社会問題が社会学者の関心を引きつけ

た。海外の社会学者も次々と中国にやってきて，今の中国を社会学研究の一等地とみなした。したがって，中国の社会学が回復してから時間は短かったけれども，調査，研究領域はかえって相当広がり，社会学理論，方法，歴史，社会構造，社会心理学，コミュニティ研究，社会問題，発展社会学，城鎮社会学，農村社会学，青年社会学，老年社会学，文化社会学，産業社会学，科学社会学，軍事社会学，家族社会学さらには性社会学などの分野に及んでいる。1979年から1991年までに，社会学に携わる者によって翻訳，リライト，著述された書籍は約500冊である，そのなかで翻訳，編著（編訳を含む）そして著書がそれぞれほぼ3分の1を占めている。発表された調査報告および論文の数はさらに多いが，そのなかで堅実な研究著作と論文はまだ少数である。

　社会学が回復すると，まっさきに遭遇した理論問題はマルクス主義と社会学の関係の問題である。以前のような史的唯物論で社会学に取って代える観点は，すでに社会学の回復と再建によって否定され，現在多くのひとはマルクス主義が社会学の指導思想と理論的基礎であると認めている。また，中国は中国の特色をもつマルクス主義社会学を打ちたてなければならないと考えている。しかし，ほんとうにマルクス主義を理解できるひと，あるいはほんとうにマルクス主義の基本著作を読んだひとはさほど多くなく，かなりのひとにとっては政治的態度である。他方において，マルクス主義か非マルクス主義かにかかわりなく，すべて包容すべきだと主張しているひともあり，実際にはその多くは近年導入されたA．コント，M．ヴェーバー，T．パーソンズなどの西洋社会学理論を受け入れている。

　多くの研究のなかで，中国の特色をもち，かつまた理論上，実践上いずれも豊富な成果をもつものは小城鎮と農村にに関する研究である。前述したように，中国の農民の数は異常なほど膨大であり，農業の近代化，農村の都市化，農民の非農業部門への移行は中国の近代化のもっとも困難で大きな任務である。改革は農村からはじまって，小城鎮を基盤とする農村郷鎮企業が新しい勢力としてあらわれた。小城鎮研究は農村社会の経済，文化の中心である小城鎮に関する調査研究をとおして，都市と農村の結合点としての小城鎮の農村工業化への役割，都市と農村の一体化および農村の余剰労働力を非農業部門に移行させる「貯水庫」としての役割などの多方面の総合的機能を具体的に分析した。これによって農業，農村，農民の近代化に対する小城鎮の発展の重要性が明らかにされた。小城鎮の研究については，最初費孝通が発起し，かつ主宰して実施された江蘇南部の小城鎮

の研究からはじまった。以後,江蘇南部から江蘇中部,江蘇北部に拡大し,また江蘇から福建,浙江,広東および華中,東北,華北,西北のいくつかの省区に拡大した。この研究は顕著な実用性をもっているため,地方から中央に至る各級の政府から重要視され,支持された。

　婚姻家族研究も,中国の社会学の別のホットな問題である。家族は中国の伝統社会の基礎組織であり,現在でもやはり社会のもっとも基本的な集団であるが,社会変動の過程のなかで中国の家族もまた多方面から強いインパクトを受けている。『中国社会学便覧——機構・人員・年表』(1988)の統計によると,社会学を専門に研究しているひとのなかで,13.1％のひとが婚姻家族研究に携わっており,その比率はもっとも高い。出版された書籍と発表された論文も社会学の分類のなかのトップである。おおまかな統計によれば,わずか1979年から1987年までに出版された婚姻家族に関する研究書は114種あり,出版された社会学に関する書籍総数の27.3％を占めているし,同時期の全国の各新聞や雑誌上に発表された婚姻家族問題に関する論文は350編余りあり,社会学全体の論文の13.7％を占めている（張琢,1990）。

　改革開放の拡大にともなって,発展理論と発展戦略の研究も中国の社会学界のホットな課題になった。発展に関する研究は経済,政治,文化などに及ぶ学際的な課題であるので,社会学的観点からの発展研究は政治,経済,歴史,哲学,文化などの分野を含める学際的に行なわれるものである。研究の理論的関心には各国の発展の共通性と個別性,近代化の全体性と各要素の実際のアンバランス,西洋文化と中国の伝統文化の関係,工業化に向かう社会とポスト工業化社会の矛盾,後発発展途上国発展の効果などがある。とりわけ後発発展途上国の二元的社会経済構造と発展過程のなかの社会的アノミーの問題は,中国の発展社会学者がもっとも関心を注いでいる課題である。

　都市・農村経済改革の深まり,さまざまな所有制の出現そして社会的分業の細分化は都市・農村の社会階級に変化を生みだし,中国の社会階級と階層に関する研究を促進した。どのように中国の社会階級,階層構造の変化を認識するか,どうそれに対して区分を行なうかについて,研究者の意見はあまり一致していない。あるひとは大陸ですでに形成し,運用されている毛沢東の階級区分理論と区分基準を堅持し,またあるひとは西洋社会学の社会階層区分理論を採用することを主張し,さらにまたあるひとは2者を折衷,総合することを主張する。現在,一部

の研究者は職業によって，社会全体の就業者を8つの階層，すなわち労働者，幹部，農業労働者，知識人，職員，会社社長，個体労働者，私営企業主に区分している。またあるひとは戸籍上の「農業人口」をさらに農業労働者，農民工，雇工，農民知識人，個人経営の小商工業者と個人経営の小商工業店主，私営企業主，郷鎮企業管理者，農村管理者など8つの職業階層に分け，かつまたそれぞれ数量的分析を行なった。しかし，各種の統計の規準の違いや改革以来の中国社会の変化の非常な速さによって，これらの具体的な数字はすでに不精確，そのうえ不安定になっている。

　教育と研究の発展にともなって，社会学の組織やメンバーにもそれに応じた迅速な広がりがあり，1991年6月までに，中国社会学会はすでに省クラスの団体会員24，所属会員6,299人を有している。一級クラスの省では，河南，寧夏，青海，海南および西蔵を除いて，すべての省で社会学会が設立された。武漢，重慶などの計画単列市^(訳注1)および常州，保定，新郷などでも，さまざまなレベルの社会学会が設立された。同時に，また婚姻家族研究，都市社会学，農村社会学，民族社会学，文化社会学，青年社会学，老年社会学，社会心理学，法律社会学，教育社会学などの分科学会が設立され，民政部門ではまた多くのソーシャル・ワーク関連の学会が設立された。各地の社会科学院および各大学はすでに社会学研究所（室）31か所を設立したし，党や政府の関連部門や労働組合，共産主義青年団，中華全国婦女連合会といった組織もいくつかの社会学の応用に関する研究所（室），たとえば社会発展研究所，女性研究所，婚姻家族研究所，青少年犯罪研究所などを設立した。中国社会科学院大学院，北京大学，中国人民大学，中共中央党校，南開大学，南開大学分校，復旦大学，上海大学，山東大学，南京大学，浙江大学，武漢大学，華中理工大学，瀋陽師範学院，貴州民族学院，吉林大学，中山大学，華中農業大学など18の大学が社会学部あるいは社会学専攻を開設し，1990年までにすでに卒業した学士，修士，博士は1,545人である。このほかに，さらに中国社会学通信教育は多くの通信教育受講学生を養成した。各大学の社会学部が開設した課程は日ごとに充実していった。たとえば，北京大学社会学専攻の教学計画は必修科目26科目と選択科目32科目を規定し，かつまた社会の実践と実習の日数と評点について規定をつくった。

　現在，各研究機構や大学が出版した社会学の専門雑誌は10種類余りあり，主要なものには『社会学研究』（隔月刊）がある。これは中国社会科学院社会学研究

所によって発行され，主として分量がわりあいに多い社会調査報告と研究論文が掲載されている。『社会』は上海大学文学院によって発行され，大衆的，通俗的な文章の発表に傾いている。この2つの雑誌は再建後の中国大陸の社会学に足跡を残した。

　中国大陸の社会学が再建以来迅速な成長ができたのは，第1に社会改革と社会発展の実践がもっとも肥沃な土壌と発展の原動力を提供したこと，第2に1世代前の社会学者が老いてなお壮志のある精神をもって社会学の復興のために行なった先導活動があったこと，第3にさまざまな程度の社会学以外の学問の基礎と実践経験をもつ一部の中年，青年の学者を社会学に転向させ，速成学習をとおして，社会学の回復初期の基幹隊伍をつくったこと，第4に対外開放政策がプラスになって，国際社会学界の温かい友好的な支持，協力，援助および学術交流に役立ったこと，によっている。

　しかし，これと同時に，再建後の中国大陸の社会学者とかれらの業績には，その回復，再建初期の次のような避けがたい弱点があった。すなわち，一世代前の社会学者は，多くの苦難に遭ったし，専門は27年間棚上げにされた後に改めてスタートしたので，どうしても年齢と知識の両面の老化と力量が不十分という限界を受けざるをえない。新たに開放後，目を世界に向け，国際学術交流を進めたが，この時期の外国の社会学の長足の進歩発展は隔世の感を感じざるをえない。中年，青年の社会学者はほかの専門あるいは実際の活動部門から社会学の隊列に移ってきたので，もとよりそれぞれのもともとの学科の専門知識をそなえており，多くの学科の学際的な複合構造の長所を生みだすことができる。この点は総合性が非常に強い社会学にとっては特別重要な意義をもち，中国大陸の社会学にとってはかり知れない影響をもつ特質になるかもしれないといわれている。しかし，これらのひとはまだ社会学の専門知識と研究方法を着実に身につけていないうちに，勉強しながら調査研究活動，教育活動に携わり，専門著書も書かなければならないので，乱雑で，ひいては浅薄な「××社会学」のラベルを貼り付ける現象が生じるのは避けがたい。そのうえ，中国の歴史と現在の実際とかけ離れ，外国の社会学の理論と方法を丸ごとうのみにし，そのまま写しとり，まねる傾向が一部の青年学者なかで相当目だっている。ある学者は統計の分析をとおして，主体性，実用性，集団性および開放性によって，再建後の中国大陸の社会学の特徴を総括したが（閻鵬，1990），わたしはよく的を射ていると思う。こうした特徴は確かに

中国の社会学の長所である。しかし,もっとも重要なことは浅薄という短所を克服し,中国の社会改革の肥沃な土地にしっかりと根を張っていかねばならないということである。これはみんなの願うところであろう。

注
(1) 購買力平価は,「為替レートは2国間の物価上昇率の比で決定する」という観点により,インフレ格差から物価を均衡させる為替相場を算出している。各国の物価水準の差を修正し,より実質的な比較ができるとされている。

訳注
(1) 計画単列市とは,行政的には省の管轄下にあるが,経済・財政と法制の面で省と同程度の自主権が認められている。

参考文献

「組織工作的重大転変」中共中央組織工作座談会報告,1983年7月。
「中共中央関於科学技術体制改革的決定」1985年3月13日。
「中共中央関於教育体制改革的決定」1985年5月27日。
英克爾斯「論現代化與社会発展——結合中国情況」中文稿,1986年。
鄧小平「旗幟鮮明地反対資産階級自由化」1986年12月30日。
世界銀行『1986年世界発展報告』中国財政経済出版社,1986年。
中共中央「関於当前反対資産階級自由化若干問題的通知」1987年1月28日。
『中国社会学手冊—機構・人員・年表—』遼寧社会科学院社会学研究所・中国社会科学院社会学研究所『社会学研究』編輯部合編,1988年。
中国社会科学院社会学研究所『中国社会学年鑑』(1979-1989) 中国大百科全書出版社,1989年。
王洪模等『改革開放的歴程』河南人民出版社,1990年。
世界銀行『1990年世界発展報告』中国財政経済出版社,1990年。
世界銀行『1991年世界発展報告』中国財政経済出版社,1991年。
「我国耕地承載力近於臨界状態」『人民日報』1990年4月13日。
国家統計局城市社会経済調査総隊編『中国城市四十年』中国統計信息諮詢服務中心,1990年。
張琢『現代中国社会学1979—1989』四川人民出版社,1990年。
『国際経済和社会統計提要(1990)』中国統計信息諮詢服務中心,1990年。
閻鵬「社会学在中国——過去,現在和未来」『社会学研究』1990年第6期。
「継続重視培養和使用軍地両用人才」『人民日報』1991年1月4日。

『中国商報』1991年6月8日。
「軍工企業在経済建設中顕身手」『中国統計信息報』1991年8月19日。
程達才「国門開放譜新篇」『中国統計信息報』1991年9月30日。
「中国1990年第4次人口普査数据」『人民日報』1991年10月31日。
「星火計画成果走向世界」『人民日報』1991年11月4日。
国家統計局『七・五期間国民経済和社会発展概況』中国統計出版社，1991年。
『中国統計年鑑1991』中国統計出版社，1991年。
『中国1990年人口普査10％抽様資料』中国統計出版社，1991年。
『中国統計摘要1992』中国統計出版社，1992年。

第6章
経済発展のモデルチェンジ

　中国は，歴史が悠久で，土地が広くて，人口が多い国家である。近代化の工程は空前の規模であり，錯綜し複雑な矛盾と闘争が充満し，雄大で紆余曲折した発展の軌跡を繰り広げてきた。

　1989年の「天安門事件」の後，困難で複雑な国内外の情勢に直面して，老練な政治指導者の鄧小平はただちに「冷静観察，沈着対応，でしゃばらず，姿勢を低くも保ち，強くなるまでまち，機会をしっかりつかんで，為すべきことは為す」という対策を打ちだした。

　しかし，趙紫陽に取って代わって赴任した統治者（総書記の江沢民，首相の李鵬および何人かの頑固に旧習を守る舞台裏の元老）が権力を握ると，すぐに市場経済という時代の流れに逆行した行動をとって，ただちに経済の顕著な減速を引き起こした。1989年，1990年の2年のGDP成長率がそれぞれ4.1％，3.8％まで下がり，改革開放から今までの最低の伸びであり（『中国統計摘要2012』），改革開放は困窮な状態に陥った。

　「左翼」路線への回帰および改革発展の退勢に対して，鄧小平はしばしば南方を視察し，途中何度も談話を発表して，中国共産党が革命と建設を指導した歴史的経験と教訓を由々しく総括して，「左翼」，「右翼」の誤りとりわけ「左翼」路線がもたらした危害の沈痛な教訓を強く反省した。長期にわたりもつれた「資本主義」と「社会主義」の争いを排除して，各クラスの指導幹部と全国の人民がさらに大胆に改革を進めるよう促し，経済の発展を促進させた。かつまた，中央人事の配置の調整を通じて，卓越した経済の専門家である朱鎔基が国務院の総理となり，経済を主管した。政府は一連の改革開放の新しい措置を実施し，国内の旧体制の障害を突破して，国際上では反中国勢力の中国に対する封じ込めと抑制を打ち破って，今なお止むことのない持続する中国の全面的な復興の黄金期を迎えた。

筆者と社会学の研究に携わっている中国の同僚らは，かつて再三，次のように指摘した。すなわち，社会の発展は全体的な社会の変動の過程であり，社会システムを構成する各要素は，時間的，空間的にも，および異なった社会の階層のなかでの推進はしばしばアンバランスであるが，また相互関連的である。中国の近代化の発展も経済，社会，政治，文化を含む全体的な社会の変動の過程である。
　改革開放以後，人びとはよく「急に離陸」といった類の大言壮語で中国のすさまじい発展を述べている。このような比喩は中国の激変の様相を如実に表していることが否定できないが，しかし，その激変について学理的な解釈を行なわなければならない。もし私たちが中国の近代化の発展を駿馬の飛ぶような疾走にたとえるならば，それでは，私たちはさらに進んで経済，社会，政治，文化の４つの大きなサブシステムを駿馬の４本の足にたとえることができる。馬およびその４本の足は同じ有機体のものであり，駆け回る過程のなかで，有機的に連動して，協調がとれている。一本の足で立つことも，歩くこともできない，また同じく４本の足を同時に進めることもできない。さらに互いの足をバラバラに動かすこともできない。近代化の発展の過程のなかで，あるサブシステムの１つだけが突き進んだり，あるいは４大サブシステムが同時に進むことを期待することは，すべて実際にそぐわない幼稚な者の幻想である。また，ある人たちは中国の近代化過程を「長征」にたとえる習慣がある。もしもこのようなら，先頭部隊は一筋全力突進してはいけず，後続部隊も停滞し，うろうろし，落伍してしまう，あるいは途中で先頭部隊と異なる道を歩んではいけない。そうならないように，前後左右で互いに世話をし，毅然として気を抜かず，リズムをよくとらえれば，成功裡にようやく目標を達成することができる。模索しながら前進している中国の近代化は，このような有機的な連動関係をいきいきとしてあらわしているのである。経済は全体社会のシステムの存在と発展の基礎である。中国は20世紀の50年代中期に「社会主義的改造」を「創造的に」完成して以来，生産手段の公有制，計画経済と労働に応じた分配という「社会主義経済」の原則を確立した。新しい時期の経済改革と発展もまさに相互に関連するこの３つの方面から一歩一歩突破し，新機軸を打ちだす過程である。

1　経済体制の改革

　中国は伝統的な農業大国である。中国の伝統文明は農業の文明である。中国の伝統社会は，つまり農業社会である。「民は食をもって天となす」である。たとえ工業化の現時代であっても，農業は依然として国民経済と国民の生存の基礎である。中国の改革はまず社会の最底辺にある貧しい農民が生き延びるためにひそかに農地を分けて請け負うことからはじまったのである。これは実践的にみて，農民の生産の積極性を束縛する「人民公社」の硬直化した体制の突破である。

　改革はまず農村から進展があったが，偶然なことではなかった。「物事は窮すれば反対に振れる」，「窮すれば変化を思う」からである。生死の境にあるもっとも貧しくて立ち遅れている農村の農民は，自ずと硬直化した旧体制を突き崩す急先鋒や突破者になった。農村改革がはじめて効果をあらわした後，一歩進んでまた都市の企業改革を推進した。そのため，その時の人びとはこのような改革の道筋を，比喩的に共産党は農村が都市を包囲することによって政権を奪い取った後に引き続いて，またもや「農村が都市を包囲する」といった。

　実際には，1950年代の「社会主義的改造」以後のさまざまな弊害の出現にしたがって，農村改革を含む中国の改革の動力はすでに醸成されていた。例えば1950年代の農業合作化が完成してまもなく，「いくつか地方はこっそりと個別農家への生産請負をやっていた」。しかし，それ以後20年余りの間，このような現象はずっと「資本主義の兆候」，「修正主義的傾向」とみなし，攻撃され，抑圧された。とりわけ「修正主義に反対し，修正主義を防止する」，「西側諸国による平和的な方式で社会主義体制の転覆（和平演変）に反対する」ことが強調された1960年代～1970年代中期には，国内の経済領域での「資本主義の自然発生的な勢力の復活」という主要なあらわれは「三自一包」と一まとめにされた。すなわち（企業では）損益自己負担，（都市と農村では）自由市場，（農民では）自留地と生産請負は，批判と防止の主要な対象になった。中国の改革開放が正式にスタートした1978年になっても，中国共産党第11期中央委員会第3回全体会議で改正し，採択された「農村人民公社工作条例（試行草案）」（略称「60条」）は依然として「個別農家への生産請負を許さない」，「農地を各農家に分けることを許さない」と明文で規定していた（農業部農業政策と法規司，1999）。

しかし，改革の推進と思想の解放にともなって，農民のこれらの自然発生的な行動は中国共産党の中の改革派の支持をえた。1982年1月1日に，中国共産党中央委員会は「全国農村工作紀要」を公布し，農家生産請負制を認めた。物質的利益と労働成果が直接的関連，独立経営，損益自己負担を特徴とする農家生産請負制は，当時の農業生産力の実際のレベル，農民の伝統的経験と現実的な要求に適応したため，すぐ著しい効果をみせた。農業は連年増産し，農民の生活が著しく改善し，農村の景気は回復した。これにより，1983年10月12日に中国共産党中央委員会と国務院は「政社分離を実行し，郷政府を設立することに関する通知」を公布し，人民公社の「政社合一」構造を解体し，郷政府と生産組織を分離させた。1985年上半期までに，27年間なんとか維持されてきた人民公社制度がついに正式に廃止された（韓俊，2008）。その後，経済改革は農村から都市へと一歩進んで，計画経済体制を突き破り，市場経済体制の構築をはじめた。

　1980年代初期の経済学界では，市場価格，そして資源配分に関する議論も再び論壇に浮上し，市場化に踏みだす討論を活性化させた。1982年，中国共産党第12回全国代表大会で「計画経済を主とし，市場調節を補助的にする」という原則を提出された。1984年10月，中国共産党第12期中央委員会第3回全体会議は正式に「経済体制改革に関する決定」を採択し，中国の社会主義経済は公有制を基礎とした「計画に基づく商品経済」であることを確認した。1987年，趙紫陽総書記は中国共産党第13回全国代表大会の報告のなかで，さらに一歩進んで，計画と市場の内在的統一性を明示し，「国家が市場を調節し，市場が企業を誘導する」という新たな経済運営のメカニズムを提出した（趙紫陽，1987年10月）。

　しかし，市場経済導入の道は平坦ではなかった。1989年の天安門事件後，当時の一部の指導者が，私有企業と市場経済に対する認識のかたよりと施策のミスによって，中国の経済，とくに再生したばかりの私有企業の発展を挫折させ，経済成長が著しく減速した。このような情況に対応して，鄧小平は1992年の南方談話のなかで，「計画がより多いか，市場がより多いかは，社会主義と資本主義の本質的違いではない」と明確に指摘した（『鄧小平文選』第2巻）。これにより，計画経済をとるか，それとも市場経済をとるかという選択は社会の基本的な制度に関わる重大問題だという固有観念が打破され，計画経済か市場経済かに関する論争を古いイデオロギーの束縛から脱却させた。その年の10月，中国共産党第14回全国代表大会は正式に『中国共産党規約（修正案）』を採択して，社会主義市場経

済体制を打ちたてる目標を確定した。この後，中国の経済体制改革はずっとこの方向に向かって進められてきた。

　1990年代，国務院総理の朱鎔基の主宰の下で，国内的には堅氷を打ち破って，大鉈を振るって国有企業の改革を行ったし，国外的にはアジアに衝撃をもたらした金融危機に耐えきり，中国経済の持続的，安定的な高度成長を維持した。それによってアジア地域のいくつか国家を援助し，ドミノ倒しのような連鎖反応を抑制した。

　10数年の市場の方向への改革と粘り強い交渉を経て，21世紀に入った時，中国はついに世界貿易機関（WTO）の加盟国になった。これにより，中国の対外貿易の活力が一段と強まり，中国の社会・経済の発展がさらに深く広範囲にグローバル化の過程に融合した。同時に，国家の指導体制においても，一応集団指導および人事の任期満了時の改選や連結を強固にした。比較的に安定している政治は，経済改革と経済発展の長期戦略計画の実施の連続性を確保した。

　2003年に中国中央政府は改選され，胡錦涛を国家主席に，温家宝を国務院総理とする新しい指導グループが登場した後，改革と発展の実践のなかで絶えず市場メカニズムと政府のコントロール能力を完全なものにしていき，政府の「見える手」と市場の「見えない手」を互いに組み合わせて，中国的社会主義市場経済の運行のモデルを初歩的に形成し，経済の持続的な高度成長を維持した。

　20012年11月第18回中国共産党全国代表大会を経て習近平を総書記とする新体制が発足した。2013年11月に行なわれた中国共産党の第18期中央委員会第3回全体会議で採択された「改革の全面的深化における若干の重大な問題に関する中共中央の決定」のなかで，改革の方向について，経済体制に関する改革は相変わらず今後の改革の全面深化の重点であり，「核心的な問題は，政府と市場との関係を適切に処理し，資源配置における決定的な役割を市場に果たさせ，政府の役割をさらによく果たさせることである」と指摘している（「中共中央関於全面深化改革若干重大問題的決定」2013）。

　2014年12月に開催された中央経済工作会議が経済発展のモデルチェンジを「新常態」（ニュー・ノーマル）と位置づけ，今後の経済発展の指針を採択した。その要点は，①成長の速度は高速度から安定優先の中高速度へのチェンジ，②規模と速度を重視した粗放型成長モデルから質・効率を重視する集約型成長モデルへのチェンジ，③供給能力拡大重視型経済構造から供給能力適正化重視型経済

構造へのチェンジ，④ 伝統的経済発展推進力から新型経済発展推進力へのチェンジ，という内容である（新華網2014.12.11.）。2017年10月に開催された中国共産党第19回全国代表大会で，習近平が総書記として再任され，2期目の政権運営を開始した。かれは党大会報告で，現在の中国の経済はすでに高速成長の段階から質の高い発展を目指す段階へと切り替わっており，発展パターンのチェンジ，経済構造の最適化，成長の原動力のチェンジの難関攻略期にあると指摘し，また，この難関を乗り越えるために，質の高い商品とサービスを提供でき，競争力のある産業体系を整備し，市場メカニズムが効果的に機能する近代化経済体系の構築を新たな発展の戦略的目標として提起した。さらに，この目標を達成するため，① 供給側構造改革の深化，② 革新型国家の建設の加速化，③ 農村新興戦略の実施，④ 地域間の調和発展戦略の実施，⑤ 社会主義市場経済体制の充実化，⑥ 全面的開放の新たな枠組みづくりが必要不可欠だと語った（習近平，2017年10月）。

2　所有制度構造の変化

　経済属性をあらわす所有制度構造に関する改革は，経済体制の改革がスタートした後の論争の焦点であり，それは中国の経済体制の改革と発展の全過程を貫いており，現在すでに基本的に単一の公有制（「全人民所有の『国有』」と「集団的所有」を含む）から多種の所有制度からなる複合構造への転換を実現した。しかし，この発展の過程のなかで行なわれてきたいわゆる「国進民退」（国有企業のシェア拡大と民間企業のシェア縮小）すべきか，「民進国退」（民間企業のシェア拡大と国有企業のシェア縮小）すべきかをめぐる論争は今なお終わっていない。

　1953年の「社会主義的改造」以前は，中国経済の所有制度は主に国有（国営），集団所有（集団経営），私有（私営），公私共有（公私共営），個人所有（個人経営）の5種類の要素を含んでいた。「社会主義的改造」以後は，非公有経済すなわち私有，公私共有，個人所有企業はほとんど消滅されていた。比較的に精確な統計を行える工業の領域においては，1978年，公有制企業は100％を占めており，そのなかの全人民所有制の工業企業数は24.0％，生産額は77.63％占め，集団所有制の工業企業数は76.0％，生産額は22.37％を占めていた（『中国統計摘要1999』）。

　1978年の改革開放の直前，一部の生計にこと欠くひと，たとえば「文化大革命」の時期（1966～1976年）に農村に下放されて都会に戻ってきた「待業知識青

年」(就職の配分をまつ中学校・高校卒の青年)は「どんぶり茶」を売って起業し，残存していた個人経済に新しい血液を注ぎ込んだ。しかし，1978年になっても，全国で自営業の従業者数は15万にすぎず，その年の就業者総数に占める割合は0.04％に至らず，まだ合法的な国内資本の私営企業の出現はなかった。

　1979年，はじめての機内食を営む香港資本の企業が北京に進出し，中国大陸で公有でない企業が復興したしるしになった。その後，対外開放経済特別区の設立および外資を導入する必要に応じて，中国政府は中外合弁経営，中外合作経営および外資経営に関連する法律を制定した。1980年12月，浙江省温州市は改革開放以来，国内ではじめての「個人経営者営業許可証」を交付した。1982年，国務院は「個人経営者暫定管理規則」を制定した。個人経済は資本の原始的蓄積をとおして，1980年代中期までに，小規模の私営企業群が出現しはじめた。

　市場経済は法治経済である。市場の主体とする中国の私有企業の進展はそれに相応する法律制度の建設と足並みがそろったものである。私有企業が勢いよく発展するのにしたがって，1988年から2004年までに全国人民代表大会で連続して3回，憲法を改正し，個人・私営企業等非公有制経済の合法的な地位をはっきりと確認した。2004年，全国人民代表大会が採択した『中華人民共和国憲法』修正案は，「私有財産不可侵」を書き入れた。憲法の精神に基づいて，実際の状況から出発し，2005年に国務院は「個人・私営企業等非公有制経済発展の奨励，支持および指導に関する若干の意見」を公布し，「私営企業に影響のある体制的障害を取り除き，平等な市場での主体的地位を確立する」と明言して，国有企業の独占業種などがはじめて私営企業に開放した（国務院，2005.2.19）。10数年の論争を経て，2007年に全国人民代表大会が『中華人民共和国物権法』，『企業所得税法』，『反独占法』，『労働契約法』など一連の法律を採択した。これらの法律の主要な目的は物権（所有権，受益権，担保権などを含む）を平等に保護し，各種所有制経済が平等に競争し，促進しあう新たな構造を形成することである。

　2013年11月に，中国共産党の第18期中央委員会第3回全体会議で採択された「改革の全面的深化における若干の重大な問題に関する中共中央の決定」のなかで，公有制経済と非公有制経済について次のように述べている。「公有制を主体とし，さまざまな所有形態の経済が共同で発展するという基本的な経済制度は，中国の特色ある社会主義制度の重要な柱であり，社会主義市場経済体制の根幹でもある。公有制経済と非公有制経済はいずれも，社会主義市場経済の重要な構成

部分であり，中国の経済社会発展の重要な土台となる」。また，非公有制経済は中国の経済成長への貢献や革新の促進，雇用の拡大，税収の増加などの面で重要な役割を果していることを再確認し，政府は非公有制経済に対する各種の不合理な規定を撤廃し，各種の目に見えない障壁を取り除き，非公有制企業が特別許可経営分野に進出するための具体的な方法を制定することをとおして，非公有制経済の健全な発展を支援しなければならないと指摘されている（「中共中央関於全面深化改革若干重大問題的決定」2013.11.12）。

これらの政策と関連法律の制定は民間企業の発展を大いに促進した。中国工商行政管理総局の調査によれば，2015年9月末には，全国の自営業者は5285万，私営企業は1802万社に達し，2億7300万の労働者は民間企業で働き，就業者総数の3分の1を占めている（中国国家工商行政管理総局「個体私営経済與就業関係研究」課題組，2015）。

1980年代と1990年代には，民間企業の多くは中小企業であった。2000年以後，大型企業は続々と誕生し，2017年には，中国500強企業の内，民間企業は226社を占めている（大成企業研究院，2018年）。世界大企業のランクに入っている私営企業も年々増加している。アメリカ『フォーチュン』誌が毎年発表する世界企業番付「フォーチュン・グローバル500」にランクインする中国企業の数を見ると，2017年7月に発表された2017年版の「フォーチュン・グローバル500」には，中国企業は前年より7社多い105社（香港企業の4社と台湾企業の6社を含むと115社）がランクインしている。中国企業のうち，国有企業は81社と依然として圧倒的シェアを占めているが，2008年版に聯想集団（レノボ）が登場するまで1社もなかった民間企業は，24社に増えている（財富中文網2017.7.20）。

中国の経済の成長とモデルチェンジのアップグレートの必要に順応して，外国商人による投資の質も次第に高まって，改革開放初期の必要に迫られた時は選択する余裕がないといったような大まかな導入から，さらに先進的な科学技術企業，エコロジー環境保全型企業や金融サービス業の導入を重視するようになった。2017年に，全国で新たに設立された外資企業は前年比27.8％増の3万5,652社で，外資利用額（実績ベース）は同7.9％増の8775億6,000万元で，安定した成長を実現した（『人民日報』2018.1.17）。

一方，中国企業の実力の迅速な強化につれて，経済開放政策の要であった外資企業を数多く受け入れ，優遇する「引進来」から，中国企業が海外へ進出する

「走出去」への転換が着実に進んでいる。2003年以降、中国企業の対外投資に向けた動きが年々活発化しており、2015年の対外直接投資額は1457億7,000万ドル（金融を含み）に達し、アメリカに次ぐ世界2位となり、投資家としての中国企業が急速に存在感を高めている。2016年の対外直接投資額は前年比34.7％増の1961億5,000万ドル（金融を含み）と過去最高を更新し、依然としてアメリカに次ぐ世界2位に位置しており、投資の受け入れ先は世界190の国・地域に及んだ（『2016年度中国対外直接投資統計公報』2017.9.30）。資本の不当な流出や非理性的な投資への懸念から、中国政府は2016年末から対外投資に対する管理強化に踏み切ったため、2017年の対外投資額は金融を除いて前年比29.4％減の1200億8,000万ドルとなった。企業の対外投資額が前年を下回ったのは2003年の統計が公表されてからはじめてのことである。しかし、「一帯一路」[2]沿線の59国への投資額は2016年より3.5ポイント増加した（新華網2018.1.18）。2018年に入ると、中国企業の対外投資は再び活発化し、1月から4月までの投資額（金融を除いて）は前年同期比34.9％増加した（中国新聞網2018.5.17）。

外資の導入と海外への投資の増加は対外貿易の飛躍的発展をもたらした。2001年以後、中国の対外貿易は急速に拡大し、2012年の輸出と輸入を合わせたモノの貿易総額でアメリカを抜いて世界一となった。2017年に、中国のモノに限った対外貿易総額は2016年比14％増の4万1,050億ドルに達し、中国は世界130余りの国の最大貿易相手国となった（『証券時報』2018.1.18）。とくに「一帯一路」の経済貿易協力が著しい成果をあげ、2017年、中国と「一帯一路」沿線国との貿易額は7兆4,000億元に達し、2016年比17.8％増加した（人民網日本語版、2018.1.26）。

非公有制企業すなわち民間企業が成長しつつあると同時に、公有制企業とくに国有企業に関する改革も着実に進んでいる。1980年代で行なわれていた「所有権と経営権の分離」の改革は、国有企業の国有という性質を変えず、経営者の権限の拡大をとおして企業の経営効率を向上させた。1990年代には「大（企業）をつかみ、小（企業）を放つ」という方針が確定され、改革の重点は「大型国有企業の会社制度の導入」と「中小国有企業の民営化」におかれた。その結果、国有企業を母体とする大規模な株式会社が次々と誕生した一方、国有企業の数が1995年から2005年までにほぼ半減した（『中国統計摘要1999』；『中国統計年鑑2005』）。

この間に、国有企業の経営者に対する監督機能は次第に形骸化していったため、経営者の汚職賄賂および乱脈経営が多発して、大きな社会問題となった。その解

決策として，2003年には，中央政府のなかに国務院国有資産監督管理委員会が設置され，中央政府直轄の国有企業の管理にあたることになり，各地方政府でも同様の委員会が設置され，地方政府傘下の国有企業を管理している。2003年5月27日に公布された「企業国有資産監督管理条例」と2009年5月1日に施行された『中華人民共和国企業国有資産法』により，現行国有企業に対するガバナンスシステムが確立されており，国有企業の資産管理，人事管理，重要経営事項管理などは中央政府と地方政府に属する国有資産監督管理委員会の責任であると明確化されている。

　1990年代の大規模な改革により，国有企業の数は大幅に減少されたものの，依然として「国家の安全に関わる産業，重大なインフラと重要な鉱産資源，重要な公共財・サービスを提供する産業，支柱産業とハイテク産業の基幹的企業」である（中国政府網2006.12.5）。改革は国有企業全体の実力を大いに高めた。2013年における国有企業の資産規模と営業収入，利益はいずれも2003年当時から4倍以上に拡大している。2017年5月24日にアメリカの経済誌『フォーブス』に発表された2017年版「世界の有力企業2,000社ランキング（グローバル2000）」によると，リストに入った企業でもっとも多くを数えたのはアメリカで565社，次いで中国企業（香港を含める）が263社となり，両国合わせて全体の40％以上を占める。トップ10社のうち，中国が4社，1位の中国工商銀行，2位の中国建設銀行，6位の中国農業銀行，8位の中国銀行はすべて国有企業である（『フォーブス』2017年版；第一財経網2017.5.25）。

　ところが，国有企業は今もなお現代的な企業制度の未完備，効率の低下，管理の混乱，内部者支配（インサイダー・コントロール）など数多くの問題を抱えている。中国財政部の統計によると，2013年末時点，中国には各種国有企業約16万社があり，そのうち，中央所有国有企業は約5.2万社，地方国有企業は約10.8万社であった。しかし，国有企業の経営効率は民営企業を下回っているうえ，両社の格差が拡大傾向にあり，改革が迫られている。

　したがって，2013年11月に公表された「改革の全面的な深化における若干の重要問題に関する中共中央の決定」では，国有企業のさらなる改革の推進を決めた。2015年9月13日，国務院は「国有企業改革の深化に関する指導意見」を公布し，国有企業の分類改革，現代的な企業制度の確立，国有資産管理体制の強化，混合所有制経済の推進など，改革の重点を明確化した。2020年までに国有企業改革の

重点分野において決定的な成果を達成し，中国の基本的経済制度と社会主義市場経済の発展要求に符合した国有資産管理体制，現代的な企業制度，市場化された経営体制を形成し，国有資本の配置構造をより合理的にすることが改革の目標である（国務院，2015年9月）。国有企業の改革の深化にともない，国有企業の業績が目に見えて好転し，2017年の利潤が2016年比23.5％増となった（李克強，2018年3月）。

　日増しに確固たるものになった公有制経済と絶えず拡張する私営経済（現在，中国の広義の私営経済とは国有および国有の持株企業以外の各種の経済的要素の総称である）は，内資，外資を含む，国有，集団所有，私有，株式会社およびさまざまな所有制経済の要素が相互浸透したり，合弁したりした混合の経済体，つまり多元的な所有制度の複合構造を形成している。これは柔軟性をもち，また制御可能性をもつ複合的な動態構造で，各種の経済成分と市場経済の成長のために日増しに広範な空間を広げたうえに，また社会・経済運行の落ち着いたどっしりした足どりを確実に保証した。

　上述した多種の所有制度の経済を築く実践の過程のなかで，中国は次第に新型の国有経済，新型の共同経済，混合所有経済などの経済タイプを主とする新型の所有制度の理念を形成している。これと同時に，政府は一歩一歩に所有制によって異なる経済政策と法律法規を実施し，古い管理体制を改革し，各種の所有制経済に対する統一，公開，公平な政策と法律の実施をとおして，国有企業，私営企業，外資企業が平等に競争できるような環境を確立しようとしている。

　公有制と私有制，国有化（公有化）と私有化（民営化）はどちらが優れているか，どちらが劣っているかについて，国内外いずれも長期の論争と各種の実験があって，今なお止んでいない。筆者は，過去の歴史の経験と教訓，とくに中国の長期で，大規模な実践がすでに繰り返し証明しているように，純粋な公有制あるいは公有化と純粋な私有制あるいは私有化はいずれも実際にそぐわないし，生命力が不足していると考えている。「水清ければ魚住まず」であり，ただ多元的な混合経済だけがより活力に富むのである。一国の経済のなかに公有要素と私有要素のそれぞれがどれぐらいの割合を占めたらよいのかについては，その国の社会・経済発展の段階と条件によって決められるべきである。これは多元的な複合要素によりたえず変化しつつある動態的な過程である。現在および未来のかなり長い時期，中国の各種の所有制企業の地位と役割は相変わらず変動しつつあるだ

ろう。国有企業は地域分布と産業分布の最適化，効率性向上と活性化をとおして，国民経済の先導の役割を果し，私営企業は引き続き拡張し，社会の就業，人民の生活へのサービスを解決する主力となる。そのなかの一部の強い企業は，混合経済の主力となることができる。それぞれの所有制企業が，それぞれに応じた領域で役割を発揮できるだろう。企業間の公正な競争は，中国経済の包括的な発展と世界経済の共同の繁栄をもたらすことができる。

3　分配制度の改善

　分配は，生産－分配－消費というシステムのなかの中間部分である。中国における分配制度の改善は，経済体制改革，とくに所有制度改革の全過程を貫いている。その内容と本質は主に，高度集中的な計画分配制度およびこれに基づいて形成された等級制のもとでの平均主義的な分配方式から，次第に市場経済体制と適応した労働（能力と成果）に応じての分配を主とした，多種の生産要素が分配にかかわる制度と方式への転換にあわわれている。

　前で述べたように，中国の経済改革は，農民が「大釜の飯を食う（一律に同じ待遇を受ける）」という平均主義的な分配体制を打ち破ったことが発端となったのである。農家の生産請負制が実施された後の農村における分配については，当時の農民のことばで表現すると，すなわち「国家や集団に上納すべきものは上納して，残されたものはすべて自分のものだ」ということである。

　企業の分配に関して，1978年春，国務院は「奨励賃金および出来高払い賃金の実施に関する通知」を公布し，「文化大革命」前にかつて実行されていた奨励制度と出来高払い賃金の制度を回復させ，企業の労働者の生産積極性をとりあえず活性化させた。その年の12月に開催された中国共産党中央委員会工作会議では，鄧小平は「経済政策においては，一部の地域，一部の企業，一部の労働者と農民が，そのすぐれた勤労によって多くの収入を手に入れ，人より先に豊かになることは許されるべきだ，先に豊かになった一部の地域や企業および個人が手本を示して，国民がそれを学ぶならば，経済の発展が促進でき，全国各民族人民に比較的速く豊かにさせることができる」と語った（『鄧小平文選』第2巻）。

　数年の準備を経て，1984年に開催された中国共産党第12期中央委員会第3回全体会議は正式に「経済体制の改革に関する中国共産党中央の決定」を採択して，

生産請負いを主とする多種の経済責任制の構築を決めた。このような責任制の基本原則は責任，権利，利益は互いに結合し，国家，集団，個人の利益は互いに一致し，従業員の所得はその労働の成果と相結合していることである。そして具体的に労働に応じた分配の原則を実行することに対して一連の規定をつくりだした。1987年，中国共産党第13回全国代表大会は「労働に応じた分配を主体とし，多種の分配方式が共存する」ことを追加決議した。1992年に開催された中国共産党第14回全国代表大会と翌年に開かれた第3期中央委員会全体会議は，「労働に応じた分配を主体とし，多種の分配方式が共存し，効率と公平の両方に配慮する」という原則を明確にした。1997年に開かれた中国共産党第15回全国代表大会では，さらに労働に応じた分配と生産要素に応じる分配を結合させることを提起し，資本，技術などの生産要素が収益の分配に参与することを許可し励ました。2002年に開かれた中国共産党第16回全国代表大会では正式に，労働，資本，技術および管理などの要素が，貢献に応じて分配に参与する原則を確立した。同時に，分配の領域にあらわれた新たな問題に対して，不法収入を取り締まり，不合理な収入を正し，高すぎる収入を調整する対策を打ちだした。

　しかし，これらの措置は都市と農村の格差，東部と中西部の地域間格差および住民間の所得格差をただちに抑制することができなかった。そこで，2006年に開催された中国共産党第16期中央委員会第6回全体会議では，「都市と農村，地域間の発展格差が拡大する趨勢は，逐次改善され，合理的で秩序のとれた所得分配の基本構造が形成され，家庭資産は普遍的に増加し，人民はさらに豊かな生活をおくること」，「社会における就業状況には比較的に余裕ができ，都市・農村をカバーする社会保障体系が基本的に完成すること」，「基本的な公共サービス体系がさらに完備し，行政管理・サービスの水準は比較的に大きく改善されること」を2020年に向けた社会主義和諧社会構築の目標と主な任務として確定された（中国共産党新聞網，2006.10.11）。

　さらに，2007年に開催された中国共産党第17回全国代表大会は，分配に存在する際立った問題に対して，分配制度改革の推進により，都市住民と農村住民の収入を増やすという解決策を打ちだした。つまり，① 所得の分配と再分配を行なう際に，効率性と公平性の関係をうまく処理し，とりわけ再分配の公平性を重視すること，② 低収入者の収入増に力を入れ，最低生活保障と最低賃金基準を段階的に引き上げること，③ 都市と農村をカバーする社会保障システムをつくる

こと，④ 障害者，高齢者への支援を強化すること，⑤ 都市における低収入家庭の住宅困難を解決すること，⑥ 教育の公益性を堅持し，教育への財政投入の増大，公平な教育経費制度の整備を強化すること，⑦ 貧困地域と少数民族地域の教育を助成し，学生への補助金制度を完備し，経済的困難な家庭と出稼ぎ労働者子女の義務教育を保障すること，という（胡錦濤，2007）。

しかし，たとえ良い政策の決議だとしても，それを徹底的に実行するのは依然として困難が絶えない。それはきわめて深刻で，複雑で異なった利益グループの勝負事の過程である。その最大の抵抗力は既得の利益集団からくるもの，およびその他の多種の要素により歴史的に形成された慣習である。格差是正の過程は絶えず抵抗力を克服し，絶えず対策を改善し，絶えず新政策をだす調整の過程である。

前述の施策はすでに一定の成果をだした。まず，東部と中西部の所得格差は2007年以降総じて縮小傾向にある。一人当たり可処分所得における東部の中西部に対する倍率は2006年の1.44倍をピークに，2013年にかけて1.39倍に低下している。また，都市と農村の所得格差も2010年から縮小傾向にある。2010年以降，農村部の１人当たり所得の伸びが都市部を上回るようになったため，都市部１人当たり可処分所得の農村部１人当たり純収入に対する倍率は2009年の3.3倍から2013年に3.0倍に低下している。さらに，高所得層と低所得層の格差も2009年以降縮小しつつある。都市における下位20％の世帯の可処分所得は近年２ケタの伸びを続けており，その結果，上位20％層に対する所得倍率は2008年の5.7倍から2013年に4.9倍に低下している（『中国統計摘要2015』）。

中国の所得格差は以上のように縮小方向にあるとはいえ，依然として警戒水準にとどまっており，国民の不満を招く一番大きな社会問題となっている。2013年２月５日，所得分配改革案のガイドラインとして，国務院は国家発展改革委員会，財政部，人力資源社会保障部が共同作成した「所得分配制度改革の深化に関する若干の意見」を公布した。同「意見」では，所得分配格差の縮小，所得分配秩序の改善および所得分配構造の合理化を主要任務として掲げており，2020年の都市と農村の個人所得を2010年比倍増させる目標が設定された（中国政府網，2013. 2.5）。

2013年以降，所得格差を縮小させるために，中国政府はとくに農村地域の貧困撲滅対策に力を入れた。すでに実施された政策は主に，① 中央財政から貧困対

策特別資金を投じたこと，② 職業訓練など積極的な雇用政策を実施したこと，③ 設備や環境に不備がある農村の義務教育学校の運営条件を改善させ，重点大学への農村・貧困地区特別枠入学者を1万人から10万人に増加したこと，④ 各種学校で学ぶ貧困世帯の生徒・学生への経済援助を増やしたこと，⑤ 最低生活保障制度，生活困難障害者向け生活補助金制度，重度障害者向け介護補助金制度などの社会救済制度を整えたこと，⑥ 少雨旱魃地域に暮らしている極度貧困層をより開発された国内の他地域に移住させたこと，などを含める。その成果として，2012年から2017年までの5年間で，6,800万余りの貧困人口が着実に貧困から脱却させた。また，残された貧困人口（2017年末3,046万）については，中央政府は2020年までにすべて貧困から脱却させると宣言している（李克強，2018年3月）。

4　産業構造の高度化

　1978年から2017年までの40年間に，中国の国内総生産（GDP）は実質年平均9.5％の高い成長率を達成した。経済の高度成長にともなって，中国の産業構造も大きく変化している。この間に，GDPに占める第1次産業の比率は28.2％から7.9％へと著しく低下した。これに対し，第2次産業は47.9％から40.5％へと緩慢に低下する一方，第3次産業は23.9％から51.6％へと増加している（中国経済網2018.1.19）。

　第2次産業の比率は徐々に低下しているものの，その発展は目覚ましい。2000年以後の主な工業製品の生産量からみると，粗鋼，アルミ地金，化学繊維，乗用車やバイク，液晶テレビやエアコンなどの家電，集積回路や太陽電池などの電子機器・部品，パソコン，スマートフォン等々，さまざまな領域において中国の製品が世界の首位を占めている。こうした製品の多くは世界各国・地域に輸出しているため，中国が「世界の工場」と名付けられた。

　急速な工業化が経済の高度成長を支えてきたが，国内外の経済減速にともい，鉄鋼，石炭，石油化学などの業種の生産能力過剰の深刻化に，労働力コストの上昇，環境破壊の制約などが加わり，資源要素投入で規模を広げるだけの粗放型発展モデルでは立ちいかなくなり，産業構造の調整が重要な課題となっている。その対策として，中国の第11次5か年計画（2006〜2010年）では，「循環型経済の発

展と資源節約型・環境友好型社会の構築」,「自主革新能力の向上」,「産業構造の高度化」を経済発展の目標として提起された。第12次5か年計画（2011～2015年）では,「投資と輸出から消費へ」,「工業からサービス業へ」,「粗放型（投入量の拡大）から集約型（生産性の上昇）へ」という「経済発展パターンのチェンジ」を加速させることは，もっとも重要な政策課題と位置づけられていた。2016年からはじまった第13次5か年計画（2016～2020年）では，イノベーションを産業構造の高度化および経済の持続的発展を実現させる原動力として位置づけられている。

　イノベーション型経済を構築するため，近年中国政府は具体策を相次いで打ちだしている。そのなかに重要な政策として以下の4つが取りあげられる。

　1つ目は，2015年に発表された「中国製造2025」プランである。「中国製造2025」プランは「中国で製造」（メイド・イン・チャイナ）から「中国で創造」への転換，「中国速度」から「中国の品質」への転換，「中国製品」から「中国ブランド」への転換を実現することを目指している。2025年までに，① 次世代情報技術（IT），② 高性能工作機械とロボット，③ 航空・宇宙設備，④ 海上設備・ハイテク船舶，⑤ 先端軌道交通設備，⑥ 省エネルギー・新エネルギー自動車，⑦ 電力設備，⑧ 農業用機械設備，⑨ 新素材，⑩ バイオ医薬・高性能医療器械という10大産業を製造業発展の重点として取り組むことが確定されている。また，中国を「製造大国」から「製造強国」へ転換するロードマップが示されている。つまり，第1段階は2025年までに世界製造強国の仲間入りを果たし，第2段階は2035年までに中国製造業のレベルを全体として世界の製造強国の中等レベルへと到達させ，第3段階は2049年（中華人民共和国建国100周年）までに製造大国の地位を一層固め，総合的な実力で世界の製造強国の先頭グループに入る（国務院，2015.5.19）。

　2つ目は科学技術戦略の強化である。イノベーション国家への躍進を実現するために，早くも2005年に国務院は科学技術・イノベーション政策の中長期的な基本方針である「国家中長期科学技術発展規劃綱要（2006～2020年）を発表した。そのグレートアップ版は2016年5月に中国共産党中央委員会と国務院は共同で公表した「国家創新駆動発展戦略綱要」である。この「綱要」では10大領域（IT，スマート製造，現代農業，新エネ，エコ環境保護，海洋空間，新型都市化，新薬・医療技術，現代サービス業，最先端技術）における技術革新の方向性を明確

にするとともに，2050年までに到達すべき目標も示された。すなわち，2020年に創新型国家へ仲間入り，2030年に創新型国家の前列に立ち，2050年には科学技術創新強国になる，という（中国共産党中央・国務院，2016年5月）。イノベーションによる経済発展の牽引を堅持することで，社会全体のイノベーション能力と効率が顕著に高まった。2012年から2017年までの5年間で，中国国内の有効特許件数が3倍になり，技術市場の取引高が2倍になった（李克強，2018年3月）。かつまた，中国の経済成長に対する科学技術進歩の寄与率が年々拡大しており，2012年の52.2％から2017年の57.5％に上昇し，世界でも第一線のイノベーション国家に追いつこうとしている（『経済日報』2018.1.10）。

　3つ目は「大衆創業・万衆創新」(3)（略称は「双創」）という国民による起業・国民によるイノベーション活動を奨励する政策である。新規産業育成や産業高度化の促進策として，国務院は2015年6月11日に「大衆創業・万衆創新の推進に関する国務院の若干政策措置の意見」を公布した。中国社会でイノベーションの精神や起業文化，企業家精神等の形成が目標とされている。こうした目標を達成するため，① 創業環境の改善，創業の便利化，② 財政税制優遇政策による創業支援，③ 金融市場の活性化による融資簡略化，④ 創業投資の拡大，創業の加速化，⑤ 創業産業の生態環境の構築，⑥ 創業・創新プラットフォーム支援体制の強化，⑦ 人びとの創造活力の発揮，新型企業の育成，⑧ 創業による就業の拡大，⑨ 政府各部門の協調・協同体制の強化等について，96条にも及ぶ政策措置が打ちだされた（国務院，2015.6.11）。さらに，国務院は全国で「双創」モデル拠点の建設を決め，2016年に28か所であったが，2017年にはまた92か所を増加した（国務院弁公庁，2016.5.12, 2017.6.21）。創業・創新の支援政策は中央政府から地方政府まで大いに推し進められているため，中国全土で起業ブームが起こっており，チャレンジ精神のある起業家が次々と登場している。1日当たりの新規設立企業数は，2012年に5,000社余りにすぎなかったが，2017年には1万6,000社余りとなり，3倍に増えた（李克強，2018年3月）。

　4つ目は「互聯網＋（インターネットプラス）」行動計画である。これは2015年3月に開催された第12期全国人民代表大会第3回会議の「政府活動報告」において，李克強総理が提出したものである。インターネットプラスとは，モバイルインターネット（移動互聯網），クラウドコンピューティング（雲計算），ビッグデータ（大数据），モノのインターネット（物聯網）などを各産業と融合させ，

新業態や新ビジネスの創出を図るものである。同年7月4日に，国務院は「『互聯網＋』行動を積極的に推進することに関する指導意見」を公布し，創業・創新，協同製造，現代農業，スマートエネルギー，包摂金融（普恵金融），公共サービス，物流，電子商取引，交通，グリーンエコロジー，人工知能といった11の分野の発展を重点的に促進するという目標を明確にした（国務院，2015.7.4）。

「互聯網＋（インターネットプラス）」行動計画の実施は中国の産業の高度化を加速し，経済構造の変革をもたらした。中国の経済成長は，すでに投資・輸出の牽引に主として依拠する形から消費・投資・輸出の相乗的な牽引に依拠する形へ転換した。2012年から2017年までの5年間で，消費の寄与率が54.9％から58.8％に高まり，第3次産業の割合が45.3％から51.6％に伸び，消費と第3次産業が経済成長の主要な原動力となった（李克強，2018年3月）。

国際通貨基金（IMF）の購買力平価に基づく統計によれば，1980年には，中国のGDPはアメリカの10.69％，1人当たりGDPはアメリカの2.46％しかなかったが，2017には，それぞれ119.43％と28％に上昇している（IMF，2018年4月）。改革開放はじめに中国共産党が打ちだした社会主義近代化建設の「3段階」戦略目標は，すでに第1段階と第2段階を前倒しで達成した。現在では第3段階，すなわち2020年で小康社会（ややゆとりのある社会）を全面的に完成する目標は達成されようとしている。2017年10月に開催された中国共産党第19回全国代表大会において，習近平総書記は2020年から2050年までの中国近代化建設のロードマップを発表した。つまり，2020年以降の歩みは2つの段階に分かれる。第1段階の2020年から2035までは，小康社会の全面的完成を土台に，さらに15年奮闘して，社会主義近代化を基本的に実現する。第2の段階の2035年から2050年までは，近代化の基本的実現を土台に，さらに15年奮闘して，中国を富強，民主，文明，調和の美しい社会主義近代化強国に築きあげる（習近平，2017年10月）。

注
（1）中央経済工作会議は，中国共産党中央と国務院が年に一度（12月上中旬頃），合同で開催する経済関連で最高レベルの会議をいう。これは，毎年，開催前に中央指導者らが全国各地で1か月以上かけて調査研究を実施し，経済政策についての検討が行なわれ，12月の本会議において，1年間の経済実績の総括，国内外における経済状況の変化への対応，マクロ経済発展計画の制定，来年の経済業務の手配などが行なわれる。

（2）「一帯一路」は中国が提唱・推進している経済圏構想である。中国西部－中央アジア－欧州を結ぶ「シルクロード経済帯」（一帯）と，中国沿岸部－東南アジア－インド－アフリカ－中東－欧州と連なる「21世紀海上シルクロード」（一路）からなる。
（3）「創新」は，「イノベーション」の意味である。

参考文献

趙紫陽「沿着有中国特色的社会主義道路前進——在中国共産党第13次全国代表大会上的報告」1987年10月。

鄧小平「解放思想，実事求是，団結一致向前看」『鄧小平文選』第2巻，人民出版社，1994年。

中国国家統計局編『中国統計年鑑1995』中国統計出版社，1995年。

農業部産業政策與法規司編著『中国農村50年』中原農民出版社，1999年。

中国国家統計局編『中国統計摘要1999』中国統計出版社，1999年。

中国国家統計局編『中国統計年鑑2005』中国統計出版社，2005年。

国務院「関於鼓励支持和引導個体私営企業等非公有制経済発展的若干的意見」2005年2月19日。

「中国共産党第16届中央委員会第6次全体会議公報」2006年10月11日，中国共産党新聞網 http://cpc.people.com.cn。

「中共中央関於構建社会主義和諧社会若干重大問題的決定」2006年12月18日，中国共産党新聞網 http://cpc.people.com.cn。

国家国有資産監督管理委員会「関於推進国有資本調整和国有企業重組的指導意見」2006年12月5日，中国政府網 http://www.gov.cn。

胡錦濤「高挙中国特色社会主義偉大旗幟——在中国共産党第17次全国代表大会上的報告」人民出版社，2007年。

韓俊『中国経済改革30年：農村経済巻』重慶大学出版社，2008年。

中国国家統計局編『中国統計摘要2012』中国統計出版社，2012年。

「国務院批転発展改革委等部門関於深化収入分配制度改革的若干意見的通知」2013年2月5日，中国政府網 http://www.gov.cn。

「中共中央関於全面深化改革若干重大問題的決定」2013年11月12日，中国共産党新聞網 http://www.cpcnews.cn。

「中央経済工作会議在京挙行」2014年12月11日，新華網 http://news.xinhhuanet.com。

中国国家統計局編『中国統計摘要2015』中国統計出版社2015年。

国務院「関於印発『中国製造2025』的通知」2015年5月19日。

国務院「関於大力推進大衆創業万衆創新若干政策措置的意見」2015年6月11日。

国務院「関於積極推進『互聯網＋』行動的指導意見」2015年7月4日。

国務院「関於深化国有企業改革的指導意見」2015年9月13日。

中国国家工商行政管理総局「個体私営経済與就業関係研究」課題組「中国個体私営経済與就業関係研究報告」『中国工商報』2015年10月30日。
中国共産党中央委員会・国務院「国家創新駆動発展戦略綱要」2016年5月。
国務院弁公庁「関於建設大衆創業万衆創新示範基地的実施意見」2016年5月12日。
国務院弁公庁「関於建設第二批大衆創業万衆創新示範基地的実施意見」2017年6月21日。
『フォーブス』2017年版「世界の有力企業2,000社ランキング（グローバル2000）」2017年5月24日。
「福布斯全球上市公司2,000強：工行蟬聯冠軍　四大行躋身前十」第一財経網，2017年5月25日 http://www.yicai.com。
「2017年世界500強115家中国上榜公司完整名単」財富中文網，2017年7月20日 http://www.fortunechina.com。
中国商務部，国家統計局，国家外滙管理局「2016年度中国対外直接投資統計公報」2017年9月30日。
習近平『決勝全面建成小康社会　奪取新時代中国特色社会主義偉大勝利——在中国共産党第十九次全国代表大会上的報告』2017年10月18日。
「我国已成為具有全球影響力的科技大国」『経済日報』2018年1月10日。
「我国去年利用外資創新高」『人民日報』2018年1月17日。
「2017年我国対外投資規模達1200億美元」2018年1月18日，新華網 www.xinhuanet.com。
「統計局：2017年度進出口総額同比増長14％　扭転連続両年下降的局面」『証券時報』2018年1月18日。
「国家統計局9位司局長撰文解読2017年中国経済年報」2018年1月19日，中国経済網 http://www.ce.cn。
「『一帯一路』参加国との貿易額が7.4兆円を突破」2018年1月26日，人民網日本語版 http://j.people.com.cn
大成企業研究院編著『2017年民間投資與民営経済発展重要数据分析報告』社会科学文献出版社，2018年。
李克強『政府工作報告』2018年3月5日。
「1〜4月中国対外投資同比増長34.9％　連続六個月増長」2018年5月17日，中国新聞網 www.chinanews.com
IMF‐World Economic Outlook Databases（2018年4月版）「世界経済のネタ帳」http://ecodb.net　2018年5月20日アクセス。

第7章
政治建設

　中国は歴史が悠久で，国情がきわめて複雑な大国であり。社会を安定させ，国を治めることはいままで天下の第一の大難事であり，同時にもっとも豊富な政治文化を蓄積した。改革開放以後の政治建設は「文化大革命」がもとからある社会政治の秩序に対して重大な打撃を与えた後に改めてスタートしたもので，政治体制およびその機能回復の緊迫性をさらに増加した。長い目でみれば，政治建設はまた尽きることがない変革の過程である。それはその他のさまざまな方面の事業を主導する核心であり，かつ各領域の改革と発展に含まれており，きわめて広い面を包括している。この章では主に5つの方面から整理を行ないたい。
現在の中国の政治体制と政治過程を理解するためには，まず次の国情を念頭におくべきだと思う。
　第1に，中国は政党制をとっているが，しかし，2党間あるいは複数政党間の政権交代を含意する多党競争制をとっていない。中国現行の『憲法』によれば，中国共産党が指導する多党協力と政治協商制度は今の中国政治の基本的な特徴である。すなわち，中国共産党は執政党であり，他の政党は参政党である。
　第2に，執政党である中国共産党は，1921年に建党し，1927年に自らの軍隊を創設し，1949年に武力闘争で政権を奪取して中華人民共和国を樹立させた。したがって今の中国の政治のことばのなかで，「党と国家」は習わしとして次第に定まって一般化した常用フレーズとなり，このなかの「党」は習慣上単に中国共産党を指し，「国家」はすなわち中華人民共和国を指す。筆者は本章のなかでは簡便のために慣習にしたがってこのシンプルな呼称をそのまま使用する。
　第3に，都市化・工業化・情報化の進展にともない，中国共産党はすでに建党当初の労働者・農民階級の利益を代表する階級政党から社会のあらゆる階層を包容する国民政党となっている(1)。2017年末，党員数は8956.4万人に達し，その内の48.3%は短期大学以上の学歴を有する。また，共産党の支部に入党申請書を出し

て，批准を待っているひとは1927.5万人もいる[(2)]。ちなみに，同じ時期に，共産党を除くほかの8つの政党の党員数が合わせて約110万人であり，人数が少ないにもかかわらず，知識人，企業家，社会の著名人や高級官僚などが主な構成員であるため，国家の政策決定に関して一定の影響力を持っており，エリート政党と言っても良い。

　第4に，国家統治の方法からみると，新たな手法と伝統型の国家統治手法とが混在している。そこに，政党，議会，選挙，法治，地方分権，情報公開など近代以降欧米から導入したものもあるが，中央集権，道徳と能力による官僚選抜，巡視，監察，イデオロギー重視，大衆動員など中国の伝統的な政治手法が依然として重要な役割を果している。

　第5に，中国は多民族国家であるため，もともと多文化社会である。現在では，社会階層間の格差の拡大や情報過剰社会の到来によって，人びとの価値観がさらに複雑化・多様化が進んでいる。宗教の面にみると，政府に公認されている仏教，道教，キリスト教，カトリック教，イスラム教という5大宗教があるほか，統計にはあらわれないさまざまな土着の信仰および新興宗教がある。イデオロギーの面においては，次のようなさまざまな主張がある。① 共産党が主張するマルクス主義・毛沢東思想，② 共産党の一党支配反対，多党競争制の導入を提唱する民主社会主義思潮，③ 欧米の近代化理論もマルクス主義も反対し，古代中国社会を理想社会とみなし，中国固有の儒学を国家指導思想とするべきと強調している復古主義思潮，④ 経済の徹底的な市場化・私有化，小さな政府を主張する新自由主義思潮，⑤ 公有制賛成・私有制反対，公正・公平を強調する新左派思潮，⑥ 私有制賛成の立場からマルクス主義を再解釈しようとする修正マルクス主義思潮，⑦ 自国第一を強調するナショナリズムの思潮，⑧ 社会や政治に無関心，個人の消費や娯楽に夢中になっている利己主義・享楽主義思潮，⑨ 富裕層・官僚・権威・既存体制をむやみに敵視し，街頭運動・暴力・革命を好むポピュリズム思潮，等々がある（程恩富等，2013；陳琳等，2018）。

1　党と国家の指導制度の改革

　現在の世界各国の政治体制をみてみると，ほとんどの国は政党制をとっている。中国も例外ではない。今の中国大陸には9つの政党があり，中国共産党（1921年

成立)のほか，中国国民党革命委員会（1948年成立），中国民主同盟（1941年成立），中国民主建国会（1945年成立），中国民主促進会（1945年成立），中国農工民主党（1930年成立），中国致公党（1925年成立），九三学社（1946年成立），台湾民主自治同盟（1947年成立）がある。中国共産党を除くほかの8つの政党は一般的に民主諸党派と称されている[3]。新中国の成立後，中国共産党が指導し，民主諸党派が協力し，中国共産党が執政し，民主諸党派が参政することは中国の政党制度の顕著な特徴である。

　このような政党制度は歴史的に形成したものであり，確かに中国の特色を備えている。その歴史は共産党が政権をとる前に遡る。抗日戦争（日本では日中戦争という）終結後の1946年1月10日，全国人民が国民党一党独裁の停止および経済復興による民生の安定を要求したもとで，国民党と共産党は国共合作の方針に基づき，政治協商会議を重慶で開催した。しかし，まもなく国民党と共産党が決裂して，国内戦争に入った。1948年4月30日，戦場で連勝を続けた共産党はメーデーを記念するスローガンを発表して，民主諸党派，無党派の各界人士および全国人民に打倒国民党政府，新しい政治協商会議の招集，人民民主主義の連合政府の樹立を呼びかけた（『晋察冀日報』1948.5.1）。民主諸党派はすぐ中国共産党に打電して同意を表明したとともに，全国に通電して共産党の主張を支持しようと呼びかけた（『華商報』1948.5.6）。1949年1月22日に，共産党の呼びかけに応じて相次いで解放区に入った民主諸党派，民主人士および人民団体の代表は[4]「我々の時局に対する意見」という声明を発表した。そのなかに，われわれが「解放区に入ってきたのは，人民解放戦争の進行中にあって中共の指導のもと，その非才をささげてともに前進をはかることを願い，もって中国人民民主革命の速やかな成功と，独立・自由・平和・幸福の新中国の早期実現を期するためである」と，共産党の指導を受けることを表明した（『群衆』第3巻第5期，1949）。

　1949年6月，共産党および民主諸党派，各人民団体および無党派人士は北平（現在の北京）で中国人民政治協商会議準備会議を開いた。同年9月に開催された第1回全体会議では，中国人民政治協商会議は国家の最高権力機関としての職権を代行して，中華人民共和国の成立を宣言し，建国初期に臨時憲法の役割を果した『中国人民政治協商会議共同綱領』を採択するとともに，中央人民政府主席に毛沢東を選出し，北平を北京と改名して首都に定め，「義勇軍進行曲」を仮の国歌に決定し，五星紅旗を国旗に決定し，10月1日を国慶節とし，西暦採用など

の事項を決定した。この会議が共産党の指導する多党協力と政治協商制度の確立を示したものとみられている。

　新中国成立初期の中央人民政府および中央各機構の人事構成は多党協力と政治協商の原則を体現していた。毛沢東（共産党員）が国家主席を担任したが，副主席6人のうち，非共産党員が3人いた。人民政治協商会議の主席は毛沢東であるが，副主席5人のうち，非共産党員が4人いた。周恩来（共産党員）が政務院（1954年9月，国務院に改組）総理を担任したが，副総理4人の内，非共産党員が2人いた。また，中央人民政府委員56人のうち，非共産党員が28人いた。非共産党員である瀋鈞儒が最高人民法院の院長を担任し，多くの非共産党員が政務院の下部組織となる政治法律委員会，財政経済委員会，文化教育委員会，人民監察委員会の4つの機構と内政部，外交部，公安部，財政部など30の機構のなかで主任，部長および副主任，副部長を担任した。各級地方政府の人事も多党協力と政治協商の原則に基づいて決められた（張鳴，2014）。

　当時の共産党は，教育を受けていない農民を主な構成員としたため，国を治める人材が非常に欠乏した。したがって，党派を問わずできるだけ多くのエリートを政権に参加させることが，政権の安定や近代化建設の推進の得策だといえよう。1953年2月11日に開催された中央人民政府委員会第22次会議では『中華人民共和国全国人民代表大会および地方各級人民代表大会選挙法』が採択され，同年3月1日に公布された。1953年後半から，全国規模の普通選挙が行なわれて，下から上へ各級の人民代表大会が招集され，全国人民代表大会の代表が選出された。1954年9月に開催された第1期全国人民代表大会第1回会議で採択された『中華人民共和国憲法』では「中華人民共和国全国人民代表大会は最高の国家権力機関である」（第21条）と規定されたことにより，人民政治協商会議は国家権力機関から本来の統一戦線組織に立ち戻った。『憲法』の前文で明記された「わが国の人民は中華人民共和国を打ちたてる偉大な闘争のなかで，すでに中国共産党を指導者とする各民主階級，各民主党派，各人民団体の広範な人民民主統一戦線を結成した」という条文をみれば，民主諸党派が共産党の指導権を受け入れたことは明らかである。

　ところが，1957年後半に起きた「反右派運動」から「文化大革命」（1966～1976年）終結まで，多党協力と政治協商制度が次第に破壊されて，実際には機能できなくなった。また，この期間中に，人民代表大会制度および共産党内部における

民主集中制の組織原則と集団指導体制も次第に破壊されて、毛沢東一人独裁の政治体制が形成された。

共産党内部における民主集中制の組織原則とそれに見合う集団指導体制は、共産党が革命戦争を行なう時期に徐々に形成して、『中国共産党規約』に明記されているものである。

1921年結党から2017年まで、中国共産党は合わせて19回の全国代表大会を招集し、『中国共産党規約』も19回の制定あるいは改正を経た。1大から6大までに制定された6部の『中国共産党規約』はいずれもコミンテルンの指導の下に制定されたため、若年期にある中国共産党の特徴をある程度反映したものである。1919年3月にモスクワに創設されたコミンテルンはレーニンの指示にしたがって、「民主集中制の原則に基づいて結党されたこと」を各国の共産党がコミンテルンに加入する条件とした（『レーニン選集』第4巻）ため、コミンテルンの1つの支部として、中国共産党もおのずと「民主集中制」を自身の組織原則とした。1945年に開催された第7回全国代表大会で採択された『中国共産党規約』は中国共産党がはじめて独自に制定したものである。そのなかの第4条では、民主集中制の原則について次のように明記されている。「党の組織機構は民主集中制によって建設されている。民主集中制とは、民主を基礎とする集中と、集中的指導の下における民主であって、その基本条件は次のとおりである。① 党の各級指導機関は選挙によって選出される。② 党の各級指導機関は、その機関を選出した党の組織に対して定期的に活動報告を行なう。③ 党員個人は、所属する党組織に服従し、少数は多数に服従し、下級組織は上級組織に服従し、党のあらゆる組織は中央に統一的に服従する。④ 厳格に党の規律を守り、無条件的に党の決議を執行する」という（『中国共産党党章』7大、1945）。

集団指導体制とは、すなわち党中央最高指導部の政策決定は個人ではなく、集団により決定されることを指す。1945年、中共7大1中全会は中央政治局、中央書記処、中央委員会主席を選出した。中央政治局は党中央の政策決定機関である。中央書記処は党の最高指導機関として中央政治局の決議に基づき、党中央の日常活動を主宰する。中央書記処の構成員は毛沢東、朱徳、劉少奇、周恩来および任弼時からなる。毛沢東は中央委員会主席、中央政治局主席、中央書記処主席、中央革命軍事委員会主席を担任し、全面的に党の活動に責任を負った。その他の4人はそれぞれ軍事、統一戦線、土地改革、都市、情報連絡、人事、党建設および

社会団体などの諸方面の仕事に責任を負った。まさにこの毛沢東を主席とする党中央の集団指導のもとで,共産党は幹部,民衆の力と知恵を集結させ,中華人民共和国を樹立したのである。

建国後,共産党内部における民主集中制の原則と集団指導体制は,国家の指導体制に伸展して,建国初期の国民経済の回復,第1次5か年計画の成功につながった。

しかし,よいことは長続きせず,毛沢東個人の威信と年齢がともに高まるのにともなって,かれは億万民衆の「万歳」の呼び声と取りまきのもとで,「神の壇」にもちあげられ,ますます実際を離れ,民衆を離れ,ますます主観的になって,耳に痛いことばには耳をかさず,ひいては異なる意見を排斥して,かれがもともと提唱し,築いた民主集中制の原則と集団指導体制を次第に弱まらせて,効力を失った。とくに「文化大革命」の10年間で,最高権力と威信を博している毛沢東は党と国家のうえに君臨し,最高の地位で指示をだしたため,国家と人民は建国以来もっとも厳しい挫折と損失に遭った。

なぜこのような政治現象があらわれたのか。その原因について,1980年8月18日に,鄧小平は中央政治局拡大会議で次のように総括した。「権力の過度集中の現象は,党の一元的指導を強めよとのスローガンのもとに,よく考えずに不適当にあらゆる権力を党委員会に集中したことに起因する。党委員会の権力を往々にして幾人かの書記,とくに第1書記に集中し,なにごとによらず第1書記が指揮をとり,音頭をとるのがそのあらわれである。党の一元的指導は,このため往々にして個人指導になってしまった。全国の各級指導機関にも程度こそちがえ,この問題がある。権力が過度に個人あるいは少数者の手に集中すると,多数の担当者には決定権がなくて,少数の権力をにぎる人の負担が重くなる。その結果,必然的に官僚主義を生みだし,必然的にいろいろの誤りを犯すことになり,必然的に各級の党組織・政府機関の民主生活,集団指導,民主集中制,個人責任制などに損害を与えることになる。このような現象はわが国の歴史における封建専制主義の影響と関係があり,またコミュテルン時代の各国の党の活動において指導者が強度に集権を行なった伝統とも関係がある。われわれは過去に何度も党の集中統一を過度に強調し,分散主義反対,下部の独立実行反対を過度に強調し,必要な分権と自主権をほとんど強調せず,個人の過度の集権反対をほとんど強調してこなかった」(『鄧小平文選』第2巻)。

また，その時中国の全人口の8割強が農民であったこと，階級闘争の強調によってうまれた反知性主義，政府による情報統制，外国との交流の欠如なども毛沢東一人独裁の政治体制が形成された要因だと思う。

1982年9月に開かれた中国共産党第12回全国代表大会は，党内における民主集中制の組織原則の復活と集団指導体制の再建を目指す重要な会議である。この会議で採択された新しい『中国共産党規約』は民主集中制の原則をさらに具体化させた。すなわち，① 党員個人は党の組織に服従し，少数は多数に服従し，下級組織は上級組織に服従し，全党のあらゆる組織とすべての党員は党の全国代表大会と中央委員会に服従する。② 党の各級指導機関は，それらが派出した代表機関および党外組織における党グループを除き，いずれも選挙によって生みだされる。③ 党の最高機関は，党の全国代表大会とそれによって選出された中央委員会である。党の各級指導機関は党の地方各級代表大会とそれによって選出された委員会である。党の各級委員会は，同級の代表大会に対して責任を負うとともに，その活動を報告する。④ 党の上級組織は，つねに下級組織と党員大衆の意見に耳をかたむけ，かれらの提出する問題を遅滞なく解決しなければならない。党の下級組織は，上級組織に指示をあおぎ，その活動を報告しなければならないし，また独自に責任をもって自己の職責範囲内の問題を解決しなければならない。上級組織と下級組織の間では，互いに情報を知らせあい，支持しあい，監督しあうようにしなければならない。⑤ 党の各級委員会は，集団指導と個人分担責任制とを結びつける制度を実行する。およそ重大な問題は，すべて党委員会での民主討議によって決定されなければならない。⑥ 党は，いかなる形態の個人崇拝をも禁止する。党の指導者の活動が党と人民の監督のもとにおかれるとともに，党と人民の利益を代表するすべての指導者の威信が守られるよう保証しなければならない，という（『中国共産党章程』12大，1982）。

13大から19大まで，『中国共産党規約』がまた7回の改正が行なわれたが，しかし，民主集中制に関する6つの原則については，上述の④の項目に「党の各級組織は党の規定に基づき党務を公開して，党員に党内の事務をよりよく理解し，参画させなければならない」という字句を追加し，⑤の項目を「党の各級委員会は，集団指導と個人分担責任制とを結びつける制度を実行する。およそ重大な問題は，すべて集団指導，民主集中制，個別討議，会議での決定の原則に基づいて，党委員会での民主討議によって決定されなければならない。党委員会のメンバー

は集団での決定と個人分担責任制に基づいて，着実に自己の職責を果たさなければならない」と修正したほか，大きな変更がない。

　民主集中制の組織原則が復活されたと同時に，集団指導体制も再建・強化された。1945年中共7大から1982年まで，党中央委員会は主席をおいた。1982年中共12大が可決した党規約は，党中央には総書記だけをおき，主席も，副主席もおかないと規定した。総書記は中央政治局常務委員会のメンバーの1人で，政治局会議を招集する責任を負い，政治局常務委員会議を招集し，中央書記処の仕事を主管する。

　2017年10月に開催された中国共産党第19回全国代表大会で改正・採択された『中国共産党規約』によれば，党の最高指導機関は，5年ごとに1回開かれる全国代表大会（党大会と略称）と党大会によって選出される党中央委員会である。中央委員会が必要と認めるか，または3分の1以上の省クラスの組織が要求を出したときは，党大会を繰り上げて開くことができる。非常のばあいを除き，繰り延べて開くことができない。中央委員会は通常毎年1回程度しか招集されないため，中央委員会全体会議によって選出される中央政治局とその常務委員会が中央委員会全体会議の閉会中に中央委員会の職権を行使する。また，中央政治局とその常務委員会の執務機構として中央書記処を設ける。その構成員は中央政治局常務委員が指名し，中央委員会全体会議で可決する。中央委員会全体会議によって選出される中央委員会総書記は，中央政治局会議と中央政治局常務委員会を招集し，中央書記処の活動を主宰する（『中国共产党章程』19大，2017）。

　2017年に開催された中共19大に，習近平，李克強，栗戦書，汪洋，王滬寧，趙楽際，韓正7名の常務委員が選出され，習近平が総書記（2期目）に選出された。これは2022年10月までの中国共産党の最高指導集団および2023年3月までの国家の最高指導集団である。

　上述した改革のほか，1978年以降，党と国家の指導制度に関する改革は次の方面にもあらわれている。

　第1は全国人民代表大会の機能の復活と改善である。全国人民代表大会は中国の唯一の立法機関で，憲法により国家権力の最高機関である。しかし，1957年の「反右派運動」以降，その機能は次第に弱化され，1966年から1976年までの「文化大革命」期間中，定期的な会議でさえ開催できなくなり，マヒ状態に陥った。1978年以降，全国人民代表大会の機能が復活されたと同時に，人民代表の選挙制

度の改善や常務委員会の職権の拡大などの改革により，その役割が強化された。現在では主に，① 憲法およびその他の国家の基本的法律を制定・改正する立法権，② 国家機関の構成員を選挙・決定・任免・更迭・罷免する人事任免権，③ 憲法と法律の実施を監督する監督権，④ 国民経済と社会発展計画，国家予算，省・自治区・直轄市の設置，特別行政区の設置およびその制度の制定，戦争と平和の問題およびその他の重要な事項を決定する権限，という4つの職権を有する。人民代表大会は毎年定期的に会議を招集し，政府活動報告を聴取・評価し，重大な政策を決定する。定期会議期間外には，人民代表大会は座談会，公聴会，法律草案の評価や公表などを通じて公民による秩序ある立法プロセスへの参加を拡大させ，質疑応答や特定問題調査，司法審査などを通じて民衆の関心に積極的に応えている。

　第2は多党協力と政治協商制度の復活と改善である。これは主に2つの方面にあらわれている。1つ目は民主諸党派のメンバー，無党派人士は中央政府および各級政府の責任者を担当することを通じて国家政権に参加し，国の政策，法律・法規の制定と指導者の人選に関する協商に参加することである。2つ目は人民政治協商会議の役割を発揮させ，政治協商，民主監督，政治参加の制度化・規範化・プロセス化の推進により，民主諸党派および各社会団体はそれぞれの立場から国家の政策決定の協議・検討に参加することである。具体的に言えば，政府の年度活動の重点と重要政策決定について，中共中央は計画や方案を提出し，協議会・懇談会・座談会などを通じて，民主諸党派，各社会団体および無党派の人びとと協議を行なう。これと同時に，大衆の身近な利益にかかわる現実問題について，民主諸党派中央が中共中央に提案する制度は確立されている。

　第3は行政改革の深化である。1978年以降，サービス型政府を建設するために，行政改革は政治体制改革の一環として推進されてきている。中央省庁の再編は，1982年，1988年，1994年，1998年，2003年，2008年，2013年の各年に続き，2018年3月17日に，第13期全国人民代表大会第1回会議では，8回目の「国務院機構改革方案」が可決された。政府の経済調節，市場監督・管理，社会管理，公共サービス，生態環境保護の職能を強化させ，職責が明確で法に基づく行政が行なわれる政府ガバナンス体系を形成し，政府の信頼性と執行力を高めることは，今回の改革の目標である（王勇「関於国務院機構改革方案的説明」，2018）。

　第4は党と政府に関する全面的改革の推進である。2018年2月26～28日に北京

で開催された中国共産党の第19期中央委員会第3回全体会議（三中全会）は，党中央機構の改革，人民代表大会機構の改革，国務院機構の改革，人民政治協商会議機構の改革，司法体制の改革，人民解放軍と公安・警察部隊の改革，社会組織の改革，地方政府機構の改革に関する「党と国家機構改革深化方案」を採択して，中央から末端組織への全国規模の政治大改革の序幕を開いた。この改革の方針は次の5点にまとめられている。① 重大な活動に対する党の指導体制・メカニズムを整え，同級組織における党組織の指導的地位を強化し，党の機能部門の作用をより良く発揮し，党と政府の機構を統合的に計画・設置し，党の紀律検査体制と国家監察体制の改革を推し進める。② マクロ管理部門の機能を合理的に配置し，行政のスリム化と権限委譲を深く推し進め，市場監督・管理と法執行の体制を整え，自然資源と生態環境の管理体制を改革し，政策執行中・事後の監督と管理を強化し，公共サービス管理体制を整え，行政効率を高める。③ 党と政府機構の布陣を整え，人民代表大会・政治協商会議・司法機構の改革を深め，社会組織の改革を推し進め，人民解放軍と公安・警察部隊の改革を深める。④ 省クラス以下の機構により多くの自主権を与え，簡素で効率な末端組織管理体制を構築し，垂直管理体制と地方分級管理体制を規範化する。⑤ 各種組織・機構を法に基づき管理し，機構編制管理の規制を強化し，機構編制管理の権限と手続きを厳格化する。一言でいえば，党・政府機構の設置と機能配置の最適化・協同・効率化により，政府機能を転換させ，国家ガバナンスの能力と水準を全面的に高めることは，今回の改革の目標である。また，中央と省クラスにおける党と政府機構の改革は2018年末までに完了し，省クラス以下の地方における党と政府機構の改革は2019年3月末までに完了しなければならないという日程表が定められている（「中共中央関於深化党和国家機構改革的決定」，2018）。

2　政策決定の科学化と民主化

20世紀以降とりわけ第2次世界大戦終結後，欧米先進諸国では，一般的に多党競合（政党による政権交替），三権分立，普通選挙の実施という3つの基準に基づき，ある政治体制が民主主義であるかどうかを判断してきている。ところが，近年欧米の一部の国であらわれている政党不信，政策の失敗および衆愚政治の横行により，このような政治制度の有効性に疑問を感じているひとが多くなってい

る。とくに世界各国の歴史や文化が異なるため，民主主義の形態や内容についてさまざまな解釈があり，確実な合意がない。今日の中国では，欧米型の政治制度を導入すべきか否かをめぐって，学者たちの意見は鋭く対立している。しかし，民主主義はすなわち人民に政策決定の過程に参加させることであるという解釈について，異議を唱えているひとはいない。

国民経済と社会発展5か年計画は，中国共産党および中国政府のもっとも重要な公共政策であり，1953年に第1次5か年計画の制定をきっかけに，今まですでに13回の5か年計画を制定した。5か年計画制定の過程を分析して，政策決定の変化とくに民主化の進展がわかる。

鄢一龍，王紹光らの研究は，これまでの5か年計画の立案パターンを4つのタイプに分類している。

第1のタイプは政府の内部集団による政策決定型である。このタイプには，① 中央政府のある省庁は計画の立案を主宰し，他の省庁および関連する下級部門は立案に参加すること，② 立案に参与する各省庁は事前に決まられた日程表にしたがって共同作業を行なうこと，③ 重大事項については，中央の最高指導部により集団決定を行なうこと，④ 民主集中制と国情に基づいて立案すること，という4つの特徴がある。第1次5か年計画（1953〜1957年）と第2次5か年計画（1958〜1962年）執行の前半はこのタイプに属する。第2次5か年計画執行の後半から，この政策決定の原則が破壊された。第5次5か年計画（1976〜1980年）と第6次5か年計画（1981〜1985年）の制定は，政府の内部集団による政策決定型に回帰した。

第2のタイプはカリスマ的指導者の独断による政策決定型である。その特徴として，① 毛沢東の絶対的権威が強調されたこと，② 決まられた日程表がなく，政策決定の恣意性が強かったこと，③ 当時の政治雰囲気の影響で，立案の当事者が率直的に意見を表明できず，毛沢東個人の考えは政策決定に左右するようになったことが，取り上げられている。第2次5か年計画執行の後半および第3次5か年計画（1966〜1970年）と第4次5か年計画（1971〜1975年）の制定はこの類型に属する。

第3のタイプは諮問重視の政策決定型である。このタイプは政府の内部集団による政策決定型の特徴をもちながら，政策諮問の範囲は政府外部のエリートおよび外国の専門家にまで拡大することが顕著な特徴である。社会科学院や大学等の

研究機関,民主諸党派および商工業の代表は計画の立案に参加して,重要な役割を果していた。第7次5か年計画（1986〜1990年),第8次5か年計画（1991〜1995年),第9次5か年計画（1996〜2000年）の制定はこのタイプに属する。

　第4のタイプは大衆の意見を取り集め広く有益な考えを取り入れる型である。このタイプは諮問重視の政策決定型の特徴をもちながら,① 立案のための調査研究をさらに重視すること,② 座談会・公聴会・インターネットなどを通じて各方面の意見を広く求めること,③ テレビ討論などを通じて,立案者と一般民衆が直接に意見交換を行なうこと,④ 計画執行中に中間評価を行なうこと,などの特徴をもっている。第10次（2001〜2005年),第11次（2006〜2010年),第12次（2011〜2015年),第13次（2016〜2020年）5か年計画の制定はこのタイプに属する(鄢一龍等,2013；王紹光等,2015)。

　2000年以降,大衆の意見を取り集め広く有益な考えを取り入れるという政策制定の原則は5か年計画の立案の終始を貫くだけではなく,全ての公共政策制定の基本方針となっている。ここで1つ1つ詳細をあげることはできないが,ただ2006年から2009年の医薬体制改革政策制定の過程を例とし,その一部分を垣間みてみたい。

　今回の医薬体制改革（医改と略称する）は以前試行錯誤した医改を前提とし,2006年6月に新たにスタートしたものである。今回の医改の背景は,① 民衆の「診療を受けるのが難しく,受けられても医療費が高い」（看病難,看病貴）という不満,② 関連領域のシンクタンクの学者の過去の医療衛生体制改革に対する再考と提案,および社会世論の後押し,③ 政府の指導層の高い関心と関連職能部門の参加である。医薬体制改革の指導機関は国務院がとくに設けた「医薬衛生体制改革を深める調整チーム」（医改調整チームと略称する）である。

　2006年10月,中国共産党16大第6回中央委員会全体会議は「社会主義調和社会を構築する若干の重大な問題に関する中共中央の決定」を採択し,医療改革を深化する目標を「医療衛生の公益性を堅持し,医療衛生体制改革を深め,政府の責任を強化して,監督管理を厳格にし,都市と農村の住民をカバーする基本的衛生保健制度をつくりあげて,大衆のために安全・有効・廉価な公共衛生と基本的医療サービスを提供すること」と確定した。

　医改は,サービスの対象からみれば,13億余りのひとの医療保健におよぶ。サービスの提供側からみれば,それはまず百万近くの保健・医療施設（病院,衛

生院，診療所など），千万近くの医療者におよぶ。関連する後方支援業務の連係からみれば，医薬や医療用設備の生産・流通・販売そして購買におよび，さらに関連する教学と研究機関およびその人員におよぶ。経費の面からみれば，公共の財政，社会保険と商業保険，個人支払，社会の寄贈など多方面にわたる融資計画におよぶ。行政管理からみれば，ただ国務院医療改革調整チームの構成が国家発展・改革委員会，衛生・計画生育委員会，財政部，民政部，人的資源・社会保障部，教育部などの20近くの部（委員会）におよぶだけでなく，地方各クラスの政府と末端コミュニティの自治組織（村民委員会，居民委員会）にもおよぶ。それ以外，調査研究と分析論証の過程で，さらに複雑な利益要求，業界の意見，価値指向，学術論争，認知能力など千差万別の考え方のぶつかり合い等々にも及ぶ。この改革はきわめて巨大で複雑なシステムの工程である。

　課題の実施はまず調査研究から着手する。政府の関連部門は自発的にきた，あるいは招待してきた利益集団の代表およびシンクタンク，国際組織の意見や提案を丁寧に聴取して，かれらと共に改革案を議論した。また，指導者とプロジェクト担当者は医療衛生の第１線に深く入り込み，社会の実情を調査し，民意を汲むと同時に，医改試験地区および非試験地区での成功した経験と発生した問題を分析・研究した。さらにさまざまなシンクタンクからだされた多くの改革方案の長所を整理・統合して，「医薬衛生体制改革の深化に関する全体方案（意見徴収稿）」を提出した。そのうえで，一方で政府内部の各関連部門で意見を求めて改革方案を補完・修正し，同時に焦点をあてて民衆の意見を聴取した。このために，その時の総理温家宝は2008年４月，２度医療関係者と民衆を中南海（国務院の所在地）に招き，座談会を開き，自らかれらの意見に耳を傾けた。会議参加者は医療関係人員，専門の学者，薬品生産と流通企業の責任者，新型農村合作医療（新農合と略称する）に加入する農民，農村医療の救助対象者，農民工，企業労働組合主席，国有企業従業員，外資企業従業員，県クラスの新農合事務室責任者，居民委員会責任者，中高の校長などである。かれらは政府の財政支出，医療保険体系の建設，医療業界の監督，医学の科学研究，公立病院体制の改革，リハビリテーション医学の建設，漢方医薬の発展，社区（コミュニティ）衛生サービスセンターと農村の衛生院・診療室などの末端医療機構の建設，薬品の入札募集制の改善，医療救助などに意見と提案を提出した。同時に，国務院および主管部門の指導者と政策決定部門の責任者は，さらに特定テーマの座談会などを開く方法を

とおして，さまざまな分野のひとの意見を聴取した。

2008年9月，温総理が国務院常務会議を主宰し，改訂後の「医薬衛生体制改革の深化に関する意見（意見徴収稿）」を審議，通過させた同時に，この改革方案について再度公開で社会に意見を求めることを決定した。同年10月から11月まで，その時の衛生部長陳竺（農工民主党主席）および衛生部の9人の指導者が，それぞれ10の調査グループを引率し，各地にでかけ，医薬衛生体制の改革をめぐる10の課題について調査研究を展開した。また，書簡，ネットなどの通信のルートをとおして公衆に向って意見を求め，1か月以内に3万件余りのフィード・バック情報を受けとった。12月，その時の副総理李克強を組長とする「医薬衛生体制改革を深化する指導者小組」を成立させ，共通認識を凝集し，政策決定の審議方案をきちんと整備した。2009年1月，温家宝は国務院常務会議を主宰して，「医薬衛生体制改革の深化についての意見」と「2009～2011年医薬衛生体制改革深化の実施方案」を審議し，大筋で採択した。原則的に可決した後に，また細則の一字一句をよくしんしゃくして改正し，定稿にした。

2009年6月，「中共中央と国務院の医薬衛生体制改革の深化に関する意見」および「医薬衛生体制改革の当面の重点実施方案（2009～2011）」が正式に公布され，医療改革の長期目標と一連の段階的指標が計画された。現在，3年の短期の実施構想がすでに期限どおりに完成して，基本的な医療保険制度は国民全体をカバーすることを実現した。

この医薬衛生体制改革政策の形成過程をみると，中国の中央政府の政策決定モデルは，すでに過去の「指導者個人の政策決定」や「政府の内部集団の政策決定」から民主化と科学化のレベルがさらに高い「共通認識型」の公共政策の政策決定に転向したことがわかる。ここに2つの特徴がある。第1の特徴は政策形成過程の「オープン化」である。すなわち政策形成のそれぞれの段階で，政府は利益に関連する集団が自分の意見と提案をだすことを歓迎，鼓舞し，同時に大衆のなかに入り込んで，広範に調査研究活動を展開することである。第2の特徴は「摺り合わせ」である。すなわち政府の上層部の調整のもとで，それぞれの利益集団は十分な意見表明，繰り返しの協議をとおして，大同をもとめ，小異を残し，最終的に各方面の意見を融合させた政策の共通認識に到達することである（王紹光，樊鵬，2013）。

まさに政策決定の科学化と民主化は尽きることのない知恵と強大な力量を集め

て，中国の経済発展の奇跡を成し遂げた。中国の発展を評論する一部の政治評論家は軽々しく中国政府の政策決定と執行力を「一党独裁」に起因すると語っているが，少なくとも一方的で，皮相的な見解であることがわかる。

3 法治の回復と建設

　1949年から1950年代中期までは，新中国の法制の草創期である。この時期に臨時憲法の性格をもつ『中国人民政治協商会議共同綱領』とその他の一連の法律，法令が制定され，新しく誕生した共和国の政権をゆるぎないものにし，社会の秩序を維持し，国民経済を回復することに対して重要な役割を果たした。1954年，第1期全国人民代表大会第1回会議が制定した『中華人民共和国憲法』，およびすぐ後に制定した関連の法律は，国家の政治制度，経済制度および公民の権利と自由を定め，国家機関の組織と職権を規範化し，国家法制の基本原則を確立して，初歩的に法治建設の基礎を打ちたてた。しかし，1957年の「反右派運動」後，とくに1966年から1976年までの「文化大革命」の動乱期間，法制は深刻な破壊にみまわれた。

　改革開放以降，中国共産党は歴史的経験を総括し，とくに「文化大革命」の痛ましい教訓をくみ取り，必ず法によって国家を治めるという原則によらなければならないことを明確にした。1978年12月公布の中共第11期3中全会のコミュニケは「人民の民主主義を保障するために，社会主義の法体系を強化し，民主主義の制度化，法律化をし，このような制度と法律に安定性，連続性と大きな権威をもたせ，拠るべき法をもち，法を根拠とし，法の執行を厳格にし，法に背く行為は必ず追究するようにしなければならない。いまから，立法活動を全国人民代表大会とその常務委員会の重要な議事日程にのぼらせるべきである。検察機関と司法機関はしかるべき独立性をもたなければならず，法律と制度に忠実で，人民の利益に忠実で，事実に忠実でなければならず，人民は自らの法律の前で誰もが平等であることを保証し，何人も法律を超越した特権をもつことを許されない」と明記した（「中国共産党第11届中央委員会第3次全体会議公報」1978.12.22）。その後10数年の発展を経て，1997年に開催された中国共産党第15回全国代表大会は，正式に「法律に拠って国を治める」，「社会主義法治国家を建設する」という基本的な方策を確立した。

この方策の確定はなまやさしいことではなく，激烈な論争を経た。1979年からはじまった，「人治」と「法治」，「法治」と「法制」の違いの問題に関して，法律学界は論争を繰り広げ，3種類の異なる観点を形成した。この論争も党と国家の指導層に深く影響した。第1の観点は，人治に反対し，法治を唱道し，法に依って国を治めることを提唱すべきだという考えである。第2の観点は，国家は法律がなくては駄目であるが，しかし指導者の役割がなくても駄目である，必ずこの2つの役割をいずれも十分に果たさなければならないという考えである。第3の観点は，人治と法治をいうべきではない，それは西洋のものであり，法に依って国を治めるというのは一面的であり，科学的でない，ただ社会主義の法制（制度の制）だけについていえばいいという考えである（李歩雲，2008）。論争の結果は第1の観点が主流の意見になり，かつ政策決定者に採用されている。

　中国の『憲法』は，国家の立法権は全国人民代表大会およびその常務委員会によって行使されると規定している。また，国家法制の統一を維持するため，同時にまた各地のさまざまな情況に適応するために，『憲法』と『立法法』は次のように規定している。全国人民代表大会およびその常務委員会が法律を制定することを除き，国務院は憲法と法律に基づいて行政法規を制定することができる。省，自治区，直轄市の人民代表大会およびその常務委員会はさまざまな憲法と法律，行政法規と互いに抵触しないという前提のもとで，地方の法規を制定すること，および比較的大きい市の人民代表大会およびその常務委員会が制定した地方の法規を批准することができる。民族自治地方の人民代表大会は現地の民族の政治，経済そして文化の特徴にしたがって自治条例と単行条例を制定する権限がある。これ以外に，国務院の各部門と行政管理の機能をもつ直属機構は法律と行政法規に基づき，その職権の範囲内で部門の規則を制定することができる。省，自治区，直轄市および比較的大きい市の人民政府は，法律，行政法規および本省，自治区，直轄市の地方の法規に基づいて，規則を制定することができる。

　1980年以降の立法の過程で，民主を発揚し，人びとの知恵を集め，民意を反映することを堅持した。法律草案と行政法規草案および地方の法規草案を提出する時，座談会，論証会，公聴会など多種の形式で開催することをとおして，広範に各方面の意見を聴取して，立法の透明度と公衆の参与度を強めた。公衆の切実な利益に関する，あるいは設立しなければならない普遍的な公民の義務におよぶ法律，法規草案はさらにメディア上に全文を公表し，全体の人民の意見を求めた。

長年のたゆみない努力を経て，2010年末までに憲法を核心とした中国の特色をもつ法体系が基本的に形成され，主に7つの法律部類と3つの異なったレベルの法律規範からなっている。7つの法律部類とは，憲法および憲法の関連法，民法・商法，行政法，経済法，社会法，刑法，訴訟および非訴訟の手続法である。3つの異なったレベルの法律規範とは，法律，行政法規および地方の法規，自治条例と単行条例である。2011年8月末までに，中国はすでに現行の憲法と有効な法律合計240本，行政法規706本，地方の法規の8,600本余りを制定した（「中国特色社会主義法律体系」2011）。

数10年の法執行の実践と法治教育を経て，広範な幹部と民衆の法律知識と法治観念は程度の差こそあれ高まった。しかし，現実の生活のなかに，依然として法律法規の欠けている部分，あるいは法があっても守らない，法の実施は厳しくない，民衆の法意識の低下，法執行の不公平や司法の腐敗などの問題がある。こうした問題を解決するため，2013年11月に公布された「改革の全面深化の若干の重要な問題に関する中共中央の決定」は，さらに「法治中国の建設を進める」ことを明確にした。その要点は，① 憲法と法律の権威を守る，② 行政・法執行体制の改革を深化させる，③ 法にのっとった独立的で公正な裁判権と検察権の行使を確実に保証する，④ 司法権の運行の仕組みを整備する，⑤ 人権の司法保障の制度を完全なものにすることである（「中共中央関於全面深化改革若干重大問題的決定」2013）。

その後，2014年10月に開催された中共18大第4回全体会議で可決された「法に依る国家統治の全面的な推進に関する若干重大問題の決定」は，整った法規範システム・効率的な法治実施システム・厳密法治監督システム・力強い法治保障システム・整った党内法規システムの形成などについて，今後の法治国家建設のロードマップを策定した（「中共中央関於全面推進依法治国若干重大問題的決定」2014）。

4　腐敗抑制体制の構築

中国数千年の歴史を遡ってみると，官僚の腐敗は政権の存亡にかかわる重大な問題であるため，官僚腐敗の撲滅はずっと歴代政権の最大の関心事であった。共産党も例外ではなく，1949年に政権をとってから現在にいたるまで，官僚腐敗との戦いは止むことはなかった。

官僚の腐敗とは何か，さまざまな定義がある。経済的な視点からみると，官僚の腐敗はすなわち権力を利用して金銭をえることである。1980年以降の中国では，主に３つの方面にあらわれている。第１は，権力を悪用して市場活動に介入することで，レントシーキングを行なうことである。漸進型の経済改革を進めている中国では，経済資源の配分について，市場メカニズムと行政メカニズムが併存しているため，一部のひとは，２つのメカニズムの間にある隙間と欠陥を利用し，行政機構の経済活動に介入することを通じて，自らの私利を追求している。第２は，経済改革にともなう所有制の調整と変化を利用し，権力を握る者が公共財産を自らのものにすることである。とくに1990年以来の国有企業の改革が政府の行政指導の下で行なわれたため，権力にありつく官僚が権力を悪用し，公共財産をほしいままに自らのものにしたケースが少なくない。第３は，権力を握る人が市場体制の不完全性と未整備を利用して，暴利を自らの手に入れることである。取引双方が把握している情報の非対称性は市場の不完全性のもっとも重要な原因である。情報が非対称的なばあい，情報をより正確に把握する側がその情報の優位性を生かし，それを持たない相手に損害を与え，利益を獲得することができる。中国の金融・証券市場および土地市場は情報の非対称性という問題が非常に深刻である（王鉄，1993；呉敬璉，2002）。

　権力が暴利をもたらすため，一部の人は手段を問わず官職とくに重要な役職を手に入れようとしている。1990年代以降，金を出して官職を買う悪質な風潮が全国に蔓延してしまった。これに対して，中共中央はさまざまな腐敗撲滅対策をとったにもかかわらず，2010年代初期までには，腐敗進行の勢いは衰えることがなく，解決のめどさえたっていなかった。深く広く蔓延っている腐敗で民衆の不満が爆発寸前になり，抗議運動が全国各地で起きている。このまま放置すれば，政権を失うのではないかという危機感を強く抱いている共産党は2012年からかつてない大規模な反腐敗運動を展開して，以下の措置をとりながら腐敗抑制体制を構築している。

　（１）「中央８項規定」で厳格な党内統治を行なうこと。民衆がもっとも嫌う形式主義・官僚主義・享楽主義・贅沢浪費の風潮を正し，特権に反対するために，2012年12月に開催された中共中央政治局会議は，① 幹部が地方へ調査・研究を行なう時の接待の簡素化，② 会議の効率化と催しの制限，③ 公文書・通達の簡素化，④ 幹部が外国を訪問する回数制限および随員制限，⑤ 幹部が地方を視察

する時の警備の簡素化，⑥ 幹部の活動に関する報道の改革，⑦ 幹部の著書，文章の出版・発表に対する制限，⑧ 勤勉・節約の奨励からなる「8項規定」を制定した。最初に，この規定は主に中央政治局委員に対する要求であったが，その後，規制対象を拡大し，現在ではすでに末端組織の幹部にまで管理する党規となっている。「中央8項規定」が実施されてから2017年8月末までに，規定違反で処分された党員指導幹部は25万人に達している（『法制日報』2017.10.22）。

（2）党内法規の科学化・規範化をとおして，主要指導幹部に対する監督を強化すること。中共中央は2013年から2014年末まで，「中国共産党党内法規制定条例」，「中国共産党党内法規と規範性文書の記録に関する規定」に基づいて，まず1949年に政権を取ってから2012年6月まで公布した1178件の法規と規範性文書について，全面的に点検・整理した。その結果，322件が廃止され，369件が失効したと宣告された。その後，「中共中央党内法規制定作業に関する5か年企画綱要（2013～2017）」と「中共中央が法に依る国家統治の全面的な推進に関する若干重大問題の決定」により，「中国共産党巡視条例」（2015年8月），「中国共産党廉潔自律準則」（2015年10月），中国共産党紀律処分条例」（2015年10月），「中国共産党問責条例」（2016年7月），「中国共産党党内監督条例」（2016年10月），「新情勢下の党内政治生活に関する若干の準則」（2016年10月），「中国共産党紀律検査機関の監督と職責履行に関する規則（試行）」（2017年1月）等90余りの党内法規が改正・制定され，2017年10月の19大で改正された「中国共産党規約」と組み合わせて，党内管理と監督を行なうための法規体系が形成された（『法制日報』2017.10.24）。

（3）反腐敗において，聖域なし，全面カバー，ゼロ容認の方針を堅持していること。すなわち，高級幹部と下級幹部を問わず，汚職・腐敗事件が発覚するたびに対処し，発覚した事件はすべて処理する。2012年から2018年までに汚職・腐敗で処分された党員指導幹部の役職をみると，上から中共中央政治局常務委員→中共中央委員→中共中央候補委員→次官級以上の幹部→庁局長級の幹部→県処級の幹部→郷科級の幹部→村の党支部の書記にまでという，各級の幹部に及んでいる。汚職・腐敗官僚の勤務先からみれば，党・政府・軍隊・司法機関・学校・病院・国有企業・金融機関などほとんどの業種が含まれている。摘発された党員指導幹部は厳しい制裁を受けている。一般的に言えば，国が定められた法律に違反したばあいは，党紀処分，行政処分と刑罰を同時に受けられる。問題はあるが情状が軽微で法律に触れていないばあいは，党紀処分や行政処分が下される。かつ

また，すでに海外に逃亡した汚職官僚に対して「キツネ狩り作戦」と「天網行動」(国際逃亡犯追跡逮捕・不法取得資産没収特別行動) が進められ，諸外国の司法機関の協力のもとで，多くの犯罪容疑者は中国に連れ戻されて，懲罰を受けている。

　(4) 巡視が制度化・常態化されていること。巡視とは中国では古くから存在した国を統治する方法の1つであり，すなわち中央政府が特別長官を任命し，各地の巡察を通じて，地方官僚の汚職・腐敗，涜職および中央政府背反行為を偵察することを指す。共産党成立の初期はこの制度を導入して中央から地方の支部に特派員を派遣した。その時の共産党はまだ政権を獲得していないため，特派員は党員指導幹部に対する点検より主として地方支部の組織建設を指導する役割を果した。新中国の成立後，党内の紀律監察制度の整備にともない，巡視が中止された。汚職・腐敗の蔓延につれて，1996年1月に，汚職・腐敗事件を素早く発見し，党員指導幹部に党規・国法へ畏怖の念を抱かせるため，共産党は「中共中央紀律検査委員会の巡視制度に関する試行弁法」を制定し，巡視制度を再建しはじめた。2009年7月に「中国共産党巡視条例(試行)」が公布され，初歩的な制度が確立された。2015年8月に修正された「中国共産党巡視条例」の正式実施が，巡視の規範化・常態化を示している。2013年から2017年まで，中央・省級の党委員会すべてに行き渡らせる巡視を通じて，多くの汚職・腐敗事件が発見され，巡視の「鋭い剣」の効果がはっきりとあらわれている。2018年以降も，巡視が計画的に順序を立てて進められている。

　(5) 民衆がネット投書で汚職・腐敗官僚を告発する権利が確保されること。インターネットの普及につれて，2003年以降，一般民衆はネット上で官僚の汚職・腐敗行為を暴くことが流行るようになっている。ネット告発→マスコミ報道→社会の注目→党の紀律検査委員会や監察・司法部門介入→官僚失脚という社会の流れが形成され，腐敗行為と戦う重要な手段となっている。指導幹部の汚職・腐敗問題を発見する重要なルートとして，ほぼ同じ時期から，中共中央紀律検査委員会，最高人民検察院，国家監察部(2018年3月に国家監察委員会に改組)および地方の中共紀律検査委員会，人民検察院等は公式サイトで一般民衆からの告発がしやすいページを設置し，制度の面から民衆の腐敗官僚告発権利を保障するようになっている。

　(6) 行政審査認可制度の改革と情報公開の推進により行政の権限を縮小・制

限・監督強化すること。政務の不透明，行政の管理権限が大きすぎることは官僚の汚職・腐敗の根源であるため，2000年以降，中国政府は行政審査認可制度の改革を通じて，国務院所属部門と各地方政府の行政認可事項を大幅に減らし，行政審査認可行為を規範化させている。国民の知る権利を拡大し，政府の透明性を高めるために，2008年5月1日に施行された「中華人民共和国政府情報公開条例」は，政府情報公開の範囲，公開方法および手続，情報公開に対する監督および保障について具体的な規定を定めた。現在，中央各省庁と各地方政府が開設しているホームページは政府の政策・制度，行政機関の組織編制，機能，事務手続等を紹介するほか，民衆からの陳情や要望および腐敗告発をも受理している（「中華人民共和国政府信息公開条例」2018）。

（7）国家監察委員会の設立と『中華人民共和国監察法』の制定で国家の監察の対象をすべての公職者に広げたこと。監察とは官僚に対する点検，調査を行なうことを指す。中国では古くから存在した政治制度の1つである。新中国の成立後の国家機関としての監察機関の変遷をみると，1949年10月から1954年9月までの名称は人民監察委員会であり，1954年9月に監察部に改名され，国務院の一下部組織として1959年4月に撤廃されるまで活動した。1986年12月の第6期全人代常務委員会の決定により監察部は復帰され，2018年3月の改組まで監察の職務を執行してきた。共産党の紀律検査委員会，人民検察院，監察部等に分散していた反腐敗機能を1つの機関に集約するため，2018年3月の第13期全人代第1回会議で憲法改正により，独立した監察機関として新たに監察委員会が設置された。また，同会議で『中華人民共和国監察法』が可決，成立された。監察法は総則，監察機関およびその職責，監察範囲と管轄，監察権限，監察手続，反腐敗国際協力，監察機関および監察要員に対する監督，法的責任，附則の全9章69か条からなる。国家監察機関の監察の対象は，① 中国共産党機関，人民代表大会とその常務委員会機関，人民政府，監察委員会，人民法院，人民検察院，中国人民政治協商会議各級委員会機関，民主諸党派機関と商工業連合会機関に勤める公務員，および『公務員法』に管理される者，② 法律・法規により授権された，または国家機関から法に基づいて公共事務の管理を委託された組織のなかで公務に従事する者，③ 国有企業管理者，④ 公立の教育・研究・文化・医療衛生・スポーツ等の機関の管理者，⑤ 住民自治組織の管理者，⑥ その他の法に基づき公職に携わる者を含める。すべての公職者に対する監視・監督の強化により，汚職・贈収賄を中心

とした違法行為の防止,撲滅を図ろうとしている。

2012年以降の激烈をきわめる汚職・腐敗粛清運動は民衆の強い支持を博して,腐敗の蔓延する勢いを効果的に抑制したといえる。しかし,汚職・腐敗撲滅の目標達成ははるかに遠く,汚職・腐敗防止に向けた思想・制度面の防衛線の構築もはじまったばかりである。今後,反腐敗闘争の新たな成果をたえず収めようとすれば,腐敗を断固として摘発,処罰すると同時に,廉潔行政の教育と制度刷新の度合いをさらに強めなければならないと筆者は考えている。

5　社会組織構造の変化

この節ではいわゆる社会組織を広義の概念とみなし,国家組織（第1セクター）,市場組織（第2セクター）および各種の非営利民間組織（第3セクター）を含む。改革開放前,ほとんど単一の公有制の基礎のうえの共産党一元化指導の体制下で,各種の社会組織もまた,単一の構造体系として統合されていた。国家組織が各種の資源を完全に支配して,各級の政府は各種の企業・事業団体,都市と農村のコミュニティ組織をとおして,社会全体の経済活動と人びとの生活を管理していた。そのうえ各種の経済組織と社会組織は,ただ国家が計画的に配置した各種の資源に依存し,国家の割り当てる任務を実行するばかりで,実質的にすべて国家組織の派生組織あるいは外郭組織であった。言い換えれば,政府がすべてを一手に引き受けた。中国のような世界で人口がもっとも多く,国情がきわめて複雑な大国にとって,事の大小にかかわりなくすべて国家によって一手に引き受けられたため,失敗するのは免れ難い。「文化大革命」の発動およびそのもたらした災難の結果は,このような体制の弊害を集中的に暴露した。したがって,「文革大革命」後の改革は,まず党と国家の指導制度の改革および社会主義法治国家の建設から着手し,そして次第に全体の国家組織とその他の経済・社会組織の改革に広がった。それは政府機能の転換,管理体制の改革と組織の刷新を含んでいる。

政府機能の転換と管理体制の改革・刷新は,国家組織と国家管理が近代化へすすむ相互補完的な2つの面をあらわしている。まず政府の機能からみると,全能型政府から次第に有限の政府に転換し,国家は次第にミクロな経済生活と社会生活の直接の組織者と引受者としての役目から離れて,市場部門と民間団体へ組織

空間を譲渡し，社会にサービスする公共上部構造（公共権威）になった。その次に，行政改革をとおして，政府機構の調整，簡素化と刷新を進め，市場経済と公民社会の建設と管理の必要に応じて，国家組織構造の設置をさらに合理化させ，国家公務員の専門的素質をそれに応じて高めさせた。

改革開放後，市場化傾向の経済体制改革，さまざまな所有制の企業の復興および経営メカニズムの変化に応じて，市場経済組織体系がつくりあげられた。農村では，2億余りの家庭が自主経営，自主管理のミクロ社会経済組織の機能を回復した。都市では，数千万の相対的に独立した経済組織（個人経営者と企業）から構成された市場経済組織体系が形成された。これらの自主経営権をもつ市場経済組織は，具体的に経営活動を展開し，各級政府および関連部門の管理監督と指導を受けている。

経済の市場化の過程は，国家が次第にミクロな社会生活の組織者および引受人の役割から離れる過程であり，同時に社会人の自主的意識と人間を尊重する精神が日に日に目覚め，さらに高まる過程でもある。そして，自ら組織し，自ら実現する民間団体，すなわち非営利組織が時運に応じて生まれ，政府の組織の譲渡した空間を埋めただけではなく，さらに日に日に豊富な新しい活動領域を開拓してきた。政府は民間に社会組織の発展の空間を譲渡したと同時に，また逐次民間社会組織に対する管理制度を健全にし，その発展のために政策と法律の保障を提供した。国務院が1998年に公布した「社会団体登記管理条例」と「民弁非企業単位登記管理暫定条例」および2004年に公布した「基金会管理条例」は，その具体的な法規である。2013年11月に開催された中共18大3中全会では，政府と社会の分離の実施を加速するため，産業界・商会類・科学技術類・公益慈善類・都市と農村におけるコミュニティサービス類の民間社会組織を重点的に育成し，優先的に発展させるという政策が打ちだされた。また，民間社会組織による提供がふさわしい公共サービスや民間社会組織が解決したほうがよい事項は，民間社会組織にまかせることが決定された（「中共中央関於全面深化改革若干重大問題的決定」2013）。

民間社会組織の発展を支援する具体策として，2012年以来，中央財政は毎年2億元の特定予算を投入して，民間社会組織からサービスを購入している。各省・直轄市・自治区の政府も相次いで民間社会組織からサービスを購入する政策を制定した。購入の項目は地域により異なるが，主に① 基本的公共サービス，② 社会管理サービス，③ 業界管理と仲介サービス，④ 技術性サービス，⑤ 政府機

能補助サービスなどを含んでいる（民政部，2016）。

　現在の民間社会組織は大きく分けて2種類がある。

　1つ目は民政部門に正式に登録している団体である。これらの登録団体は根拠法の違いにより，さらに3つのタイプに分けられている。すなわち，①「社会団体登記管理条例」に基づき設立された団体は「社会団体」と呼ばれているもの，②「民弁非企業単位登記管理暫定条例」に基づき設立された団体で「民弁非企業単位」と呼ばれているもの，③「基金会管理条例」に基づき設立された団体で「基金会」と呼ばれているものである。統計によれば，2018年3月末，民政部に登録している民間社会組織はあわせて80万8,479団体である。そのうち，「社会団体」は37万6,236団体であり，「民弁非企業単位」は42万5,850団体であり，「基金会」は6,393団体である。その活動は農業・農村発展，社会サービス，工商サービス，文化，科学技術研究，スポーツ，雇用・キャリア，健康，教育，生態環境，法律，宗教，国際・渉外などの分野に及び，非常に多岐にわたっている（黄暁勇，2018）。

　2つ目は中国政府の民政部門に登録していない団体であり，「草の根団体」とも呼ばれている。登録団体と比べて，「草の根団体」は非政府性とボランティア性の性格がより強いが，しかし法規に基づき登録されていないため，非合法性の側面をももっている。その活動の内容が曖昧になると，民衆に誤解され，政府に取り締まられるリスクもある。また，これらの団体は登録団体でないため，税制の優遇措置を享受できない。にもかかわらず，自らの意思で結成された無数の「草の根団体」は災害救援，貧困救済，環境保護，高齢者ケア，子ども教育，動物保護，消費者権益保護，障がい者支援，性的少数者権益擁護などさまざまな分野で活躍している。その設立も解散も簡単なことであるし，また登録制度がないため，全国で一体どれぐらいの団体があるのか，非常に把握しにくい。一般的にその総数は登録団体の数倍であるとみられている。

　現在の中国では，ボランティア活動をとおして社会に貢献するひとがますます多くなっている。かれらの行動は政府の政策決定に影響を与えているため，市民の政治参加の方法の1つとなっている。

　以上をまとめていえば，1978年以降の中国の政治改革は欧米型の民主主義をとっていないが，しかし，分権化，権力に対する監督と制約の強化，法による国家統治，情報公開，政策決定の民主化と科学化，市民の政治参加といった指標か

らみると、中国の政治は一歩一歩確実に民主主義に向かっている。

注
（1）2002年に修正された『中国共産党規約』は「中国共産党は中国労働者階級の前衛部隊であると同時に、中国人民と中華民族の前衛部隊であり、中国の特色のある社会主義事業を指導する中核であり、中国の先進的生産力の発展の要請を代表し、中国の先進的文化の前進する方向を代表し、中国のもっとも広範な人民の根本的利益を代表する」と、中国共産党を再定義して、もはや中国共産党が特定の階級の代表に留まらないことを明らかにした。
（2）中共中央組織部「2017年中国共産党党内統計公報」。
（3）毛沢東が1945年4月24日、中国共産党第7回全国代表大会で『連合政府を論ず』という報告を行なった時、国民党の一党独裁に反対し、民主主義を主張するほかの政党を「民主諸党派」という呼称で表現した。その後、この呼称は共産党の主張を支持する諸政党に認可されたため、通称となった。
（4）解放区とは抗日戦争（1931年9月～1945年8月）および解放戦争（1945年8月～1949年9月）の時期に共産党の軍隊により解放された地区を指す。
（5）コミンテルンは共産主義インターナショナル Communist International の略称であり、第3インターナショナル、第3インターとも呼ばれる。1919年3月にモスクワで創設され、1943年5月まで存続した各国共産主義政党の国際統一組織である。
（6）レーニン（1870～1924）はロシア革命の指導者、ソ連社会主義の創設者である。
（7）衆愚政治とは有権者の大半がおのおののエゴイズムを追及し、かつまた政策に関する知識や判断力をもたないため、政策合意が形成できず、政策が停滞してしまう状態あるいは愚かな政策が実行される状況を指す。
（8）中間評価の目的が当該5か年計画の執行状況のチェックにより、発見された問題を解決して、次の5か年計画の枠組みを設計することにある。
（9）レントシーキング（rent seeking）とは自らに都合がよくなるよう、規制を設定、または解除させることで、超過利潤（レント）をえようという活動のことを指す。

参考文献
『中国共産党党章』7大会、1945年。
「中共中央記念『五一』労働節口号」『晋察冀日報』1948年5月1日。
「各民主党派民主人士通電全国輿中共籌開新政協会議」『華商報』1948年5月6日。
「我們對於時局的意見」1949年1月22日、『群衆』第3巻第5期。
「加入共産国際的条件」『列寧選集』第4巻、人民出版社、1972年。
「中国共産党第十一届中央委員会第三次全体会議公報」1978年12月。

王鉄「公職人員腐敗瀆職」,張萍編『当今中国社会病』北京燕山出版社,1993年。
「党和国家領導制度的改革」『鄧小平文選』第2巻,人民出版社,1994年。
国務院「社会団体登記管理条例」1998年9月。
国務院「民弁非企業単位登記管理暫行条例」1998年10月。
呉敬璉「腐敗與反腐敗的経済学思考」『中国監察』2002年第17期。
国務院「基金会管理条例」2004年3月。
李歩雲「依法治国歴史進程的回顧與展望」『法学論壇』2008年第4期。
「中華人民共和国政府信息公開条例」2008年5月。
「中共中央国務院関於深化医薬衛生体制改革的意見」2009年6月。
「医薬衛生体制改革近期重点実施方案（2009〜2011）」2009年6月。
国務院新聞弁公室「中国特色社会主義法律体系」2011年10月。
「関於改進工作作風,密切聯系群衆的八項規定」中共中央政治局,2012年12月。
王紹光,樊鵬『中国式共識型決策』中国人民大学出版社,2013年。
程恩富,侯為民「当前中国七大社会思潮評析」『陝西師範大学学報』（哲学社会科学版）2013年第2期。
鄢一龍,王紹光,胡鞍鋼「中国中央政府決策模式演変」『清華大学学報』（哲学社会科学版）2013年第3期。
「中国共産党党内法規制定条例」2013年5月。
「中国共産党党内法規和規範性文件備案規定」2013年5月。
「中共中央関於廃止和宣布失効一批党内法規和規範性文件的決定」2013年8月。
「中共中央関於全面深化改革若干重大問題的決定」2013年11月。
「中央党内法規制定工作五年規劃綱要」（2013〜2017）。
張鳴「1953年憲法是怎麼来的」『炎黄春秋』2014年第10期。
「中共中央関於全面推進依法治国若干重大問題的決定」2014年10月。
国務院「法治政府建設実施綱要（2015〜2020年）」2015年12月。
「中国共産党巡視工作条例」2015年8月。
「中国共産党廉潔自律準則」2015年10月。
「中国共産党紀律処分条例」2015年10月。
王紹光,鄢一龍『大智興邦：中国如何制定五年規劃』中国人民大学出版社,2015年。
「中国共産党問責条例」2016年7月。
「中国共産党党内監督条例」2016年10月。
「関於新形勢下党内政治生活的若干準則」2016年10月。
民政部「関於通過政府購買服務支持社会組織培育発展的指導意見」2016年12月。
「中国共産党紀律検査機関監督執紀工作規則（試行）」2017年1月。
「"堅決反対特権"表述背後深意何在」『法制日報』2017年10月24日。
「党内法規制度体系将実現全覆蓋」『法制日報』2017年10月22日。

「中共中央関於深化党和国家機構改革的決定」2018年2月28日。
王勇「関於国務院機構改革方案的説明」2018年3月13日。
『中華人民共和国監察法』2018年3月。
黄暁勇編『中国社会組織報告2018』社会科学文献出版社，2018年。
陳琳，単寧「当前国内社会思潮趨勢走向」『人民論壇』2018年第6期。

第8章
社会建設

　社会建設は広義と狭義に分けることができる。広義の社会建設は経済，政治，文化および社会生活などの方面の建設を含み，狭義の社会建設はもっぱら社会生活の建設を指し，その核心は人民の生活を改善することである。人民の生活の問題はすべてのひとに関わっており，人民大衆がもっとも関心をもち，もっとも直接的で，もっとも現実的で切実な利益の問題である。万事，人民の生活は重要である。とくに世界でもっとも多い人口をもつ中国にとって，どのように人民の基本的な生活の需要を満足させるかは，ずっと中国政府の直面する一番のことがらである。民衆の生活を改善するには，経済発展が前提となる。まさに改革開放以来の経済の高度成長は，中国政府が人民の生活の改善計画を一歩一歩実施してきたからである。本章では，主にそのなかの貧困削減，就業促進，教育格差の縮小および国民全体の社会保障システムの構築という4つの方面について簡単に述べるものである。

1　貧困削減対策

　貧困問題は，もっとも重い世界の難題であり，また長期にわたり，中国，この世界で最大の発展途上国を悩ませている一番大事なことがらである。中国の貧困扶助の仕事の進展情況に関して，数10年来，貧困ラインを区分する基準が絶えず変動するため，統計上の貧困人口の表面的な数字の増減は，一目瞭然に中国の貧困人口の実際的な変動の情況および貧困扶助の仕事の実際的な進展を直感的に反映していない。

　改革開放がはじまった時，当時の9億余り中国人の圧倒的多数は物質が欠乏した生活を続けていた。経済発展の立ち遅れ，財政収入の少なさによって，政府はもっと多いひとのために生活救済を提供する力がなくて，制定された貧困ライン

の基準はとても低かった。以後，経済の高度成長にともなって，各レベルの政府の財政収入が迅速に増加して，これに加えて物価上昇などといった要因の変化があり，貧困ラインの基準は絶えず上昇して，次第に国際基準に近づいてきた。

　貧困は，一般的に「絶対的貧困」と「相対的貧困」に分けられる。「絶対的貧困」はまた生存貧困ともいわれる。すなわち，個人あるいは世帯の経済収入が衣・食・住・衛生などの基本的な生活の必要の最低条件を満たすことができない状態をさす。「相対的貧困」は個人あるいは世帯の経済収入がはなはだしく社会の平均的水準より低い状況を指し，経済先進国では，通常世帯の可処分所得が全人口の中央値の半分に満たない世帯員を「相対的貧困者」としている。

　中国の「絶対的貧困」の人口は主に農村に密集している。農村の貧困基準は，1985年，1990年，1994年，1997年は国家統計局の農村社会経済調査隊による全国農村居住世帯調査の資料の測定に基づき，その他の年は農村消費物価指数による更新が使われている。1985年の貧困ラインの基準は1人当たり年間の純収入が206元，2007年は1,067元で，2009年は1,196元に引き上げられた。1978年から2008年まで，中国の貧困の定義に基づく計算によれば，農村の絶対貧困人口数は2.5億人から2,148万人まで下がり，2.28億人余り減少した。2009年，中国が新しく1,196元の貧困ラインを使用しはじめた後，貧困人口は4,300万余りまで増加した。2010年の貧困ラインは，さらに物価の上昇にともなって1,274元に引き上げられ，この基準判定による農村の貧困人口数は2,688万人となった。2000年から2010年までの10年間，農村人口に占める貧困人口の割合は10.2％から2.8％まで下がった。また，その年の米国の公布の貧困発生率は15％であった。これに対して，多くの学者は，中国が制定した貧困ライン基準は低すぎるし，その上，引き上げのスピードは経済成長の速度と物価上昇幅より遅れていて，貧困人口数が大いに過小評価されている。いくつか名目上のすでに貧困から脱却した人びとは実際には依然としてとても貧しくて，収入が貧困ラインを上回っているために，政府による救済の権利を獲得することを失っていると指摘して，政府に国際基準を参照して貧困ラインの基準を引き上げるように建議している（『中華工商時報』2009.3.18）。

　学者たちの意見を受けて，その時の国務院総理温家宝は2011年11月29日に開催した中央貧困扶助・開発事業の会議で，農民1人当たり純収入2,300元を国家の貧困扶助の新たな基準とすることを発表した。今回の大幅な引き上げを経て，国

家レベルの貧困扶助の基準は国連および世界銀行が2008年に新しく決めた1日の生活費1.25米ドル以下の国際基準に近づいた。2011年11月29日の人民元の為替相場の1米ドル，6.3587人民元の計算に基づけば，2,300元は361.71米ドルに相当して，1日平均0.99ドルであり，国際貧困基準ラインの1.25ドルの79％となる。しかし，その年の購買力平価によって計算すれば，1日1.54米ドルに達する（筆者の計算による）。新しい標準に基づけば，2011年末の農村の貧困扶助の対象は1億2,238万人である。その上に都市の貧困人口を加算すれば，その年の全国の貧困発生率が13％となる（国務院新聞弁公室，2011）。

中国の貧困人口は主に農村にあるため，農村の貧困問題を解決することは中国貧困対策の主要な目標である。1980年代から，中国政府は相次いで「国家87貧困対策堅塁攻略計画（1994～2000年）」，「中国農村貧困対策開発綱要（2001～2010年）」，「中国農村貧困対策開発綱要（2011～2020年）」，「脱貧困という堅塁攻略戦に勝つことに関する決定」等の行動計画を策定し，農村部を中心に貧困削減に向けて次の取り組みが進められてきた。これはすなわち，① 都市と農村の一体化建設を推進して，工業が農業に報い，都市が農村をサポートする方針を実行すること，② 農業税を廃止し，政府が食糧作物栽培の農民に対して直接優良品種の補助金，農業機械購入補助金および農業生産財に関係する総合補助金を交付すること，③ 豊かな地域の貧困地域への支援協力および党と政府機関，軍隊，人民団体，国有企業における定点貧困支援メカニズムを健全化させ，民営企業，社会組織，個人による貧困支援開発への参加を奨励すること，④ 中央および省級財政による貧困支援への投資の拡大により，農村の上下水道，電力，道路，インターネット等のインフラ設備の建設を強化させ，貧困農家の危険家屋の改造を推進すること，⑤ 農民を対象とする社会保障システムを逐次創立・整備させ，農村における基本公共サービスを改善し，教育の品質および医療サービスの水準を高めること，⑥ 生活や生産に適さない地域に居住する貧困農家をインフラがある程度整備され，起業や就業しやすい土地に移住させること，⑦ 政府が金融機関を指導して，貧困地域における特色ある産業および貧困人口の就業・起業を重点的に支援させること，⑧ 貧困地域における義務教育学校の設備を改善し，貧困世帯の子どもへの経済的援助を増やすこと，⑨ 貧困地域における栽培・養殖業および伝統的手工業の発展を支援し，「インターネット＋」産業による貧困支援，電子商取引による貧困支援，太陽光発電による貧困支援，農村観光による貧困支援プロジェ

クトを実施すること，⑩職業技能訓練プロジェクトの実施と労働力の輸出（出稼ぎ）を通じて，貧困家庭労働力の就業を確保すること，⑪生活保護制度の整備を通じて，働く能力を部分的にまたは完全に喪失している貧困者の衣食住，教育，医療等の面での基本的な生活水準を保障すること，等々である。

上述した措置を実施した結果，2017年末，農村における絶対的貧困人口は2012年の9,899万から3,036万人にまで削減されている。このペースが継続すれば，第13次5か年計画（2015〜2020年）で掲げられている2020年までに農村部の絶対貧困者を根絶するという目標の達成は可能であるとみられる。

しかし，農民全体の収入のレベルは高くなくて，貧困を抜け出した後に自然災害，経営の失敗，疾病などの原因で貧困状態に再び戻る現象がしばしば起こっている。その上，絶対貧困人口が減少した後に，相対的貧困の問題がますます顕在化して突出し，貧困扶助・貧困削減の任務は依然として並大抵ではない問題である。

2 就業の拡大

就業は労働者の個人と家庭の切実な利益に関わっており，人民の生活の根源である。就業の促進は民衆の生活を保障し，改善する重要な手段であるうえに，また社会の安定を維持する重要な国策である。

計画経済体制の下で，中国には個人的に職業を選択する自由は基本的になかったし，農村の住民は土地に縛られて，思いどおりに都市に行って仕事を探すことができなかった。都市部住民は政府による計画に基づいて就業を配分されれば，終生そこで働き，個人の願望によって職場を変わることは非常に困難であった。同時に，企業は労働者を解雇する権利がないため，失業統計も失業保険も存在しなかった。改革開放以後，市場経済の確立にともなって，このような都市と農村の分離，個人の自由も経済の効率も犠牲にした方法は逐次打ち破られて，就業の方向は主に労働力市場の需給関係によって調節されはじめた。その上，国有企業改革，高等教育の大衆化などの要因が中国の就業問題をさらに複雑で多様にした。

第1に，毎年大量の新たに増加する労働力があり，その就業の需要を満足させるために大量の職場を必要とする。

第2に，発展途上国として，1990年以前は，60％以上の労働力が第1次産業に

集中したため，1990年以後は，第2次，第3次の産業へ移動させる必要がある大量の労働力が農村に存在していた。

　第3に，1990年代にはじまった国有企業改革は計画経済体制下の潜在的な失業を次第に顕在化させた。ここから発生した大量の失業者は改めて就業する職場を必要とした。

　第4に，大学（短期大学を含む）の粗入学比率（大学の在学者数と18～22歳人口数の比率）は2002年に15％に達し，大学教育がエリート教育の段階から大衆化教育の段階に入ったことを示しており，それ以後引き続き上昇して，2017年には45.7％に達した。これに応じて，大学の卒業者数が激増した。2000年にはわずか100.86万人（修士以上の卒業生を含む）であったが，2018年には820万人（修士以上の卒業生を含む）に増加して，かつては「天の寵児」とみなされていた大学生の就業も困難になっている（「2017年全国教育事業発展統計公報」，2018）。
このような厳しい就職情勢に直面して，中国政府は積極的に以下に述べるような就業拡大政策を講じ，一定の効果を達成した。

　① 経済発展を速めて，安定的な経済成長で就業を促進させること。1978年以来の40年間，年平均9.5％の安定した高度経済成長は，就業の拡大のために力強い保障を提供した。

　② 創業によって就業を誘導することを奨励し，創業意思のあるひと，とくに若者に創業訓練・銀行融資を提供すること。

　③ 公共就業サービス体系の整備により，出稼ぎ農民工に就業技能訓練を実施し，中学校・高校・大学卒業生に就業情報，職業指導および就業見習いなどのサービスを提供すること。

　④ 減税や政府レベルの企業関連費用徴収項目の削減などの措置で企業コストを削減し，企業発展支援をとおして，労働者の就業を保障すること。

　⑤ 法律の整備で就業および労働者の権益を保障すること。そのなかで代表的な法律は2008年1月1日に施行された『中華人民共和国就業促進法』と『中華人民共和国労働契約法』および2008年5月1日に施行された『中華人民共和国労働紛争調停仲裁法』である。『就業促進法』は就業を促進し，失業を管理することは政府の重要な職責であることを明確にし，県レベル以上の人民政府に就業の拡大を経済と社会の発展の重要な目標とすること，労働者の就業のためにサービスを提供する公共の就職斡旋サービスの体系を創立すること，労働者の就業能力と

創業の能力を高める職業の育成訓練を展開すること，就業困難者を援助する就業援助制度を創立することを要求している。『労働契約法』は労働契約双方の当事者の権利と義務を明確にして，その目的は労働契約の制度を完璧なものにすることをとおして労働者の合法的権益を保護することにある。『労働紛争調停仲裁法』を制定する目的は労働紛争を公正に，直ちに解決し，当事者の合法的権益を保護し，労働関係の調和安定を促進することにある。さらに確実に労働者の権益を守るため，2012年12月に開催された第11期全人代常務委員会第30回会議は『労働契約法』に対して改正，補充を行ない，2013年7月1日に施行された。

　積極的な就業政策の実施をとおして，中国は有効に都市の就業圧力を緩和しただけではなく，また多くの労働力を第1次産業から第2次，第3次産業へシフトさせた。近年，中西部地区の経済の急速な発展にしたがって，都市にでて働こうとする当地の農民が当地で就業することを選ぶ事例が次第に多くなったので，東部の発達地区は「求人難」があらわれ，労働力不足の現象さえ招いた。しかし，指摘しなければならないのは，一部の地域で出現したこのような変化はけっして労働力の総量の不足を意味しているのではないということである。全体的にみて，熟練技術工，高級科学技術の人材と高級管理の人材は依然として全面的に不足しており，いわゆる「労働力不足」「労働者募集難」が顕在しているのは，ただ就業構造の問題にすぎないのである。まず16～59歳の生産年齢人口からみると，2017年は9億200万人で，総人口の64.9％を占めており，供給が豊かであることを示している。次に，第1次産業の就業人口は依然として多すぎ，2017年に全国7億7,640万の就業者の27％を占めており，第2次，第3次産業へのシフトを引き続き必要とする。さらに，年々上昇している大学進学率は，毎年の大学の卒業者数がまた絶えず増加することを意味する。ここからわかるように，今後相当長時期，就業問題はやはり中国の直面した巨大な難題だということである（「2017年度人力資源和社会保障事業発展統計公報」，2018）。

3　教育格差の是正

　いわゆる教育格差とは，教育領域の不公平な現象を指す。中国の教育の不公平な現象は，主に都市と農村の教育機会の格差，地域間の格差および家庭の背景の違いによる学業達成機会の格差などにあらわれている。これらの問題の発生を招

いた要因はとても多いが，筆者は主に人口の量と質，地区の経済の発展レベル，政府の教育投資および家庭の経済状態と関係があると思っている。

まず人口的要素からみれば，中国の人口は世界で第1位であり，世界でもっとも多く教育を受ける人口を擁し，世界で最大規模の教育体系を担っている。義務教育を受けなければならない6歳から14歳までの人口数からみても，1960年代中期から2000年まで絶えず2億人以上を維持しており，2001年以後2億人以下に減少したが，2017年には依然として1.45億人に達している。ひとの素質からみれば，1950年代初期には，識字率は20％にも達してなかった。その時から，成人の非識字者をなくすことおよび義務教育を普及させることが中国政府の肩にかかる2つの重荷になった。

次に，経済的要因からみれば，教育を受ける膨大な人口を擁していることは教育を進めることに対する政府の巨大な投資を意味し，また経済発展が長期に立ち遅れている状態にあった中国には，実際にこのような膨大な教育体系を支える財力はなかった。そこでやむをえず都市と農村を分けて管理する二元的義務教育体制を採用した。20世紀50年代末から80年代のはじめまで，都市部の義務教育は地方政府により提供されて，農村地区は「集団による学校設立・運営を主として，国家の投資は補助的であり，社会の各界が共同して学校を設立・運営する」といった多くのルートから資金を調達するやり方であった。都市部の義務教育は政府の財政保証があるため急速に普及したが，農村の義務教育の体系は責任分担が不明だし，投資も少なすぎるために，遅々として確立することができなかった。このように都市を重視し，農村を軽視した教育投資は，都市と農村にもともと存在する義務教育の格差を一段と大きくした。1960年代に，都市の住民にはすでに基本的に9年の義務教育が普及していたが，1980年代のはじめの農村ではまだ相当多数の学齢児童が，校舎がないために，あるいは家庭があまりにも貧しいために，小学校に行くことができなかった。

農村の教育状況を改善するために，1985年5月，中央政府は「教育体制改革に関する決定」を行ない，各地方政府が農村地区の9年の義務教育の責任を負わねばならないことを明確に規定した。それ以後の具体的な実施のなかで，各地方政府は基本的に「県は高校を，郷は初級中学を，村は小学校を運営する」方法を採用した。統計によると，1994年から2001年の間に，中国農村の義務教育費の財政負担は，それぞれ郷・鎮の政府が約80％，県が約9％，省が11％であった（王徳

文，2003）。多くの郷・鎮の政府の財力には限りがあるため，教師の給料の支給も学校の運営も難しい。その対策として，2001年に国務院は「基礎教育の改革と発展に関する決定」を公布して，県政府が義務教育の主な責任を負うことを規定した。1980年代中期以来，主に地方政府によって義務教育の責任を負うやり方が，地域間の教育格差を拡大してしまった。中国のそれぞれの地域の経済発展はアンバランスであるので，経済の発達している東部では，地方政府の財政力は強くて，農民の収入も高く，義務教育の進展が比較的順調である。経済の立ち遅れている西部では，地方政府の財力に限りがあるため，教育に対する投資が不足して，農民も収入が低いために，しばしば義務教育を修了しないまま子どもを中途退学させて，働かせている。とくに，いくつか自然環境のきわめて悪い高原や荒涼たる砂ばく地区は，人煙まれで，交通が不便なために，学校の設置は困難で，多くの学齢児童はだれもかも義務教育を終えるすべがない。

　第3に，長い間，政府は教育に対する投資が深刻に不足し，教育費がきわめて不十分であったことも，教育の格差を生みだす原因であった。国内総生産（GDP）に占める国家の公共教育費の比重は，1つの国家の教育費の基本的な状況を評価する重要な指標である。1977年，中国の教育費は国民総生産（GNP）の2％を占め，国連統計の149の国家のなかで，第139位であったが，1991年にようやく2.85％に上昇した。中央政府は1993年に制定した「中国教育改革と発展綱要」で国家財政の教育費支出の国内総生産に占める割合を20世紀末に4％にすることを提案したが，しかしながら2000年にはわずかに2.90％を達成しただけであった。経済発展の高まりのなかで，中央政府か地方政府かに関わらず，いっそう「見える」経済プロジェクト投資に傾いて，教育費は「剰余財政」と称されている。つまり，財政上の余剰があった時に辛うじて教育に投資するにすぎないのである。その結果2012年に至って，なんとか国家財政の教育費支出が国内総生産に占める4％の目標を実現した。目標の提出から目標の実現までに，20年近く時間を費やしたことになる。その上，非常に長期間，この限りある教育費は主に都市に集中して，もともと援助を必要とする農村教育は資源をえることが都市よりはるかに少なかった。それゆえ，もともと存在した都市と農村の格差がさらに拡大した（顧明遠等，2008；袁新文等，『人民日報』2012.8.9）。

　第4に，家庭の教育費支出の増加は，多くの貧困家庭の子どもに義務教育を終了できなくさせたり，あるいは大学教育を受けることをできなくさせた。義務教

育の段階で，多くの農村の学校は教育経費不足を理由に，さまざまな項目を設けて児童や生徒からやたらにお金を徴収したため，一部の負担に耐えられない両親は子どもを中途退学させるほかなかった。高等教育の段階では，1988年以前はすべて学費が無料であった。高等教育の財源を拡大し，高等教育の発展を加速するため，1989年に一部の大学では授業料を徴収しはじめた。1993年に制定された「中国教育改革と発展綱要」では，正式に「国家が大学教育費用を全部負担する体制を改革し，逐次学費徴収を実行すること」を提出した。1994年，大学の学費徴収制度は全国に普及し，授業料は毎年上昇して，大学生をもつ家庭には重い負担になった。高い授業料は，多くの成績優秀で，かつ貧しい家庭の生徒が大学教育の機会をもつことを放棄しなければならないようにしむけた（「中国教育改革和発展綱要」1993）。

現代社会では，教育は個人が社会移動を実現する主要な手段であり，教育機会の不平等は個人の発展のスタートラインでの不公平さを招くことになる。中国の情況からみれば，教育の不公平は，農村地区，とくに貧しい家庭の子どもに対する影響がもっとも大きく，すでにかれらの個人の発展と上昇移動に深刻な影響を与えている。教育の不公平は，また社会の階層構造の固定化，世襲化を招いて，人びとの不公平感を強め，社会の調和安定にマイナスの影響を与える。

教育領域の上述の不公平な現象と教育の格差を是正するため，2001年以後，中国政府は義務教育のバランスのある発展を推進し，貧しい学生の奨学金援助システムを創立する対策を講じた。義務教育のバランスのとれた発展を進める重点は，農村の小・中学校が直面している経費不足，学校の設備の劣悪さ，教師の欠乏，教育レベルの低さなどの問題を解決し，都市と農村の義務教育の格差を縮小することである。具体的な方法は次のとおりである。

① 県レベルの政府の職責を明確にして，義務教育経費の保障メカニズムを構築すること。2001年以前，農村の義務教育は「地方政府が責任を負い，等級別に管理する」原則を確立していたが，しかし教育費支出の責任分担はいつも明確になっておらず，主に郷・鎮政府によって負担されていた。各地の郷・鎮政府の財政能力が一様でないため，多くの小・中学校の教育費は常に保障のない窮地に至った。農村の小・中学校の教育費の財源の安定を保障するため，2001年以後県政府の財政によって農村義務教育の経費を負担することを明確に規定した。これと同時に，中央政府も農村地域，とくに西部の立ち遅れた地域の小・中学校の義

務教育に対する投資を強化した。

　② 農村の小・中学校で遠隔教育プロジェクトを実施して，都市と農村の教育資源の共有を実現すること。農村地区の小・中学校の教育資源の不足と教育の質の悪い問題を解決するために，2003年から教学CD・DVDの視聴，衛星教学放送の視聴，インターネットによる教室授業という3種類の教育方式をとおして，都市の優良な教育資源を農村の中学校と小学校へ伝送して，教育の質を高めることを促進した。このプロジェクトの投入は省レベルの政府の財政によって負担されて，中央政府は経済後進地域に対して適切な補助を行なった。経済のとくに遅れている西部地域では，中央の財政投資を主として，地方財政投資で補なった。中央の財政の特定項目の資金は，実験地区の総経費の3分の2を占めていた。

　③ 農村の小・中学校の危険な建物を建て替えて，学校の図書館の建設，教育の器具・器械設備の建設を強化すること。農村の小・中学校の危険な建物の建て替え工事は，2001年からはじめられた。経費の支出と工事の管理は主に各級の地方政府によって担当され，中央政府は専門項目経費を支出して，西部地区，とくに少数民族が集中的に居住する地区の校舎改造計画を経済的に援助した。2001年から2005年まで，全国で農村の小・中学校の危険な建物の建て替え計画に組み入れた学校は合計の60,833か所であり，累計で危険な建物7,800万平方メートルを建て替えて，3,400万余りの教師と児童や生徒が危険な校舎から新しい校舎に移った。2006年から，農村の義務教育段階の小・中学校の校舎の補修と建て替えは，農村の義務教育経費に組み入れて，統一的に考慮された。危険な建物の建て替えの完了後，中央と地方政府の教育投資の重点は，学校の図書館の建設と器具・器械設備の建設の強化に転じた（「関於2005年中央和地方予算執行情況與2006年中央和地方予算草案的報告」，2006）。

　④ 農村の小・中学校の教師を育成訓練して，「農村義務教育段階学校の教師特別ポスト計画」を実施したこと。学校の教育の質は教師の専門のレベルによって決まる。農村の小・中学校の教師の専門のレベルが一般的に高くない情況に対して，中央政府は絶えず農村地域，とくに西部の農村の小・中学校の教師の業務上の育成訓練を強化するよう努めた。過去の主要な方法は職場を離れての研修と短期集中の育成訓練であったが，テレビの普及とインターネットの発達にしたがって，遠隔育成訓練が重要な手段になった。たとえば，教育部と財政部が実施した「中学校と小学校教師の国家養成計画（2010〜2012年）」のなかで，集中的に育成

訓練を受けたのはわずか3万人の教師すぎなかった。これと比べて，60万人の教師がテレビの課程の視聴，オンラインでのネット学習および県地域の内の集中研究討論の方法をとおして，40時限の専門の育成訓練を受けた。

「農村義務教育段階学校の教師特別ポスト計画」は，中央政府が西部の辺境の貧困地区の農村の小・中学校の教師の不足する状況に対して，2006年にスタートさせたプロジェクトである。その特徴は現有の教師の編成内に特別なポストを設立することにあり，国家によって公開募集された大学の卒業生が特別なポストの教師を担当した。任期は3年である。「教師特別ポスト計画」が必要する資金は，中央と地方の財政によって共同して負担されたが，中央の財政が主であった。特別ポストの教師は3年の任期の満期後，現地の学校に教員として残りたいと思うひとに対して，現地政府が責任をもってポストに就かせたし，他の選択をしたいひとには，各地の政府は便宜や必要な援助を提供しなければならなかったし，進学を希望するひとには，教育学修士専攻を試験免除として推薦することができた。

⑤ 義務教育段階の学校納付金を免除して，貧しい学生のために生活補助金を提供すること。農村の家庭の教育費支出を減らして，小・中学生が順調に学業を達成することを保証するために，中央の財政の支持のもとで，2006年にまず西部地区の農村の義務教育段階の小・中学生の学校納付金を免除して，同時に貧しい家庭の児童，生徒に無償教科書と生活費の補助金を提供することをはじめた。2007年には，この制度は全国に拡大されて，農村の小・中学生はすべて学校納付金を免除し，貧しい児童，生徒は等しく政府の生活補助金を受けることができた。2011年の秋季には，中央政府と地方政府はまた協力して農村の小・中学校で「栄養のある昼食の援助計画」を実施しはじめて，児童，生徒の栄養状況を改善した。

⑥ 困窮学生を支援するシステムを構築すること。大学教育が無料教育から学費徴収に変ってから，政府は国家勉学援助奨学金，国家勉学援助貸付などの方法をとおして，困窮家庭の学生に対する援助を行なった。これと同時に中等の職業学校において，困窮家庭の学生を対象とする国家奨学金を設けた。しかし，常に援助人数枠の少なさ，援助金額の低さという問題があって，困窮家庭の学生がすべて大学に行くこと，あるいは職業教育を受けることを保証することができていない。制度の上から，すべての学生が貧困によって，そしてそれに起因する中途退学に至らないことを保証するために，2007年以後政府はさらに財政の投入を増加して，援助を受ける学生の割合の拡大および援助レベルの引き上げにより，普

通大学，高等職業学校および中等職業学校における困窮家庭の学生向けの比較的まとまった学資援助システムが整備された。この体系は給付型の国家奨学金，国家奨励奨学金および国家補助金（育英金），国家育英金貸付，学内アルバイト提供，学費の減免などの多種の方法を含んでおり，次に述べる5つの特徴をもっている。

1つは困難の学生を助け，また優秀な学生も奨励したことである。国家奨学金の対象は，普通大学および高等職業学校のなかでとくに優秀な学生で，この奨励の定員は比較的少なくて，家庭の経済が困難か否かに関わらず，条件をすべて達成さえすれば獲得することができる。国家奨励奨学金の対象は，品行が優れ，成績優良であり，学費の支払いが経済的に困難と認められる大学生である。国家補助金は，主に中等専門学校，高校および大学における貧困家庭の学生の生活費の問題を解決するものである。

2つは合理的な資金分担システムを確立したことである。国家奨学金が必要とする資金は中央の財政から負担する。国家奨励奨学金と国家補助金が必要とする資金は，中央所属の大学は中央の財政から負担し，地方所属の大学は中央と地方から割合によって分担して，人口の比較的少ない民族の困窮家庭の学生の援助資金はすべて中央の財政による負担である。

3つは国家補助金を配分する上で，均一的な分配をやらないこと。異なった種類の学校，異なった専門の特色を考慮して，適切に国家がもっとも必要とする農業，林業，水利，採鉱，石油，原子力などの専門に傾斜させて，学生を国家がもっとも必要とする専門を学ぶように導き，大学がさらに学科の専門構造を最適化することを促進する。

4つは国家育英金貸付の代行返済政策の実行をとおして，国家育英金貸付を受けた学生が卒業後に自らの意志で貧困地区と苦しい仕事に就くように導く。そして，3年以上（3年を含む）その仕事に従事した者は，在学中に受けた国家育英金貸付の元金と利息はすべて国家が代わって返済する。このようにして，ヒューマンリソースの合理的な分配を促進できる。

5つは学費免除政策の実施である。2007年から，教育部直属の師範大学が新しく募集する学生に対して無償で教育を実行し，2012年から，中等職業教育についても学費免除政策を実施した。

貧しい家庭の学生の大学入学が順調に進捗することを確実に保証するために，

中国教育部は各公立の普通大学がすべて必ず「緑色通道（グリーンパス）」（簡素化した入学手続き）制度を設けなければならないことを規定した。すなわち，入学の決まった，経済の困難な新入生に対して，一律に学費納入前に入学手続を認め，入学後に助成審査をとおして学資援助の方法を決める。

　義務教育のバランスのとれた発展政策の実施と貧困家庭の学生の学資援助システムの形成は，地区間と社会階層間の教育格差を効果的に縮小して，義務教育の普及と中等職業教育の発展を促進し，高等教育の大衆化を速めた。この基礎の上で，中国政府は「国家中長期教育改革および発展計画の綱要（2010-2020年）」を制定して，2020年までに教育の近代化を基本的に実現し，学習型社会を基本的に形成し，人的資源強国の隊列に入るという目標を設定した。つまり，この10年間で，基本的に就学前教育を普及させて着実に9年制義務教育のレベルを高めること，高校段階の教育を普及させて，粗入学率90％を達成させること，高等教育の大衆化レベルをさらに高めて，粗入学率40％を達成させること，そして青年壮年の非識字者をなくすことである。「2017年全国教育事業発展統計公報」によると，この目標はすでに予定以上に早く達成されている。

4　国民全体を対象とする社会保障システムの構築

　社会保障は国家が法律に基づいてつくりあげた経済な福祉をもつ国民の生活保障と社会安定システムであり，社会のメンバーが高齢，疾病，障がい，失業，出産，死亡，災害などの理由で労働能力を失った時あるいは生活が困難にみまわれた時，国家，社会から基本的な生活に必要な保障をえることである。社会保障制度は社会の安定を維持し，人民の生活を保障する重要なツールであるのみならず，その上社会的公平・正義を維持し，社会の全体の成員が合理的に富を共有する所得再分配システムでもある。

　新中国が成立して間もなく，中国は社会保障制度をつくった。しかし，当時の経済発展の立ち遅れと社会の財産の蓄積に限りがあったので，政府は重工業を優先的に発展させ，都市に重点をおく政策を講じた。これによって都市と農村は別々の二元的な保障制度がつくられた。

第 8 章　社会建設

（1）都市の社会保障制度

　都市の社会保障制度は1951年2月に政務院が公布した『中華人民共和国労働保険条例』によって確立された。保険の適用対象である被保険者は都市部企業の従業員であり，保険の項目は疾病，負傷，出産，医療，退職，死亡および被保険者が扶養する直系親族の待遇などを含んでいた。1955年，国務院はさらに政府機関・事業単位（事業単位は政府系事業組織で，教育，科学技術，文化，衛生などの活動を行なう社会サービス組織である）の従業員の養老保険に対して規定をつくった。1958年，国務院は国有企業の従業員と政府機関・事業単位の従業員の退職制度を一元化した。

　『労働保険条例』（労働保険条例）によって，労働保険の基金には給与総額に準じて3％が充てられ，すべて企業あるいは事業単位による負担である。中華全国総工会（中国労働組合の全国組織，以下「総工会」と略する）が財務管理業務を担当して，中国人民銀行に基金の保管を委託した。そのなかの70％は，各企業の労働保険基金として労働組合基層委員会が運営し，従業員の各種給付にあてられた。残りの30％が上級の労働組合に納められて労働保険調整基金として積み立てられた。末端の労働組合は毎年の支払い後の残高を上級の労働組合に納めねばならないが，欠損が生じたばあい，上級の労働組合に調整解決を求めることができる。

　この制度設計は3つの利点がある。第1に，保険の対象は企業と政府機関，事業単位の従業員を包括しており，それによって就業の身分の違いによって異なる待遇を受けることなく，より強い普遍性と公正性をもっていること，第2に，労働保険基金は全国的範囲で統一管理と調節で使用され，制度の持続可能性を高めることができて，さらに多い労働者の受益を保障できること，第3に，給料のレベルが一般的に高くない状況のもとで，労働保険の基金は完全に企業あるいは事業単位が費用を負担する方法は労働者個人の経済負担を減少させたことである。

　1966年に「文化大革命」がはじまって以後，無政府主義の思潮の影響のもとで，各級の政府の正常な運営は破壊され，労働組合組織の業務も停止に追い込まれた。このために，1969年に財政部は「国営企業財務活動の制度改革に関する意見」のなかで国営企業が一律に労働保険金の引き出しを中止し，養老，労働災害などの各種の労働保険料は直接企業の利潤から差し引く方法で支出することを規定した。このように，1950年代につくられた統一的な労働保険制度は社会プールとしての共済の機能を失って，労働保険は企業内部の業務になり，社会保障から企業保障

に変質した。

　この労働保険制度には3つの明らかな問題が存在している。

　第1に、社会保障でカバーされる面が狭く、保険対象もただ都市の全人民所有制（国有）の企業・政府機関・事業単位の従業員に限られており、都市の非全人民所有制企業の労働者はすべて排除されていること、第2に、当時の経済全体の発展水準と比較して、被保険者の待遇は高すぎること、個人はいったん全人民所有制の企業・政府機関・事業単位の従業員になったら、1つの「福利の小型金庫」のなかに入ったごとく、生・老・病・死はすべて企業負担であり、あまりにも手厚い福利は企業と国家の負担を重くするだけではなくて、労働者にも安易に進取の気概を失わせさせてしまうこと、第3に、1969年以後、企業保障に変質した労働保険制度の社会化の程度が下がったこと、つまり社会化された相互救済の役割が欠如した。企業の損失のすべてが政府の負担による計画経済の時期ならまだ維持することができたが、企業は自己の経営責任をとらなければならない市場経済の時代になると、瞬く間に制度を継承しがたい危険に直面していた。

　改革開放以後、都市の社会保障の制度改革は上述の問題の解決をめぐって展開された。

　第1に、社会保険制度の手直しをとおして、保険でカバーする範囲を拡大した。1970年末に、集団企業（企業の全資産が集団に所有される経済組織）の従業員のために社会保険をつくりはじめて、1984年4月に国務院は「都市の集団所有制の経済に関する若干の政策的規定」を発布し、条件の整った集団企業も保険会社に一定の社会保険金を納め、従業員の定年退職、労働能力喪失後の生活保障の問題を解決すべきと定めた。同年、国務院が発表した151号文件（法規の1種）は中国人民保険会社が集団企業の従業員の養老保険を取り扱うこと、その保険を商業保険の範囲に組み入れることを規定した。1984年末、社会保険制度をつくった集団企業はすでに62.9％に達した。

　中国資本と外国資本の合弁、共同経営および100％外資企業などの非公有制の企業の出現にしたがって、1980年7月に国務院は「中外合資経営企業労働管理規定」を公布して、中外合資経営企業に国営企業の標準に照らして、従業員の労働保険の費用を支払うことを求めて、非公有制の企業の従業員の社会保障のために根拠を提供したが、しかし相当長い時期にわたって効果的に実行されていない。いくつか大型の非公有制の企業が1984年以後、従業員のために商業的な生命保険

に投資したことを除いて，相当多くの非公有制企業は国家が正式に立法化していないことを理由に，従業員のために社会保険料を納めておらず，大量の企業の従業員は社会保険制度の外におかれ，排除されているのである。これに対して，中央政府は法律制定の仕事を強化して，1995年1月1日に施行した『中華人民共和国労働法』の第72条で，雇用単位（すなわち従業員を雇用する事業体）と労働者は法律に基づいて必ず社会保険に参加し，社会保険料を納めなければならないことを明確に規定した。1999年1月に国務院が公布した『社会保険料徴収臨時条例』は第4章に「罰則」をとくに設けて，従業員のための社会保険料を納めない企業に対する処罰方法を具体的に規定した。2011年7月1日に施行を開始した『中華人民共和国社会保険法』はさらに進んで違法企業に対する懲罰の程度を強めた。第86条で，雇用単位が期限どおりに社会保険料を全額納付しないばあいは，社会保険料徴収機関は期間を定め，納付または追納を命じ，未納日から1日あたり1万分の5の滞納金を追徴すること，期限をすぎても納付しないばあいは，関係行政部門は未納金額と同額以上3倍以下の罰金を科すことを規定した。これらの法令の制定は有効に企業の社会保険料を逃れようとする行為を有効に抑制して，労働者の利益を保護し，都市における社会保険の普及を促進した。

　都市に住む非就業者の社会保険の問題を解決するために，2007年からまず一部の地域で基本的な医療保険を試行して，2010年に全国に普及させた。その保障の対象は，都市従業員の基本医療保険制度がカバーしていない中小学校の段階の学生（職業高校，中等専門学校，技術工学校の学生を含む），児童・少年とその他の非就業の都市住民であり，自らの意志で保険に加入することを原則にして，家庭が保険料を納めることを主とし，政府は適切な補助をすることとした。続いて，また2011年7月1日から都市住民の社会養老保険の試行をスタートさせて，当初の試行では60％をカバーし，2012年に全国に普及させた。その保障の対象は，都市のなかの未就業人員と就業が不安定な従業員で基本養老保険制度に組み入れることができない住民である。このグループは多様な人びとから構成されている。そのなかの青壮年の多くは身体障がい者，あるいは労働能力が低いひとであり，いつも就業と離職を繰り返す収入が低いか，あるいは無収入者である。高齢者は基本養老制度を受けていない者で，大部分のひとは都市の生活困難なグループに属している。都市住民の養老保険の基金は，主に個人納付金と政府の補助から構成されている。

このように，2012年末までに，都市住民すべての就業者と非就業者のいずれもが社会保険制度でカバーされた。
　第2に，国家，企業および個人の責任を明確にして，企業保険から社会保険への転換を実現した。
　養老保険制度の方面では，企業保険から社会保険への転換の指標は，国務院が1991年6月に公布した「企業従業員の養老保険制度改革に関する決定」である。この決定で，社会養老保険の費用は国家，企業および従業員の3者から共に資金を調達し，従業員は本人の給料に応じて3％を養老保険料として納めることを規定した。1993年に中国共産党の第14期第3回中央委員会全体会議が採択した「社会主義市場経済体制を樹立する若干の問題に関する決定」は，社会プールと個人年金口座を結合させる社会保険制度の実行を正式に決定した。1995年3月，国務院が公布した「企業従業員の養老保険制度改革のさらなる推進に関する通知」は，また「社会プールと個人口座との結合」を実施する方法について具体的に規定した。しかし実際に施行した過程で，地区間，業種間の各種の養老保険制度が併存することで混乱した局面があらわれた。これに対して，1997年7月に国務院は「統一的な企業従業員の基本養老保険制度設立に関する決定」を公布して，全国の制度を統一して，そのなかで次のように規定した。① 養老保険料の徴収に関しては，従業員の賃金に応じて11％を養老保険の個人口座につくる。そのなかで個人が納める費用は最終的に賃金の8％まで引き上げ，企業が振り替える部分の費用は最終的に賃金の3％まで引き下げる，② 企業の納入金の抑制に関しては，企業納付金（個人口座への振り替え部分を含む）の比率は，給与総額の20％を上回ってはならない，③ 養老年金の構成は，基礎養老年金と個人口座の2つの部分から構成する，④ 11の業種を全体的に計画案配して，地方の社会保険機関の管理に編入する，⑤ 基本養老保険基金の省レベルの調整金制度を確立して，すなわち省，自治区，直轄市の範囲内で，基本養老保険基金を統一的に管理し，案配して使用することを確立し，社会保険の取扱機関に対して省レベルの垂直的な管理を実行することである。
　第3に，社会保障のレベルと経済発展のレベルの相互の適応，権利と義務の相互結合の原則を堅持して，社会保険がカバーする範囲を拡大すると同時に，いくつか保険項目の支払基準を引き下げて，個人の負担の割合を増加させた。
　この変化は，医療保険制度の改革に典型的にあらわれた。

1950年代のはじめから改革開放初期までの30年余りの間，中国の都市医療保障は，政府機関・事業単位従業員をカバーする「公費医療」制度と企業の従業員をカバーする「労働保険医療」制度によって構成されていた。1970年代の末までに，公費・労働保険医療制度は全国の75％以上の都市従業員および退職者をカバーしており，労働保険医療を受けるひとは１億1,400万人に達し，公費医療を受けるひとは2,300万人に達していた。

　公費医療制度と労働保険医療の共通の特徴は，① 個人は保険料を納めない，② 無料で医療が提供されて，医療サービスを受ける時，受付料（料金はごく少額），滋養栄養品，美容整形などの費用を除いて，個人は医療費を支払う必要はないことである。また，その異なる点は，① 公費医療制度の資金源は各級の財政の予算配分であり，労働保険医療の資金源は企業福利費支出に含められて，企業による自主管理，実際には企業保険である，② 労働保険医療と比較して，公費医療の待遇はさらに手厚いことである。計画経済の時代では，この２つの制度は都市従業員とその家族の医療や疾病を保証し，社会の安定，経済の発展および衛生事業の迅速な発展に対して重要な役割を果たした。また同時に２つの問題が存在した。１つは保障の対象人数の絶え間ない拡大にともなって，財政と企業の支出の圧力を絶えず増大させたことであり，２つはその無料の性質のために，医療サービスを提供する病院と医療サービスを受けようとする者のいずれにも責任感を失わせてしまって，度を越した処方，重複検査などの医療資源の深刻な浪費現象があらわれた。これらの問題に対応して，政府の関連部門は1950年代と1960年代に相次いでいくつか改善政策を制定した。たとえば診察には個人負担で受付料を支払うこと，病院の承認を経ない滋養栄養の栄養剤はすべて個人負担とすることなどであるが，しかし待遇基準の全般的な変化は大きくなく，基本的に医療費は無料であった。

　当時の計画経済体制では，このような医療費の無料は維持することができる基礎があった。このような体制の下では，企業の利益は政府に上納し，企業の損失も政府が責任をもち，従業員の医療費用の支出がどんなに多くても企業に対して圧力と負担をもたらすことはありえず，企業の生存と発展に影響することもありえなかった。しかし市場経済が導入され，政府と企業が別々にされた後，企業は損益に自ら責任を負わなければならず，従業員に対する医療費用の支出は企業の生存と発展の巨大な負担になった。1980年代中期に国有企業改革が加速した後に

は，いくつかの経営困難な企業は従業員の医療費を清算することさえできなかった。同時に，日増しに増大する公費医療の支出も政府の財政に対して巨大な圧力をもたらして，政府は無力でより多く医療体制に投資することができなくなり，医療関係人員の不足，病院のネットワークの欠如，時代遅れの医療設備といった医療資源の緊迫した局面があらわれた。これらの問題を解決するために，1980年代から，全国各地で都市医療保障制度に対して各種の試験的な改革が行なわれた。全般的な目標は公費医療制度から適度な自費医療制度への移行を努めて実現して，それによって医療保険制度の持続可能性を保障することである。

　1998年12月，各地の経験の総括に基づいて，国務院は「都市従業員の基本医療保険制度の確立に関する決定」を公布して，全国統一の都市基本医療保険制度の確立を示した。そのなかで，都市従業員の医療保険は社会プール医療保険基金と個人の医療保険口座の結合による保険方式をとり，基本医療保険基金は原則として市レベルの全体の計画案配を実行し，雇用単位の納付金の割合は給与総額の約6％，個人の納付金の割合は本人の給与の2％と規定した。雇用単位の納める基本医療保険料については，一部は社会プール基金を創立して使い，一部は個人の口座に繰り入れることとした。個人の納めた基本医療の保険料は個人の口座に入れる。社会プール基金は，主に入院費と一部の慢性病の外来診察治療費の給付に用いて，申請基準，最高支払限度額を設けた。個人の口座は，主に一般の外来診察の費用の支払いに用いた。病気になった従業員の個人の医薬費の負担を軽減するために，基本医療保険以外に，各地でさらにあまねく高額医療費の互助制度を創立して，それによって社会プール基金の最高限度額を上回る医療費の問題を解決した。

（2）農村の社会保障制度

　都市と比較して，1949年以来の農村地区の社会保障制度の建設は常に比較的立ち遅れて，1956年から改革開放初期までは，社会救助（自然災害救助，生活困難救助，「5保」扶養制度を含む），優遇配置（保障対象は軍人とその家族）および合作医療制度（協同医療制度）が農村の社会保障制度の主要な内容であり，そのなかでもっとも農村の特色をもっているのが「5保」扶養制度と合作医療制度である。

　いわゆる「5保」扶養制度とは，農村で法定の扶養義務者がいなく，労働能力

がなく，しかも収入源のない高齢者，身体障がい者，未成年者に衣・食・住・医療・葬式の保障をして，それによって正常な生活を保障する１種の社会保障制度を指す。農村の５保扶養制度の創立は1956年の第１期全国人民代表大会第３回会議が採択した『高級農業生産合作社示範規約』の公布により示された。この『規約』で「農業生産合作社は労働能力を欠くかあるいは完全に労働能力を喪失した身寄りのない高齢者，病弱者，孤児，未亡人，身体障がい者の社員に対し，生産上および生活する上で，適当な処遇とケア，さらに衣食と燃料の供給を保障し，年少者には教育を受けることを，高齢者には死後の葬儀を保障し，かれ・かのじょらの生活，養育，死後の葬儀のすべてを頼らしめる」ことを規定した。1956年から1999年まで，農村の５保扶養活動の資金調達と具体的な管理は基本的に行政村レベルでもっぱら行ない，郷・鎮の政府は補助的なものであり，実際には１種の村民の互助的な扶養体制であった。全体な統一保障の段階が低いために，５保扶養対象の生活需要を満足させることができなく，1999年に農村の税費改革をはじめた後に，各地は次々と「郷統一保障」と「村留保金積立」の方法を廃止し，扶養経費を主に上級の財政からの転移支出および地方の各級政府の財政予算のなかに割り振るように改めた。2006年３月１日に実施をしはじめた改正後の『農村５保作業条例』の第11条では，「農村５保作業資金は地方の人民政府の財政の予算のなかで準備すること，財政の困難な地区の農村の５保扶養に対して中央の財政は資金の上で適切な補助を与えること」を規定した。これは農村の５保扶養制度に根本的な変化が生じたことを意味している。つまり「村留保金積立」「郷統一保障」を基礎に築かれた村民互助型の扶養体制から，政府の公共財政負担による財政扶養体制へ改め，本当の意味での社会保障になった。

　農村合作医療制度は1950年代の農業合作化運動の産物であり，その時の農村は医療・薬品が不足して，農民が診察を受けることはきわめて困難であった。いくつかの地区の農民は生産合作社を創立すると同時に，社員が支払った「保健費」と合作社が支出した公益金を互いに結合させる方法を採用して，公益性をもつ保健ステーションと診療所を創設し，そしてこのような方法を「合作社経営による合作医療制度」と称した。1959年11月，衛生部は全国農村衛生活動会議を開いて，正式に農村合作医療制度を是認し，この制度の普及を促進した。1960年には，全国の40％の生産大隊が合作医療制度をつくりあげた。1965年６月，その時の国家主席の毛沢東は「医療衛生活動の重点を農村におこう」という指示をだし，農村

の末端の保健衛生の活動を強化することを強調して、さらに農村合作医療保障の事業の発展を推進した。1976年までに、全国ですでに90％の生産大隊が合作医療を運営しており、85％の農村人口がカバーされていた。今日の目からみれば、このような合作医療は低い段階の、粗放型の医療保障であるけれども、しかし当時の農村にあっては、それは農民のために全方位のサービスを提供したのである。合作医療を実行している地区では、それは農民のために一般的な外来診察と入院サービスを提供するだけではなくて、さらに児童の計画的な免疫接種、妊産婦の保健、計画出産、風土病の疫病発生の情況の監視測定などの任務を引き受けた。かつまた、衛生部の「予防をメインにして、予防と治療を結合する」という方針に基づいて、各種の病気の予防活動と食事や飲み水の衛生活動などを繰り広げて、農民の健康を保つために積極的な役割を発揮した。その上、農村の合作医療は最寄りのところで、もしくは訪問サービスといった特色があるおかげで、農民の医療と保健の需要に応じていた。

　この制度を強固にし、完全なものにするために、1979年12月に衛生部、農業部、財政部、国家医薬管理総局、全国購買販売協同組合総社は提携して『農村合作医療定款（試行草案）』を公布し、各地が当地区の情況と結び付けて実行することを求めた。1980年代はじめ、世界保健機関は中国農村の考察後に「中国は80％の人口を占める農村地区で、1つの成功した基層衛生保健システムを発展させて、人民に低廉な費用で適切な医療保健技術サービスを提供し、大多数のひとの基本的な衛生的需要を満足させている、このようなモデルは発展途上国の需要に非常に適している」と評価した（董克用，2008）。

　しかし、その後、この合作医療制度は崩壊に向かって行った。その背景には農村の経済改革の進展がある。1978年末にはじまった農村の経済改革は1985年にはすでに全国に広がり、家庭は再び農業生産の基本的な経営単位になり、1958年に確立した「人民公社」の集団経済制度は基本的に解体した。農村の合作医療制度の資金源は主に集団経済に依存したため、集団経済の瓦解は必然的に合作医療制度の解体を引き起こした。衛生部の1985年の全国9省の45県に対する調査によると、農村の住民のなかで依然として合作医療制度に参加しているひとはわずか9.6％であった。1989年、合作医療を運営している行政村は全国の行政村の総計のわずか4.8％を占めるにすぎない（曹普，2006）。

　合作医療制度の解体は、農民を自費医療の立場へ戻させて、深刻な社会問題を

もたらした。すでに消滅した，あるいは制御したいくつかの風土病，伝染病がまた復活して流行りだした。農民の「病気によって貧しくなり，病気によって貧困状態に戻る」という現象がますます深刻になり，その結果「軽病はそのままにして，重病は耐え忍び，重篤は閻魔王に会うことをまつ」という辛酸な局面があらわれて，さらに都市と農村の住民の生活の格差を拡大した。農民の医療の保障の問題を解決するため，1990年代初期にはじまって，中央と各レベルの地方自治体はさまざまな対策をとって，合作医療制度を回復しようと努めていた。しかし政府による財政的支援の欠乏，農民の不信およびこの制度自身の欠陥によって，再建活動は何度も挫折させられた。

上述の経験と教訓をくみ取った上で，2002年10月29日，中国共産党中央，国務院は「さらに農村の衛生活動を強化することに関する決定」を公布して，各地が新型の農村合作医療制度を逐次創立することをとおして，2010年までに基本的に農村住民をカバーしなければならないと求めた。2003年1月16日，国務院弁公庁は衛生部，財政部，農業部が共同で制定した「新型の農村合作医療制度の創立に関する意見」を配布して，新型の農村合作医療の政策に対して具体的な規定を行なった。旧型の農村合作医療制度と比較して，新型の農村合作医療制度は次のような特徴がある。

第1に，定義が明確であること。政府の組織，案内，支持によって，農民は自らの意志で参加して，個人，集団と政府は多方面から資金を調達して，重病になった時の農民医療の相互共済を主とする制度である。

第2に，資金を調達する範囲を拡大したこと。県（市）を単位にして資金を調達する方法をとり，条件が備わない地域は，初歩段階で郷（鎮）を単位として試行し，徐々に県（市）を単位にして資金を調達することに移行することもできる。

第3に，政府の責任を強化したことである。政府は新型農村合作医療制度の実施の主役であり，組織，案内，支持の責任を負う。制度をつくった初期，各級の政府が資金調達額の3分の2を占めており，それによって旧型の農村合作医療がもった「民間が経営し，政府が補助する」という性質を変えて，新型農村合作医療制度の有効な実行を保証した。

第4に，重病時の給付措置に重点をおくことである。ここ数年来わりに高い費用の慢性病，悪性疾患が農民の健康と生活を脅かす主要な疾病となったため，新

型農村合作医療基金の初期には，限りある資金をまず「重病」の治療を保障することに用いて，その後次第に外来診察に広げていけなければならない。

　第5に，監督管理体制を改善したことである。県レベル政府の関連部門と新型農村合作医療に参加する農民とが共同で監督委員会を組織し，監督委員会と同じクラスの人民代表大会および監査部門が共同で新型農村合作医療に対する検査と監督の仕事にあたる。それ以外に，合作医療基金の収支，使用情況もさらに定期的に社会に告示して公布して，広大な人民群衆と社会の世論の監督を受けなければならない。

　第6に，医療救助制度と医療商業保険制度とが互いに連結し，一緒になって効力を発揮すること。医療救助制度は貧困家庭，「5保」対象に医療費補助金を与えて，かれ・かのじょらが現地の新型農村合作医療に参加することを経済的に援助する。経済発達地域の裕福な農民に対して，新型農村合作医療制度と商業医療保険に同時に加入することが提唱され，それによってかれ・かのじょらがさらによい医療保障をえさせることになる。

　2004年以後，各級の政府の新型農村合作医療に対する投資はさらに増大して，2012年にすでに調達資金総額の5分の4を占めた。これと同時に，保険加入者の医療費の決算範囲は次第に広がり，2011年には90％以上の地区が外来診察の医療費を決算範囲に入れた。2012年の入院費の決算比率はすでに約75％に達し，最高の支払い限度額は農民1人当たり純収入の8倍以上に引き上がった。これらの政策は保障加入率を迅速に上昇させ，2012年6月末までに，すでに95％以上の農村住民がこの保険に加入した。

　新型の農村合作医療制度が旧型の農村合作医療制度を基礎にした再建であるのに対して，農民を対象とした社会養老保険は，とりもなおさず改革開放以後にあらわれた新しく生まれた事項であり，それは1991年から建設がはじまった。当時，農村の養老問題を解決するため，民政部は「企業従業員養老保険制度改革に関する国務院の決定」を参考にし，一部の地区で農村社会養老保険を試験的に行なった。主要な方法は，基金調達は個人の納付を主として，集団の援助金を補助的なものにすること，個人口座の基金を積み立てる保険モデルを採用すること，保険加入者は満60歳以後，その個人の口座基金の積立額と平均余命に基づいて養老年金の給付額を決めることである。これは中国が農民を対象とする社会養老保険制度をつくったはじめての試みである。しかし，資金の調達は主に農民個人の納付

に頼っているため，制度の維持と支払水準のいずれにも問題があり，農民は信頼せず，保険加入率は常に非常に低い。

　2003年以後，一部の地区は政府の財政補助による新型の農村社会養老保険制度をつくることを試みはじめた。具体的な方法は，① 個人の納付，集団の補助，政府の拠出を互いに結合させた資金調達の機構をつくり，農民の保険加入の積極性を発揮させること，② 基礎養老基金と個人口座基金の結合による養老年金制度を構築して，保障水準を高めること，③ 給付水準の調整機構をつくり，他の関連制度との連係の問題を解決することである。各地の経験を総括して，2008年，中国共産党第17期第３回中央委員会全体会議は「農村の改革と発展を推進する若干の重要問題に関する中国共産党中央の決定」を採択し，全国で統一的な新型農村社会養老保険制度を構築することを確定した。2009年９月１日，国務院は「新型農村社会養老保険の試行を展開することに関する指導的意見」を発表して，新型農村社会養老保険のスタートを示した。

　新型農村社会養老保険制度の基本原則は「基本生活を保障し，広くカバーし，弾力性があり，持続可能であること」である。具体的には次の４つの方面で体現している。

　第１に，農村の実際から出発して，低いレベルからスタートして，資金調達と給付水準は経済発展および各方面の引受能力と相互に適応させて，そして今後の逐次水準引き上げのためにスペースをとっておくべきこと。

　第２に，個人（家族），集団，政府が責任を合理的に分担して，権利と義務が相適応すること。公平性（給付と負担の両面での公平）と普遍性（農村住民全員を対象とする）を具体化すべきであるし，また個人と家族の責任も具体化すべきであり，純然たる福利補助金を交付するべきでないこと。

　第３に，政府の指導と農民の自由加入を相互結合させて，利益誘導と宣伝動員をとおして，農民があまねく加入するように誘導すること。

　第４に，中央は基本原則と主要政策を確定し，地方は具体的な方法と実施計画を制定して，保険加入農民に対して，戸籍所在地域での管理を行なうことである。1990年代に各地で試行した農村養老保険と比べて，2009年に実行した新型の農村社会養老保険は次のような特徴がある。

　① 都市部企業の従業員の基本的な養老保険モデルを参照して，新型農村社会養老保険制度も社会プールと個人口座を互いに結合させた方法を採用した。この

ような方法は現在の農民工の就業の移動性が大きいという特徴と今後の都市化の趨勢に適しており，今後の都市と農村の養老保険関係の相互移転と継続に有利である。

　② 新型の農村社会養老保険制度は個人納付の保険料，集団の補助，政府の拠出を互いに結合させた資金調達方法を実行した。個人の保険料納付は2009年の時点で年間100元から500元まで5つのランクを設けて，農民は自分でランクを選び保険料を納め，多く納めれば多く受給する。条件を備えた村集団は，村民に対して保険費用に適切な補助をしなければならない。中央財政の拠出は新型農村社会養老保険の基礎養老基金に使われ，地方財政の拠出は保険加入者の納付金あるいは基礎養老基金に使われる。政府の財政投入があることが，新型の農村社会養老保険制度と1990年代の古いそれとの最大の違いである。

　③ 満60歳になっても，まだ月々の都市従業員基本養老保険の待遇を受けていない農村住民は新型農村社会養老保険基金から支払われる基本養老年金を受けることができる。基本養老年金は基礎養老基金と個人口座の養老基金の2つの部分から構成されている。すでに満60歳になった農民は直接基礎養老年金を受けることができ，保険料の追加納付を求めないが，しかし保険加入の条件と一致するかれらの子どもは保険に加入しなければならない。高齢者の保険料の追加納付を求めないことは，新型農村社会養老保険制度の普遍性を具体化するためである。しかし「逆行性選択」，すなわち経済的能力があっても保険に加入せずに，老いるまで政府補助の基礎養老年金をまつことを防がなければならない。子どもが保険に加入し，両親が受け取ることは現代の社会保障制度のなかで，世代間の扶養責任をあらわす形式の1つであり，カバー範囲の拡大および家庭のむつまじさを促進することに有利である。

　④ 新型農村社会養老保険の個人納付，集団の補助と地方政府の財政拠出は，すべて個人口座に記帳される。受領条件に適合する保険加入農民は，基礎養老年金を支給されるほか，同時に個人口座の養老年金を受け取る。加入者死亡のばあいは，法定相続人または指定受取人に個人口座残高のなかの個人納付と集団補助の部分が支給される。しかし，政府が拠出した部分は公共財政からの支出であるため，相続の対象にならず，その他の長寿の高齢者の養老年金の支払にあてる。

　⑤ 新型農村社会養老保険基金の管理は暫定的に県・市レベルで実行されて，今後徐々にその上の省レベルで統一管理され，最終目標は全国の統合を目指す。

新型農村社会養老保険制度の設計は比較的合理的で，農民の歓迎を受けて，最初の計画では2015年に農村住民全員をカバーするとされたが，保険の加入者が迅速に増加することによって，2012年末に基本的にこの目標を実現した。

　既存制度に対する改革と改善および新しい制度の創設をとおして，中国は国民全体を対象とする社会保障システムを一応構築した。このシステムは社会保険，社会福祉，公的扶助，優遇配置（現役軍人，退役軍人およびその家族・遺族に対する優遇策）の4つの項目を含んでいる。現在，この形成されたばかりの社会保障システムは依然として制度としてはバラバラであり，規準が欠けており，保障レベルは低めであり，待遇の格差は大きすぎ，計画案配の段階は高くなく，各種の制度の相互間の連係は円滑でなく，管理能力の不足などといった欠陥がある。これらの欠陥を克服して，完全な社会保障システムを整備するためには，さらなる努力をしなければならない。

　上述したことを総合すれば，改革開放以来，中国政府はいろいろと思案をめぐらして経済の高度成長を維持すると同時に，貧困扶助・貧困の削減，就業促進，教育格差の縮小および国民皆保険の社会保障システムの構築などの努力をとおして，逐次国民全体の生活水準を高めた。同時に指摘しなければならないのは，1978年以降の経済の高度成長は中国社会に巨大な財産を蓄積させたと同時に，貧富格差の拡大という不調和な現象もあらわれたことである。現段階の民衆の政府に対する基本的要求は，できるだけ早く地区間，都市と農村間，社会の各階層間の貧富の格差を縮小して，発展の成果を全体の人民が共有できることの実現である。民衆の要求に呼応して，2012年11月に開催された中国共産党第18次全国代表大会は新しい人民の生活の建設目標を確定した。それは経済改革と政治改革をいっそう推進させることによって，1950年代からつくられた都市と農村の二元構造を徹底的に打ち破って，都市と農村の一体化の発展を実現して，2020年までに「小康社会」（小康とは衣食住・教育・保健等を満たした上で，文化や余暇を楽しませるゆとりのある生活状態を指す）を建設し，ひとりひとりがすべて平等で，尊厳に値する幸せな生活ができるという目標である。

参考文献

　政務院『中華人民共和国労働保険条例』1951年2月。
　『高級農業生産合作社示範章程』1956年6月。

財政部「関於国営企業財務工作中幾項制度改革的意見（草案）」1969年2月。
衛生部，農業部，財政部，国家医薬管理総局，全国供銷合作総社『農村合作医療章程（試行草案）』1979年12月。
国務院『中外合資経営企業労働管理規定』1980年7月。
「中共中央関於教育体制改革的決定」1985年5月。
厲以賢編『現代教育原理』北京師範大学出版社1988年。
国務院「関於企業職工養老保険制度改革的決定」1991年6月。
中共中央，国務院「中国教育改革和発展綱要」1993年2月。
国務院「国家87扶貧攻堅計画（1994〜2000年）」1994年4月。
『中華人民共和国労働法』1995年1月。
国務院「関於深化企業職工基本養老保険制度改革的通知」1995年3月。
国務院「関於建立統一的企業職工基本養老保険制度的決定」1997年7月。
国務院「関於建立城鎮職工基本医療保険制度的決定」1998年12月。
国務院「社会保険費徴繳暫行条例」1999年1月。
教育部，国家計画委員会，財政部「関於実施中小学危房改造工程的意見」2001年1月。
国務院「関於基礎教育改革與発展的決定」2001年5月。
国務院「中国農村扶貧開発綱要（2001〜2010年）」2001年6月。
中共中央，国務院「関於進一歩加強農村衛生工作的決定」2002年10月。
張玉林「分級弁学制度下的教育資源分配与城郷教育差距——関於教育機会均等問題的政治経済学探討」『中国農村観察』2003年第1期。
衛生部，財政部，農業部「関於建立新型農村合作医療制度的意見」2003年。
楊東平『艱難的日出——中国現代教育的20世紀』文匯出版社，2003年。
王紹光「中国公共衛生的危機與転機」『比較』2003年第7期。
王徳文「中国農村義務教育現状和出路」『中国農村経済』2003年第11期。
教育部発展規劃司編『中国教育統計年鑑』（2003〜2013年）人民教育出版社。
「関於2005年中央和地方予算執行情況與2006年中央和地方予算草案的報告」2006年3月。
『農村5保供養工作条例』2006年1月。
教育部，財政部，人事部，中央機構編制委員会弁公室「関於実施農村義務教育段階学校教師特設崗位計劃的通知」2006年5月。
曹普「改革開放前中国農村合作医療制度」『中共党史資料』2006年第3期。
国務院「関於在全国建立農村最低生活保障制度的通知」2007年11月。
『中華人民共和国労働合同法』2008年1月。
『中華人民共和国就業促進法』2008年1月。
『中華人民共和国労働争議調解仲裁法』2008年5月
中共中央「関於推進農村改革発展若干重大問題的決定」2008年10月。
顧明遠，劉復興『改革開放30年中国教育紀実』人民出版社，2008年。

董克用編『中国経済改革30年　社会保障巻』重慶大学出版社，2008年。

「中国貧困標準上調迫在眉睫　扶貧脱困政策亟待出台」『中華工商時報』2009年3月18日。

国務院「関於開展新型農村社会養老保険試点的指導意見」2009年9月。

21世紀教育研究院編『中国教育発展報告』社会科学文献出版社，2010年。

「国家中長期教育改革和発展規劃綱要（2010～2020年）」2010年7月。

『中華人民共和国社会保険法』2011年7月。

国務院新聞弁公室「中国農村扶貧開発的新進展」2011年11月。

国務院「中国農村扶貧開発綱要（2011～2020年）」2011年12月。

袁新文，趙婀娜「教育免費奠基民族復興」『人民日報』2012年8月9日。

王延中編『中国社会保障発展報告（2012）』社会科学文献出版社，2012年。

中華人民共和国国家統計局「2013年国民経済和社会発展統計公報」2014年2月24日。

「中共中央国務院関於打贏脱貧攻堅戦的決定」2015年11月。

教育部財務司，国家統計局社会科技和文化産業統計司編『中国教育経費統計年鑑2017』中国統計出版社，2018年。

中華人民共和国人力資源和社会保障部「2017年度人力資源和社会保障事業発展統計公報」2018年5月。

「中共中央国務院関於打贏脱貧攻堅戦三年行動的指導意見」2018年6月。

中華人民共和国教育部「2017年全国教育事業発展統計公報」2018年7月。

第9章
中国社会学史の研究

　早くも民国期に，中国の社会学の発展史について研究を行なった学者がある。そのなかで集大成を行なったのは孫本文著の『当代中国社会学』(1948) である。新中国の樹立後30年間，社会学が取り消されたために，中国社会学史の研究も中断された。1979年に社会学が再建した後に，中国社会学史の研究がようやく改めて盛んになった。本章は新中国建国以前と1979年の社会学の再建以後の中国社会学史の研究状況について簡潔な概要をしたものである。

1　1949年以前の中国社会学史に関する研究

　1987年に出版された楊雅彬と韓明謨の同じタイトルの『中国社会学史』は，中国社会学の再建初期に1949年以前の社会学史について研究した代表的な著作である。それ以後続々と出版された専門書には『中国社会と社会学百年史』(張琢，1992)，『中国社会学史新編』(鄭杭生・李迎生，2000)，『近代中国社会学』(楊雅彬，2002)，『一個学科と一個時代：中国の社会学』(閻明，2004)，『マルクス主義社会学史』(鄭杭生・劉少傑，2006)，『中国社会学の発端と発展』(劉少傑，2007) がある。1949年以前の社会学史研究に関する主要な資料集には『中国社会学経典解読』(李培林等，2009) と『民国時期社会調査資料集』(国家図書館，2013) がある。

　『中国社会学経典解読』は原著を要約・編集する方法で，20世紀の前半世紀の中国社会学の学術思想を大体以下の5種類の思潮に区分して，当時の56人の代表的な学者の主要な著作と主要な観点について紹介を行なったものである。

(1) 唯物史観社会学

　マルクス主義が中国に伝わって以後，唯物史観の社会学派が生まれた。その代表的な人物は李大釗，瞿秋白，李達，許徳珩，陳翰笙などである。1919年以後中

国語に翻訳された日本の河上肇の『マルクスの唯物史観』とソ連のブハーリンの『唯物史観の社会学』は，この学派の思想形成に対して比較的大きな影響を及ぼした。唯物史観の社会学の観点をもつ学者は，コント以来の伝統的な社会学と比べて，マルクス主義の唯物史観の社会学は「新しい社会学」および「現代社会学」であり，史的唯物論の原理によってはじめて，社会の発展の法則をはっきり認識することができると考えている。

　李大釗は次のように指摘している。すなわち，唯物史観は社会学上の法則であり，マルクスとエンゲルスが1848年の共著の『共産党宣言』のなかで発見したものである。史的唯物論者は社会現象を観察する時，経済現象をもっとも重要視にする。歴史の上で本質的に変化するものは，経済現象だけであり，ゆえに経済的要件は歴史上で唯一の物質的要件である。経済構造は社会の基礎構造であるため，全社会の表面構造は，すべてそれの移転変化にしたがう。社会学はこのような重要な法則をえて，この学を研究するひとに根拠とさせ，これにしたがって複雑に変動する社会現象を考察することができるようにして，比較的に真実の効果をえることを容易にした。これは唯物史観の社会学に対するもっとも大きな貢献である，と（李大釗，1920）。

　瞿秋白は1920年代に，上海大学で教務主任兼社会学部主任を担当した時，社会学，社会哲学概論，社会科学概論，現代民族問題などの科目を担当した。瞿秋白は社会学部のために40近くの科目を設けて，そして社会発展史，政治経済学，社会主義などの科目を開いて，施存統，蔡和森などの共産党員も上海大学社会学部で教師を担当した。当時の上海大学は革命色が濃厚なため，北京大学とともに共産党活動の中心となった。

　瞿秋白は自分の社会学の講義を「現代社会学」と命名して，唯物史観の角度から社会学の研究対象およびその他の科学との関係を講義した。かれは，社会学が研究する対象は，必ずその他の科学が研究することができないものであり，さもなければ社会学はその他の科学との違いがなくなる，と考えた。社会学が答えるべき問題は，社会とはなにか，社会の発展あるいは衰退の根本的原因はどこにあるか，各種の社会現象の相互の関係はどのようなものか，これらの現象の発生の原因はどこにあるかなどである。したがって社会学の定義は次のようである。「社会学は人類社会とそのすべての現象を研究し，そして社会の形式の変遷，各種の社会現象の相互関係および変遷の法則を研究する科学である」（瞿秋白，

1924)。

　唯物史観の立場をもつ学者は，唯物史観の社会学と伝統的な社会学の間のもっとも根本的な相違は社会を改造する方法についての認識である。つまり「革命」を主張するか「改良」を主張するかだと考えている。このような相違は階級の理論に関する論述の方面にもっとも鮮明にあらわれている。

　李達は，旧来の社会科学者は階級の概念に対してさまざまな誤った見解があると考えた。すなわち，第1の観点は近代社会に階級の相違が存在することをまったく否定し，近代社会の民主主義制度は平等を原則とするため，階級の不平等が消失して，あらゆる階級の不平等はすべて過去の歴史現象に属するという。第2の観点は階級の相違が存在することを認めるが，しかし階級の格差と対立は今までの社会に存在する普通の現象であり，調停することができるものであるため，階級の衝突が発生する必然性がないと主張する。李達は，社会上には階級分裂があるからこそ，各階級の利害の調停ができなくなって，必然的に階級の衝突を引き起こすと考えていた。また，かれはこのような対立物の闘争は，社会を発展させる原動力で，現代から未来への社会変動の根本的な要素であると強調した（李達，1937）。

　20世紀の前半世紀の中国の社会学の発展のなかで，唯物史観の社会学は決して社会学の主流ではなく，それは主に北京と上海で流行した。北京では李大釗らが北京大学を中心にして伝播を行ない，上海では瞿秋白が上海大学社会学部を中心にして伝播を行なった。趙承信が1948年に発表した「中国社会学的両大派」は，当時中国の社会学界には2つの大きい流派すなわち「文化学派」と「弁証法唯物論派」が存在したことを指摘している。かれは「文化学派」が正統で，主流で，社会学界で優位を占めており，これに対して「弁証法唯物論派」は青年に対して影響が非常に大きかったけれども，しかし決して社会学の正統ではなかったと述べた。趙承信がいったいわゆる「文化学派」は，孫本文らを代表とする社会学の学院派を指し，そして「弁証法唯物論派」は当時の唯物史観社会学派を指す。この「両大学派」は当時互いに対立して，「唯物史観社会学派」はコント以来の社会学の理論と方法に対して激烈な批判の態度をとり，「文化学派」はマルクス主義の社会学を正統な社会学の体系に組み入れることを拒否した。たとえば，孫本文はその著『当代中国社会学』のなかで，「本書は唯物史観の著作は純粋な社会学に属さないと考えているため，おおよそこの史観で編集された書籍に関する紹

介は一切割愛した」と明確に書いた。

（2）郷村建設と社会調査運動

　郷村建設は1920年から1930年代に主に知識人の提唱，参加によって，中国農村を建設・復興し，そして中国の農民問題を解決することを主旨とした社会改良運動である。当時，郷村建設の活動に携わった団体と機関は600余りあり，設立された各種の実験区は1,000余りあった。1930年代の中国郷村建設運動は2つの大きい流派に分けられる。1つは梁漱溟を代表とする「村治派」であり，その理論の基礎は中国の伝統文化の体系のうえにあった。梁漱溟は，西洋の社会と違い，中国の社会は「倫理本位，職業分立」の社会であり，中国農村の崩壊は，固有の礼儀と道徳の精華の衰退のためであると考えた。したがって，郷村建設の最高の理想は社会と政治の倫理化であり，基本的な道筋は郷村の合作化と工業化で，基本的な手段は教育の普及であると考えた。梁漱溟の郷村建設理論の主要な観点は，次のようである。① 農業から工業を誘発することを主張し，商業資本を発展させる工業化の道に反対し，農民の生活需要から出発し，全体の中国経済を改造すべきこと，② 消費のための生産の工業化を主張し，営利のための生産の工業化に反対して，社会全体の自給自足体系を創立することにより，激しい競争，貧富格差の拡大，階級分化および社会関係の悪化を防止すべきこと，③ 工業・農業を全体的に計画案配する第3の工業化の道を歩むべきことである。すなわち，中国は西洋のように営利を重視する商業資本を発展させる工業化の道を進むべきではなく，またソ連のように強制的に集団化した社会主義の工業化の道を推進してはいけない。郷村建設を基礎とする社会主義の工業化は中国が歩むべき道だと考えていた（梁漱溟，1937）。

　別の一派は「定県主義派」で，主に晏陽初が指導した平民教育促進会によって推進された。かれらは定県を郷村改良の実験基地とした。その理論上の特徴は西洋文化の影響を比較的深く受けている。晏陽初は1918年に米国のエール大学の学士の学位をえて，1920年にプリンストン大学の歴史学修士の学位をえた。その後中国に戻って，上海YMCA全国協会知育部で平民教育の仕事を主宰し，1923年に陶行知，朱其慧，蔡元培らと北京で中華平民教育促進会を発起，創立させ，事務局長を兼任して，1926年に河北省定県で翟城村を試験（点）にして，平民教育と郷村改造実験を繰り広げた。

晏陽初は「定県実験」を行なう時，中国の教育制度は完全に西洋を踏襲しているため，その結果大学の卒業生は本国の情況と問題に対して認識を欠き，そのうえ都市に心を奪われて農村に対して一顧だにしないことを痛感していた。この偏向を是正するために，かれは郷村建設学院を平民大学に拡充し，4つの学院，すなわち平民教育学院，平民生計学院，平民衛生学院，平民政府学院を含み，もって平民教育と経済建設の各種の人材を育てることを決心した。教育を普及しながら，晏陽初は次第に郷村建設の全体の構想を形成した。かれは，愚，貧，弱，私が中国の貧しくて立ち遅れをもたらす4大病根だと考え，そのために文芸教育をもって愚を治し，生計教育をもって貧困を治し，衛生教育をもって弱を治し，公民教育をもって私を治すという主張を提出した。そしてこの4大教育が社会，学校，家庭の3つの方法の連関をとおして進め，もって農民の知識力，生産力，強健力および団結力を必ず育成しなければならないことを強調した。農村で政治，教育，経済，自衛，衛生そして礼儀の「六大一体建設」を実現することをとおして，国を強くする目的を達成することができると考えていた。

　李景漢は「定県主義派」のもう1人の代表人物である。かれは1917年にアメリカへ留学して，社会学と社会調査の研究方法を専攻して，カリフォルニア大学で修士の学位をえた。1924年に帰国して，北京社会調査所の幹事に任じられ，1926年に中華教育文化基金委員会社会調査部の主任になり，燕京大学社会学部の講師を兼任した。定県に行く前，李景漢の調査研究の対象は主に都市のなかの貧民階層であった。1928年に中華教育文化基金委員会社会調査部の主任に任じられた後に，定県に行って調査を行ない，1933年に『定県社会概況調査』を出版した。この本は，地理，歴史，県政府およびその他の地方団体，人口，教育，健康と衛生，農民の生活費，郷村の娯楽，郷村の風俗と習慣，信仰，租税，県の財政，農業，商工業，農村の貸借，災害と凶作，戦乱の17の方面から定県の基本的な社会の概況について述べたものである。『定県社会概況調査』は中国ではじめての県を単位にした系統的な実地調査であり，1930年代の中国の北方の農村社会を研究するために精確な資料を提供して，中国の20世紀の前半世紀のもっとも影響力をもつ社会調査の著作のなかの1つで，当時の国内外の社会学界によって中国農村生活の百科全書と称されている。

　1920年から1930年代の社会調査運動は主に3つの学術機関に依拠して繰り広げられた。1つは北京に設置された社会調査所である。この調査機関の前身は1926

年に米国ニューヨーク社会宗教研究院の寄付により設立された中華教育文化基金理事会に属する社会調査部であり，1929年7月1日に社会調査所と改名して，1934年に中央研究院社会科学研究所と合併した。2つは中央研究院社会科学研究所である。これは1928年に広州に創立され，1945年に社会研究所と改名した。3つは1923年創立の中華平民教育促進会である。

　科学的方法を採用して中国の国情を調べて，ひいては中国を改造することが，当時の中国の社会学者が社会調査に従事する主な目的であった。1932年，陶孟和は李景漢の『定県社会概況調査』のために書いた前書きなかで，はっきりと社会調査運動の主張を次のように表現した。「中国で，科学的方法を採用して社会状況を研究したのは，ただここ10年のことにすぎない。従来わが国の士大夫は，『論語』の半分を理解することで天下を治められるという態度を抱いており，現実の社会状況については，少しも注意せず，ただ古人をまねることを得意な仕事としていた。西洋の砲火がこの迷夢を覚ましてから，さらに完全に西洋文明の下にひざまずいた。しばしば国情を顧みないで，西洋の各種の主義と制度が盲目的に，選別もせずに中国に紹介された。そっくり摸倣して学びさえすれば，即座に社会の進歩をもたらすと思った。ところが，主義と制度の紹介が多いほど，中国の社会は，逆にますます混乱に陥った。そこで一部の有識者は，このようなただ他人をまねて自分の国情を知らない弊害を見抜いて，直ちに立ちあがり，社会調査運動を提唱した。科学的な精密方法を用いて，われわれ自身の社会の現実を研究することを主張した。私たちはまず自らの社会を知ってはじめて，社会を改善する計画を定めることができる」（李景漢，1933）。

　しかし，社会調査をとおして中国の経済の立ち遅れ，農民の貧困状況を調べた後に，問題の発生原因と対策について，学者たちははっきりと対立する2派に分かれた。1つの派は，問題の発生の根本原因は教育の立ち遅れと社会秩序の乱れにあり，教育の普及さえすれば，社会秩序が回復し，農村を改造し，経済を振興できると考えた。主な代表人物は梁漱溟，晏陽初らである。別の一派は，問題の発生の根本的な原因は帝国主義の侵略と土地制度の不平等にあり，経済を振興して，農民の貧困問題を解決しようと思えば，必ず帝国主義を打倒し，同時に土地革命を行なって，土地をもたない農民および少量の土地しかもたない農民に土地を所有させなければならないと考えた。主な代表人物は陳翰笙，薛暮橋，孫冶方，千家駒などである。

(3) 社会学の「中国学派」

　社会学の「中国学派」の創立者は呉文藻である。呉文藻は1927年に『イギリスの世論と行動のなかにみる中国のアヘン問題』という論文で米国のコロンビア大学の博士の学位を獲得して、1929年のはじめに帰国後、燕京大学社会学部教授に就き、1933年に燕京大学社会学部主任に就いた。当時の中国の社会学は教育と研究の上で2つの傾向があった。1つは少なくない社会学者が中国にすでにある資料、とりわけ歴史資料を西洋の人文学・社会科学の理論に埋めることに熱中していることである。2つは当時の英米の社会学で通用している社会調査の方法で中国の社会を述べていることである。このような学風を変えるため、呉文藻はイギリスの人類学者のマリノフスキの構造＝機能主義理論と米国の社会学者パークのヒューマン・エコロジーの理論を受け入れて、「コミュニティ研究」が社会学の中国化の中心テーマだと提起し、中国の社会構造の改善はコミュニティ研究からはじめなければならないと主張した。

　「コミュニティ研究」とは何か。すなわち中国の国情を出発点として、みんなが同じ立場あるいは同じ文化的観点と方法を用いて、さまざまなコミュニティについて研究を行なうことである。たとえば民族学者は辺境における少数民族コミュニティあるいは植民地にされたコミュニティを考察すべきで、農村社会学者は内陸の農村コミュニティあるいは移民コミュニティを考察すべきで、都市の社会学者は沿海の都市コミュニティを考察すべきだと呉文藻は考えた。このように、静態的なコミュニティ研究は社会構造を分析し、動態的なコミュニティ研究は社会過程を考察することにより、社会の組織と社会変動の全体を解釈することにつながると主張していた。

　呉文藻はさらに次のことを指摘していた。現代のコミュニティ研究のなかで、社会学調査と社会調査は異なった性質をもつ。すなわち、社会調査は社会生活の見聞の収集だけであるが、社会学調査は社会的事実の考察をとおして社会学理論の基本的な仮説を検証する。社会調査の目的は社会の実際問題を解決するためであり、社会サービス者が社会を改良するために行なう調査であるが、しかし社会学調査の目的は社会を発見し、社会を認識し、そして社会を解釈するためである。社会調査は定量分析に重点をおくが、社会学調査はコミュニティに深く入り込むことを重視し、データの定性分析を強調する。社会調査が理解する社会は横断面であり、部分的な静態構造であるが、社会生活を、縦断的、連続的、全体的そし

て動態的に理解することが社会学調査の目的である。このことから，もし社会学調査の基本的な内包からコミュニティ研究を理解するならば，コミュニティ研究の目的は，社会的事実を記録するだけではなくて，さらにさまざまな社会的事実の相関関係を整理し，ならびにこれに対して因果分析を行なうことにあることがわかる。このような社会学研究を実現しようとすれば，必ずフィールドに深く入り込み，実地考察をとおしてさまざまな社会現象の経緯と運行の法則を発見しなければならない（呉文藻，1935）。

その後の中国社会学の発展からみれば，呉文藻の理論の影響はとても大きく，しかも国際学術界から高い評価をえて，マリノフスキなどの学者によって「社会学の中国学派」と称された。呉文藻の後輩である費孝通，李安宅，林耀華などの学者は呉文藻に追随して，多くの学術価値の比較的高い学術成果を生みだし，1940年代に中国の社会学研究の主流の地位を占めた。

この主流の下で，2つの分枝がある。ひとつは費孝通を代表とする社会人類学の分枝で，その特徴は経済と相互に関連した社会組織に対する分析を重視することにある。費孝通は1928年に東呉大学に合格し，2年の医学予科を修了し，当時の革命思想の影響を受け，これ以上医学を学ばないと決め，社会科学を学んだ。1930年に燕京大学社会学部に転入して，呉文藻に師事し，学士の学位をえた後に1933年に清華大学社会学・人類学部に合格し，1935年に修士の学位をえて，同時に公費留学の機会を獲得した。1936年にイギリスのロンドン大学経済政治学院に留学し，マリノフスキに師事し博士の学業を達成した。かれは江蘇呉江の調査結果に基づいて書いた論文『江村経済』(*Peasant Life in China*) を，1939年にイギリスで出版し，国際人類学界の権威のある著作になった。調査研究をとおして，農村社会を深く掘り下げて調べ，それによって農村問題を解決する具体的な方案をだすことが，費孝通の生涯の活動の重点であった。かれが1949年以前に出版した中国農村に関係する研究の著作には，上の『江村経済』(1939) 以外に，さらに『禄村農田』(1943)，『内地農村』(1946)，『生育制度』(1947)，『郷土中国』(1948)，『郷土再建』(1948) などがある。

費孝通は，数千年来，漢民族が生存を頼ってきた経済的基礎は主に単純な農業生産様式で，農耕作の悠久の歴史が中国の社会構造を築きあげたと考えた。それゆえ，かれは中国の伝統文化を「五穀文化」と呼び，さらに次のように分析した。すなわち，「五穀文化」の特徴の1つは，ひとと土地の間に特有な親縁関係が存

在することである。人は土地で食糧を栽培して生計を立てる。土地は移動させることができないので，人びとも必然的に定住するようになり，ある地域で集まり住んで，自給自足的な生活をすごす。ひとは土地に身を寄せ，ただやむをえない時に，故郷を離れる。したがって郷土社会は地方性に富んでおり，人口移動は小さく，村と村はそれぞれが独立した部分社会となり，互いに没交渉になる。土地に束縛されるひとの生活様式は農作業の方式によって決まる。農作業はひとに一定の空間の移動性を規定し，かつまたひととひととの交際圏を規定する。互いに行ききするひとのなかに見慣れないひとはなく，1日中熟知したひとの間で生活を送る。熟知は人びとの長い期間で，多方面の社会的接触のなかから発生した親密な感覚である。郷土社会の構造には特徴がある。1個人を中心にして，社会関係がいく重にも重層して外に広がっている。費孝通はこれを「差序格局」（差異秩序構造）と称した。かれは次のようにいう。差序（差異秩序）とは小石を水中に投げた時に起こる波紋のようなものであり，一輪一輪広がって行く，広がれば広がるほど薄くなる。わたし，わたしの父，母，わたしの兄弟，兄弟の妻，兄嫁の兄弟，わたしの子どもの叔父などが出産と婚姻で結ばれたネットワークを構成する。これは西洋社会が個人間の契約で結成される「集団構造」と異なっている（費孝通，1948）。

この「差序格局」の概念は費孝通の独創であり，しかも国際社会学界に受けられており，中国の伝統社会を分析する1つの重要な理論的視角になった。

もう1つの分枝は林耀華を代表とする文化人類学の分枝である。その特徴は文化と関連する社会と非公式制度，たとえば宗族，宗教，習俗などについての分析を重視することである。林耀華は1928年に燕京大学社会学部に入学し，呉文藻に師事した。大学卒業後，引き続き燕京大学社会学部の修士課程に進み，1935年に論文『義序の宗族研究』で修士の学位をえた。1937年にアメリカのハーバード大学人類学部に留学し，1940年に論文『貴州苗民』で博士の学位をえた。ハーバード大学での研究時，林耀華は小説の様式で『金翼』（*The Golden Wing: A Sociological Study of Chinese Family*）を書いて，張芬洲と黄東林の2つの一族の盛衰を叙述することをとおして，中国の南方農村の漢族の宗族と一族の生活の伝統と変遷を描写して，欧米の学術界で非常に高い評価を獲得した（林耀華，1947）。1941年に帰国後，林耀華は主に少数民族ついての研究に従事して，1947年に「中国の西南の省の彝族について行なった最初の系統的な研究」と称される『涼山彝家』を出

第9章　中国社会学史の研究

版した。この本は地区，氏族，親族，一族，婚姻，経済，階級，仇，巫術の9章に分けて，彝族の社会・文化の基礎構造を述べて，涼山の階級制度，すなわち血統を基礎としたカースト制度の基本的な構成を分析した。

（4）中国社会学の「学院派」

　1920年代の中期，欧米に留学したグループの社会学者が学位を獲得後，続々と国内のそれぞれの大学に帰って，社会学の教育と研究活動に従事した。1928年，孫本文のイニシアチブで，呉景超，呉沢霖，潘光旦，楊開道，言心哲，李剣華，柯象峰，許仕廉，陳達，呉文藻らの学者が提唱して「東南社会学会」を成立させた（1928年10月29日に正式に成立）(訳注1)。これは中国の社会学界の最初の学術組織である。「東南社会学会」の基礎のうえに，1930年に「中国社会学社」が設立された（1930年2月8日，9日の両日上海で成立大会を挙行）(訳注2)。第1期の理事は9人で，つまり孫本文，許仕廉，呉景超，呉沢霖，陳達，陶孟和，潘光旦，游嘉徳，銭振亜であり，そのなかから選挙によって孫本文が正理事，許仕廉が副理事，呉景超が書記，呉沢霖が会計に選ばれた。中国社会学社は機関誌『社会学刊』をもち，孫本文が編集主幹を担当して，ここから中国の社会学研究の学院の風格を確立した。

　具体的な研究からみると，学院派は大体4つの分枝に分けることができる。

　1つは孫本文を代表とする「文化総合学派」である。孫本文は1915年に傑出した成績で北京大学哲学部に合格し，1918年に卒業後，南京高等師範学校の国文と哲学の教員に3年間就いた。1921年にアメリカに留学して，1923年に米国のイノリイ大学で修士の学位をえて，1925年にニューヨーク大学で博士の学位をえた。1926年に帰国して，前後して復旦大学と中央大学で社会学を講義した。孫本文は1949年以前に中国社会学界でもっとも影響があり，著述のもっとも多い社会学者で，社会学の専門書を20冊余り出版した。かれは米国の心理学派と文化学派の影響を強く受け，社会文化要素と心理要素の研究を重視した。孫本文は，文化は社会の成立の要素であり，人類の活動は文化のイベントであり，社会変動もつまるところ文化変動であり，社会問題の発生も文化の角度から原因を探求するべきだと考えた。そのゆえ，社会を改造しようとすれば先に必ず文化を改造しなければならないことを強調した。

　さらに，孫本文は『社会学原理』のなかで次のように指摘している。すなわち，

社会の需要と人民の願望に応じて行なわれている各種の社会事業は社会建設という。社会建設の範囲は非常に広くて，およそ人類の共同生活および安寧幸福などに関する各種の事業が含まれる。社会建設の計画の成功はすべて2種類の基本的な要素に頼る。1つは文化の背景で，2つは社会の態度（社会意識）である。社会建設の計画は，必ず文化の環境を背景にしなければならない。つまり，古い文化の弊害をみつければ，必ず救済しなければならないし，あるいは古い文化が時代の要求に応じることができなければ，その欠陥を補充する新しい文化を創らなければならない。これはいずれも古い文化を基礎とする。文化の要素は社会建設を行なう客観的な要素である。この要素を軽視すると，社会建設の成功が難しくなる。その次に，社会建設は，必ず社会の態度と抵触しないようにしなければならない。ある文化制度が推進できるか否かはすべて社会の賛否によって決まる。文化は自ら推進することができず，ひとによって推進されるからである。ひとはこの文化を推進するか否か，その態度によるものである。社会の態度は社会建設の主観的な要素である。この要素をゆるがせにする者は，成功の望みは難しい（孫本文，1935）。

　2つは陳達を代表とする「人口学派」である。

　陳達は近代中国の人口研究の開拓者の1人である。1911年に清華アメリカ留学準備クラスに入学した。1916年にアメリカへ留学して，1923年にコロンビア大学で博士の学位をえて，同年帰国して，清華学校で教員を務めた。1928年に清華学校は清華大学に改名し，陳達はこの大学の社会学部主任，教授に就いた。抗日戦争時，西南連合大学社会学部主任，教授，清華大学国情調査研究所の所長に任じられた。かれは長期にわたり人口問題，中国の労働者問題，華僑問題の研究に従事した。1949年以前の主要な著作には『中国労働者問題』(1929)，『人口問題』(1934)，『南洋華僑と福建広東社会』(1938) などがある。

　『人口問題』のなかで，陳達は生存競争と成績競争の理論を提出し，この2種類の競争の相互影響，相互作用を考えた。かれは，生存競争と人口数量とは密接な関係があって，それゆえに人口の大量の増加あるいは人口増加率の急激な上昇は人びとの生計に対して，当然劣悪な影響を生みだすことを指摘した。成績競争は人口の質の中心問題である。それゆえ人口の質がよければよいほど，文化の成績もまたよい。ただ先に生存競争の勝利をえてはじめて，さらに成績競争の勝利を求めることができる。また，成績競争の勝利をえることができれば，さらに生

存競争の勝利を容易に求めることができる。この2種類の競争の勝利を獲得し，中国の貧しくて立ち遅れている状況を変えようとすれば，必ず計画出産を実行して，人口の数を減らし，人口の質を高めなければならない，と（陳達，1934）。

　社会学の「人口学派」のなかの多くの学者も，陳達とほぼ一致した判断をした。たとえば，許仕廉の『人口学綱要』，陳長蘅の『三民主義と人口政策』，柯象峰の『中国の貧窮問題』と『中国人口問題』，言心哲の『中国郷村人口問題の分析』などである。要するに，人口の過剰を中国の貧しくて立ち遅れている重要な原因の1つだとみなして，産児制限を提唱したことが，1930年代の社会学の「人口学派」の主流の観点である。

　3つは楊開道を代表とする農村社会学研究である。

　楊開道は1924年に南京高等師範学校を卒業した後，直ちにアメリカに留学して，相前後してアイオワ農工学院とミシガン農業大学で農村社会学を学び，それぞれ1925年と1927年に修士と博士の学位を獲得した。1927年に帰国後，大夏大学，復旦大学，中央大学，燕京大学の教授を歴任した。楊開道は農村社会学の研究の方面で，最初に西洋社会学が農村社会を研究する中核的な概念である「community」をとりいれた。楊開道は「community」の概念を訳す時「社区」ではなく，「地方共同社会」ということばをあてた。かれは，農村は一般的な「共同社会」と異なり，それは農業を主要な職業とする「地方共同社会」だと指摘している。「地方共同社会」は時には「農村地方社会」とも称され，「農村地方社会」の上は「郷・鎮共同社会」で，「農村地方社会」の下は「近隣地区」であり，それらは共に農村社会の3層構造を構成している。

　『農村社会学』のなかで，楊開道は農村社会学の研究対象と具体的な内容について定義した。すなわち，狭義の農村社会学は特殊な純粋社会科学であり，研究するのは農村社会の全体，常態，基本的な現象である。広義の農村社会学は，農村の社会問題と純粋な農村社会学を含み，特殊な純粋社会学であると同時に応用社会学でもある。農村社会学は以下の内容を含むべきである。すなわち，農村社会の性質と特徴，農村社会の種類，農村社会の起源，農村社会の進化，農村社会の人口，農村の社会環境，農村の社会生活，農村社会の組織である。

　1929年に，楊開道は「農村組織の改良，農民の生活の増強促進」を主旨にして『農村生活叢書』の編集に着手して，1931年までにこの叢書の14冊すべてを世界書局から発行した。そのなかの『農村社会』，『農村問題』，『農村政策』，『農村自

治』,『農村組織』,『農村領袖』,『農村調査』,『新村建設』,『農民運動』の9冊はかれが書いたものである。

　当時の郷村建設運動に理論的支持を提供するために，楊開道は1937年に『中国の郷約制度』を出版した。いわゆる「郷約」とは，農村社会のなかで，道徳の実践と相互扶助をはかるために設けた規約である。この本のなかで，楊開道は中国の郷約制度の発生，および宋，元，明，清のそれぞれの時代の発展と特徴を論述した。かれは中国の古代の郷約制度が「地方共同社会（community）」の発生原理に一致するため，現在の農村組織もこの郷約制度を継承すべきだと考えている。楊開道は下から上へという方法で農村の基層組織をつくりあげ，村民自らで村落の事務を処理すべきだと主張する。しかも，農村の自治は民治国家の構成要件であり，都市の自治に比べていえば，直接自治に属し，直接民権を行使することができて，真に民治の基礎であると指摘している。

　4つは潘光旦を代表とする優生学研究である。

　潘光旦は1922年にアメリカへ留学し，ダートマスカレッジ大学で生物学を学んで，1924年に学士の学位をえた後に，コロンビア大学に入学し動物学，生物学，遺伝学を学んで，修士の学位をえた。1926年に帰国後，相前後しては上海政治大学，復旦大学，清華大学などで教授に就き，心理学，優生学，家族問題，進化論，遺伝学などを講じた。1949年以前に出版した主要な著作は『家譜学』(1928)，『優生概論』(1928)，『中国の家族問題』(1929)，『日本とドイツの民族性の比較研究』(1930)，『中国の俳優の血縁研究』(1934)，『近代蘇州の人材』(1935)，『人文史観』(1937)，『民族の特性と民族の衛生』(1937)，『明・清時代の嘉興の名家』(1947)，『優生原理』(1948) などである。

　潘光旦は，優生学の研究の内容は3つの方面，すなわち1つは「人間の資質を付与された遺伝問題」，2つは「文化選択あるいは社会選択の利害の問題」，3は「良質の遺伝形質を保つ方法」を含むと考えている。かれによれば，個人の資質と能力の形成は，先天的な遺伝と後天的な環境の2つの面によって決まるが，しかし前者がより根本的である。人類社会の発展からみると，個人の進歩だけを重んじてはいけないし，また社会の進歩だけを重んじてはいけないので，種族の進歩も重んじなければならない。人類社会の2つの要素，つまり個人と集団は，必ず同等な重視を受けなければならない。個人には3つの面がある，1つは他のひととの共通の性質，2つは他のひとと異なる個性，3つは男性か女性かの性別で

ある。個人のこの3つの面に対応して，集団社会にも3つの面がある，1つは秩序の維持，2つは文化の進展，3つは種族の永続である。どのような社会制度や観念形態をもっていても，上の6つの要素を配慮しなければならない。社会学は社会関係を探求する学問であるため，生物学と心理学の基礎の上に人間性を理解することを社会学者はもっとも重要な任務にしなければならない。したがって，社会学の研究に従事するひとは，生物学，遺伝学，生理学，心理学，病理学および哲学，歴史，文学，宗教などに対して，すべてある程度理解し，学科の境界を打ち破らなければならない（『潘光旦選集』，1999）。

（5）社会史の研究

史学は中国の伝統的な学術の主流で，史学の研究方法の変化は，史学自体に大きく影響するだけではなくて，すべての人文・社会科学に対しても重要な影響を及ぼす。1902年に，梁啓超は「新史学」を発表し，古い史学には「4弊害」，「2病気」があることを批判した。いわゆる「4弊害」とは，「1つは朝廷があることを知っているが，国家があることを知らない」，「2つは個人があることを知っているが，集団があることを知らない」，「3つは過去の事蹟を知っているが，いまやるべきことを知らない」，「4つは事実を知っているが，理想を知らない」ことである。いわゆる「2病気」とは，すなわち「大ざっぱに論述することはできるが，詳述ことはできない」および「踏襲することはできるが，創作することはできない」ことである。そのため，梁啓超は古い殻にとじこもって進取の精神がない史学界に「史学界の革命」を引き起こさなければならないと呼びかけた。梁啓超の批判を受けいれて，新しい史学は研究領域を大きく広げた。物質，社会，経済，宗教，文化など国家と国民性を構成する各要素はすべて歴史学の研究の対象になり，経済学，政治学，人類学，考古学，社会学，民族学，民俗学などの社会科学の視角も，逐次歴史学の研究の方法に組み入れられた。これと同時に，一群の社会学家，人類学者，民族学家も，史学の研究領域に入りはじめて，社会学的な社会史研究の潮流を形成した。

李安宅が1931年に出版した『「儀礼」と「礼記」の社会学的研究』は，旧来の史学の伝統を越えて，社会学の角度から中国の社会文化構造の「普遍的な形式」を探求する試みであった。この本のなかで，かれは社会学的な分析方法を運用して『儀礼』と『礼記』に記載された人びとの物質生活，日常生活，儀礼規則，宗

教祭祀，出産葬式，家族，婚姻，法律，倫理，親族関係，階級・階層，社会統治などの史料に対して改めて分類と解読を行なって，中国の古代社会を知るために新しい視角を開拓した。

瞿同祖は『中国の法律と中国社会』（1947）のなかで，社会学，歴史学および法学の理論を運用して，中国の家族，婚姻，階級，巫術と宗教，儒家思想と法家の思想に対する分析をとおして，中国古代の法律の基本的精神および主要な特徴を整理した。かれは，家族主義と階級意識が中国古代の法律の主要な特徴であることを指摘し，この2つの要素が儒家イデオロギーの核心と中国社会の基礎であり，中国の古代の法律が保護する制度と社会秩序でもあると考えていた。

それ以外に，蒙思明の『元代社会階級制度』，呂思勉の『中国婚姻制度小史』，翟直穎の『漢代風俗制度史前編』，楊樹達の『漢代慶弔礼俗考』，尚秉和の『歴代社会風俗事物考』，陳顧遠の『中国古代婚姻史』，陳東原の『中国女性生活史』，王書奴の『中国娼妓史』，蒋星煜の『中国隠居者と中国文化』，全漢昇の『中国同業組合制度史』，謝国楨の『明清時期党社運動考』なども，この時期に社会学の角度から社会史を研究した典型的な作品である。

2　1979年以降の中国社会学史に関する研究

筆者は本書のなかで1979年から1991年までを中国社会学の再建以来の草創期に区分した。再建の過程はすでに本書の第5章の3のなかで述べた。中国社会科学院社会学研究所『社会学研究』雑誌編集部によって編集された『社会学紀程（1979-1985）』（1986）と『現代中国社会学（1979-1989）』（1992）は中国社会学の再建後の最初の10年間の発展について論評した専門書である。また，1991年に中国大百科全書出版社から出版された『中国大百科全書・社会学巻』は，中国社会学の再建以来の草創期の集大成の成果であるといえる。

その後，1998年に中国社会科学出版社から出版された『当代中国社会学』は中国社会学再建の20年間の人材育成，組織建設，調査研究，学術活動など各方面の進展を述べ，14章に分けて1998年までの中国の社会学研究のいくつかの主要な領域の進展を重点的に論評した。そのなかには社会学の基本的理論研究，社会学方法論研究，発展理論と中国の近代化研究，コミュニティと都市・農村の発展研究，社会集団の利益と社会階層研究，青年研究，女性研究，老年社会学研究，家族社

会学研究,生活様式研究,社会保障研究,社会心理学研究,逸脱社会学研究,国外社会学理論研究を含んでいる。また,地域篇として香港と台湾の社会学者が執筆した香港の社会発展と社会学研究,台湾における社会学,香港・台湾における心理学研究概況の3章が収められている。それ以外に,この本はまた中国社会学の再建以後に出版された社会学の図書目録および中国の社会学界のイベントの年表を本文のあとに付録として記している(張琢,1998)。

2008年,つまり中国の改革開放30周年を記念した際,人文社会科学のそれぞれの学問は期せずしてそれらの学問のこの期間の発展の状況と成果を省察し,総括する著作を公刊した。社会学でいえば,鄭杭生編の『中国社会学30年(1978-2008)』は中国社会学の30年の研究の状況を総括した代表的な専門書である。この本は「総論」のなかでこの時期の中国社会と社会学の特徴を「急速なモデルチェンジのなかでの中国社会と日増しに成果があがっている中国社会学」と規定しており,全書は3編29章からなっている。それぞれ第1編は「社会学の理論と方法」であり,マルクス主義社会学理論研究,中国社会学理論研究,西洋社会学理論研究,中国社会学史研究,中国社会思想史研究そして社会学方法研究の6章から,第2編は「分枝社会学」であり,コミュニティ研究,農村社会学,都市社会学,経済社会学,労働社会学,組織社会学,法社会学,科学社会学,教育社会学,社会階層研究,発展社会学,環境社会学,女性・ジェンダー研究,性社会学,家族社会学,老年社会学,民族社会学,社会心理学,社会政策研究そして社会事業研究を含む20章から,第3編は「社会学の関連学科」であり,人口学,人類学そして民俗学の研究の状況の3章から構成されている。この本は系統的にほぼ30年来の中国社会学の学科建設を総括して,各領域の研究の重点と課題を指摘して,今後の社会学の教育と学科の建設のために道筋を提示するように努めている(鄭杭生,2008)。

教育と人材育成の需要に応じるため,再建後の中国社会学はまず基礎教材の編纂を必要とした。費孝通の主導のもとで,『社会学概論』編集グループによって編集された『社会学概論(試講本)』が1984年5月に天津人民出版社から出版された。この本は再建後の中国社会学理論の基礎を確立した最初の著作といえる。それ以後,こういった類の概論,テキストが次々と登場した。ある学者の統計によれば,2008年までに,中国で出版された社会学の基礎教材は恐らく100種類余りある。しかし,これらの社会学の基礎教材の基本的な理論体系,枠組構成,概念範疇,甚だしきに至っては資料の数値は,大部分が西洋の社会学を参考にし,

引用したものである。中国の改革開放の30年の社会変動およびと社会学の再建の研究成果を反映するため，李培林ほか編の『社会学と中国社会』が時運に応じて生まれた。

『社会学と中国社会』というテキストの際立った特徴は「中国の経験」を提起したことである。編著者はまず「中国の経験」という概念に対して次のように規定した。第1に，いわゆる「中国の経験」は「中国モデル」や「中国の奇跡」などの概念とは異なり，それはただ「業績」だけを指すのではなくて，「教訓」も含んでおり，発展の道のりを歩んできたすべての特殊な経歴を含む。第2に，「中国の経験」はとくに中国の特定の人口規模，社会構造，文化の蓄積の特徴によってうまれた新しい発展の法則および近代化発展の道のりを探ることに資するものを指す。第3に，「中国の経験」は実践の課程にあるため，いまだ定型化していない。それはその他の経験の選択を尊重し，「西洋の経験」に対立するものとして整理されたものではなく，自分の普遍性をも強調しない。その存在はただ統一性と多様性の結合の可能性を説明するだけである。

この本は中国の経験する特徴を，4つの方面にまとめている。

第1に経済体制の深い変革である。中国の発展の特徴はその他の国と異なって，2つの転換の同時進行である。すなわち経済体制の上では計画経済から社会主義市場経済へ転換したと同時に，社会構造の上では農業の郷村の閉鎖的社会から工業の都市の開放社会へチェンジしている。改革開放の初期，この2つの転換は主に経済体制の改革が社会構造のモデルチェンジを推進し，そして社会構造の変化の収益が体制の改革のコストを補償したかたちであらわれていた。現在，漸進式の体制改革はすでに新しい段階に入って，社会構造の急激な変化は経済体制改革の加速化を要求している。つまり，改革は各階層の利益の調和と社会公正を重視するだけではなく，さらに経済領域から社会領域に向かって全面的に拡大しなければならないことが求められている。

第2に，社会構造の急速な変動である。工業化，都市化，市場化，情報化，グローバル化の高速度の推進は，中国を伝統的な都市と農村の二元構造から近代的な社会構造に向かって転換を推し進めている。このような社会構造の転換の人口規模の大きさ，スピードの速さそして程度の深さは，世界の近代化史上ですべて前例のないことである。それはきわめて大きく中国人の生活様式，就業方法そして全体社会の様相を変えている。

第 9 章　中国社会学史の研究

　第 3 に，利益構造の深い調整である。改革自体は利益構造の調整の過程である。その期間に，都市と農村の間，地域間そして個人間に所得格差が絶えず拡大する情況があらわれた。グローバル化競争の背景下で，中国には工業化初期の資本蓄積の段階，工業化中期の産業化段階そして工業化後期の産業構造のモデルチェンジ段階が併存する局面があらわれているため，利益構造が調整されながらさまざまに異なる性質の社会問題が一気に噴出している。

　第 4 に，思想観念の深刻な変化である。社会主義市場経済，民主政治そして公民の観念の発展にしたがって，人びとの生活様式，就業選択，利益要求，価値指向，思想などに多様化の傾向があらわれ，異なる地域間，階層間および世代間の認識の相違が明らかに増加して，社会的コンセンサスを形成する難しさが増大している。また，経済発展の過程と結果も人びとに経済発展の道筋自体を反省させるように促している。

　『社会学と中国社会』は 6 編，29 章から構成されている。第 1 篇の「社会学と近代の変遷」は，「序論」と「中国の社会学の発生」，「中国社会の近代以来の変遷」の 2 章から，第 2 編の「個人と社会」は，「家庭と婚姻」，「宗族と家族」，「コミュニティと公民社会」，「組織過程と制度配置」の 4 章から，第 3 編の「社会の構造的相違」は，「社会分層」，「ジェンダーと性」，「世代関係」，「教育と公平」，「エスニックとエスニック集団間の関係」，「社会ネットワークと社会資本」の 7 章から，第 4 編の「社会制度」は，「政治社会学と中国改革」，「マスメディア」，「文化・価値観と社会心理状態」，「中国の宗教と民間信仰」の 4 章から，第 5 編の「社会のモデルチェンジと社会変遷」は，「移住者と社会移動」，「経済発展，社会変化と人口転換」，「都市化と都市・農村関係」，「技術と社会変遷」，「グローバル化のなかの文化衝突と共生」の 5 章から，第 6 編の「社会安全と社会建設」は，「健康と医療」，「高齢化社会と扶養」，「社会政策と反貧困行動」，「逸脱行為と犯罪」，「集団的な行為と社会運動」，「資源と生態環境」，「リスク社会と新型社会リスク」，「社会建設と社会調和」の 8 章からそれぞれ構成されている。

　『中国社会学30年』と『社会学と中国社会』は，いずれも1978年から2008年までの中国社会学の研究の成果を総括した力作であり，内包と外延からみると，非常に大きい同質性と広延性がある。しかしまたそれぞれ重点がある。前者は歴史過程への叙述と概括をより重視し，歴史を述べながら論評している。後者は基本理論の詳しい説明により着目して，論評しながら歴史を述べている。

241

1986年創刊の『社会学研究』雑誌（隔月刊）は，現代の中国社会学界のもっとも大きな影響をもつ学術刊行物である。2016年はこの刊の創刊30周年にあたり，一部の学者が『社会学研究』の1986年から2015年の間の発表論文の分析をとおして，中国社会学の再建以来の成長の過程，研究の焦点，発展の趨勢および当面の挑戦を掘り下げて探求した。

　謝立中はまず「社会学理論」を抽象的な概括の方法でマクロ，ミクロなど異なった時空の社会的現実に対する描写，分析そして解釈を行なう概念と枠組みであると定義し，これに基づいて『社会学研究』に1986年から2015年の間に発表された論文について検索を行なった。そして，「社会学理論」に属する論文が400数編余りあり，およそ30年間にこの刊に発表された学術論文の約17％を占めていることをみいだした。そのなかの100数編余りは西洋の社会学理論の論文を考察し，研究したもので，すべての理論的な論文の約4分の1を占めている。その内容はK. マルクス，A. コント，E. デュルケム，M. ヴェーバー，G. ジンメル，V. パレート，T. パーソンズ，R. K. マートン，R. ダーレンドルフ，L. コーザー，P. M. ブラウ，コールマン，G. H. ミード，H. G. ブルーマー，K. マンハイム，M. ホルクハイマー，H. マルクーゼ，H. ルフェーヴル，J. ハバーマズ，ミシェル・ド・セルトー，L. C. J. デュモン，T. H. マーシャル，K. ポラニー，J. C. アレグサンダー，N. ルーマン，G. リッツア，C. ティリー，A. ギデンズ，P. ブルデュー，H. S. ベッカー，ジグムント・バウマン，マイケル・ブラウォイ，ブルーノ・ラトゥールらの欧米の社会学の主な代表的な人物，および構造＝機能主義，コンフリクト理論（conflict theory），社会的交換理論（social exchange theory），シンボリック相互作用論（symbolic interactionism），フランクフルト学派，社会生物学，理性選択理論（rational choice theory），構造化理論（structuration theory），実践理論（theory of practice），リスク社会理論（risk society theory），世界システム論，第3条の道（the third way）論，グローバル化理論，社会構築主義（social constructivism），ポストモダン社会理論（postmodern social theory）などさまざまな理論の流派を含んでいる。これらの論文の論述内容は大体以下のいくつかに整理することができる。第1に，ある欧米の社会学者あるいは学派の理論に対して紹介を行なっていること，第2に，ある欧米の社会学者あるいは学派の理論と概念に対して解釈と分析を行なっていること，第3に，欧米の社会学の代表人物あるいは流派の間の関係に対して深く分析を行なってい

ること，第4に，ある欧米の社会学理論に対して批判的な検討あるいは質疑を述べていること，第5に，欧米の社会学理論の発展の脈絡あるいは変遷の趨勢に対して整理と検討を行なっていることである。上述の研究課題以外に，ここ数年来，一部の論文が欧米の社会学の誕生前のいくつかの重要な思想家，たとえばモンテスキュー，ルソー，スミス，トックビルといった人びとの著述あるいは理論の社会学的意義の再検討をとおして，欧米の社会学理論の形成と発展の源流を発掘している。

　20世紀前半世紀の中国の社会学者とその思想に対する整理，総括そして分析も『社会学研究』雑誌が関心をもった重要な方面である。おおまかな統計によると，この刊の創刊以後この方面の発表された論文は数10編であり，その論述の内容は大体以下の3点である。第1は，中国の初期の社会学の形成と発展に関する歴史的考察，第2は，中国の初期社会学者の思想の解説，評論およびに社会学の導入前の中国の本土の社会思想に関する研究，第3は，中国の初期の社会学思想に関するさらなる解釈を行なっていることである。

　同時にまた，学者たちはまた『社会学研究』をステージにして，次のような理論問題をめぐって討論，さらには論争を行なった。① 社会学の研究対象の問題，② 社会学の基本的な問題，③ 社会学の本土化，すなわち中国化の問題，④ 社会学研究のなかのいくつか認識論の問題，⑤ 社会学の一般理論および概念の探求，⑥ 中国社会の特質の理論的概括，⑦ 近代化と社会のモデルチェンジ理論の探求，⑧ 社会建設と社会管理の理論的見解などである。

　謝立中は『社会学研究』の創刊以来発表された400数編余りの理論的な論文のなかには，確かに少なからずの優れた論文があるが，しかし全体的にみれば，欧米諸国の社会学研究と比べて，中国の社会学理論研究はまだ相当なギャップがあると指摘している。すなわち，① 理論研究と経験研究とが関連を失っている問題が依然として存在していること，② 米国の中範囲理論の学説の影響を受けて，グランド理論に関心をもつひとは依然として多くないこと，人びとは米国にはすでに多くのグランド理論があったこと，たとえば構造＝機能主義，現象学社会学，シンボリック相互作用論，社会的交換理論，理性選択理論，ポストモダニズムなどを忘れていた。③ グランド理論の研究に関心をもつ少数のひともまだそれほどまとまった成果をえていないといったことである（謝立中，2016）。

　李路路らは広義の視点から，経験研究を統計調査，実地研究，文献研究そして

実験研究の4種類のタイプに分けて，1986年から2015年の間に『社会学研究』に発表された経験研究の成果について分析を行なった。その結果，次のようなことが明らかになった。この期間に『社会学研究』に発表された論文総数は2,181編で，そのうち経験研究の論文数は960編で，44.0％を占めている。執筆者の社会学の専門的素養の高まりにともなって，経験研究のレベルも絶えず高まっている。論文のなかで明確に研究方法の紹介のある割合は，1986年から1995年までは44.6％で，1996年から2005年までに75.8％まで上昇し，2006年から2015年までは72.5％を占めている。30年来，経験研究の内容は社会学のあらゆる分野，領域をほとんど覆っており，研究者が応用した理論もさまざまで複雑である。しかし，そのなかには終始2つの理論の大筋が貫いている。すなわち「近代化理論」と「国家‐社会」理論である。これはまず，近代化の発展がどのように中国の社会構造，社会関係，社会行動ないし社会の価値観に影響を及ぼしているかということが，一貫して学者たちが考える基本的な問題であるからである。その次に，たとえ近代化が中国と欧米との一致する歴史の発展の過程だとしても，「国家‐社会」の関係は中国が欧米と大きく異なっていることが指摘されなければならない。政府の主導が中国の近代化の発展の基本的な特徴であるからである。それゆえ，中国の社会学者がとりわけ関心をもつ問題は，経済体制のモデルチェンジによってもともと国家に抑制され，コントロールされてきた社会の力（市場の力を含む）をどれほど解放できるか，また，これらの解放された力がどのように社会関係と社会行動に影響を及ぼすかということである（李路路等，2016）。

李煒は，社会学の再建以後の社会調査の発展を3段階に区分して，次のように分析している。すなわち，1979年から1989年までは復興段階であり，統計調査が広範に普及を遂げたこと，経世済民の志向が強いことがこの段階の特徴である。この時期の研究課題はほとんど中国の改革開放の初期の現実的な社会問題であるが，しかし標準性，科学性を欠き，学科建設が不足していた欠陥がある。1990年から1999年までは成長段階で，標準化，学術化，専門化の向上という特徴をもっている。2000年以降は繁栄段階であり，相次いで発表された一連の全国規模の縦断的な社会調査は，社会変遷，社会発展に関する科学的な研究を可能にし，社会研究のために従来なかった，高品質の共同の学術資源が発達して，有効に社会調査の研究方法の革新を促進した（李煒，2016）。

『社会学研究』雑誌以外に，1993年から毎年出版された『中国社会形勢分析と

予測』，および不定期出版の『中国社会学年鑑』とその他の関連する刊行物，書籍，論文および社会学研究ウェブサイト，社会学研究者たちのブログはすべて中国社会の変遷の躍動する息吹をはっきりと反映して，中国の社会学の前進する足跡をくっきりと残した。

訳注

（1）「東南社会学会紀事」『社会学刊』第1巻第1期，1929年7月，東南社会学会，p. 1。この紀事の「組織経過」のなかで，「開票の結果，孫本文が常務委員兼編輯主任に，呉景超が編輯に，呉沢霖が書記兼会計に当選した。これをもって，ようやく東南社会学会が正式に成立した」とある。

（2）「中国社会学社成立会記」『社会学刊』第1巻第4期，1930年9月，中国社会学社，付録 pp.1-2。この「中国社会学社成立会記」のなかで，「（民国）18年（1929年）秋，北平の陶孟和，許仕廉，東北の劉弱らが東南社会学会と連絡をとり，全国の社会学会を組織することを提唱した。本来，年頭に上海で成立大会を挙行する予定であったが，事情によって（1930年）2月8，9日の両日上海で挙行した。南京からは孫本文，呉景超，游嘉徳，上海からは呉沢霖，銭振亜，応成一，北平からは許仕廉らが準備委員に選ばれた。ここに本社成立会の経過のあらましを次に記す。……」とある。

参考文献

梁啓超『新史学』（1902年），『飲冰室合集』第9巻，中華書局，1989年。

李大釗「唯物史観在現代社会学上的価値」（1920年），『李大釗文集』（下）人民出版社，1984年。

瞿秋白『社会科学講義』上海書店，1924年。

陳達『中国労工問題』商務印書館，1929年，『人口問題』商務印書館，1934年，『南洋華僑與閩粵社会』商務印書館，1938年。

陳長蘅『三民主義與人口政策』商務印書館，1930年。

潘光旦『家譜学』（1928年），『優生概論』（1928年），『中国之家族問題』（1929年），『日本徳意志民族性之比較研究』（1930年），『中国伶人之血縁研究』（1934年），『近代蘇州的人材』（1935年），『人文史観』（1937年），『民族特性與民族衛生』（1937年），『明清両代嘉興的望族』（1947年），『優生原理』（1948年），いずれも『潘光旦文集』（北京大学出版社2000年）に収められた。

李安宅『「儀礼」與「礼記」之社会学的研究』商務印書館，1931年。

楊開道『農村組織』世界書局，1932年，『農村問題』世界書局，1935年，『農村自治』世界書局，1935年，『中国郷約制度』山東省郷村服務訓練処，1937年。

李景漢『定県社会概況調査』中華平民教育促進会，1933年。

楊樹達『漢代婚喪礼俗考』商務印書館，1933年。

陳顧遠『中国古代婚姻史』商務印書館，1933年。

王書奴『中国娼妓史』三聯書店，1933年。

全漢昇『中国行会制度史』新生命書局，1934年。

謝国楨『明清之際党社運動考』商務印書館，1934年。

柯象峰『中国人口問題』正中書局，1934年，『中国貧窮問題』正中書局，1935年。

許仕廉『人口学綱要』中華書局，1934年。

言心哲『中国郷村人口問題分析』商務印書館，1935年。

呉文藻「現代社区実地研究的意義和功用」（1935年），呉文藻『論社会学中国化』商務印書館，2010年。

李達『社会学大綱』上海筆耕堂書店，1937年。

梁漱溟『郷村建設理論』（1937年），『梁漱溟全集』第2巻，山東人民出版社，1989年。

陳東原『中国婦女生活史』商務印書館，1937年。

蒙思明『元代社会階級制度』燕京大学出版，1938年。

尚秉和『歴代社会風俗事物考』商務印書館，1938年。

費孝通『Peasant Life in China』London, Routledge & Kegan Paul, 1939年，『禄村農田』商務印書館，1943年，『内地農村』生活書店，1946年，『生育制度』商務印書館，1947年，『郷土中国』三聯書店，1948年，『郷土重建』上海観察社，1948年。

蒋星煜『中国隠士與中国文化』世界書局，1942年。

林耀華『The Golden Wing: A Sociological Study of Chinese Family』London, Routledge & Kegan Paul, 1947年；『金翼——中国家族制度的社会学研究』（荘孔韶，林宗成訳）三聯書店，1989年；『涼山彝家』（1947年）雲南人民出版社，2003年。

瞿同祖『中国法律與中国社会』中華書局，1947年。

趙承信「中国社会学的両大派」天津『益世報』1948年1月22日。

孫本文『当代中国社会学』勝利出版公司，1948年。

中国社会科学院社会学研究所『社会学研究』雑誌編集部編『社会学紀程（1979〜1985）』中国展望出版社，1986年。

楊雅彬『中国社会学史』山東人民出版社，1987年。

韓明謨『中国社会学史』天津人民出版社，1987年。

中国社会科学院社会学研究所『社会学研究』雑誌編集部編『現代中国社会学（1979〜1989）』四川人民出版社，1992年。

張琢『中国社会與社会学百年史』（香港）中華書局，1992年。

張琢編『当代中国社会学』中国社会科学出版社，1998年。

鄭杭生，李迎生『中国社会学史新編』高等教育出版社，2000年。

楊雅彬『近代中国社会学』中国社会科学出版社，2002年。

閻明『一個学科與一個時代：社会学在中国』清華大学出版社，2004年。

韓明謨『中国社会学名家』天津人民出版社，2005年。
鄭杭生，劉少傑『馬克思主義社会学史』高等教育出版社，2006年。
劉少傑『中国社会学的発端與拡展』中国人民大学出版社，2007年。
鄭杭生編『中国社会学30年（1978～2008）』中国社会科学出版社，2008年。
李培林，李強，馬戎編『社会学與中国社会』社会科学文献出版社，2008年。
李培林，渠敬東，楊雅彬編『中国社会学経典導読』社会科学文献出版社，2009年。
「晏陽初與平民教育」『社会工作下半月（理論）』2009年第4期。
国家図書館編『民国時期社会調査資料滙編』国家図書館出版社，2013年。
謝立中「『社会学研究』與当代中国社会学理論研究」『社会学研究』2016年第6期。
李路路「走向成熟的経験研究」『社会学研究』2016年第6期。
李煒「與時俱進：社会学恢復重建以来社会調査研究的発展」『社会学研究』2016年第6期。

第10章
農村の社会変動およびその研究

　工業化，近代化の波が押し寄せる前の中国においては，農業が立国の基礎であり，士農工商の4つの階層のなかで，農民は国家の基幹経済を支えるという理由で上位の第2位にあった。しかし，19世紀半ば，中国が近代化の道を歩みはじめてから，農村には大きな変化が起き，農民の社会的地位も次第に低下してきた。

　農村の荒廃および農民の貧困問題を解決するために，中国はさまざまな実験と改革を行なった。郷村再建実験，土地改革，農業合作化運動，人民公社運動，農家請負制といった目まぐるしい変革は，農村の社会構造と農民の生活様式に大きな変化をもたらした。1980年代以降，工業化と都市化の影響は急速に農村の隅々にまで浸透して，農村社会を根本的に変化させてきている。

　農村における社会変動は絶えず中国の学界，とりわけ社会学者の重要な研究対象となってきた。その研究課題からみると，農村と農民の経済状況，土地制度，家族制度，産児制度，階級・階層，郷村管理，生活様式，都市化と工業化の影響などさまざまな内容が含まれ，これまでに数えきれないほどの著書と論文が出版されてきた。

　本章の目的は，20世紀以降，とりわけ1949年以来の農村における社会変動を考察しながら，それをめぐる学者たちの研究と論点を整理することにある。

1　20世紀前半の農村再建実験

　20世紀初期，帝国列強の侵略，軍閥戦争，匪賊の横行，過酷な税金と地租によって，さらに頻発する自然災害が加わり，農村の荒廃と農民の貧困はますます深刻になり，当時の政界および学界においても大きな関心を集めていた。多くの有識者の考えによれば，農民が人口の絶対多数を占める中国にとって，農村の破産はつまり国家の破産を意味し，農村の復興はすなわち国家の復興を意味するの

で，農村を救うことは中国振興の第一歩であった。一部の学者は農村調査，農村研究に携わると同時に，自ら農村改造の実験に参加し，全国各地で郷村建設運動を展開した。郷村建設運動の目的は，中国の新国民，新文化を再構築する方法を探求し，その新国民，新文化の力で農村を改造し，農村の改造をとおして中国を改造することにあった。梁漱溟と晏陽初はその運動の代表的な人物である。

梁漱溟は1893年生まれで，若いころ，康有為や梁啓超の改良主義思想の影響を受けたこともあるが，辛亥革命期に孫文をリーダーとする同盟会に入会し，社会主義を信じ，私有財産廃止を鼓吹したこともある。かれは20歳から仏教研究に陶酔し，間もなく儒学研究に転じて，ひととひと，ひとと社会との倫理的調和，ひとと自然との融合を重視する東洋文化が限界を露呈した西洋文化に取って代わって，今後の人類が抱える諸問題を解決する指針になると堅く信じていた。1917年から1924年にかけて，梁漱溟は北京大学でインド哲学を講じ，『インド哲学概論』(1918)，『東西文化とその哲学』(1921) などを著した。かれの考えによれば，中国と西洋とは社会構造が異なり，西洋が個人本位，階級対立の社会であるのに対して，中国は倫理本位，職業別の棲み分けの社会である。したがって，欧州近代の民主主義政治と資本主義およびロシア共産党が発明した政治経済制度は，いずれも中国の国情に適さない。中国固有の儒教文化の衰退が農村崩壊の要因であるので，農村の再建の道は，郷村自治による民族文化の復興に他ならない。1924年，梁漱溟は北京大学を辞職し，郷村建設運動に没頭しはじめた。1930年，河南省輝県に村治学院が設立され，かれは教員兼教務長を務めた。しかし，間もなくこの地域が内戦に巻き込まれて，農村再建の実践活動は１年足らずで中止せざるをえなかった。1931年６月，山東省政府の支持の下で，梁漱溟は河南省村治学院の教職員を引率して鄒平県に郷村建設研究院を創設し，1937年までの６年間で自ら立案した郷村建設計画を実行した。その具体的な進め方は次のとおりである。

第１は「団体をつくり，科学技術を普及する」ことに尽力したことである。梁漱溟は「中国における地方自治問題」のなかで次のように指摘している。この百年の間，組織能力こそが西洋文化の勝利の要因であり，中華民族の敗北の要因は団体精神の欠如に起因するものである。中国人のこうした慣習を是正するためには，孤立分散的な農民を組織して，団体意識と相互協力の精神を育成しなくてはならない。具体的には，生産合作社の設置により，資本を全員で共同支配・共同享受・共同所有する経済制度を確立することである。梁漱溟の努力によって，

1934年には，蚕業合作社，林業合作社，綿花合作社などさまざまな協同組織が鄒平県に設立された。こうした協同組織は農家への融資や優良品種の提供，農産物販路の開拓，農業技術の伝授などのサービスをとおして，農業の生産性の向上と農民収入の増加をもたらした。

　第2は郷学・村学という政治，経済，教育3者合一の地方自治組織を創設したことである。梁漱溟は，郷村組織は農民に対する向上奮闘の精神を教育する教学組織であるべきだと考えていた。かれは鄒平県の7つの行政区を撤廃し，地理と習俗に基づき全県を14の郷に再編して，各郷に郷学，すなわち政治と教育の合一機関を設置し，郷学の下には村学を設置した。村学が農村改革の末端組織であり，そのメンバーはすべての村民を含めていた。郷学・村学を設置した目的は，従来の学校化された伝統的な教育システムの束縛を打破し，社会全体を学校に変えることにより，教育をとおして農民の団体精神を育成し，公共の仕事，活動への関心を高め，郷村の自治水準を向上させることにある。また，管理者と農民の間の対立を解消するため，梁漱溟は行政上の強制手段を取らずに，知識教育による教化および道徳教育による感化を管理の方法とするよう郷村の管理者に求めていた。

　第3は郷約および道徳規範の再建をとおして新文化を建設しようと試みたことである。新文化建設により農村を救うことが梁漱溟の郷村再建の目標であった。新文化建設については，かれはとくに中国の伝統的な倫理精神と郷約の役割を重視し，自ら『郷学村学心得』を編集して，各人が自分の義務を果たし，道徳情義の規範にしたがって行動するよう農民に教えた。また，郷約の在り方として，梁漱溟は政治的な力や法律に頼らず，礼俗や広範な農民の自発的な行動に頼るべきだと考えていた。かれの指導の下で，一部の郷村では自発的に道徳協会を成立させて，村人の徳業相勧（儒教に基づく徳のある行動を相互に守り推進すること），過失相規（過失を犯さないよう仲間で規制し合うこと）をとおして，纏足，麻薬吸引，賭博，早婚などの悪しき慣習を是正した。

　1937年，梁漱溟の『郷村建設理論』が出版され，郷村建設の実験地域も鄒平県から山東省の13の県にまで拡大された。しかし，同年7月に日中全面戦争が勃発し，山東省が日本軍に占領された。戦火のなかで，梁漱溟は高潮期を迎えていた郷村建設事業を中断せざるをえなかった（虞和平，2006）。

　郷村建設を実践したもう1人の晏陽初は1890年四川省生まれで，1916年にアメリカのイェール大学に留学し，第1次世界大戦中にボランティアとして欧州に赴

き，中国からの出稼ぎ労働者の支援活動に従事した。この経験によって文字を知らない多くの中国人労働者の苦悩を痛感し，平民教育の重要性に目覚めた。かれは1920年にアメリカのプリンストン大学で修士号を獲得してから帰国し，平民教育運動を開始した。1923年8月に，「中華平民教育促進会」（以下「平教会」と略す）が北京で成立し，晏陽初は総幹事長に就任した。平教会の主張は「非識字者を一掃し，新民を創造すること」である。成立初期の教育活動は主に都市で展開されたが，1926年以降，活動の重点を農村におくことが決められ，河北省の定県を実験の拠点として平民教育および郷村建設の実験が進められていた。

晏陽初は当時の農村における社会病として「愚，窮，弱，私」をあげていた。4大社会病を治療するものとして4大教育を設定し，つまり文芸教育によって「愚」（知識不足）を，生計教育によって「窮」（困窮）を，衛生教育によって「弱」（虚弱な体質）を，公民教育によって「私」（利己的）を克服することが提唱された。

文芸教育には識字教育と芸術教育が含まれていた。平教会は農民に千字余りの文字を学ばせ，読書の習慣を身に着けさせることを識字教育の最低限の目標として設定し，定県に郷村小学校，初級平民学校，高級平民学校を設置した。1934年には，小学校教育が普及し，多くの青壮年農民も字の読めない状態を離脱した。芸術教育の目的は絵画，音楽，演劇などの教育をとおして，農民の審美意識を養成させることにある。平教会の指導の下で11の農民劇団が成立し，農民を対象とする書物と新聞も出版された。

生計教育の目的は農民の経営力，生産力の向上をとおして貧困から脱出させることにある。具体的なやり方は以下のとおりである。すなわち，① 実験農場を創設して農業の科学技術研究を行ない，豚や鶏などの家畜を改良すること，② 生計巡回訓練学校を設置して農民に農業技術を教え，教育を受けた農民のなかから優秀な農民を選抜してモデル農家として，他の農家に改良農業を普及させること，③ 自助社，合作社，合作社連合会，農民合作銀行等の設立をとおして農民を組織し，信用貸与，購買，生産，運送，販売などの経済活動を展開すること，④ 手工業生産を援助することである。

衛生教育の目的は公共サービスの提供をとおして農民の健康問題を解決することにある。平教会は定県で3つの等級からなる医療保険制度を創設した。つまり村の保健員，区の保健所および県の保健院を通じて，病気の予防と治療を行なっ

ていた。同時に，農民に対する衛生教育および衛生知識の普及をとおして農民の衛生習慣を養成しようと努めた。

　公民教育については，主に民族精神の向上発展および農村の自治水準の向上に力を入れた。その目的は農民の集団意識と公民意識を育成することにある。平教会は中国の歴史上の英雄の業績を教材としてわかりやすく編集し，農民に対して利他主義や社会貢献の精神を教えた。また，農村の自治水準を高めるために，平教会は農村管理の人材の育成，農民の公共意識と協力精神の養成に重点をおいた。

　定県の郷村建設が素晴らしい成果をあげたため，当時の中国では，その経験は「定県モデル」として称賛され，多くの地方政府の模倣の対象となった。残念なことは，1937年以降，定県が日中戦争の戦火に巻き込まれたため，晏陽初と平教会は定県での実験を中断して，平民教育の拠点を湖南省と四川省に移転せざるをえなかったことである（祝彦，2009）。

　梁漱溟と晏陽初を代表とする郷村建設運動の評価をめぐって，当時の中国の学界ではすでに賛否両論があった。運動賛成者はこれが農村を救い，中国を救う良い処方箋だと考えていた。運動反対者は梁漱溟と晏陽初の実践精神に感服した一方で，かれらは中国社会の性質をはっきりと認識していなかったために，当然その努力も農村問題の根本的な解決につながらないと批判した。陳翰笙，薛暮橋，千家駒らマルクス主義を信ずる経済学者の考えによれば，中国はすでに半植民地・半封建的社会となり，土地所有者，商業資本および高利貸し資本の狙いはいずれも農民の搾取にある。したがって，土地革命をとおして，土地をもたぬ，あるいはわずかしかもたない農民に土地を分配することが，農村の振興および農民の貧困問題の解決につながる唯一の道であると考えた（李培林等，2009）。

　土地革命を断行したのは1921年に創立された中国共産党である。中国共産党の考えでは，中国革命の根本的な課題は農民問題で，農民問題の核心は土地問題である。したがって，結成してから直ちに農民の土地問題の解決を党の行動綱領に入れた。1927年4月12日に，蒋介石が上海で反共クーデターを強行し，多数の共産党員・革命的労働者を虐殺・逮捕したため，1924年からの国民党と共産党の合作は崩壊してしまった。その後，共産党は農民に依拠し，農村を根拠地として武力で政権を奪取する道を歩みはじめた。共産党政権が樹立された革命根拠地で「地主階級を打倒し，土地を均分せよ」というスローガンで闘争を行ない，土地革命に関する基本的方針・政策・段取りは徐々に確立されていった。これはすな

わち，貧農・雇農（雇用農業労働者）に依拠し，中農と団結して，富農に制限を加え，中小商工業者を保護し，地主階級を消滅させ，封建的土地所有制を廃絶して農民土地所有制を実現することである。

1937年から1945年までの抗日戦争期に，再び国民党との合作を決定した共産党は地主所有土地の没収を止めて，減租減息（小作料と借金利子の引き下げ）の土地政策に転じた。ところが，日本が敗戦してまもなく，国内内戦が再開され，貧しい農民の土地への要求を満たすために，共産党は1946年5月4日に「土地問題に関する指示」（一般に「五・四指示」と略される）を発し，土地改革の再開を宣言した。耕す者がその田をもつことを実現することが共産党のもっとも根本的な任務であると強調され，土地改革の具体的な方法については，大売国奴の土地を没収し，一般の地主の土地を買い上げるべきだと指摘した。また，土地改革の原則として，① 中農の利益を侵害しないこと，② 地主に対する闘争と富農に対する闘争を区別し，一般に富農の土地を買い上げないこと，③ できるだけ調停仲裁の方法で中小地主と農民との紛争を解決し，成果の分配も中小地主の生活を考慮すること，④ 抗日軍人と人民の幹部の家族で土豪劣紳・地主に属する者，および反共でなかった開明紳士に対しては，運動のなかで慎重に処理し，適当な考慮を加えなければならず，かれらのためにいくぶん多くの土地を残し，かれらの面子を保つように農民を教育すること，⑤ 売国奴，悪辣な大地主に対して，断固たる闘争を行なうと同時に，かれらにも生活を維持するのに必要な土地を残すこと，⑥ 罪が大きく悪質な売国奴の鉱山・商店は没収しなければならないが，そのほかのすべての富農および地主の開設した商店・工場・鉱山などを侵犯しないこと，⑦ 罪が大きく悪質な売国奴および悪辣な大地主に対しては，断固たる闘争を行なわなければならないが，やたらに逮捕したり殺したりしてはいけないこと，⑧ 教育をとおして立場を変えられる知識人，開明紳士およびその他の自由主義的ブルジョア分子と団結すること，⑨ 逃亡した地主らに対しては，家に戻させ，生きる道を与えなければならないこと，などが規定されている。

1946年7月に，中共中央は上記の原則に基づき，平和的な土地改革の実行を決定して，同年11月から陝甘寧辺区（中国共産党が日中戦争期間中に陝西省北部，甘粛省および寧夏省東部に設立した抗日根拠地）において試行した。1946年12月に公布された「陝甘寧辺区地主土地買い上げ条例」では，土地改革の具体策が次のように定められていた。土地買い上げ範囲は一般の地主については，その家族

1人当たりの平均保有地面積は，当該地方の中農1人当たりの平均保有地面積より50％多いものとする。抗日戦争および自衛戦争中において，著しく功績のあった地主については，その家族1人当たりの平均保有量は，当地の中農1人当たりの平均保有量の2倍とする。地主が自立で耕作している土地，富農の土地は買い上げることができない。政府買い上げ地は，買い上げ原価の半額で，土地のない，あるいは土地の少ない農民に分配し購入させる。地価は10年の年賦とする。家計が苦しく償還能力のないものは，県政府の要請により辺区政府批准の後，その償還を免除することができる（「陝甘寧辺区徴購地主土地条例草案」，1946）。

　しかし，一部の農民は土地の絶対的均等分配かつ無償分配を望み，平和的な土地改革に強く反対した。共産党幹部のなかにも農民の要求を満足させなければ，農民の支持を失ってしまうことを危惧する意見が多数あった。この情勢下で，実施したばかりの平和的な土地改革は中止せざるをえなかった。さらに，1947年3月から，一部の地域では暴力的な土地改革があらわれた。そのあらわれとしては主に，① 本来地主，富農でないひとを人為的に地主・富農に区分し，打撃面を拡大したこと，② 地主と富農の土地，財産が徹底的に没収され，かれらを無一物にして村から追いだし，むやみに殴ったり，殺したりしたこと，③ 中農の利益を侵害し，かれらを農民代表大会から排除して，村の重要事項，たとえば階級区分，成果の分配，負担の分配等の決定にも，かれらを参加させず，土地改革の成果をまったくかれらに分配しないが，しかし公糧（現物で納める農業税）の負担はすべてかれらに割り当てたこと，④ 商工業者の利益を侵害し，地主と富農の隠匿財産を剥奪することを口実として，商工業者の財産，ひいては小商人，小手工業者，行商人の財産も没収したこと，⑤ 農民があらゆる組織および幹部を審査する権利をもつことが主張され，知識人を排斥し，農民組合の名義で手当り次第に共産党支部や政府の権力を奪取し，幹部を審査したり免職したりして，審査対象となった幹部を殴り，殺害した事件も起こったことである（任弼時，1948）。

　1947年10月15日に公表された「晋綏辺区農民組合臨時委員会『農民に告ぐ書』」が過激派農民の宣言ともいえる。かれらの主張は概ね次のとおりである。地主階級は徹底的に打倒すべきであり，大小地主，男女地主，村の内外の地主および財産を隠匿して貧困を装っている地主，商人の仮面をかぶった地主，農民に化けている地主のいずれを問わず，すべてを清算してよい。共産党内に潜り込んでいる地主，新政権内に潜り込んでいる地主，八路軍に潜り込んでいる地主および工作

団，学校，工場，公営商店に潜り込んでいる地主は，それがどのような人物であろうとも，もしも農民の頭上から農民を圧迫・搾取しているならば，われわれはかれらと闘わねばならないし，また闘ってもよい。政治的にはあらゆる地主の威風を打ち破り，かれらの封建的圧迫を徹底的に一掃し，経済的にはかれらの搾取した土地・食糧・役畜・農具およびその他のいっさいの財産の全部をとりあげ，かれらの封建的搾取を徹底的に一掃すべきである。地主階級のなかの極悪大罪の反動地主はそれがどのような人物であろうとも，大衆が欲するままに処罰してもかまわない。富農の余分の土地・食糧・役畜・農具およびその他のいっさいの余分の財産もまたとりあげねばならない。富農のうちの極悪大罪の悪質富農については，大衆が欲するままに処罰してもかまわない。農民の間の少数の悪辣で，敵の傀儡勢力の手先や地主の回し者については，大衆の欲するままに処罰しても差し支えない。中農の余分の土地はとりあげるべきである。あらゆる土地は貧乏人が満足するように均等に分配すべきである。大衆が，幹部を審査し，党・政・軍・民および工作団・学校・工場・公営商店，その他あらゆる機関団体を監督し，改造しうる権利をもつべきであると主張した（「晋綏辺区農会臨時委員会告農民書」，1947）。

うえのような暴力的な土地改革は人びとに恐怖をもたらし，自殺者や逃亡者が多数でたため，一部の地域が無人区になってしまった。これに危機を感じた共産党は1947年11月から土地改革の左翼化・暴力化傾向の是正に力を注ぎはじめ，1933年の2つの文書「いかに階級を分析するか」，「土地闘争中の若干の問題についての決定」をふたたび発表し，農村の階級区分をするための指針とした。暴力的な土地改革が，革命の戦線を混乱させて，敵を助け，自分を孤立させる自殺行為だと強く批判され，幹部は農民の過激な行動に追随してはならないように指示された。毛沢東らは農民組織の代表者に対して，中農と団結し，富農を中立にさせ，商工業者を保護し，地主に活路をのこす政策の重要性を繰り返し説明し，むやみにひとを殺すことに断固として反対する態度を示した（毛沢東，1948；任弼時，1948）。

土地改革を順調に推進するため，1947年10月10日，中共中央は『中国土地法大綱』を公布し，土地改革の目標と原則を明確にした。すなわち，「封建的・半封建的搾取の土地制度を廃止し，耕す者がその田を所有する土地政策を実施する」（第1条），「すべての地主の土地所有権を廃止する」（第2条），「すべての社祠，

廟堂，寺院，学校，機関および団体の土地所有権を廃止する」（第3条），富農の財産の余剰部分を徴収する（第8条），土地の分配方法については，「老若男女を問わず，郷村の全人口に応じて統一的に均分される。土地の面積においては多いものを削って少ないものを補い，質においては肥えた土地を削って痩せた土地を補う」（第6条），「地主およびその家族には，農民と同等の土地および財産が分配される」，「郷村に居住する国民軍の将兵，国民党政府官吏，国民党員および敵側のその他の人員の家族には農民と同等の土地および財産が分配される」（第10条），「商工業者の財産およびその合法的営業は保護され，侵されない」（第12条）などである。前述の平和的な土地改革政策と比べると，『中国土地法大綱』の規定には2つの変化がみられる。第1に，地主の土地については買い上げ政策から没収政策へ転換したこと，第2に，一般地主や富農への配慮がなくなり，富農の余分な土地財産も徴収の対象となったことである。

　1946年から1949年にかけて解放区で行なわれていた土地改革は，共産党が国民党に打ち勝って，政権を奪取した決定的な要因となった。具体的にいえば，まず土地改革は解放軍の兵力を増強させた。土地を手に入れ，政治的・社会的地位も向上した貧しい農民は自らの利益を守るため，積極的に共産党の軍隊に入り，国民党の軍隊と戦うようになったことであり，第2に，土地の均等分配は農民の増収と農業の増産をもたらし，解放区の経済を改善し，共産党の経済力も増進したことであり，第3に，土地改革をとおして，農民大衆の農村における政治的優位を確立し，共産党の郷村への支配を強化させたことである。

2　新中国の土地改革

　新中国の土地改革とは，主に1949年冬季から1952年にかけて新解放区で行なわれた土地改革運動を指す。その運動の指針として，1950年6月30日に『中華人民共和国土地改革法』（『土地改革法』と略す）が公布された。1947年の『中国土地法大綱』に比べて，1950年の『土地改革法』には次の3つの変化がみられる。第1に，没収対象は地主の土地，役畜，農具，余分の食糧および農村における余分の家屋に限られ，地主のその他の財産は没収しない（第2条），第2に，富農の余分の土地財産を没収する政策から富農経済保存政策に転換し，富農所有の自作地とひとを雇って耕作している土地およびその他の財産は保護し，侵害してはなら

ない（第6条），第3に，わずかの土地を賃貸している者の利益は保護する（第5条）といった変化である。『土地改革法』に基づいて，1952年末には，チベット，新疆などの少数民族地域を除く全中国で土地改革は完了した。

　1951年10月23日に，政務院総理周恩来は全国政治協商会議第1期第3回会議で，進行中の土地改革の成果について次のように述べている。第1に，広大な農村地域で，土地改革は封建的搾取的な地主土地所有制を廃止し，農民土地所有制を実現した。農民の闘争は反革命分子鎮圧運動と結びつき，徹底的に地主階級の勢力を崩壊させた。立ち上がった農民は農村の主人公となり，政権も完全に掌握したため，人民民主主義独裁は強固なものになった。第2に，土地改革は農村の生産力を解放し，農民の生産意欲を大いに高めた。土地改革の成果の7，8割は農業生産に投資され，それに各級人民政府の支援を加えて，農村の経済は顕著な回復と発展に向かっており，1951年の食糧生産は1950年より5％ぐらい増産した。新解放区の土地改革により，農民の購買力は50％上昇し，工業製品の販売も好調であったため，日用百貨の供給が不足した。つまり，土地改革は工業の発展にも広い道を開いた。第3に，土地改革は農民の政治的自覚を高めた。農村における抗米援朝運動の展開，愛国公約の採択，中国人民志願軍の参加および愛国公糧の献納は，いずれも農民が国を愛し，共産党と人民政府を心から支持する証である。第4に，土地改革は農民の組織化・武装化につながった。農民組合の加入者はすでに8,800万人に達し，そのうち3割が女性である。全国の民兵の数も1,280万人に上った。これは人民主主義独裁を強め，勝利の果実を守る重要な力である。第5に，土地改革は農村の文化生活を改善した。1950年冬，農閑期を利用して冬季学校で学習している農民は2,500万人余りにまで増え，1951年には通年の夜学校で勉強している農民も1,100万人余りあった。新しい科学知識の伝播がはじまり，勤労を名誉とする社会的気風も醸成された（力平等，1997）。

　今日でも，周恩来の土地改革の評価に賛成しているひとは少なくない。たとえば，杜潤生は『中国の土地改革』のなかで，土地改革の意義として次の5点をあげている。すなわち，第1に，封建的地主土地所有制を廃止し，耕す者がその田を所有する理想を実現したこと，第2に，農村の生産力を解放し，農民の革命的情熱を引きだし，積極的に革命戦争に参加・支援するようになったこと，第3に，農民の生活を改善し，農民の購買力を高めたこと，第4に，地主階級の支配を覆し，革命政権を強化させ，農民が真の農村の主人公となったこと，第5に，識字

運動を引き起こし，農村の教育と衛生保健事業の発展を促進させたことである（杜潤生，1996）。経済，政治および社会の側面から土地改革の成果を詳細に分析している学者も多くいる。

　経済的側面からみれば，土地が少数者の手に集中する制度は，中国の農業生産および工業の発展を大きく制約していた。土地改革がなければ，農業生産力の解放および経済の急速な回復がありえなかった。土地改革は地主による土地の独占状態を打破し，商品経済を刺激して，農業の増産と工業化建設の基盤を確立した（成漢昌，1994）。

　政治的側面を見ると，伝統的な中国では，農村の社会秩序は主に家族・宗族制度と儒教文化によって維持され，国家は基本的に県以下の郷村の事務に関与しなかった。土地改革の実施により，富と血縁関係から築かれていた権力構造と社会秩序が徹底的に覆され，中央政府ははじめて村にまで権力を広げたのである。この大変革のなかで，困窮する下層農民は貴重な土地を手に入れ，新政権の熱烈な支持者となり，これとは対照的に，従来農村社会の上層にあった地主と富農は革命の対象として打倒され，社会の底辺に転落してしまった。

　土地制度の変革はこれまでの社会規範および社会風習にも変化をもたらした。土地改革前の農村では，家父長制的な宗族制度がもっとも強い影響力をもっていた。土地改革により，宗族勢力に占有されていた大量の土地すなわち「族田」が没収され，村の権威である族長も打倒され，階級意識が次第に宗族観念に取って代った。また，男女平等の土地分配政策により，女性の経済的自立が保障され，伝統的な男尊女卑の社会意識もある程度是正された。土地改革の進行とともに公布施行された『婚姻法』（1950年5月1日）は，親による結婚の強制，男尊女卑，子どもたちの利益を軽視する古い結婚制度を廃止したため，自由恋愛，婚姻の自由，男女平等が次第に社会の新しい気風になった。社会構造の面では，広範な貧農・雇農が土地および生産資料・生活資料を手に入れたため，中農化傾向が顕著にみられ，土地改革前の少数の富裕層と多数の貧困層からなる二極型構造から，中間層が主流となる社会構造に変わった。したがって，当時の中国共産党は農村政策を制定する際，社会的経済的な影響がますます大きくなり，農業生産と農村の未来を左右する中農の利益を真剣に考慮しなくてはならなかった（王瑞芳，2010）。

　土地改革の代償も大きかった。中共中央はなんども地方政府に通知をだし，

『土地改革法』に基づいて穏やかな土地改革を実行するように指示したが，一部の地域では相変わらず暴力的な土地改革があらわれた。とりわけ中農の土地と財産を侵害したことは，生産性の高い中農の生産意欲を奪い，また貧農や雇農も裕福になれば次の革命の対象となることを恐れ，増産を戸惑うようになった。生産配置の面では，分配できる資源が限られていたため，土地改革後には，農業生産に必要な農具や役畜を全部所有する農家はほとんどなく，実際には生産性の向上を大いに制約した（楊奎松，2009；高王凌，2012）。

　土地改革によって確立されたのは，土地の均分を特徴とする小農私有社会である。土地改革後，農村人口の5.3％を占める富農が6.4％の土地を所有し，1人当り3.8畝（中国の1畝は約6.67アールに当たる）で，農村人口の39.9％を占める中農は44.3％の土地を所有し，1人当り3.67畝で，農村人口の52.2％を占める貧農・雇農は47.1％の土地を所有し，1人当り2.93畝で，農村人口の2.6％を占める地主は2.2％の土地を所有し，1人当り2.52畝であった。これらのデータは，中国の土地改革が確かに貧富の格差をなくすという農民革命の最高の理想を実現したことを示している。しかし，この土地改革で，中国農業の発展は予想外のジレンマに陥った。つまり，膨大な農業人口を有する中国では，農家の平均的所有土地面積はもともと狭いものであり，土地改革の均分によりさらに狭くなり，経営が成り立たない規模の零細農家が大量発生したために，農業経営の効率化は非常に難しくなった。また，地主階級の消滅は農作業に習熟した富農，富裕中農および中農の生産意欲の減退につながり，農家の生産能力の均質化をもたらした。土地改革によって農民の経済状況はある程度改善されたが，しかし，土地の均等化と生産能力の均質化の制約で，生活水準のさらなる向上は難しくなり，みんなが平均して貧しい状態に陥ったのである。当時の中国においては，経済全体の発展が遅れており，社会の富の総量に限りがあるので，富裕層の土地と財産を没収して均等に再分配することは富裕層の貧困化をもたらしたにすぎず，貧困層の富裕化にはつながらなかった。また，小農は地主と異なり，余分な食糧をもともと多くもっておらず，自然災害から身を守るために，小農は余分な食糧の備蓄を重視し，市場での販売に熱心ではなかった。その結果，1952年は農作物の豊作の年であったにもかかわらず，都市における食糧不足が広範囲にわたって発生した。さらに，各農家の経営能力や労働力の人数などによって，貧富の差が再びあらわれた。このような状況下で，中央政府は食糧の統一買い上げ・統一販売政策を打

ちだし，農業に対する社会主義的改造，すなわち集団化を加速するようになったのである（薄一波，1997；呉毅，2009）。

3　農業合作化運動

　農業合作化とは，すなわち各種の互助合作の形式を通じて，土地，生産手段の私有を基礎とする個別農家経営から土地，生産手段の公有を基礎とする農業合作経済に変わる過程を指す。この変革は農業集団化ともいわれ，概ね次の3つの段階に分けられる。

　第1段階は1949年10月から1953年末までで，互助組を主な形態とし，実験的な初級農業生産合作社（「初級社」と略す）もあらわれた。互助組は私有財産と単独経営経済を基礎としながら，組合員各自がその所有する役畜，農具などの生産手段をもち寄って，互いの生産手段の不足を補い，簡単な共同労働を行なう組織である。この組織は一般に小型のもので，臨時的または季節的な特徴をもち，つまり農作業上必要があれば組織し，必要が終われば解散する。「初級社」は互助組を基礎として発展させたものであり，互助合作，自発的意志と互恵の原則に基づき，農民が加入と脱退の自由を有する小規模的・半私有制的な経済組織である。1951年12月15日，中共中央の会議で「農業生産互助合作に関する決議（草案）」を採択したことによって，農業集団化のテンポが加速しはじめた。1952年末には，農業互助合作組織は830万に達し，加入農家は全国農家戸数の40％を占めた。全国各地で実験のために設立した初級農業生産合作社も3,600社あまりに上った。1953年12月16日に中共中央が「農業生産合作社の発展に関する決議」を公布して以後，初級農業生産合作社は実験の段階からさらに普及の段階に入った。

　第2段階は1954年から1955年前半までで，初級社が全国に普及した。農家の入社を促進するために，政府は貸付金の提供，優良品種，農業用機械と新式農具の優先権などの政策で初級社の設立を全面的に援助した。1955年4月には，初級社の数は67万に急増したが，一部の地域では自発的意志と互恵の原則に違反し，農家の合作社加入を強要することも発生した。1955年前半，中共中央はこうした歪みを是正しはじめ，各地方政府に当該地域の実情に応じて初級社を整理整頓するように指示した。このため，1955年7月には，初級社の数は67万社から65万社にまで減少した。ところが，農業集団化のテンポをめぐって，中共指導部内に激し

い対立があらわれた。農村工作部部長鄧子恢は農業合作化運動の発展は中国工業化の水準に対応すべきで，速すぎる発展は良いことではないと主張した。これに対して，毛沢東は農業集団化のテンポはさらに加速すべきだと強調し，鄧子恢の考えは保守的な右翼日和見主義だと批判した。

　第3段階は1955年後半から1956年までで，農業合作化運動がすさまじい勢いで発展した時期でもある。1955年7月31日に開催された中共中央の会議で，毛沢東は「農業合作化問題について」という報告を行ない，中国共産党の農業合作化の理論と政策を詳細に述べ，合作化の加速化を提案し，さらに鄧子恢らの保守的な右翼日和見主義を厳しく批判した。同年10月に開かれた中共中央の会議で「農業合作社問題に関する決議」を採択し，1958年春までに全国の大部分の地域で初級農業生産合作社の普及による半社会主義の合作化を実現するよう呼びかけた。この会議は性急・盲進のムードを助長し，わずか3か月ぐらいで，全国で農業合作化がほぼ完了し，同時に多くの高級農業生産合作社（「高級社」と略す）が設立された。高級社は初級社をいっそう発展させたものであり，1956年末には，農家戸数の96.3％は合作社に加入し，高級社に加入したのは農家戸数の87.8％を占めていた。当初15年間あるいはそれよりもっと長い時間を予定していた目標が，5年足らずにして達成された（農業部農業政策と法規司，1999）。

　高級社の形態と初級社の形態とは本質的に異なる。初級社は生産手段の私有を基礎とし，農家が土地を所有し，土地や役畜などを出資して統一的に経営する半社会主義的な経済組織である。分配については労働に応じた分配のほか，出資した土地や役畜への分配もある。これに対して，高級社は加入農家の土地，役畜および大型農具をすべて公有化し，統一的に経営する社会主義的な経済組織である。分配は労働に応じた分配だけである。この意味で，規模の差異を除いて，高級社の組織的・経済的機能はその次にあらわれた人民公社とほぼ同じである。農業合作化運動により確立された土地集団所有制度が，現在でも続いている。

　農業合作化運動が進められるなかで，合作社に加入した農民の自家用食糧，野菜栽培などの副業生産の需要を満たすため，少量の土地を農家に残すという自留地政策が制定された。自留地による収入は個人のもので，集団的分配の対象ではなく，徴税の対象にもならない。しかし，農民は自留地の使用権だけをもち，自留地の売買，貸出，譲渡などは行なえず，建築物を建てることもできない。自留地の面積は当該地域の1人当たりの耕地面積によって決められる。1955年11月に

公布された「農業生産合作社模範定款草案」は，1人当たりの自留地面積を当該地域の1人当たりの耕地面積の5％以下と規定している。その後，自留地の面積が拡大され，1957年6月公布の全国人民代表大会の文書によれば，1人当たりの自留地面積は当該地域の1人当たりの耕地面積の10％以下で，また1962年制定の『農村人民公社工作条例（修正草案）』では15％以下とされた。

　農業合作化運動に関する研究が1980年代から盛んになり，『農業合作化運動の経緯』（高化民，1999），『当代中国の農業合作制』（杜潤生，2003），『20世紀50年代の中国における農業合作化運動に関する研究』（邢楽勤，2003），『農業合作化運動の歴史』（羅平漢，2004），『中国農業合作化運動研究』（葉揚兵，2006）などは代表的な研究成果である。中華人民共和国史および当代経済史を研究する歴史書も，一般に農業合作化運動に関する章を設けている。学者たちの研究は主に農業合作化運動の発生原因，農業合作社制度の成果およびその評価に焦点を当てている。

　農業合作化運動が発生した原因については，相反する2つの見方がある。一部の学者は，孤立的・分散的・遅れた個人農家に対する社会主義的改造が中国社会発展の必然的な趨勢だと考えて，その理由を3つあげている。第1に，土地改革後，個人農家の経営が分散かつ脆弱で，生産を拡大できないこと，また，一部の村では，富裕層と貧困層の両極分化が再び起きていること（馬羽，1981），第2に，工業の発展が原材料の供給および市場の拡大を農業に求めていたが，しかし，小農経済がこうした需要を満足させることができないこと，第3に，膨大な人口を有する中国にとって，食糧の安定的供給が非常に重要なこと，また食糧を増産するためには，農家の組織化による水利工事の実施，農業機械の使用，品種の改良および耕作技術の向上などが必要であることが理由である（沙健孫，2009）。

　上記の見解とはまったく異なる見方として，個別農家経営に対する社会主義的改造が中国社会発展の必然的な趨勢ではないと主張している学者もいる。その論点は次のとおりである。第1に，土地改革後，農村の基本的な趨勢は中農化であり，貧富の両極分化ではないこと（蘇少之，1989），第2に，小農経済が必然的に生産力の発展を阻害するものではなく，適切な社会環境を創れば，小農経済であってもその生産性を劇的に上げることができること（呉鵬森等，2004），第3に，農業合作化運動の発生は農業発展の必然的な要求によるものではなく，工業化の需要によるものでもない。これは当時の社会で広がっている風潮と密接に関係している。つまり，大農業経営優越論，集団化イコール社会主義の価値観および計

画経済の実施が，農業合作化運動を発生させた主な原因である（江紅英，2001；葉揚兵，2006）という論点である。

農業合作化運動の効果については，農業の生産性が上昇したという見解と，農業の生産性は破壊されたという見解の両極に分かれている。この対立は，必然的に農業合作化を肯定するか，あるいは否定するかというまったく相反する評価に至る。肯定派は，農業合作化運動には性急な推進，乱暴なやり方，形態の画一化などの誤りや偏向があったにもかかわらず，農業の生産性を向上させたことは否定できない事実を強調している。その歴史的意義として，次の7つがあげられている。すなわち，① 農村における個人経済を集団経済に改造したことを通じて，貧富の両極分化を避け，ひとがひとを搾取する制度を消滅させたこと，② 農家土地所有制の制約をなくし，協同経済発展への広い道を開いたこと，③ 農田水利事業の展開を促進したこと，④ 農業科学技術を普及させるための社会環境が整ったこと，⑤ 農業の増産をもたらし，工業化に必要な資金および重要な市場を提供したこと，⑥ 資本主義商工業に対する改造を促進したこと，⑦ 農村における末端組織を再構築し，農業経営の人材と行政管理の人材を多く育成したことである（林毅夫，1992；高化民，1996；沙健孫，2009）。

農業合作化運動に対して否定的な態度をとった学者たちは，農業経営の集団化が農業の生産性を大いに破壊したと主張している。かれらは農業合作化運動，大躍進運動および人民公社化運動という3者間の内的関連性を強調し，こうした運動の失敗の要因がいずれも社会主義建設時期の「左翼」傾向にあると指摘している（董国強，1996）。したがって，集団化経営は農村の繁栄をもたらさなかっただけではなく，農村の貧困の長期化の要因にもなった。農業合作化運動は農村社会に対する改造を重視しすぎたため，農業の生産性の向上という目標を失ってしまった。農業に対する社会主義改造の性急すぎた展開は，大躍進という急進的な社会主義建設運動がはじまる根拠ともなっていた（李安運等，1998）。

ある学者は農業合作化の問題点を次のように詳細にまとめている。すなわち，① 農業合作化運動の初期・中期段階では，自発的意志と互恵の原則がたいてい守られていたが，高級社の段階に入ると，強制命令の現象が広範囲で発生した。一部の地域では，入社を望まない農家に対して威嚇，批判，処罰を行ない，農民にパニックを引き起こさせた。② 農業合作運動の後期段階では，農業の生産性水準の現実が無視され，生産手段の所有制および経営組織の形態を変革しさえす

れば農民は豊かになれるという考え方が優勢になり，性急に生産手段の私有制が廃止された。③ 農業合作化の完成により，画一的な集団所有制と経営方式が初級社期の多様な所有制と経営方式に取って代った。また，従来個々の農家から構成されていた村が高級社に統一的に管理されるようになり，農村社会の多様性が消滅した。④ 農業合作化が進められるなかで，農民の利益が適切に守られなかった。⑤ 高級社の管理がうまく行かず，分配の面では平均主義が浸透していたことである（梁麗，2012）。

4　人民公社体制の確立

　人民公社は高級農業生産合作社を基礎として設立した大型農業集団組織である。大躍進運動の展開が人民公社体制確立の社会的背景である。1958年はじめ，中共中央は農工業生産の大躍進の高まりがすでに訪れていると判断し，15年でイギリスを追い越し，20年か30年でアメリカに追いつくという目標を打ちだした。大躍進の波に巻き込まれて，各地で設立されている農業生産合作社はますます大規模化し，1958年7月に全国最初の人民公社が河南省遂平県で誕生した。同年8月に開かれた中共中央政治局会議で「農村における人民公社設立問題に関する決議」を採択し，工，農，商，学，兵が相互に結合する人民公社の設立が農村発展の必然な趨勢だと指摘された。その後，人民公社設立ブームが引き起こされ，同年10月には全国79.8万の農業合作社が2万6,593の人民公社に再編され，加入者は農家戸数の99％以上に達した。

　1958年12月に公布された中共中央の「人民公社のいくつかの問題についての決議」で，人民公社のめざす目標は農村が次第に工業化する道，農業における集団所有制が次第に全人民所有制に移行する道，社会主義の労働に応じた分配から次第に必要に応じた分配に移っていく道，都市と農村の格差，工業と農業の格差，頭脳労働と肉体労働の格差を次第に縮小し，ついには消滅する道，および国家の対内的機能を次第に縮小し消滅させる道を開くことにある，と指摘されていた。この理念は1970年代まで追求されたが，しかし，現実には理念どおりに実行されなかった。

　初期段階の人民公社は組織の大規模化および所有制の高度な公有化を追求した。その時期に，社員の自留地や家禽，家畜も公有化された。また，労働に応じた分

配制度が廃止され，必要に応じた分配制度の導入として公共食堂が開設され，食事は無料化された。こうした政策は農民の労働意欲を大きく減退させ，農業の生産性の大破壊につながった。食糧生産が1959年と1960年の2年連続で大幅に減産し，都市と農村を問わず，食糧不足の危機が全国に広がった。厳しい経済情勢下で，中共中央は1960年から人民公社制度を整理整頓しはじめ，1961年3月に「農村人民公社工作条例（草案）」（「人民公社60条」と略す）が制定され，1962年9月に開かれた中国共産党第8期第10回全会で採択された。人民公社60条では，生産隊を独立採算単位とする3級所有制の確立，農民の自留地および家族の副業の生産の回復，労働に応じた分配，無料公共食堂などの現物供給制度の廃止などを規定した。人民公社の所有制度がこの時期から基本的に高級社段階の状態に戻った。しかし，行政組織と生産組織の一体化した「政社合一」体制は変更することなく，人民公社制度が終結した1984年にまで継続した（羅平漢，2003）。

　人民公社管理体制の特徴としては，次の5つがあげられる。第1は規模が大きく，公有化水準が高いことである。第2は上述の「政社合一」であること。つまり，人民公社は農村における経済，政治，文化，軍事，教育の一体化した末端組織として，農業生産，財政，食糧買い上げ，貿易，民政，文化教育，衛生医療，治安，民兵，民事紛争の仲裁などさまざまな責務を果たした。第3は集団的労働と平均主義的な分配制度を実行したことである。第4は，国家と公社の関係については，国家への絶対的な服従が要求され，公社自身の自主権が少ないこと。第5に，国家が公社を通じて農村および農民への管理を強め，公社から離れた農民は独立して生きていけないので，全面的に公社に依存せざるをえなかったことである（農業部産業政策と法規司，1999）。

　1958年から1984年まで，人民公社体制は中国の農村におけるもっとも重要な制度となり，農民の生活様式，考え方および人間関係の在り方に大きな影響を与えた。1960年代および1970年代では，人民公社は都市から下放された数千万の労働者，幹部および知識青年を受け入れ，都市と密接なきずなを結んでいた。

　人民公社時期における国家の農村管理は直接的，厳密的，一元的な特徴をもち，「準軍事主義」的な色彩を帯びていた。伝統的な自然村は生産隊として再編され，これを独立採算単位にして生産計画をたてて集団労働を行ない，収入を農民に分配した。生産隊は土地などの生産手段の所有権および農業生産の経営権をもち，通常の国家計画も最終的に生産隊で実行された。生産大隊が生産隊の上級組織で，

そこに設置された共産党組織の支部は生産隊の重要事項の決定権をもっていた。生産大隊の上級組織となる公社はインフラ建設，結婚登記，医療衛生，人口移動，社会安全，貧困救済などのあらゆる面で農民に公共サービスを提供し，また農民の労働と生活を隅々まで管理していた。公社の社員が集団のなかの重要な生産要素だったが，しかし，個人の自由は少なかった。人民公社体制の確立により，農村社会には1つの超安定的な社会構造が形成された。すなわち，経済的には全員が貧困であり，政治的には同質化され，文化の面では画一的な価値観を植えつけられた。また，1958年に制定された戸籍制度による制限で，解放軍への入隊，中等専門学校以上の学校への進学および工場の労働者になる以外，都市と農村の間の自由な移動はほとんどできなくなった。長い間，多くの農民は人民公社の1つの単純な生産要素あるいは1つの「駒」にすぎなかったのである（韓俊，2008）。

人民公社に関する研究は，現代中国研究および農村研究のなかの重要課題である。人民公社運動の発生の背景，展開過程，歴史的役割および失敗の原因などは学者たちの注目を集めており，論点が多岐にわたるうえ，意見も錯綜している。

人民公社運動の発生の背景については，主に4つの視点がある。すなわち，① 大躍進運動の推進，革命継続論の流行および計画経済体制の確立によって人民公社が生まれたとする視点（熊啓珍，1997）。② 人民公社誕生の背景には経済政策の急進性，階級闘争という政治的圧力，農民の豊さを求める願望，平均主義の伝統意識がみられるとする視点（章徴科，2004）。③ 当時の中国では，工業化を進める資本を蓄積するために食糧の統一買い上げ・統一販売政策が制定され，人民公社がこの政策を実施する最適な組織であったとする視点（温鉄軍，1999；焦金波，2005）。④ 毛沢東の軍事共産主義への憧れは，人民公社の誕生と密接に関係している（韓曦，2003；姚桂栄，2012）などである。

人民公社の時期区分について，主に2つの観点がある。1つは人民公社の発展過程に基づいて，人民公社の歴史を設立期（1958年7月から1958年11月まで），整理整頓期（1958年11月から1962年9月まで），安定期（1962年9月から1978年12月まで），解体期（1978年12月から1984年末まで）という4つの段階に分ける見解であり，もう1つの見方は人民公社の所有制の変化を時期区分の根拠とし，生産隊を独立採算単位とする新体制の確立を境にして，人民公社の歴史を「大公社期（1958年7月から1962年まで）」と「人民公社期（1962年9月から1984年末まで）」に分ける見解である（張楽天，1998；辛逸，2000）。

人民公社の功罪および歴史的役割をどう評価するのか。学者の間では主として3つの意見に分かれている。
　第1は人民公社を徹底的に否定する見解である。この見解によれば，人民公社は富を均分する「農業社会主義」の産物で，農民の労働意欲を減退させ，農村経済の発展に大損害を与え，人間の労働力の甚大な浪費を生みだした。人民公社体制の確立により，農村の近代化に必要な商品意識，開放意識，競争意識が育成できず，農民固有の勤勉性が破壊され，平均主義意識および農業を重んじ商業を軽視する意識も助長された。これは中国農村の発展を遅らせた主因である（陸学芸，1996）。人民公社の「政社合一」体制は，国家主導によって生まれた高度集権的な農村管理体制である。その管理は農村の経済，政治，教育，文化，社会生活などの隅々にまで及んで，国家の動員力を大いに強めた一方で，農村の従来の社会的秩序の崩壊，農民の国家に対する反感の増大および農村管理コストの増大にもつながった。この意味でいえば，人民公社は政治的には高効率で，経済的には低効率な社会動員体制であった（於建嶸，2001）。
　第2は人民公社を基本的に肯定する見解である。論拠として，まず制度の面では中国工業化のための資本蓄積を保障したこと，次に人民公社の大規模な大衆動員なしには水利灌漑などの農業基盤の整備の実現が不可能であったこと，さらに1960年代および1970年代では，人民公社の社会保障制度が比較的低いコストで農村の生産秩序と生活の安定を維持したことなどがあげられている（辛逸，2001）。
　また，上の2つの見解とは異なった視点で人民公社を研究している学者もいる。その研究方法とはすなわち，人民公社の歴史的役割については否定，肯定のいずれの判断を下すことなく，人民公社を1つの歴史現象として具体的，客観的な分析を行なっていることである。代表的な成果は張楽天の『理想との決別：人民公社制度研究』である。かれによれば，伝統的な郷村社会はまさに吸引力の強い「循環式の落とし穴」のようなものであり，資本主義の萌芽，商品経済の浸透，新式学校の設立などの進歩的な要素が一旦郷村に入ると，直ちに強固な伝統的勢力によって粉砕された。これは中国が近代化建設を行なうために乗りこえなければならない最大の障碍である。人民公社は数千年をかけて形成された郷村共同体とは異質な組織であるので，この体制の確立によって農村における伝統的な勢力が覆され，最終的に「循環式の落とし穴」から抜けだすことができた。ところが，分散孤立した個人経営経済から集団的な労働と集団的生産経営への変更は簡単な

ことではなく，人民公社体制が実際に運営されている時には，常に農民からの抵抗に遭遇した。人民公社体制を維持・強化させるために，中国共産党は次から次へと政治運動を展開せざるをえなくなった。豊かな生活を求める願望は多くの農民が最初に人民公社体制を支持した最大の原動力であったが，しかし終始貧困から脱却できない現実は農民を大いに失望させた。理想に向かう情熱と意欲を失った農民たちの現実の制度への懐疑と反抗は日増しに強くなり，ついに人民公社体制の崩壊につながった。

人民公社はなぜ失敗したのか。学者たちによってまとめられた理由には主に次の4点がある。第1に，人民公社は共産党リーダーの主観的意志によって生れたものであり，農村の実情とかけ離れ，経済発展の一般法則から外れたユートピア的色彩が強い反近代化運動であったこと，第2に，共同作業による労働の高度な集中と平均主義的な分配が農民の労働意欲減退を招き，富を追求する個人の欲望が強制的に抑制されたことが，農村経済発展の原動力の喪失をもたらしたこと，第3に，人民公社の運営は主に行政的な手段と政治運動に頼り，物質的奨励策が欠けていたこと，第4は農民の生活が依然として改善されていないことである（湛風濤，2009）。

5　農家請負制

農家請負制は1950年代の農業合作化運動初期に農民の自由意思によって創出された農業経営形態の1つである。すなわち，個別農家が農地経営を請負い，それぞれの農地に応じて生産量のノルマを決め，超過分を個人の所有とし，不足分は罰金を納める方式である。

この経営形態は人民公社体制の確立によって一時的に姿を消したが，1960年代初期の人民公社の挫折期に一部の農村地域で再び復活した。しかし，個別農家による経営は集団経営という人民公社体制の基本原則に違反するものとみられ，中国共産党の上層部で激しい論争が引き起こされて，結局，毛沢東の強い反対で消滅した。1960年代および1970年代の政治運動のなかで，農家請負制を支持した幹部は常に反社会主義のレッテルを貼られて批判の対象となっていた。文化大革命（1966～1976）が終結した後，1978年5月11日に，「実践は真理を検証する唯一の基準である」という論文が『光明日報』に掲載され，中国の改革開放初期の思想

解放運動の幕が開いた。社会主義とは何か，資本主義とは何か，中国経済の発展がなぜ遅れたのかといった問題に関する幅広い議論をとおして，中国の工業化・都市化を発展させるためには，今までの硬直的・教条主義的な社会主義理論と政策を放棄し，経済発展に有利な政策をつくらなければならないという考え方が次第に共産党内および社会の世論の主流となった。したがって，1978年末に農家請負制が再び一部の農村地域で復活された時，その性質は一体社会主義的なものなのか，あるいは資本主義的なものなのかをめぐる論争が改革派と保守派の間で行なわれた。結局，農家請負制がもたらした農業増産・農民増収という現実の前で，「黒い猫でも，白い猫でも，鼠を捕るのがよい猫だ」と主張した鄧小平をはじめとする改革派が優勢となり，ついに経済改革を進めることを決定した。1980年9月14日から22日にかけて開かれた中国共産党中央委員会の会議では，社会主義工業，社会主義商業および集団農業の絶対的な優勢が確保できた情勢下で，生産隊の指導の下での農家請負制は社会主義経済に依存したものであり，社会主義の軌道を外れることはないし，資本主義復活の可能性もないので，恐れるに足りないと指摘された。さらに，中国共産党中央委員会が1982年11月に公布した「当面の農村経済政策の若干の問題」のなかで，「生産高連動請負責任制は統一経営と分散経営を結びつける原則を採用しており，集団の優位性と個人の積極性が同時に発揮されるようになった。この制度をさらに完備・発展させることにより，農業の社会主義協同化への具体的な道は一段とわが国の実情に合致したものになるであろう」と明記されたため，農家請負制が迅速に全国に普及し，1983年末にはすでに全国の94.5％の農家をカバーした。1983年10月12日に中国共産党中央委員会と国務院は「政社分離を実行し，郷政府を設立することに関する通知」を公布し，人民公社の「政社合一」構造を解体し，郷政府と生産組織を分離させた。1985年春には，全国5万6,000余りの人民公社が9万1,138の郷・鎮に再編され，郷・鎮の下には94万余りの村民委員会が設置された（韓俊，2008）。人民公社は体制としては1984年に終結されたが，しかし，一部の地域では，人民公社の集団経営方式と政社合一の管理体制は農民の意思によりその後も相当長い期間継続されていた。

　1980年代以後の農家請負制の特徴としては，一般的に次の2点があげられている。第1に，土地の所有権については依然として村の集団所有を維持すること，第2に，個々の農家の人口数に基づいて，農地の使用権を請負権という形で均等に分割し，各農家が個人意思で生産，分配および経営を行なうことである。人民

公社の集団経営から個別農家経営への変化にともなって，農民は農作物の生産・販売の自由を手に入れ，農業生産と市場経営の主体となった。農家請負制が確立された初期，農業増産，農民増収というプラス効果が顕著にあらわれたが，そのマイナス面も徐々に顕在化した。それらは，主として次のようにあらわれた。第1に，農家請負制の経営方式は伝統的小農経済と自然経済の再度の復活にすぎず，分散して孤立的に農業を経営している農家は市場の絶えまない変化に応じて生産計画を調整できないので，市場という魔物に翻弄されやすく，収入が不安定的かつ低水準にとどまっている。第2に，機械化レベルは農業の近代化レベルを判断する重要な指標であるが，しかし，農家請負制の下では，各農家の農地面積が小さく，大型機械を利用した農作業が非常に困難であることが，農業の近代化の大きな障害となっている。第3に，農家請負制が導入されてから，小型農田水利の建設と管理の主体が曖昧になったため，人民公社の時期に建設された水利・灌漑施設は適切な補修がなされておらず次第に老朽化して，農民は常に旱魃や洪水などの自然災害に脅かされている（包暁斌，2012）。第4に，1990年代以降，大量の農村労働者が非農産業に移動したことは，農村地域の青壮年労働者不足と農地の荒廃を招き，国家の食糧安全保障も危険にさらされていることである（肖冬華，2009）。

人民公社体制が終結されたばかりの1980年代から，上述した問題の対策として，東部沿海経済先進地域では，農民たちは自らの意思で「農民連合購入・販売組織」，「専業協会」，「専業合作社」などの合作経済組織を多く設立した。1990年代から，農民の増収と農業・食糧生産の安定化を図るために，各級政府はプロジェクト支援，財政補助，租税優遇および融資優遇などさまざまな政策を通じて農民の合作経済組織の設立を促し，農業の生産・加工・流通の一体化したシステムの構築に力を入れた。2006年10月31日に全国人民代表大会常務委員会を通過し，2007年7月1日に実施された『中華人民共和国農民専業合作社法』（以下「合作社法」と略す）は，農民の合作経済組織の運営に法的保障を提供した。この法律によると，農民専業合作社とは「農家生産請負経営を基礎にして，同一種類の農産品の生産・経営者，あるいは同一種類の農業生産・経営・サービスの提供者と利用者が自発的に連合し，民主的に運営する互助性の経済組織」と規定されている。その目的は，組合員に対して「農業生産資材の購買，農産品の販売・加工・運輸・貯蔵および農業生産経営に関する技術や情報などの提供」にある（第2条）。

さらに，農民専業合作社の運営については，① 組合員の主体は農民であること，② 組合員にサービスを提供することを本分とし，全組合員の共同の利益を実現すること，③ 組合の加入，脱退は自由であること，④ 組合員の地位は平等であり，民主的運営を行なうこと，④ 余剰金の配分は，農民専業合作社の利用高に比例して組合員に配分されるという原則を遵守することと定められている（第3条）。

合作社法の施行は農民の合作組織の激増をもたらし，2011年には，16.4％の農家が合作社に加入した。運営方式からみると，この時点での農民合作社は4つのタイプに分類できる。第1は合作社＋生産農家のタイプである。このタイプの合作社の多くは農家によって自発的に組織されたものであり，組合員は合作社を通じて農産品を販売することを目的とする。第2は合作社＋生産基地＋生産農家のタイプである。このタイプの合作社は一定規模の農業生産基地を有し，合作社は生産基地を通じて農家の生産を指導し，また，統一基準価格で組合員の農産品を購買・販売する。第3は龍頭企業＋合作社＋生産農家のタイプである。いわゆる龍頭企業とは農業産業化のなかでリーダー（龍頭）的役割を果たす企業を指す。このタイプの合作社では，龍頭企業は合作社株の絶対多数を掌握し，生産農家は労働者の労働あるいは生産した農産品を株と交換して企業の株主となり，合作社は企業と生産農家を結びつける架け橋として，龍頭企業のために生産工場のような役割を果たす。第4のタイプは合作社連合＋生産農家のタイプである。このタイプの合作社は同一種類の農産品の販売・加工・運輸・貯蔵および農業生産経営に従事する複数の合作社からなる連合体である。大規模合作社連合体の出現は，今までの農民専業合作社の弱点，たとえば規模が小さいこと，経済力が弱いこと，地域の限界性があることなどの問題を解決できると考えられている（劉濤，2012）。

人民公社時期の協同経済と1985年以後にあらわれた農民専業合作社は2つの違いがある。第1に，組織形態からみると，前者は当時の国家計画経済制度の一部であったことに対して，後者は農民および企業の自由意思によって自発的に結成されたものであること，第2に，加入方式からみれば，前者は半強制的な政治的色彩を帯びており，しかも脱退できないことに対して，後者は加入と脱退がいずれも農家の自由意思によっていることである。

2013年1月に，中国共産党中央委員会と国務院は「農村改革を全面的に深め，農業現代化を加速することに関する若干の意見」を公布し，新型の農業生産・経

営組織の育成政策について次のように明記している。すなわち，法に基づくことと自由意思，有償の原則を貫いて，農村の土地請負経営権の秩序のある流通を誘導し，請負土地が大規模専門農家，家族農場および農民組合へ移行することを奨励・支持し，適度な大規模経営を発展させること，新規の農業補助資金は主に大規模専門農家，家族農場，農民協同組合などの新型の生産・経営主体に傾斜配分させること，栽培業，飼育業を発展させるために，都市の商工業資本が農村の企業化経営への参加を奨励すること，などである。この政策の明文化は農地の流動化をさらに加速させ，2017年3月には，耕地面積に占める流動化面積の割合（流動化率）は35％に達した（韓長賦，2017）。また，2018年6月末までに登記された農民専業合作社は210.2万社にのぼり，約半数の農家は合作社に加入した（孔祥智，2018）。

　現在の中国は，依然として土地の公有制を実施している。憲法の第10条では「都市部の土地は，国家所有に属する。農村および都市郊外区域の土地は，法律により国家所有に属すると定めるものを除いて，集団所有に属する」と定められている。人民公社の時期には，農地の所有権と使用権はいずれも農民の集団すなわち人民公社，生産大隊，生産隊に属するものであった。農家請負制が確立された後，農地の所有権は相変わらず農民の集団に属するが，しかし，農民は農地の使用権つまり請負経営権を手に入れた。いわゆる農地流動化とは，離農した農民が個人の農地請負経営権を他のひとに賃貸し，賃料を受け取る現象を指す。このような現象は1980年代から経済が発達した東部沿海の農村地域であらわれ，今日ではすでに全国に広がっている。

　他方では，農地を他のひとに賃貸すれば回収できない恐れがあることを心配している農民もいるため，耕作もせず賃貸にも出さないまま荒廃している農地は増加する一方である。これは農地資源の浪費をもたらすだけではなく，農業の集約化・近代化を妨げ，国家の食糧安全も脅かしている。

　さらに，工業用地と都市住宅建設により農地が収用される際，一部の地方政府は財政の収入を増やすため，安値で農地を強制収用し，高値で企業に転売して，農民の利益を甚だしく侵害している。2000年以後，土地収用を巡る紛争が全国各地で起こり，その激しさは日ごとに増している。また，農地の収用・販売に乗じて汚職や賄賂に走る幹部も多くあらわれ，政府のイメージに悪い影響を与えている。

第10章　農村の社会変動およびその研究

　このため，農村の土地制度という問題は再び学者たちの注目を集めており，研究のホットなテーマとなっている。近年の代表的な研究成果としては，『中国農村土地制度六十年：回顧と展望』（廖洪楽，2008），『農村土地制度改革：国際比較研究』（中国社会科学院農村発展研究所マクロ経済研究室，2009），『土地権のロジック：中国農村における土地制度の行方』（賀雪峰，2010），『中国の工業化・都市化進行中の農村土地問題に関する研究』（曲福田，2010），『農民の権利を真剣に考えよ』（張英洪，2011），『ゲーム：土地権利の分割，実施と保護』（張曙光，2011）『「権利の貧困」との訣別：農村における集団建設用地流動化の法律問題に関する研究』（曹笑輝等，2012），『土地制度改革と発展モデルのチェンジ』（劉守英等，2012），『中国の農地制度，土地流動と農地投資』（黄季焜等，2012），『農村における集団土地の流動化と農民の土地権益保障に関する制度的選択』（呉越等，2012），『農村における土地流動化を巡る地方政府と農民の間の相互作用メカニズムに関する研究』（陸道平等，2012），『都市と農村の発展一体化計画と農村土地制度の変革：成都試験区に関する実証研究を中心に』（郭暁鳴等，2012），『都市化進行中の農民土地権利の保障』（張千帆等，2013），『都市化のモデルチェンジと土地の落とし穴』（華生，2013）などがあげられる。

　学者たちによれば，現行の土地制度は３つの大きな問題を抱え，農村経済の発展を大いに妨げている。第１は農村土地所有権の主体に関する問題である。中国の現行の関連法律では，農村の土地は集団所有であると明記され，その土地所有権の主体については，郷・鎮の農民集団（人民公社時期の人民公社に当たる組織），行政村の農民集団（人民公社時期の生産大隊に当たる組織で，いくつかの自然村を含む），自然村の村民班組織の農民集団（人民公社時期の生産隊に当たる組織）があげられている。しかし，人民公社制度の終結とともに，郷・鎮の農民集団および村民班組織の農民集団がすでに土地所有権行使の役割を発揮できなくなったので，集団土地所有権の行使主体が実に空位の状態におかれている（朱顕栄，2008）。第２は土地の請負権調整や収用によって生まれた村幹部の腐敗問題である。行政村の集団組織が土地所有権の行使を実際に独占していることが，村幹部の不正を生む土壌になっていると指摘されている。たとえば，土地請負権の調整にあたって，村の幹部はしばしば自分の親族や友人に利益を提供する。工場建設や都市住宅開発によって収用された土地の代金が村の幹部に横領される事件も多発している。第３は農地請負期間の問題である。農家請負制が実施された初

期の1984年の「中央一号文書」で，農地の請負期間は一般的に15年以上とされた。ほとんどの請負期は1990年代半ばごろから期間が満了する事情を背景として，中国共産党中央委員会と国務院が1993年に公布した「当面の農業および農村経済発展に関する若干の政策措置」のなかで，土地請負期間は，元来の土地請負期間が終了した後，さらにそのまま30年延長することとされた。この政策は2002年に制定され，2003年に施行された『農村土地請負法』で再確認された。しかし，30年後の使用権については明確な政策がないため，農地の長期経営計画を立てることができない農民が多くいる（何煉成，2004）。

農村の現行の土地制度の改革をめぐって，主に① 土地を私有化すべき，② 土地を国有化すべき，③ 土地の集団所有権を維持しながら農民の土地請負権をさらに明確化すべきという3つの観点がある。

土地の私有化を提唱する学者はその長所を次のように強調している。① 土地の私有化は農民の自由の拡大につながる。土地の所有権をもつ農民は農地を担保として銀行から融資を受けることができ，土地を売りだしたら現金を獲得できる。財産の資本化と流動化を通じて，農民はもっと多くの自由，発展の機会および富を手に入れられる。② 土地の私有化は農民の土地権益を最大限に保護できる。土地が収用されたばあい，農民は土地の所有者として土地賠償額の交渉に直接参加でき，市場価格に相応しい代金が回収できれば，土地収用による社会紛争は減らせる。③ 農民は土地でえた資金を利用して第2次産業や第3次産業で起業して，全国の都市化と工業化の発展を促進できる。④ 土地の私有化は農業投資者権益の保護に有利であるため，農業への長期投資者の増加を促進できる。それによって農業の規模化・産業化経営が普及し，国家の食糧安全を保障できる。⑤ 土地の私有化は農民の法的意識や公共意識の育成に有利に作用するため，農村の民主化を促進でき，幹部の腐敗も防止できる（楊小凱，2001；陳志武，2005；蔡継明，2005；文貫中，2006）。

ところが，多くの学者は土地の私有化が中国の国情に合致しないと考え，以下の理由をあげて土地私有化の主張を強く批判している。① 砂のように分散している個体農家は凝集力と主体意識が欠如しているので，巨大資本を有する強い集団に対抗できず，安価で土地を手放しがちである。② 巨大資本による土地の吸収合併は直ちに農業余剰労働力の転移につながらないため，土地を失った農民は無業流民となる可能性が高い。③ 土地の私有化は貧富の格差を拡大させ，社会

の分断をさらに深める恐れがある。④ 土地の私有化による農民集団の土地権限の縮小は，村の公共事業の財源の減少および農民の公共意識・互助意識の低下をもたらし，土地をめぐる紛争は減らせるどころか，むしろ増加するだろう。⑤ 都市住民と比べて，農村住民を対象とする社会保障の水準は低く，保障項目も少ないので，土地は農民の基本的生活保障，就業保障医療保障，年金保障の役割も果たしている。したがって，多くの農民にとって，土地を失ったことは生存のための基本的保障の減少または喪失を意味する。⑥ 土地の私有化は必ず土地投機ブームを引き起こす。市場経済の下で，大量の農業用地が必然的に商工業の資本に吸収されるので，耕地の減少は農業の衰退や食糧供給の不安定を招く。⑦ 土地の私有化により，工業化や都市化，およびインフラ整備などのための土地収用は難しくなり，社会全体の発展と繁栄に悪い影響を与える（温鉄軍，2009；賀雪峰，2010；孟勤国，2010；簡新華，2013）。

さらに，土地私有化の主張に対抗して，「国有民用」という改革案が打ちだされている。いわゆる「国有民用」とはすなわち，農村の土地所有権を集団所有から国家所有に変更させると同時に，農民およびもともと農村土地の使用権を所有する自然人と法人に安定的・持久的な使用権を与えることである。具体的な方案としては，「国家所有・個人使用」，「国家所有・個人経営」，「国家所有・個人永久使用」，「国家所有・個人永久使用下での土地株式化」などがあげられる（韓俊，2008）。この立場の学者によると，「国有民用」の制度を創れば，各方面の欲求を満足させるだけでなく，「虚位」となっている土地集団所有権の主体も明確化できる。また，「国有民用」の関連法律の制定を通じて政府と農民の関係を規定し，政府の土地収用を制限・監督する。経済発展の視点からみれば，土地所有権主体の確定および政府の責任と権利の明瞭化は，資源配分における市場の役割の増大につながる。また，農村土地の国有化は農民集団，すなわち村民委員会ならびに村幹部の権力乱用や腐敗を防止でき，農民の利益を守り，農村の貧困脱却や農業の近代化を加速することができる。国家の立場からみると，農村土地の国有化により国家の土地資源に対する支配権がさらに拡大されるため，政府は農村の土地制度と都市の土地制度の統合を通じて，工業と農業，都市と農村，都市住民と農村住民を一体化させ，統一的な発展計画を遂行できる（康暁光，1995；何煉成，2004；周天勇，2004；劉雲生，2006；葉明，2013）。

一方で，農村土地に関する私有化主張と国有化主張のいずれにも賛成しない学

者も少なくない。現行の農民集団の土地所有権を維持しながら農民の土地権利をさらに明確化させることが，農民の経済的利益をしっかりと保護でき，しかももっとも実行しやすい方法だと考えているからである。具体的なやり方として，まず，政府は農民の「3つの権利」，すなわち土地請負権，住宅地の使用権，住宅地で建築された家屋不動産権を確定させるうえで，農民にその権利証を発行すべきことである。次に，政府は農民の請負土地権の使用と譲渡および請負経営権の抵当，担保の権利を認めるべきことである。このようにすれば，農地の流動化と農業経営の大規模化を促し，農業の増産，農民の増収，農村の繁栄を確保できる（厲以寧，2013）。2013年以後，この見解が学界の主流となり，一部の提案は政府関連部門に採用され，新しい農村政策として打ちだされている。2014年1月に中国共産党中央委員会と国務院が通達した「農村改革の全面的深化と農業現代化の推進加速に関する若干の意見」では，農村土地の請負関係を安定させ，かつ長期間変わらず維持すること，耕地保護制度を厳格に堅持すると同時に，農民に請負地の占有権，使用権，収益権，流通権および請負経営権の抵当・担保権を与えることが明確化された。この文書によって，農地の請負権を請負権と経営権に分け，従来の所有権，請負権という2権分離から，所有権，請負権，経営権という「3権分離」に改められた。その狙いは，農地の公有制（農民集団所有）を維持しながら，農地の請負権を有する農民がその経営権の譲渡を通じて収入を増やすと同時に，農地の流動化を促進させ，専門の大規模生産農家を多く育成することにある。

6　工業化と都市化の影響

　1980年代の郷鎮企業の発展および1990年代からはじまった工業化・都市化の急速な進行は，根本的に農民の就業方式，生活様式を変化させている。国家統計局が公表した「2013年農民工（出稼ぎ労働者）観測調査報告書」によれば，非農産業で働く農村労働者は2億6,894万人に達している。そのうち，地元を離れて就労している労働者は1億6,610万人であり，地元で就労している労働者は1億284万人である。地元を離れて就労している労働者のうち，出身省以外の地域で就労している者が46.6％，出身の省で就労している者が53.4％となっている。また，中西部の工業化・都市化の進展につれて，中西部の出稼ぎ労働者は出身の省で就

労する者の割合が高まる傾向にある。

　第2次産業と第3次産業の発展にともなって，とくに出稼ぎ労働者の増加は，農民の職業分化と階層分化を加速させている。1980年代末，一部の学者は職業指標に基づいて当時の農村住民を農業労働者，農民工，雇用労働者，農民知識人，個体戸（個人事業者）と個体商工業経営者，私営企業家，郷鎮企業管理者，農村管理者という8つの階層に分類した（陸学芸，1989）。

　職業に基づいた農村階層区分について異議を唱えた学者もいる。その理由としては，職業を基準として階層分析を行なう際，成熟した市場経済，高い社会流動性，高い工業化水準という3つの前提条件が必要とされるが，しかし，中国の農村社会にはこうした条件が備わっていないことがあげられている。したがって，職業に基づく階層区分の方法より，社会的資源という指標を用いて農村の階層分化を研究するほうが比較的適切であると考えられている。ここでは，社会的資源に経済的資源と象徴性資源という2つの要素があり，経済的収入を獲得できる能力は経済的資源とされ，象徴性資源には知識，権力，社会関係，身分，社会的地位など，つまり本人または他人の生活の質および発展機会に影響を及ぼすすべての潜在的・顕在的な資源が含まれている。また，経済的資源と象徴性資源は相互に影響を及ぼし合うことも指摘されている（毛丹，2003）。

　楊華は土地が依然として農村地域でもっとも重要な資源だと考えており，土地の占有状況と社会的資源の占有状況に基づいて，農村住民をエリート層，富裕層，中上層，中間層，中下層，貧困層，灰色層（黒社会）という7つの階層に分類し，各階層の間には次のような4つの格差があると指摘している。第1は利益関係と利益源泉の格差である。現在の農村社会の階層分化は利益主体と利益源泉の多様化という傾向を呈しており，利益関係の複雑化につれて，利益紛争も顕在化している。第2は社会関係資本の格差である。上の7つの階層のなかに，地元で豊富な社会関係資本をもっている階層もあるが，主として地元以外の地域で人脈を広げている階層もある。このほかに，地元でも地元以外の地域でもあまり社会関係資本をもっていない階層もある。第3は社会的資源の格差である。社会の中間層や上層におかれている人びとは比較的多くの経済的資源と象徴性資源をもっているのに対して，下層におかれている人びとは両方とももっていない。また，経済的資源を多くもっているにもかかわらず象徴性資源をほとんどもっていない階層がある一方，象徴性資源を多くもっているが経済的資源をほとんどもっていない

階層もある。第4は政治意識の格差で，つまり，階層により要求が異なるため，政治に対する関心度や関心内容も違うことである（楊華，2010：2014）。

農村の階層分化を研究する際，階層分化は農村の権力構造にどのような影響を与えているのかについて分析が行なわれている。

1980年代から進められてきている村民自治制度は，村民委員会を根幹とし，各階層の農民がすべて民主選挙，民主決定，民主管理，民主監督という権利をもつことを強調し，階層を問わずすべての村民に平等な政治参加の機会を提供している。しかし，制度上の平等は必ず現実の平等，結果の平等につながるとは限らない。というのも，村民自治の実態をみると，各階層の権力分配が不平等な状態におかれているからである。盧福営は権力資源の占有の状況に基づいて村の人びとを3つの階層に分けている。第1は管理者階層であり，村の幹部が主要メンバーで，村の運営のなかで指導，管理，決定，調整などの役割を発揮している。第2は非管理者のエリート階層であり，この階層に属する人びとは村の幹部ではないが，しかし，村の運営について頻繁に発言し，比較的大きな影響力と権威をもっている。第3は普通の村民，すなわち権力も勢力ももたない人びとである。各階層の村の事務への関与度が村によって異なるため，いわゆる村民自治は実際には次の3つのタイプを呈している。第1は管理者支配型である。このタイプの村では，管理者は権力を独占し，村の運営を独断的に行ない，普通の村民は村の運営にほとんど参加していない。第2はエリート支配型である。このタイプの村では，管理者および非管理者のエリートたちが村の事務を主導しており，普通の村民は意思決定にある程度関与できる。第3は本格的な村民自治型で，つまり各階層の村民が直接的，広範的，効率的に村の運営に参加しているタイプである（盧福営，2006）。

鐘立華の研究によれば，一部の農村地域では3つの大きな影響力をもつ集団が形成されている。それはすなわち，① 強い政治力をもつ集団，② 強い経済力をもつ集団，③ 強い宗族勢力をもつ集団の3つである。強い政治力をもつ集団の成員は主に村の管理者や郷村集団企業の管理者からなり，強い経済力をもつ集団の構成は比較的複雑であるが，私営企業家，成功した自営業者，教育・科学技術・文化・医療衛生などの分野の就業者，ならびに強い政治力をもつ集団のメンバーも含んでおり，強い宗族勢力をもつ集団の成員は主に宗族の事務にかかわる者であり，人数はそんなに多くないが，かれらは主に宗教活動および祖廟，族譜，

宗族会議などを通じて同族の人びとを支配し，村の事務の運営や村民委員会の選挙にも強い影響を与えている。上述の支配的な集団の成員は一般的に普通の村民より広い見識と人脈をもち，行動力と決断力をもっているので，政府がうまく誘導すれば，農村の近代化建設の強い牽引力となりうる。マイナスの側面をいえば，支配的な集団は多くの政治的資源と経済的資源を占有しており，メンバーのなかには公共心や道徳心のないひとも含まれているため，民衆の監督や法律の制約がなければ，農民，集団および国家の利益を侵害して，農村社会の安定を脅かす悪辣な勢力に成長する可能性もある（鐘立華，2007）。

　近年，村の管理を私営企業家に任せること，つまり「金もちが村を治める」という現象が学者たちの論争を引き起こしている。この現象の出現の背景には，1980年代以後の中国共産党の政策転換，すなわち富を平等に分配する政策から一部の地域や一部の人たちを先に豊かにさせる政策への変更がある。貧富の格差の拡大を許した意図は，先に豊かになる地域や人たちの助けにより，最後には共に豊かになる社会が実現できると想定されたことである。したがって，1990年代から，中国共産党は農村における経営才能のある私営企業家を共産党に入党させたり村の幹部に当選させたりして，かれらの経済力と経営才能を生かして農村の貧困問題を解決しようと試みてきている。しかし，農業税が徴収されていた時期では「金もちが村を治める」ことは目立った現象ではなかった。当時の村の幹部は国から下達されたさまざまな任務を担っており，農業税徴収という重い責任も果たさなければならず，多忙かつ民衆に嫌われるというマイナスイメージがあり，多くの金もちから敬遠されていたのである。2006年に農業税が廃止された後，私営企業家が村の幹部に当選するケースが増えはじめ，現在ではすでに農村地域の１つの潮流となっている。この変化には２つの要因がある。その１つは農業税の廃止により，村の幹部が徴税の重圧から解放されたこと，もう１つは，2006年以後，政府から農業，農村，農民への財政援助が増大し，村の建設や管理も昔より行ないやすくなったことが指摘されている（欧陽静，2011）。

　農村における富裕層，つまり私営企業家が積極的に村の事務・事業に参与し，あるいは直接村を管理することは，農村地域の工業化および階層分化の必然的な結果であり，農村の近代化と農村政治の民主化の産物でもあると考えられている。私営企業家の管理により，村の生活環境が改善され，村民が豊かになった事例は枚挙にいとまがない。各地の成功事例を整理してみると，次のような特徴がある

ことがわかる。① 多くの私営企業家は村の幹部に当選した後，賃金を辞退したのみならず，個人の資金で村の公益事業を建設している。こうした行為は村民の喝采を博し，村の凝集力を強めさせた。② 私営企業家は広い見識や人脈をもっているため，村の経済発展に役立つ資金，技術，人材を導入できる。③ 私営企業家は一般的に政府部門との交渉方法を熟知し，政府機関と良好な関係を築いているため，村が政府からの政策優遇や財政援助を獲得する機会が増えている。④ 強い経済力と高い社交能力を有し，しかも無報酬で村に貢献する私営企業家は村民のなかで高い信望を勝ちえているため，かれら・かのじょらによって制定された村の発展計画は円滑に遂行できる。

ところが，成功は常にリスクをともっている。私営企業家の管理により村民の生活水準は大きく向上したと同時に，村民自治の原則が破壊されつつあるという予想外の結果も生じている。たとえば，私営企業家が無償で村の幹部を担当し，自費で村の公益事業を行なうというやり方は確かに村民の福祉増大に有利であるが，しかしこれは同時に経済力をもたない一般の村民が村民委員会選挙に立候補する道を塞ぐという逆効果をもたらしている。また，私営企業家が自費で村のインフラを整備するばあい，胸に感謝の気もちが溢れる村民は建設計画に違う意見をもっても発言を躊躇するようになっている。このような状態が長く続くと，村の事務の公共性が徐々に消失し，村の幹部を担当する私営企業家個人の意思が村民の意思に取って代って村の事務・事業を決定するようになる。つまり，ばあいによっては，私営企業家が村を治めることは農村の民主化を促進するどころか，村民自治の水準をさらに低下させる恐れもある（賀雪峰，2011）。

さらに指摘しなければならないのは，私営企業家が村を成功裏に治めている事例がある一方で，失敗した事例も少なくないことである。その失敗事例の実態と原因については主に4つのタイプにまとめられている。① 一部の私営企業家が村民委員会選挙に立候補した最初の目的は自己利益の増大で，そのために有権者の買収や地元の黒社会（マフィア集団）との結託などで票集めをして当選をはかっている。一旦当選すると，あらゆる手段を講じて農村集団の経済的資源を占有して私腹を肥やす。このような村では，利益が侵害された村民と違法な私営企業家との紛争が跡を絶たない。村民たちの不満の矛先は私営企業家だけでなく，かれらの不法を制止できない地元政府にも向かっており，暴動さえ起こっている。② 村幹部に就任しても相変わらず個人企業の経営に全力投入している私営企業

家もある。このばあいには，村の管理は委託方式をとり，つまり代理人に任せているため，村民たちは村幹部と顔を合わす機会がなく，村の公共事業の企画や将来の発展計画に関与することもできない。③ 効率・冒険志向の私営企業家と平等・安全志向の村民の価値観の違いは，村の発展を阻害している。私営企業家は往々にして企業経営の経験で村を管理しがちである。しかし，村の事業は企業とは異なり，私営企業経営のリスクはその経営方針を決定した私営企業家自身が負うが，村の開発計画は一旦失敗したら，すべての村民が損害を被ることになる。このため，一部の村では，私営企業家の発展企画は失敗を恐れる村民の賛同がなかなかえられずに，停滞状態に陥っている。④ 決断力と行動力は私営企業家を成功させた長所であると同時に，独断横行の性格を形成させる要因でもある。したがって，村の発展企画が一部の村民に反対されたばあい，強硬な態度をとる私営企業家は少なくない。村民と村幹部としての私営企業家の対立は激しくなると，村の分裂を深め，村の発展を阻害するようになる（陳鋒，2010；魏程琳，2014）。

　いうまでもなく，合法的な手段で富を手に入れた私営企業家は農村地域の経済エリートである。かれら・かのじょらを村の管理に参加させることは，農村の近代化を実現するための不可欠な条件である。いかに上述の弊害を除去して，私営企業家のプラスの役割をさらに増大させるかについて，学者たちは次のように提言している。第1，公共政策の関連知識の学習や村務処理方法の訓練を通じて，私営企業家の村務管理水準・政策決定能力を全面的に向上させる。第2，村の管理制度を整備し，村務公開，監督機構の構築などにより幹部の権力を制限する。第3，村民の民主的意識の育成により村民自治の水準を高め，民主評議制度をとおして幹部の不正行為を防ぐ。第4に，『村民委員会組織法』（1987年制定，1998年全面改正，2010年再度改正）を貫徹し，買収や違法な票集めなどの選挙法違反行為を厳しく批判して，村民委員会選挙の公正性・合法性を確保するといったことである（林輝煌，2011；陳朋，2013）。

　農村労働者が大量に非農産業へ移動したことは，農民の職業分化を促進したと同時に一部の農村地域の荒廃を招いた。具体的には以下の様相を呈している。① 農業の衰退につれて，耕すひとがなく荒れ果てている土地がますます多くなっている。② 青壮年がほとんど出稼ぎに行き，村に残されたのは高齢者と子どもと女性だけである。一家をあげて都市に移住したケースが多い地域では，廃屋が至るところにみられる。③ 自然環境の破壊が急速に進んでおり，大気汚染，水質

汚染，土壌劣化などの問題が深刻化している。④ 文化・娯楽・教養のための施設が乏しいため，カルト宗教の布教や迷信活動が盛んに行なわれている。⑤ 村人の公共心の欠如と政治的無関心は村民自治制度を形骸化させ，村幹部の腐敗を助長している。⑥ 賭博，麻薬吸引，窃盗，殺人などの違法犯罪事件が激増し，黒社会に支配されている村さえある。⑦ 人間関係の希薄化，モラルの低下により，村民の間のトラブルが頻発するようになっている（陳家喜，2012；熊易寒，2012）。

　村の荒廃という深刻な問題を解決するために，2003年10月に開かれた中国共産党中央委員会第16期第3回全体会議では「都市農村統一計画一体化発展」の方針が確定され，2005年10月の第5回全体会議では「社会主義新農村建設」という目標が掲げられた。その後，新農村建設をめぐる実験が全国各地で行なわれ，東部沿海発達地域で最初にあらわれた「分散した村落を併合し，農民に集中居住させる」モデルは新型都市化の成功事例として，多くの地方政府に導入されている。

　いわゆる「分散した村落を併合し，農民に集中居住させる」とは，いくつかの自然村を合併させた上，農村住民の集中居住区を建設することである。その目的の1つはインフラの整備や公共サービス水準の向上を通じて，入居した農村住民に都市住民と同じような生活環境を提供することにある。分散した居住方式から集中居住方式への変更は，農村の社会構造，組織管理，就業方式，生活様式，人間関係など各方面に多大な影響を及ぼし，農民の切実な利益および農村の未来に関わる重大な変革である。今までの各地域の進行状態をみると，成功した事例が多くある一方，農民の利益が甚だしく侵害され，激しい社会紛争を引き起こした事例も少なくない。したがって，このモデルの評価をめぐって，学者からさまざまな意見が噴出している。

　一部の学者はこのモデルを「村落消滅運動」と批判し，直ちに中止することを要求している。その理由としては，以下の点があげられている。① 村の併合によって農村の伝統構造が破壊された。村落境界線が反故にされて，長い歴史を通じて形成された村の内部構造と郷村制度は徹底的に崩壊したからである。② 村の併合により伝統的な村落文化が消滅の危険にさらされている。村落文化は自然村を単位として，長い年月をかけてつくられたもので，日常生活と密接にかかわり，強い地域性と実用性をもっている。伝統的な村落の消失は村落文化の消滅を招きかねない。③ 村の併合は血縁と地縁によって結ばれた社会関係のネット

ワークを瓦解させた。もともと異なった村に住んでいた人びとを1つの新しい団地に集中居住させ，互いが顔見知りの社会から突然一部のひとだけしか知らない社会やまわりはまったく知らない人たちばかりの社会に入り，カルチャーショックで新たな環境に適応できない人たちが多くあらわれている。④ 村の併合は伝統的な生活様式と生産方式を破壊させた。新しい団地や高層住宅ビルへの転居により，農民の生活環境は確かに改善されたが，しかし，日常生活や生産活動の面では非常に不便なところもある。たとえば，住宅面積の縮小により生産道具や生活用具をおく場所が足りなくなること，住まいが畑から遠く離れて生産活動が不便になったこと，自家用野菜などを栽培できる自留地の喪失により生活費が増大したことなどである。⑤ 村の併合によって社会の安定と政府の公信力が破壊された。一部の地方政府は集中居住区の建設と村の統廃合を行なった際に，農民の意見を求めずに強引に実行し，しかも転居した農民に対する経済的補償が少なすぎるため，損害を受けた農民からの強い反発を買ってしまい，絶え間ない抗議活動が農村社会を不安定にさせ，地方政府への不信を強めている。⑥ 村の併合によって村の自然的，伝統的な特色が破壊された。やみくもに大都市の建設計画をまね，高層住宅ビルを多く建てた地域では，歴史的文化的価値と地域の特色のある伝統的村落と民家は破壊されてしまった。⑦ 集中居住区の管理水準が低い。それに事務費や人手不足が加わり，住民の需要を満足させることができない。⑧ 農民の権益が侵害されている。「村の併合・農民集中居住」政策の実施は一般的に農民の請負土地と宅地の収用をともなっている。しかし，収用後の土地の用途や収益の分配方法などについては農民の参与権，決定権は保障されず，しかも土地を失った農民に対する経済的補償も少ないため，多くの農民は生活困窮，就業困難の苦境に陥っている（鄭風田，2007；劉奇，2011；易暁燕等，2011；李飛等，2013）。

　上述した問題の存在を認めながら，「村の併合・農民の集中居住」の政策を強く支持している学者は多くいる。かれら・かのじょらの考えによれば，農家請負の農業経営は一種の伝統的農業経営で，農民の衣食住の問題を解決できるが，農民生活のさらなる改善，農村の近代化および全国13億5,000万人口の農産品需要を満足させることは難しい。したがって，土地の流動化による農地経営規模の拡大，集中居住による生活の質の向上は，農業の近代化，農民の市民化，都市と農村の格差を縮小させる前提条件である。この政策の取り組みに成功している地域

では，すでに以下のような変化が発生している。① 農民の集中居住は大量の農道と宅地を削減し，農地の集約化・大規模化を促進させた。② 集中居住の新団地には，大型スーパー，小中学校・高校，病院，文化娯楽施設などが配置され，電気，ガス，上下水道，生活ごみの集中的処理，道路などのインフラ整備が行なわれたので，農村住民の生活環境が大いに改善された。③ 農民の集中居住は農村の過疎化と空洞化問題を解決できた。子どもが家の近くで就学でき，高齢者が政府部門や養老施設のサービスを享受でき，第2次産業と第3次産業が発達した地域では，青壮年労働者は地元の非農産業に就職できた。④ 農村住民を一定の地域に集中的・安定的に居住させることにより，政府は住民に高水準の公共サービスを提供すると同時に，財政投入の無駄や浪費を防止できた。⑤ 農村の民主化を促進させることができる。歴史からみると，村落共同体の閉鎖性および分散した個別農家による農業経営方式は，中国の専制政治を維持する文化的・経済的基盤であった。村の併合と住民の集中居住によってあらわれた新たな生活様式と就業方式は，現代的意味での民主化の基盤が築かれるようになっている（趙美英，2008；林聚任等，2011；蔡永飛，2013；葉継紅，2013）。

「村の併合・農民の集中居住」を実行する過程であらわれた問題について，学者たちは次の対策を提案している。第1に，転居した農民に合理的な経済的補償を与えること。第2に，土地流動化の制度的保障を設け，農民権益の侵害を防止すること。第3に，政府は新団地の企画と建設において主導的役割を発揮しながら，農民に具体的な政策と計画を周知させ，農民の意思を尊重すること。第4に，小都市の発展計画を新団地の建設基準とし，インフラの整備や生活の利便性などを十分に考慮し，住民の生活需要と生産需要を最大限に満足させ，土地的に余裕がある地域では，高層住宅ビルより1戸建てを住宅の主流とすべきこと。第5に，第2次産業と第3次産業の発達は「村の併合・農民集中居住」を実施する経済的基礎であり，経済の遅れた地域ではこの政策を進めないこと。第6に，新団地の状況に応じて新しい管理制度を制定し，管理者の管理水準を高めながら，住民に団地の管理に参加させ，上級政府は団地管理の指導や業務資金の援助を提供すべきことである（章暁佳，2012；馬光川等，2013）。

膨大な農村人口を有する中国にとって，農村の近代化と農民の市民化は長期的かつ漸進的な過程であり，また持続的経済成長によって支えられる必要がある。2017年末には，5億7,661万人，つまり総人口の41.18％は農村に常住している。

30年後すなわち2040年代半ばになると，中国の総人口はおよそ14億5,000万人に達すると予測されている。たとえその時の農村常住者が総人口の20％にまで下がっても，まだ3億人弱がいる。したがって，今後相当長い期間，農村の社会変動に関する研究は依然として学者たちが関心をもつホットな課題になるであろう。

参考文献

梁漱溟『東西文化及其哲学』朗敏書局1921年，『印度哲学概論』商務印書館，1922年，『郷村建設理論』鄒平郷村書店，1937年。
中共中央「関於土地問題的指示」1946年5月4日。
「陝甘寧辺区徴購地主土地条例草案」『解放日報』1946年12月20日。
「晋綏辺区農会臨時委員会告農民書」1947年9月24日。
中共中央『中国土地法大綱』1947年10月10日。
任弼時「土地改革中的幾個問題」1948年1月12日。
毛沢東「関於情況的通報」1948年3月20日。
『中華人民共和国土地改革法』1950年6月。
中共中央「関於農業生産合作社的決議（草案）」1951年12月。
毛沢東「関於農業合作化問題」1955年。
「農村人民公社工作条例修正草案」1962年。
馬羽「試論我国農業合作化的歴史必然性」『社会科学研究』1981年第5期。
中共中央・国務院「関於実行政社分開，建立郷政府的通知」1983年10月。
蘇少之「論我国農村土地改革後的『両極分化』問題」『中国経済史研究』1989年第3期。
陸学芸，張厚義「重新認識農民問題——十年来中国農民的変化」『社会学研究』1989年第6期。
林毅夫『制度，技術與中国農業発展』上海三聯書店，1992年。
成漢昌『中国土地制度與土地改革——20世紀前半期』中国档案出版社，1994年。
康暁光「土地国有化応是我国土地制度改革的主要方向」『戦略與管理』1995年第1期。
杜潤生編『中国的土地改革』当代中国出版社，1996年。
高化民「農業合作化與家庭聯産承包為主的責任制」『当代中国史研究』1996年第2期。
董国強「試論農業合作化中的若干失誤」『南京大学学報（哲学社会科学版）』1996年第4期。
陸学芸編『中国社会主義道路與農村現代化』江西人民出版社，1996年。
熊啓珍「試論人民公社興起的動力與理論依拠」『党史研究與教学』1997年第2期。
力平，方銘，馬芷蓀主編『周恩来年譜（1949～1976）』上巻，中央文献出版社，1997年。
薄一波『若干重大決策與事件的回顧』（上巻）人民出版社，1997年。
張楽天『告別理想：人民公社制度研究』東方出版中心，1998年。

李安増，陳招順「対農業社会主義改造的再評価」『経済評論』1998年第6期。
農業部産業政策與法規司編著『中国農村50年』中原農民出版社，1999年。
高化民『農業合作化運動始末』中国青年出版社，1999年。
温鉄軍「『三農問題』：世紀末的反思」『読書』1999年第12期。
辛逸「関於農村人民公社的分期」『山東師範大学学報（社会科学版）』2000年第1期；
　　「試論人民公社的歴史地位」『当代中国史研究』2001年第3期。
於建嶸『岳村政治——転型期中国郷村政治結構的変遷』商務印書館，2001年。
江紅英「試析土改後農村経済的発展趨勢及道路選択」，『中共党史研究』2001年第6期。
楊小凱「中国土地所有権私有化的意義」愛思想網，2001年4月12日 www.aisixiang.com。
毛丹，任強「中国農村社会分層研究的幾個問題」『浙江社会科学』2003年第3期。
『中華人民共和国農村土地承包法』2003年。
杜潤生主編『当代中国的農業合作制』当代中国出版社，2003年。
邢楽勤『20世紀50年代中国農業合作化運動研究』浙江大学出版社，2003年。
羅平漢『農村人民公社史』福建人民出版社，2003年。
韓曦「毛沢東人民公社思想探源」『青海師範大学学報（哲学社会科学版）』2003年第5期。
周天勇「農村土地制度改革的模式比較和方案選択」『中国経済時報』2004年2月26日。
何煉成，何林「実行農地制度国有化的設想」『紅旗文稿』2004年第3期。
焦金波「従制度変遷的特徴看人民公社的歴史分期」『咸陽師範学院学報』2004年第5期。
呉鵬森，佘君「伝統社会主義與農業合作化運動」『二十一世紀』ネット版，2004年6月号。
章徴科「人民公社驟興速散的内在原因分析」『安徽師範大学学報（人文社会科学版）』2004年第5期。
蔡継明「中国的現代化，城市化與農地制度改革」『経済前沿』2005年第1期。
焦金波「工業化視野中的人民公社新探」『河南師範大学学報（哲学社会科学版）』2005年第3期。
陳志武「農村土地私有化後結果不会比現在糟」『財経時報』2005年10月8日。
文貫中「解決三農問題不能回避農地私有化」中国経済学教育科研網，2006年5月20日 www.cenet.org.cn
盧福営「村民自治與階層博弈」『華中師範大学学報』（人文社会科学版）2006年第4期。
劉雲生「農村土地国有化：必要性與可能性探析」『河北法学』2006年第5期。
葉揚兵『中国農業合作化運動研究』知識産権出版社，2006年。
羅平漢『農村人民公社史』福建人民出版社，2006年。
虞和平「民国時期郷村建設運動的農村改造模式」『近代史研究』2006年第4期。
『中華人民共和国農民専業合作社法』2006年10月制定，2017年12月改正。
鄭風田，傳晋華「農民集中居住：現状，問題與対策」『農業経済問題』2007年第9期。
鐘立華，徐斌「農村階層結構変化與農村社会穏定」『江西社会科学』2007年第11期。

廖洪楽『中国農村土地制度六十年：回顧與展望』中国財政経済出版社，2008年。
朱顕栄「完善我国農地所有権問題研究」『武漢大学学報』2008年第1期。
趙美英「城市化進程中的農民集中居住研究」『江蘇工業学院学報』2008年第2期。
韓俊『中国経済改革30年：農村経済巻』重慶大学出版社，2008年。
盧福営「治理村荘：農村新興経済精英的社会責任」『社会科学』2008年第12期。
中国社会科学院農村発展研究所宏観経済研究室編『農村土地制度改革：国際比較研究』社会科学文献出版社，2009年。
馬闖「対家庭聯産承包責任制的反思」『重慶科技学院学報』（社会科学版）2009年第12期。
肖冬華「耕地抛荒問題研究」『雲南農業大学学報』2009年第1期。
温鉄軍「我国為什麼不能実行農村土地私有化」『紅旗文稿』2009年第2期。
万能，原新「1978年以来中国農民的階層分化：回顧與反思」『中国農村観察』2009年第4期。
沙健孫『毛沢東與新中国建設』中国社会科学出版社，2009年。
呉毅「理想抑或常態：農地配置探索的世紀之擺——理解20世紀中国農地制度変遷史的一个視角」『社会学研究』2009年第3期。
楊奎松『中華人民共和国建国史研究』江西人民出版社，2009年。
湛風濤「人民公社研究概述」『福建党史月刊』2009年第4期。
祝彦『「救活農村」：民国郷村建設運動回眸』福建人民出版社，2009年。
李培林，渠敬東，楊雅彬編『中国社会学経典導読』（上册）社会科学文献出版社，2009年。
王瑞芳『土地制度変動與中国郷村社会変革』社会科学文献出版社，2010年。
孟勤国「揭開中国土地私有化的面紗」『北方法学』2010年第1期。
楊華「当前我国農村社会各階層分析——探尋執政党政権在農村社会的階層基礎」『戦略與管理』2010年第5，6期合巻。
賀雪峰『地権的邏輯：中国農村土地制度向何処去』中国政法大学出版社，2010年。
曲福田等『中国工業化，城鎮化進程中的農村土地問題研究』経済科学出版社，2010年。
陳鋒，袁松「富人治村下的農民上訪：維権還是出気」『戦略與管理』2010年第3，4期合巻。
劉奇「"滅村運動"是精英層的一廂情願」『中国発展観察』2011年第1期。
賀雪峰「論富人治村」『社会科学研究』2011年第2期。
易小燕等「農民"被上楼"的権益缺失及其保護措施」『中国経貿導刊』2011年第22期。
欧陽静「富人治村：機制與績効研究」『広東社会科学』2011年第5期。
林輝煌「富人治村與中国基層民主走向」『戦略與管理』2011年第9，10期合巻。
林聚任，鄢浩潔「拆村並居下的農村社区管理創新」『人民論壇』2011年第27期。
張英洪『認真対待農民権利』中国社会出版社，2011年。
曹笑輝等『告別"権利的貧困"：農村集体建設用地流転法律問題研究』法律出版社，2012

年。

高王凌「土地改革：『改天換地』の社会変動」『土地制度研究』（第一輯）知識産権出版社，2012年。

梁麗「建国初期的農業合作化運動：経験與啓示」『辺疆経済與文化』2012年第1期。

姚桂栄「従毛沢東早年の新村主義信仰看他発動人民公社化運動的心理動因」『毛沢東思想研究』2012年第4期。

劉守英等『土地制度改革與転変発展方式』中国発展出版社，2012年。

黄季焜等『中国的農地制度，農地流転和農地投資』格致出版社，2012年。

呉越等『農村集体土地流転與農民土地権益保障的制度選択』法律出版社，2012年。

陸道平等『農村土地流転中的地方政府與農民互動機制研究』清華大学出版社，2012年。

郭暁鳴等『統籌城郷発展與農村土地流転制度変革：基於成都試験区的実証研究』科学出版社，2012年。

熊易寒「"半城市化"対中国郷村民主的挑戦」『華中師範大学学報』（人文社会科学版）2012年第1期。

包暁斌「我国農田水利基礎設施建設的挑戦與出路」中国社会科学網，2012年3月1日 www.cnns.cn。

劉濤「我国農民専業合作社発展的調査與建議」『北京工商大学学報』（社会科学版）2012年第6期。

陳家喜，劉王裔「我国農村空心化的生成形態與治理路径」『中州学刊』2012年第5期。

章暁佳「農民集中居住研究綜述」『当代社科視野』2012年第12期。

高王凌「土地改革：『改天換地』の社会変動」『土地制度研究』（第一輯）知識産権出版社，2012年。

葉継紅『農民集中居住與移民文化適応——基於江蘇農民集中居住区的調査』社会科学文献出版社，2013年。

張千帆等『城市化進程中的農民土地権利保障』中国民主法制出版社，2013年。

華生『城市化転型與土地陥穽』東方出版社，2013年。

葉明「城郷社会保障制度一体化的法制前提：農村土地国有化」『西南民族大学学報』（人文社会科学版）2013年第5期。

李飛，鐘漲宝「農民集中居住背景下村落熟人社会的転型研究」『中州学刊』2013年第5期。

馬光川，林聚任「新型城鎮化背景下合村並居的困境與未来」『学習與探索』2013年第10期。

蔡永飛「農民集中居住区建設的重要意義」『東方早報』2013年8月16日。

陳朋「精英，選挙與郷村治理」『中共福建省委党校学報』2013年第12期。

簡新華「為什麼我国実行土地私有化是有害的」『紅旗文稿』2013年第19期。

厲以寧「土地確権啓動新一輪農村改革」『瞭望東方週刊』2013年12月2日。

周天勇「我為何主張農地国有化」財新網，2014年2月25日 www.caixin.com。
魏程琳，徐嘉鴻，王会「富人治村：探索中国基層政治的変遷邏輯」『南京農業大学学報』（社会科学版）2014年第3期。
「変革土地双軌制　推行"国有民用"」『中国経済時報』2014年4月6日。
楊華「階層分化背景下農村基層政治研究的展開」中国農村研究網，2014年7月8日 www.ccrs.org.cn。
韓長賦「全国土地流転面積約占家庭承包耕地総面積35％」2017年3月7日，中国網財経 http://finance.china.com.cn。
中国国家統計局「2017年国民経済和社会発展統計公報」2018年2月28日。
孔祥智「中国農民合作経済組織的発展與創新：1978～2018」『南京農業大学学報（社会科学版）』2018年第6期。

第11章
都市化およびその研究

　中国の都市化を理解するためには，まず中国の地方行政区画を知る必要がある。現在の中国の行政区画は，① 省級行政区（直轄市・省・自治区・特別行政区），② 地級行政区（副省級市を含む地級市など），③ 県級行政区（市が管轄する区・県級市・県など），④ 郷級行政区（街道・建制鎮・郷など）に分かれている。なお，その下に住民の自治組織として，都市には居民委員会があり，農村には村民委員会がある。

　中国では，大・中・小都市および建制鎮（すなわち小城鎮，日本の町に当たる地域）はすべて都市システムの重要な構成部分である。建制鎮は都市と農村との間の中間地域にあり，非農産業を集め，農業を離れた人口を受け入れる重要な担い手である。そのため，中国の学者は中国の都市化問題を研究する時，常に「城鎮化」ということばを使っている。「城鎮化」が工業化の発展にともって，農業以外の産業が都市に集まり，農村人口が都市と鎮へ集中する自然の歴史過程を比較的正確に述べることができ，さらに中国の国情に符合すると考えているからである。

　中国では，「都市化」と「城鎮化」は形態的にも内容的にもすべて等しいため，筆者は本書のなかでも，この2つのことばを兼用している。また，「市」の設置規準と「鎮」の設置規準は違うため，本書のなかの「都市」は一般に行政区画の基準に基づいて設立した「市」をさし，「建制鎮」あるいは「小城鎮」は行政区画の基準に基づいて設立した「鎮」をさす。

　都市化とは人口が都市と町に集中し，都市と町の規模が拡大すること，およびここから引き起こされる一連の経済的，社会的変化の過程をさす。その本質は経済構造，社会構造と生活様式および空間構造の変遷である。経済構造の変遷からみると，都市化の過程は農業活動が次第に非農業活動への転化と産業構造の向上の過程である。社会構造と生活様式の変遷からみると，都市化は農村人口が次第

に都市人口に変わり，ならびに都市の文化，生活様式そして価値観が農村へ拡散する過程である。空間構造の変遷からみると，都市化はさまざまな生産要素と産業活動が都市地区への集中および集中後さらに拡散する過程である。

中国には悠久の都市建設の歴史がある。古代には，都市の発展は常に世界の前列に位置して，西安，洛陽，開封，北京，南京，杭州，揚州などのような当時世界で高い名声をもつ大都市があらわれたことがある。20世紀に入ってから，近代工業の発展にともなって，上海は次第に全国最大の商工業都市と金融センターになり，1927年の市街区の人口は267万人に達した。しかし，1931年9月18日に日本が中国の東北を占領した以後は，中国と日本との戦争は次第に局地戦争から全面戦争に拡大した。日本敗戦後の1946年から，国民党と共産党の間に再び内戦がはじまり，1949年に共産党が政権を奪いとるまで続いた。連綿と続く戦争は中国の工業化の進展を遅らせたし，したがって都市の発展も行き詰まった。1949年に新中国が誕生する時まで，都市化レベルはわずか10.6％で，当時の世界の都市化の平均レベルの28％よりはるかに低いだけではなくて，さらにまたその時の発展途上国の都市化の平均レベルの16％より低かった（顧朝林等，1999）。

1949年以後の都市化の発展は中国の経済体制，工業化戦略，都市化戦略，戸籍管理制度，土地制度の変化と密接に結びついている。本章はこの5つの視点から，1949年から今に至る都市化の進展を3段階に区分する。すなわち，① 1949年から1957年までの都市化の初歩的な発展段階，② 1958年から1978年までの都市化の停滞段階，③ 1979年から今に至るまでの都市化の急速な発展段階である。

都市化率は1つの特定地域内の都市化の発展程度の数量指標を評価するものである。その具体的な計算は一般に1地区の都市に常住する人口が当該地区の総人口に占めるパーセンテージであらわす。

現在，中国の統計では都市化率の指標は2種類ある。

1つは戸籍の統計に基づくもので，また戸籍人口の都市化率ともいう。戸籍人口とは，その外出および外出時間の長短には関わらず，ある地区の公安戸籍管理部門で戸籍を登録したもので，つまりこの地区の戸籍人口である。戸籍人口のデータは公安部門よる統計である。

もう1つは都市の常住人口の統計に基づくもので，また常住人口都市化率ともいう。常住人口は国際的に国勢調査と人口調査の時によく使われる統計基準であり，現在中国の国勢調査と人口調査はすべて常住人口に基づいて統計ととりまと

めを行なっている。常住人口を判断する時間的基準は半年であり，空間的基準は郷・鎮・街道である。常住人口は主に次の人たちを含む。① 調査時点に調査された郷・鎮・街道に居住し，戸籍も調査された郷・鎮・街道にあるひと，② 調査時点に調査された郷・鎮・街道に居住し，戸籍は調査された郷・鎮・街道になく，戸籍登録地を半年以上離れているひと，③ 調査時点に調査された郷・鎮・街道に居住し，まだ常住戸籍の手続きをしていないひと，④ 戸籍は調査された郷・鎮・街道にあり，調査時点に香港・マカオ・台湾あるいは国外に居住するひとである。

戸籍人口の都市化率と常住人口の都市化率の2つの指標の意味は異なり，戸籍人口の都市化率は都市戸籍をもつ人口の全人口に占める割合であり，常住人口の都市化率は都市のなかの常住人口の全人口に占める割合である。戸籍人口の統計結果と都市の常住人口の統計結果の間には違いがあるが，しかし異なる角度から中国の都市化レベルをあらわしているので，この2つの指標はともに本章が中国の都市化率を分析する根拠である。

1 都市化の初歩的発展（1949〜1957年）

新中国成立以前，中国共産党の活動の重点は農村にあり，目標は農民を動員して，革命戦争を進めて，もって政権を奪い取ることであった。新中国成立以後，中国共産党の活動の重点は農村から都市へ移り，工業化建設をとおして近代化を実現するという努力目標を確立した。

1950年から1952年まで，新政府は国民経済の回復活動を進めた。国民経済を回復する任務が成功裏に目的を収めた後，社会主義経済を発展させるために，中共中央は1952年に過渡期の総路線を提出した。これはかなり長い期間内に，国家の社会主義工業化を一歩一歩と実現し，国家の農業・手工業および私営商工業に対する社会主義的改造を一歩一歩と実現しようとするものである。過渡期の総路線に基づいて，中央政府は1953年から1957年までの国民経済を発展させる第1次5か年計画を制定した。そのなかの工業建設面の基本任務は，ソ連が援助した156の建設プロジェクトを中心にして，694の大・中型の建設プロジェクトからなる工業建設を行なうことで社会主義工業化の初歩的な基礎を築くことである。

1957年末までに，計画のなかのほとんどすべては指標を超えて完成した。しか

も東北などの8つの工業基地が形成され，旧中国の工業が東南部の沿海に集中していた状況を初歩的に変えて，社会主義の工業の基礎が初歩的に打ちたてられた。農工業生産の増加のうえに，市場は繁栄し，物価は安定し，人民の生活は初歩的に改善された。

（1）都市化の進展

　第1次5か年計画の成功は都市化率の持続的上昇と都市人口の急速な増加をもたらした。1957年の都市化率は1949年の10.6％から15.4％まで上昇し，全国の都市数は178に達し，1949年に比べて42増加した（路遇，2004）。

　1949年から1957年までの都市建設面での主要な成果には次のものがある。① 住民の住宅難問題を解決するために，ぼろぼろな家屋に対する補修，保全を強化し，同時にいくつかの住宅を新築した。1953年から1954年までに，新築住宅の建築の品質と設備の条件は改善され，れんがと木造構造の平屋から混合構造の3，4階の建物へ発展して，室内にトイレや浴室の設備をもたない住宅からトイレ，浴室，独立した台所のある住宅に変わった。この時期から都市での新築住宅はほとんど都市住民，とくに公務員や国有企業の従業員に割り当てて配置するものであり，商品として販売するものではなかった。[1] 1955年春，財政難に直面していた中央政府はやむをえず非生産性の建築基準を下げることに関する指示をだした。その以後，各都市は住宅の室内装飾を簡素化し，壁の厚さを下げ，室内の底面からの高さを下げ，付属部屋の面積を減らし，平屋を簡易に造作するなどの措置をとったことによって建築費を切り下げた。住宅の建築基準は下がったけれども，しかし建築の数量はそれほど減らなかった。多くの国有企業は工人新村（労働者に配分される住宅団地）を建設して，従業員の居住条件を改善した。② 浄水場を拡張して，給水能力を高めた。1957年末までに，全国で水道施設をもつ都市は1952年の86から112に増加し，給水能力の向上と同時に水質も浄化された。③ 河川をさらい，ごみを取り除き，一部の都市は下水管を新設したり，改修したりして，排水システムを初歩的につくりあげた。④ 道路を補修し，都市の公共交通を増設して，都市の交通状況を改善した。

　しかし，国家の財力に限りがあるため，この時期の都市の建設資金は主に重点都市といくつかの都市の新工業区の建設に使われた。大多数の都市の建設は，ただもとからある家屋と市政の公共施設に対して補修，保全を行ない，および一部

の改修あるいは拡張を行なうだけであった。都市の住宅,給水,排水,道路および公共交通機関の建設は,工業生産の発展と都市の人口増加のニーズにははるかに追いつかなかった。とくに都市建設に対する資金を圧縮するために,できるだけ都市の建設基準を下げ,住宅,道路,市政の公共施設および文化的生活サービス施設をできるだけ簡素にした。このような偏向はその後の都市建設に多くの長期にわたる解決しがたい隠れた災禍を残した（曹洪涛等,1990）。

1949年から1955年までの時期,鎮の設立について統一した規定はなかった。1953年の第1回全国国勢調査時統計の鎮の数は5,402であり,主に県城（県政府機関の所在地）と人口2～3,000人以上で,ある程度の商工業がある町をさす。1955年6月に国務院が公布した『市,鎮の設立に関する決定』は鎮の設立基準について具体的な規定を示した。すなわち,一般的な情況下では,鎮の常住人口は2,000人以上で,そのうち非農業人口は50％を占めなければならない。各地方政府はこの規準に達していないいくつかの鎮を廃止したため,1957年時には鎮の数は3,596にまで減少した（羅宏翔等,2001）。

経済体制の変動も,この時期の鎮の発展の停滞をもたらした重要な要因になった。1953年,食糧の統一買付け・統一販売の実施後,町の穀物問屋,米市場は急速に衰退した。1956年,私営商工業に対して社会主義的改造を行なった後に,町にある工場や商店が合作化・集団化され,わずかにあった少数の個人手工業も原料と市場の不足のために,生産の停止を迫られた。商店は大きく減少し,かつて繁栄した商店街や自由市場は次第に零落して行き,ひいてはいくつかの町は一般的な村落に後退していった。

（2）都市建設方針の確立

都市建設工作を国民経済の復興から大規模建設への転換に適応させるために,1952年9月,中央政府は都市建設に関する座談会を開いて,次の方針をだした。すなわち,都市建設は国家の長期的計画に基づいて,都市について分類を行なったうえ,計画的に順序立てて新設あるいは改修すべきである。大規模な経済建設の需要に応じるために,都市計画・設計の仕事を強化し,統一的指導を強め,盲目性を克服しなければならない。そして,同時に以下の具体的な決定を行なった。(1) 中央から地方まで整った都市建設の管理機構を打ちたてて,都市建設業務の活動の管理を統一する。(2) 都市の未来発展の総体的な計画を制定して,こ

の計画の指導のもとで整然として乱れることなく都市を建設する。（3）都市建設の主要プロジェクトは11種類に確定する。すなわち，① 調査研究，② 道路，③ 上水道，④ 下水道，⑤ 緑地公園，⑥ 電車，⑦ 公共バス，⑧ 洪水防止と排水，⑨ 橋梁，⑩ 連絡船，⑪ ガスである。（4）都市に対して分類を行なって，重点都市は重点的に建設し，一般都市は現状を維持する。

　1953年から第1次5か年計画を実施した以後，工業の建設は急速に発展して，多くの新しい工業都市が建設された。従来の都市の範囲もたえず拡大したが同時に都市建設の盲目的な拡張，無計画，重点のない建設などの問題があらわれた。これに対して，1954年6月，建築工程部が北京で第1回都市建設会議を開いて，次のことを指摘した。すなわち，都市建設の物質的基礎は主に工業であり，都市建設の速度は必ず工業建設の速度によって決定しなければならない。一挙に全国の都市をすべて社会主義的な新都市に改造することは不可能である。第1次5か年計画期に，まず力を集中し，国家の工業建設の中心プロジェクトをもつ重点工業都市の建設を確実に保証し，もってこれらの重要工業建設の順調な完成を保障しなければならない。重点工業都市のなかでも，工業区および工業建設と生産を組み合わせた主要プロジェクト面に力を集中するべきである。そうすれば国家の有限な資金を分散させたり，工業の建設期限を遅れさせたりすることはないだろう。

　上述の原則に基づいて，今度の会議は北京以外の全国のその他の都市に対して改めて分類を行ない，そして異なるタイプの都市に対して異なる建設方針を確定した。

　第1類の都市は重要な工業建設プロジェクトをもつ新工業都市，つまり重点工業建設プロジェクトが比較的多く割り当てられた都市である。これらの都市のインフラ整備はもともと不十分であり，そのうえ第1次5か年計画によって一挙に多くの大型の工業企業を建設したため，都市建設を速めなければならない。

　第2類の都市は拡張都市である。いくつかの工業建設プロジェクトはこれらの都市のなかに分布しており，工業建設を支障なく進めることを保証するためには，都市に対して拡張の推進を必要とした。これらの都市の建設方針はできるだけ旧市区を利用し，計画的に新しい市区を建設して，そして拡張のなかで部分的な再建と結び合わせて，新しい工業区のためにサービスすることである。

　第3類の都市は部分的に拡張した都市である。これらの都市の特徴は，市内に

工場を新しく建設したが，しかしプロジェクトは多くないため，国家の工業建設の進展にしたがって，部分的に改修あるいは拡張を行なったほうが良い。主として都市のインフラについて補修と保全を行ない，都市の管理を強化することである。

第4類は一般の中小都市である。これらの都市の特徴は，第1次5か年計画期に工業プロジェクトの按配がないので，都市建設の方針は基本的に補修と保全を主とし，都市の衛生管理を強化することである。

これ以外に，北京は首都として，その都市建設は上述の分類の制約を受けない（曹洪涛等，1990）。

1949年から1957年までの都市機能からみると，生産の役割が突出し，消費および文化の役割は衰退しはじめた。

（3）都市と鎮の設置基準の規範化

都市と鎮の設置基準を規範化するために，1955年6月9日，国務院全体会議第11回会議は『市と鎮の設置に関する決定』を可決し，その設置基準について次のとおり規定した。

（1）市は，省・自治区・自治州が指導する行政単位であり，集住人口10万人以上の城鎮は，市を設けることができる。集住人口10万人未満の地域に市を設けるばあい，その地域は，必ず重要な工業と鉱業の基地であること，あるいは省レベルの政府機関の所在地でなければならない。規模が比較的大きな物資の集散地あるいは辺境の重要な地域であるばあい，確実に必要があれば，市を設けることができる。なお，市の郊外は大きすぎてはいけない。

（2）鎮は，県・自治県が指導する行政単位である。県レベルあるいは県レベル以上の政府機関の所在地は，鎮を設けることができる。県レベルあるいは県レベル以上の政府機関の所在地でないところは，必ず集住人口が2,000人以上で，相当数の商工業に従事する住民があり，かつまた確実に必要がある時には鎮を設けることができる。少数民族地区はもし相当数の商工業に従事する住民があれば，集住人口が2,000人に至らなくも，確実に必要がある時には，鎮を設けることもできる。鎮の下には再び郷を設けない。

（3）鉱工業基地で，規模が比較的大きく，集住人口が比較的多ければ，省が指導するところは，市を設けることができる。鉱工業基地で，規模が比較的小さ

く，集住人口が比較的少ないが，県が指導するところは，鎮を設けることができる。工鉱業基地で，規模が小さく，人口が多くないけれども，しかし市の近辺で，かつ経済建設上，市と密接に連結するところは，市の管轄区に区分することができる。

都市と農村の統計規準を規範化するために，1955年11月7日，国務院は『都市と農村を区分する基準に関する規定』を公布し，次のように定めた。

（1）およそ下記の基準の1つに符合する地区はいずれも城鎮とみなされる。① 市人民委員会を設置する地区と県（旗）以上の人民委員会の所在地（流動する放牧地区の行政指導機関は除く）である。② 常住人口が2,000人以上で，非農業人口が50％以上を占める地区である。

（2）鉱工業，鉄道駅，商工業の中心，交通の要所，中等以上の学校と科学研究機関の所在地およびその従業員住宅区などは，常住人口が2,000人未満でも，1,000人以上をもち，しかも非農業人口が75％を超える地区は，城鎮型の居住区に列する。療養の条件があり，しかも毎年療養あるいは保養にくる人数が現地の常住人口の50％を超える療養区も，城鎮型居住区に列することができる。

（3）上記の城鎮と城鎮型居住区以外の地区は農村に列する（上海市社会学会城市社会問題研究課題組，1984）。

（4）戸籍管理と食糧の統一買付け・統一販売制度

戸籍管理制度は重大な行政管理制度で，中国で長い歴史がある。新中国の戸籍管理制度はまず都市から確立された。中央人民政府政務院の批准を経て，公安部は1951年7月16日に『都市戸籍管理暫定条例』を公布して，都市の戸籍登録と管理を統一的に規範化した。この法規は都市の社会秩序を維持し，都市の経済建設を回復することを旨とした。

1953年，第1回全国国勢調査が行なわれた。この国勢調査の基礎のうえに，農村は簡易戸籍登録制度を打ちたてたし，全国の経常戸籍登録制度の創立のための基礎も築いた。

1955年6月22日，国務院は『経常戸籍登記制度の設立に関する指示』をだして，全国の戸籍登記行政は内務部の県レベル以上の人民委員会の民政部門によって主管することを明確に規定した。

この時期の戸籍管理の主な目的は① 公民の身分を証明し，公民の権利行使と

義務履行に資すること，② 人口動向の統計を作成し，国家の経済，文化，国防の建設のために人口資料を提供すること，③ 反革命分子およびさまざまな犯罪活動を発見・防止して，社会の秩序を保つことである。

　1952年，国民経済が基本的に回復し，食糧生産量は史上最高レベルを上回った。同時に，厳格な管理をとおして，城鎮の食糧市場も次第に安定に向かった。しかし，大規模な工業化建設の展開にしたがって，城鎮人口の急増とともに，城鎮住民の食糧購入の需要が急上昇した。同時に，農村にも穀物供給を必要とするひとに2つがあった。1つは経済作物（穀物以外の作物を指す）を栽培する農民および漁民，牧畜民，林業民，製塩者などで，2つは自然災害を被り，しかも食糧を欠く農民である。しかし国家の掌握する食糧源には限りがあり，そのうえ食糧生産区域の農民は売り惜しみ，私営の米穀商は機会に乗じて食糧を買いだめして，1953年の7，8，9月には，供給が需要に追いつかない食糧危機さえあらわれた（廬陵，1993）。

　1953年11月19日，政務院で開かれた第194回の政務会議では『食糧の統一買付け・統一販売の施行に関する命令』が採択され，はじめて食糧の供給を戸籍とリンクして考えるようになった。この命令によって，「食糧を生産する農民は，国家が規定する買付け食糧の種類，買付け価格，および計画買付けの割当数量にしたがって，余剰食糧を国家に売り渡さなければならない。農民は，納付すべき農業税の食糧と計画買付けのための食糧以外の余剰食糧は，自由に貯蔵し，自由に使用することができ，国家の食糧部門または，合作社にひきつづき売り渡すこともでき，あるいは国家が設立した食糧市場で取引することもでき，農村で少量なら互いの有無を融通し合う取引もすることができる」，「都市では，政府機関，団体，学校，企業等の従業員に対しては，それぞれの組織を通じて食糧を供給し，一般市民には食糧購入証を発行し，その証票によって購入するか，一時的には戸籍簿によって購入するようにしてもよい」とした（政務院，1953）。

　食糧計画の実施がはじまった最初の段階では，各地の城鎮は一般にあまねく戸籍に基づいて食糧購入証を発行し，住民がこれにより食糧を購入した。しかし，1人の住民がどれぐらいの食糧を購入できるかについては具体的な規定は定められず，行政の審査許可もしばしば形式に流れてしまった。一部の都市では住民が購入した食糧の数量だけを食糧購入証に記録し，量は無制限である。また，都市における流動人口の食糧購入についてはいかなる制限もない。結局，少なくない

都市住民は自身の需要を超えて多くの食糧を買って，食糧が都市から再び農村に流れ込むという現象さえあらわれた。結局，都市の食糧供給は依然として需要に応じきれず，1955年に再度食糧危機に陥った（田錫全，2006）。

できるだけ早く都市の食糧市場を安定させるため，1955年4月30日に中央政府は食糧の統一販売の具体的な方法を次のように示した。① 市民については1人分の食糧の供給は，必ず実際の人口を調べて，戸数に基づいて計画を制定し，供給を確定すること，② 機関，部隊，学校，企業，団体には厳格な食糧利用の予算・決算制度を実行すること，③ 戸籍登録を結びつけ，都市の流動人口に対する食糧購入管理を強化し，都市にきた時に登録し，去った時には取り消し，食糧購入証によって食糧を供給すること，④ 城鎮にある家畜の飼料については，分類してから飼料定量供給の証明証を発行すること，⑤ 都市における食糧供給ネットをうまく調整して，管理を強めること，である（食糧部責任者，1955）。

1955年8月，国務院がまた『都市と鎮における食糧定量供給臨時規則』を公布し，次のような規定を定めた。都市と鎮における「住民の配給食糧，商工業の生産に必要される食糧および家畜の飼料について，すべて算定された供給量に基づき供給証明証を発給する。供給証明証は都市と鎮における住民食糧供給証，商工業用食糧供給証，都市と鎮における家畜飼料供給証，都市と鎮における住民食糧供給移転証，全国通用食糧購入券，地方用食糧購入券，地方用家畜飼料購入券7種類に分ける，農民は自ら生産する食糧を食べる」。この規則が実施された後，食糧購入券が全国各地で流通するようになり，お金だけをもって食糧購入券を所持していないひとは，食糧および米穀でつくられた食品を購入できず，レストランや大衆食堂でも米穀類のメニューを注文することができなくなった。食糧購入券配付の対象にならない農民は，都市に行っても生きていくことができないため，都市へでて行く勇気も次第になくなった。食糧購入券は食糧購入証から派生したものであり，移動的な食糧購入証ともいえる。固定的な食糧購入証と移動性の食糧購入券が互いに結合したことは，食糧計画供給政策の制度化の完成を示している（唐忠等，1992；白少川，2000）。

中国政府が1953年秋から採用した食糧の統一買付・統一販売政策は，影響がはかり知れない重大な影響をもつ方策である。その後食糧，食用油，綿花，綿布などを含める一連の農産物の統一買付・統一販売制度へと発展した。食用油，綿花，綿布などの配給切符制度も相継いで確立した。経済情勢の変化にしたがって，配

給切符制度が包括する種類は増やしたり減らしたりしたが，しかし制度としては，1993年になって食糧購入券の廃止にともなってようやく終止符を打った。

　食糧の統一買付け・統一販売制度を実行した動機と結果について，学者たちの評価は一様ではない。肯定意見をもつ学者は次のように考えている。つまり，① この制度は計画経済の所産ではあるけれども，しかし同時に国家の市場に対するマクロなコントロール手段でもあり，有効な社会管理の措置である。食糧不足の状況下で，国家が食糧資源を掌握して，食糧の生産と需要の矛盾を緩和し，食糧価格を安定させ，社会の各方面の正常な食糧需要を保証し，工業建設と都市建設を支援した。② 当時，中国はすでに優先的に重工業を発展させる工業化戦略を確定しており，もし市場メカニズムによって資源を配置するならば，限りがある資金と物資を重工業の部門に投じることができなくなり，逆に恐らく軽工業を主導とする工業化をもたらしただろう。戦略目標と資源がきわめて少ないという矛盾に直面しながら，重工業を優先して発展させるという目標を実現するためには，計画配置の方法を市場調節機能に取って代えて，農産物などのきわめて少ない資源に対して統制を実行して，一連の資源計画配置の制度を樹立しなければならないのである（趙発生，1988；林毅夫等，1999）。

　批判的な態度をもつ学者は次のように考えている。つまり，① 食糧の統一買付け・統一販売制度を実行するもっとも直接な結果は農民の都市への移動をコントロールしたことである。かれらが都市にきたとしても，食糧を買うことができないし，したがって都市に長期にわたり居住することができないからである。② 食糧の統一買付け・統一販売制度は都市と農村の格差を拡大し，固定化した。この制度がつくられてから，社会に直ちに「商品糧」（商品食糧）を購入して食べる階層と「農業糧」（自分で生産した食糧）を食べる階層の2大階層があらわれて，そのうえ1958年に厳格な戸籍制度を打ちたてて以後，次第にこの2つの階層は一種の「世襲制度」に転化した。③ 農産物の統一買付け・統一販売制度は計画経済の所産である。計画経済の最大の弊害は社会の限りある資源を社会的需要に基づいて有効な配置ができないことである。当時，中国でもっとも不足していたのは軽工業製品であるけれども，政策決定者は重工業を優先的に発展させる戦略を確定して，結局日常生活の消費物資の深刻な不足をもたらしたのである（雷頤，2000；張学兵，2003；田錫全，2006）。

（5）公民の移動の自由

　都市・農村別の農産物の統一買付け・統一販売制度が制定されたけれども，公民が移動の自由をもつことは依然としてこの時期の重要な特徴で，そのうえ法律で保障をえていた。新中国の創立前夜，すなわち1949年の9月29日公布の『中国人民政治協商会議共同綱領』と1954年の9月20日発布の『中華人民共和国憲法』のなかで，いずれも公民は居住および移動の自由をもっている，と明文で規定している。

　1951年と1955年，中央政府が前後して公布した『都市戸籍管理暫定条例』と『平常戸籍登記制度設立に関する指示』は，いずれも公民が居住と移動の自由をもつという原則を堅持している。そのなかで戸籍の移動についての規定は次のとおりである。すなわち，すべての転出者は，事前に現地の人民公安機関に移動を申告し，戸籍を抹消して，移動証明証の交付を受けなければならない（同一の公安派出所の管轄区域内の移動は移動証明証を交付する必要がない）こと，すべての転入者は，新たな住所に到着後3日以内に，現地の公安派出所で転入手続きを済ませなければならないこと，移動証明証をもつ者は移動証明証を返還すべきであり，移動証明証のないものはその他の適切な証明書類を追加して提出しなければならない，という。ここからわかるように，当時とられたのは人びとが自由に移動することを許す比較的緩やかな戸籍管理制度であった。住民の転入，転出についてはただ手続きをすることを要求するだけであり，そのうえいかなる制限もなかった。この時期は戸籍の移動がもっとも活発な時期で，移動の方向からみれば，内陸の農村から辺境地区への移動と農村から城鎮への移動が主であり，移動方式では自発的な移動と政府が計画的に組織した移動の2種類の形式が併存していた。

　1953年以後，大規模な経済建設が企業従業員の人数の急速な拡大をもたらして，ますます多くの農民が新たにつくられた鉱工業企業に吸収された。これは都市化の発展を促進したし，また大量の農民の都市への自発的な流入を招いて，都市の食糧供給，就業，交通，住宅，市政建設，公共インフラなどに重大な圧力をもたらした。

　都市の人口激増を抑えるために，1953年4月17日，政務院は「農民の盲目的な都市流入を思いとどまらせる指示」をだした。4月20日，『人民日報』は「盲目的に都市に流入した農民は農村に帰るべきである」という社説を発表した。1954

年3月12日，内務部，労働部がまた共同で『農民の盲目的な都市流入を思いとどまらせる指示を継続して貫徹する』という通達をだして，各地の政府に農民の流出を制止する宣伝活動を確実に行なうこと，農民が農業生産に従事するよう積極的に導くこと，都市の工場や鉱山企業が無断で農村で労働者を募集することをとめること，すでに都市に流入し固定的な仕事のない農民を郷里に帰すことを求めた。1957年12月18日，中共中央，国務院は共同で『農村人口の盲目的流出の制止に関する指示』をだして，公安機関に厳格な戸籍管理をすること，各関連部門が緊密に協力して，農村人口の都市への盲目的な流入を制止することを求めた。

中央政府は農民に盲目的に都市へ流入しないように説得したが，しかし農民の正当で合理的な移動に対しては制限を加えていない。1955年3月，内務部，公安部は『戸籍移転の取り扱いに関する注意事項の共同通知』のなかで次のように規定した。すなわち，心身の障がい，病気，老弱のために都市に居住する子女あるいは親類の扶養に頼るひと，就学のために両親が居住する都市に移動する子ども，夫婦同居のために夫が居住する都市に移動する女性，およびその他の農業生産に従事せずかつ正当な理由があって都市に移動したひとを，盲目的に都市に流入した農民とみなしてはいけない。これらの人たちに戸籍の移転を許可すべきである，という。

2　都市化の停滞（1958〜1978年）

1958年から1978年までの20年間，中国の経済，政治の激動は，直接都市化の発展に影響した。都市化率の変化からみると，1958年から1960年までの経済の「大躍進」にともなって急激に上昇し，16.2％から19.7％まであがった。1961年から1963年までは「大躍進」の失敗によって急速に下降し，19.3％から16.8％まで下落した。経済状態が改善した1964年は18.4％まで回復したが，しかし1965年から1972年までは「文化大革命」運動によってまた下降傾向を呈し，18.0％から17.1％まで落ちた。経済状態の好転にともなって，1973年はゆっくりと回復しはじめて，1978年までに17.9％まであがったが，しかし依然として1960年の都市化のレベルより低い。

この時期の都市化率の進展は上下に揺れ動き，20年間でわずかに1.7ポイント上昇しただけであり，基本的に停滞状態にあった。しかし，全国の総人口はこの

期間に急速に増加し，1958年の6億5,994万人から1978年の9億6,259万人に増加したため，それにともなって城鎮人口の総数も61％増加し，1億691万人から1億7,230万人に増加した。

(1) 都市と農村の二元戸籍制度の確立

1957年以後，いくつかの都市は人口の激増によって，食糧，住宅，交通，学校，病院などの需要に応じきれない問題があらわれた。農村から都市に流入した一部の農民は，仕事も，住まいもなく，街をさまよってルンペンになるほかなかった。さらに少数の者は窃盗，略奪などの犯罪行動を行ない，都市の社会秩序を乱した。

都市のこれらの混乱状態を解決し，人口の秩序正しい移動を実現するために，1958年1月9日，全国人民代表大会常務委員会（以下，全人大常委会と略す）第91回会議は『中華人民共和国戸籍登記条例』（以下，『戸籍登記条例』と略称する）を採択した。この条例は国家法律の形式で戸籍管理の主旨，戸籍登記の範囲，戸籍登記の主管機関，戸籍簿の役割，戸籍登記の申告と抹消，戸籍移動および手続き，居住人口と一時滞在の人口登録などについてすべて明確な規定を行ない，全国の都市と農村の統一戸籍制度の確立を示した。そのなかの第10条は，「農村から都市へ移った公民は，必ず都市の労働部門の採用証明，学校の合格証明，あるいは都市戸籍登記機関の転入許可証明をもって，常住地の戸籍登記機関に戸籍の転入，転出手続きを申請しなければならない」と規定している。これは実際には農村と都市の間で障壁を築き，一定程度公民，とくに農民の移動の自由の権利を制限した。

しかし，1958年にはじまった工業の「大躍進」が大量の農民の都市への出稼ぎを促進させ，都市化の「大躍進」を誘発したことによって，この条例の公布後の最初の数年は着実に実行をできなかった。工業の「大躍進」が失敗し，1961年に都市人口を圧縮する政策を実施して以来，農村人口の都市への流動の管理について漸く厳格になった。

1961年12月9日，公安部は『現在の戸籍工作の情況に関する報告』を公表して，戸籍に対して徹底的に検査を行ない，戸籍の管理機構をしっかり整備させることを求めた。同年，公安部は非農業戸数と人数の統計指標を「非農業人口戸数と人数」に改め，それ以後「農業戸籍」と「非農業戸籍」が広範に使われる概念になった。

1962年12月8日，公安部は『戸籍の管理の強化に関する意見』を発表して，次のように指示した。農村から都市への移動に対しては必ず厳格にコントロールしなければならないこと，都市から農村への移動は一律に定住を許可するべきであり，制限してはいけないこと，都市の間の必要で正常な移動は許可するべきであるが，しかし中都市や小都市から大都市への移動，とくに北京，上海，天津，武漢，広州の5大都市への移動は適切にコントロールしなければならないこと，とした。

　1964年8月14日，国務院は『公安部の戸籍移転の処理に関する規定（草案）』に指示を添えて転送した。そのなかで次のように規定している。農村から都市や鎮への移動，鎮から都市への移動は，厳しく制限しなければならない。小都市から大都市への移動，その他の都市から北京，上海への移動は，適切に制限しなければならない。しかし，もし以下のような状況があるばあいは制限しない。①国家の規定によって異動，採用，配置の従業員，学生および移動を許可された家族，②退職，定年，退学，休学および追放，免職，労働教養解除，労働改造保釈の後に必ず家に帰らなければならない者，③農村でまったく寄るすべがなく，1人で生活することができなく，あるいはその他の特殊な情況があって，どうしても都市や鎮へ移って直系親族者に身を寄せなければならない者，④正当な理由があって，小都市から大都市へ移って直系親族に身を寄せなければならない者，これらの4種類のひとは移り住むことを許すべきであると規定した。

　1975年1月17日，第4期全国人大第1次会議が採択した『憲法』は「中華人民共和国の住民は居住と移動の自由をもつ」という条文を削除した。これは中国の公民の自由な移動と居住の権利が憲法の保障を失ったことを示している。

　1977年11月8日，国務院は『公安部の戸籍移転の処理に関する規定』を公布し，農村から市や鎮（鉱山区，区等を含む）への移動，農業戸籍から非農業戸籍への転籍，他の都市から北京，上海，天津の3市への移動は厳格にコントロールすべきであり，鎮から市への移動，小都市から大都市への移動，一般的な農村から市郊外や鎮郊外の農村あるいは国営農場，野菜栽培隊，経済作物区への移動は，適切にコントロールするべきであると指示した。

　公安部は上の規定を貫徹するために，全国の各省，直轄市，自治区に農業戸籍から非農業戸籍へ転籍規制の指標を次のように下達した。毎年農村から市・鎮への移動，すなわち農業戸籍から非農業戸籍への転籍を許可する従業員の家族の人

数は，非農業人口数の1.5‰の割合を上回ってはならないとした。それによって，農業戸籍を非農業戸籍へ転籍することに対して，政策と指標の二重コントロールの管理体制を確立した（公安部治安管理局，2011年）。

　上述したことを総合すれば，1958年制定の『戸籍登記条例』および1958年から1977年までこの条例の精神に基づいて実施したさまざまな政策の目的は１つだけである。つまり，農村人口の都市への流動を厳格にコントロールすることである。

　1950年代以後，中国は都市と鎮で相次いで労働就業制度，食糧供給制度，住宅分配制度，社会保険制度などをつくり，市・鎮における住民の就業と生活必需品の供給を一手に引き受けた。計画経済時期の都市就業制度は，企業・事業単位の労働力雇用は国家計画にしたがい，個人の就業を国家の配分に任せるという特徴をもっていた(2)。労働力の供給が需要を大きく超えたために，非農業戸籍をもつことが都市に就業できる重要な基準となった。1957年12月，国務院に採択された『各単位の農村臨時工募集に関する暫定規定』では，都市における「すべての部門の労働力配置は政府の計画にしたがわなければならず，雇用者の増加は国家労働部門の統一調達を通じて行なわなければならない」と明白に規定している。当時の中国において，都市に就業することは，農民より高い貨幣収入を手に入れることができるだけではなく，安い家賃の住宅や手厚い社会保険を享受できることも意味した。1950年代に確立された都市における労働者・職員を対象とする社会保険は，公傷，病気，出産と育児，年金，死亡などの項目および被保険者本人に扶養される直系親族に関する待遇も含んでいる。保険金の拠出がすべて国家によって負担され，被保険者本人が保険金を払う必要もなかった。これに対して，農業戸籍をもつひとの住宅と福祉は自ら解決しなければならなかった。戸籍制度はこのようにして，社会的地位および社会保障と社会福祉制度を直接結びつけて，一種の不平等な社会的身分のシンボルになってしまった。とくに農村人口の都市への移動が厳格に制限されたため，戸籍身分を生涯的・世襲的性質にさせしめた。『戸籍登記条例』とそれに関連する諸政策は1960年代から常に中国人の生活に強く影響を及ぼしてきている。1979年以後にはじまったこの戸籍制度に対する改革は，今なお終わっていない。

　いうまでもなく，この戸籍制度は人びとを人為的に「非農業人口」と「農業人口」に区分して，都市と農村を分けて管理する不公平な制度である。この制度が形成された社会的・経済的原因，効果と弊害について，学者たちの見方はまちま

ちである。
　まず，この戸籍制度がつくられた原因について，2つの異なる観点がある。
　1つの観点は，この制度の登場と建国初期の国情，国際情勢および計画経済体制とは密接に関連していると考えている。当時の基本的な国情は，① 中国は工業がきわめて遅れた農業大国であり，農村には大量の余剰労働力が存在しているだけでなく，都市の就業の重圧も非常に大きかった。② 帝国主義の侵略の災いを強く受けた中国は一部の国家のように植民政策の実行をとおして国外の資源を獲得して工業の原始的蓄積を成し遂げることができず，自分の努力に頼ることしかできなかった。同時に，米ソの冷戦の影響を受けて，中国は長期にわたって政治上，経済上西側諸国の封鎖を受けた。③ 中国は重工業を優先的に発展させる経済戦略を確立したが，しかし重工業建設は資金集中の程度が高く，労働力を受け入れる能力は比較的弱い。重工業の建設資金を調達するため，国家は計画経済体制に頼って農業部門の剰余を大規模に工業部門へ移転することしかできなかった。農村のなかで農産物を生産する労働力を最大限に保証するため，同時に都市のなかで安価で農産物の供給を享受する人数を最小限に制限するために，制度上で都市と農村の人口数および労働力の流動に対して制約しなければならなかった（楊雲彦，1994；蔡昉，2001）。
　もう1つの観点は，1958年以後の戸籍制度は決して計画経済の産物ではなく，それどころかひとの基本的な権益を軽視する政治文化の伝統と関係があり，伝統的な社会管理体制の継続だと考えている。この制度は中国の歴史上の戸籍制度がもっていた身分性，世襲性，社会治安の維持そして人口統計などの機能と特徴を継承しただけでなく，なおかつ非常に多くの新しい機能を付け加えた。たとえば食糧供給，教育，就業，住宅，社会保障などの制度はすべて戸籍と関係がある。市・鎮の戸籍のない農民は2等公民（多くは差別的待遇を受ける農民や出稼ぎ労働者をさす）の立場におかれた（藍海涛，2000；肖海英，2004；袁剛，2008）。
　次に，この戸籍制度が1958年から1978年間に発揮した効果について，学者たちは一般にプラス効果もマイナス効果もあると考えている。プラス効果は主に4つの方面で示されている。すなわち，① 戸籍は公民の身分を確実に証明できるので，公民の合法的な利益を保護した。② 社会の安定を守ると同時に，国家の行政管理の基礎を打ちたてた。③ 計画経済の時期には，都市人口の過度の膨張を有効に抑制して，都市のスラム化を避けた。④ この戸籍制度により形成された

都市と農村を分割管理する二元構造は，1970年代末にまで独立した比較的完備した工業体制の確立に寄与するところが大きい（丁水木，1992；万川，1999；鄭有貴，2013）。

この戸籍制度のマイナス効果について，主に次のように指摘されている。すなわち，① 都市と農村の二元的社会経済体制は農業自体の蓄積と再生産能力を弱まらせ，農村の産業構造，生産物構造の合理化に深刻な影響を与えて，農業の近代化を妨げた。② 行政手段で農村の余剰労働力の合理的な移動を妨げ，労働力資源の合理的な配置および人材の活用と開発に影響を与えて，都市化の過程を遅らせた。③ 都市と農村の格差を拡大し，固定化したことが，農民の貧困の根本的な原因である。④ 公民の居住と移動の自由を制限し，人びとの地域の観念および都市と農村の観念を強化して，ひととひとの間の事実上の不平等をもたらした（兪徳鵬，1994；辜勝阻等，1998；譙遠等，1999；班茂盛等，2000）。

（2）都市化停滞の要因

前述のように，1958年から1978年まで，都市化率は16.2％から17.9％に上がったが，20年間でわずか1.7ポイント上昇したにすぎない。「大躍進」の発生およびその失敗，「文化大革命」の衝撃，経済体制と就業制度の弊害，全国の人口激増が，この時期に都市化が停滞状態に陥った主要な原因である。

①「大躍進」の影響

1958年は第2次5か年計画がはじまった年で，『人民日報』は「危険を恐れず勇敢に前進する」というタイトルの元旦の社説を発表した。社説は，第1次5か年計画の完成は中国を社会主義強国に建設させる長征のなかの第1歩にすぎないが，中国が近代的工業基礎と近代的農業基礎を築くには，今からさらに10年から15年の期間が必要であろうと強調し，指摘した。社説は全国の人民に向けてイギリスを追い越し，アメリカに匹敵する具体的な時間表を提出した。すなわち，約15年以内に，鋼鉄とその他の重要な工業製品量でイギリスに追い付き，そして追い越す，その後，またさらに生産力を発展させ，20年から30年の間に経済的にアメリカに追い付き，かつ追い越さねばならない。それによって次第に社会主義社会から共産主義社会に移行する。

1958年2月2日の『人民日報』の社説では，中国は現在大躍進の新しい情勢に

直面しているので，工業建設と工業生産は大躍進を必要とし，農業生産は大躍進を必要とし，文化・教育・衛生事業も大躍進を必要とすると論じられた。
1958年5月に開かれた中共8大2回会議はその時の「大躍進」の情勢を完全に肯定した。さらに，わが国はまさに「1日は20年に等しい」偉大な時期にあり，7年でイギリスに追いつき，さらに8年から10年，つまり15年から17年でアメリカに追いつくことを勝ち取らねばならないと言明した。また，「大躍進」を推進するために，条件が整った各省はすべて比較的独立し，完備し，それぞれの特徴をもつ工業体制を構築しなければならないと要求した。

工業の「大躍進」の雰囲気のもとで，全国各地に労働者募集の高まりがあらわれて，大量の農民が都市と鎮に入って第2次産業と第3次産業に就業した。1958年と1957年を比較すると，第2次産業と第3次産業の就業人数は2,450万人から4,533万人に増加して，2,083万人純増した。これと同時に，第1次産業の就業人数は3,818万人純減した（国家統計局社会統計司編，1987）。

企業が農村から大量に労働者を募集し，その上従業員の家族も都市に移動したことなどで，都市と鎮の人口は急速に膨張した。1960年と「大躍進」前の1957年を比較すると，都市と鎮の人口は9,949万人から1億3,073万人に増加して，3年間で3,124万人純増した。1960年の都市化率は19.7%に達し，1957年の15.4%より4.3ポイント増加した。

全国の都市数は急速に増加して，1957年末に177であったが，1960年末には199に達し，1961年にはさらに208に増加した。北京，上海などの大都市は工業の発展の需要に応ずるため，また衛星都市を企画し，建設した。鎮の数の増加も非常に速く，1958年の3,621から1961年には4,429に増加した。

1958年7月，建築工程部は山東省青島市で都市計画に関する座談会を開いて，次のことを提起した。つまり，都市の発展は，大，中，小都市が互いに結び付き，中，小の都市の発展を主としなければならないが，しかし，大都市も継続して発展しなければならない。また，過去の中都市も大都市になる可能性がある。新しい大型の工業基地の建設につれて，また新しい大都市があらわれるだろう。したがって，計画的に衛星都市を建設することは大都市の発展の方向にすべきである。

工業を大いに発展させる必要に応ずるため，この会議はまず先に大まかに，その後精緻に，精粗を結合させた「快速城鎮計画」の方式を紹介した。多くの県城と鎮は，「大躍進」中に着手した工業建設プロジェクトを手配するため，「快速城

鎮計画」の方式を採用して，都市と鎮の建設計画をたてた。あるところは地形図や地質資料のない状況下で，わずかに数日間で，都市と鎮の計画図面を作製した。

これと同時に，工業「大躍進」の指標に照らし合わせて，一部の省，自治区の政府は第1次5か年計画期間に編成した都市の総体計画を改正した。都市人口の規模を拡大し，都市の住宅，インフラなどの基準を高めることが，都市計画を新しく修訂する共通の特徴である。

1960年4月，建築工程部は第2次全国都市計画活動座談会を開いて，次の方針を打ちだした。すなわち，10年から15年ぐらいで，中国の都市を社会主義的近代化の新都市に建設しなければならず，古い都市についても，10年から15年以内に社会主義的近代化の新都市になるように改築しなければならない。今回の会議の精神に基づき，ある都市は「苦戦3年で，都市の様相を基本的に変える」，またある都市は「3年で面目を一新し，5年で大いに変え，10年で全変しよう」など実際とは掛け離れたスローガンをだした。

「大躍進」期間の都市建設は主に民間用住宅の建造，都市の給水システムの建設，都市の道路の拡張，トロリー・バスの路線の建設，都市の下水道管の敷設などの方面に集中した。

しかし，工業の建設規模が大きすぎたため，都市の数と都市の人口は過度に膨張し，国家の財力と物資が耐えうる限度をはるかに上回った。そのうえ，都市の建設への投入資金の不足によって，市政の公共設備は負荷を超えて運営せざるをえなく，補修と修繕の費用が深刻に不足したため，直接的あるいは間接的に国民経済の発展と都市住民の生活に影響を与えた。それらは主に以下の方面にあらわれている。① 多くの工業都市に広く給水の緊迫状況があらわれた。少なくない都市が生産用水を保証するため，住民は生活用水の削減を迫られ，人びとの暮らしにきわめて大きい不便をもたらした。② 全国の都市のなかでおよそ40％の地区は排水施設がない。古い都市のなかで，もともとの排水施設は改造されておらず，施設は古くて，排水管は整備されていないため，排水できず，汚水があふれでているところさえある。大雨に遭うたびに，地面にたまった水が災害となる都市もある。③ 車両が少なく，乗客は多くて，都市の公共交通は困難である。④ 都市の洪水防止施設のレベルは低い。⑤ 住民用の住宅は少ないことである（曹洪涛等，1990）。

経済発展の法則を無視し，成功を急いだことが，「大躍進」の興起と失敗の主

要な原因である。1958年から1960年までの3年間の「大躍進」期に，国家は未曾有の規模の人力，資金，物資を動員して，工業とくに重工業を短期間で急速な成長を遂げさせた。しかし経済的効果と利益が低いために，軽工業と重工業の割合のバランスをはなはだしくくずし，経済発展の持続能力を破壊した。とくに「大げさにものをいう気風」がはびこり，農業の情勢に対して判断を誤り，中国の農業はすでに工業および国民経済全体の発展の需要を十分満足させることができると盲目的に考えた。したがって工業を猛スピードで発展させることだけに集中し，農業の発展を軽視して，食糧生産量が年々下がり，ひいては1960年の生産高は1951年のレベルより低くなった。これは軽工業原料の供給量を大いに低下させただけではなく，しかも直接全国の人民の食糧供給を減少させて，いくつかの地区は深刻な飢饉さえ発生して，人びとの暮らしは困難を極め，栄養不良，不正常な死亡者数が急速に増加して，経済情勢は非常に厳しかった（馬洪，1987）。

② 経済調整と都市人口の減少

経済悪化の趨勢を転換させるため，1961年1月，中共中央は基本建設の規模を縮小すること，都市人口を抑えること，条件が整っていない市と鎮を廃止すること，都市の施設の補修，保全を強めることなど一連の政策を決定した。

1961年6月，中共中央は相次いで『城鎮人口を減少し，城鎮の食糧の販売量を圧縮することに関する9条規定』および『従業員の数を削減することに関する若干の問題の決定』を発して，3年以内に城鎮の人口を2千万人以上減らすことを求めた。従業員の削減の主要な対象は，1958年1月以後農村から就職した新しい従業員であり，臨時工，契約労働者，見習いと正社員を含む。退職手当と農業生産補助費を支給して，かれらが各自の郷里に帰って，農業生産に加わるように働きかけた。1957年末前までに農村から就職した従業員も，自ら希望すれば，退職して故郷へ帰ることができる。1961年から1963年までに，全国で合計2,546万人の従業員が削減され，そのなかの約3分の2は農村に帰った。その結果，1963年の都市化率は16.8％に下がって，1960年に比べて2.9ポイント減少した。城鎮人口の縮小は企業の賃金支出と城鎮の食糧消費量を減少させて，都市の住宅，交通などの各種の圧力を緩和した（何光，1990）。

城鎮人口を減らすと同時に，市と鎮に対しても調整した。1962年10月，中国共産党中央，国務院が共同で発表した「現在の都市工作に関する若干の指示」は次

のように規定した。すなわち，今後すべての人口10万人以下の市と鎮，たとえ重要な森林区や鉱山区だとしても，市を設立する必要がなければ，すべて取り消すべきである。今後長期間は，都市，とくに大都市の人口増加は，厳しくコントロールしなければならない。計画中の新設の工場は，できるだけ中小の都市に分散するべきである。

　1963年12月，中共中央，国務院はまた共同で「市・鎮の設置の調整および都市の郊外の縮小に関する指示」を発表して，主要な内容は次のことを含んでいる。① 従業員の整理，城鎮の人口の減少および郊外区の縮小を完成した後，その集住人口が依然として10万人以上をもつ地域は，一般に市を保留することができる。集住人口が10万人に足らないところは，必ず省政府機関の所在地，あるいは重要な工業と鉱業の基地，あるいは規模が比較的大きな物資の集散地，あるいは辺境地区の重要な都市と町で，しかも省，自治区政府の指導地域であれば，市の制度を保留することができる。② 商工業と手工業が相当集中して，集住人口が3,000人以上で，そのなかで非農業人口が70％以上，あるいは集住人口が2,500人以上で，3,000人に足らないが，そのなかで非農業人口が85％以上占めているところは，県政府の指導地域であれば，鎮を設けることができる。少数民族地区の商工業と手工業の集中地は，集住人口が3,000人以下，あるいは非農業人口が70％以下であっても，県政府の指導地域であれば，鎮を設けることができる。上述の基準に合わない地域，あるいは上述の基準に合うが，しかし人民公社の指導地域に帰属してもっと有利であるところは，たとえ県政府機関あるいは県レベル以上の地方政府機関の所在地であっても，鎮を廃止すべきである。③ 都市郊外の定義と範囲に対しても詳しい規定を行なった。

　調整を経て，1961年から1964年までに，都市の数は208から169に減少して，鎮の数は4,429から2,877に減少した（国家統計局人口統計司，1993；羅宏翔等，2001）。

　経済の好転にしたがって，1964年に都市化率は18.4％まで回復した。

　経済調整期の1962年と1963年に，国務院は都市の商工業付加税，公益企業付加税および不動産税を統一して市の財政に組み入れることを決定し，市人民委員会が掌握することによって，都市の公益企業，公共施設および家屋の補修と保全に使うことを保証した。都市の家屋の家賃も特別支出金として，それによって家屋の経常補修と改築を保証した。これによって一部の都市の公共交通，上下水道，緑化，環境衛生施設を改善させた。

国際環境からみると，1960年代初期，中ソ関係の決裂そしてベトナム戦争のエスカレートにしたがって，中国が直面する国際環境は急速に悪化し，戦争の脅威にさらされた。1964年4月，解放軍参謀本部は経済建設と戦争防備の問題について次のような報告を提出した。すなわち，中国の工業は集中しすぎている。とくに全国の14の100万人以上の大都市（大部分が沿海と東北地区に分布している）に，約60％の主要な民間機械工業と52％の国防工業が集中している。そのうえ，都市人口の分布，交通運輸施設およびダムの緊急排水能力などにも問題がある。いったん敵の奇襲に遭遇したら，巨大な損失を受けやすい，と。この報告は毛沢東と中共中央の高い関心を引き起こした。毛沢東は同年6月に開いた中央工作会議上，戦争の備えと「三線」工業基地の建設を提起した（薄一波，1993）。

　「三線」という概念は毛沢東の三線建設についての戦略構想からでたものある。この構想のなかで，かれは全国を前線，中間地帯そして3類地区に区分して，それぞれ一線，二線，三線と略称した。「三線」地区は中国の奥地に位置して，最寄りの海岸線最近から700キロメートル以上離れ，西南の国境から千キロメートル隔たり，そのうえ四方にそれぞれ青蔵高原，雲貴高原，太行山，大別山，賀蘭山，呂梁山などえんえんと起伏している山脈があり，天然の障壁となっている。戦争にそなえる特定の情勢のもとで，比較的理想的な戦略の後方になった。

　いわゆる「三線」は，実際にはさらに大小の枝分かれがある。「大三線」は四川，貴州，雲南，陝西，甘粛，青海，寧夏の7省の全部あるいは大部分の地区，および河南，湖北，湖南，山西の4省の西部地区を含み，全部で約318万平方キロメートルである。「小三線」は「大三線」以外の各省，直轄市そして自治区がそれぞれの奥地に設けた戦略の後方基地をさす。

　1965年9月下旬，中央工作会議は国家計画委員会が提出した『第3次5か年計画の按配情況に関する報告要点』を正式に採択し，新しい工業の発展戦略の重要な任務を人びとの衣，食，日用品の問題を解決することから国防工業を建設し，積極的に戦争に備えることへと転向した。都市建設の方面で，「先に生産，後に生活」と「中心都市を建てない」という方針を形成した。

　国防建設がもっとも重要になるにしたがって，当時の都市設計に対して「設計革命」運動が展開した。1964年12月，全国設計革命指導グループは中央への報告のなかで都市設計のなかに存在する以下の問題を指摘した。すなわち，① 規模が大きすぎ，人口が多すぎる，② 建築の高い水準を一方的に追求している，構

図の美観を過度に重んじている，③ 将来性を考慮するだけで，現実を考慮しない，国防の観念がない，等々である。

「設計革命」運動のなかで，多くの都市計画の技術者は誤った批判を受けて，都市計画機構のなかの人員も削減された。各級の政府が投資計画を按配する時，都市建設への投資は寥々としていくばくもなく，都市建設を米なくして飯をたくといった窮地に直面させた（曹洪涛等，1990）。

③「文化大革命」の衝撃

1966年から1975年までは第3次5か年計画と第4次5か年計画の施行期で，史上かつてない「文化大革命」の時期でもあった。全国を席巻した政治的激動は経済の発展と都市化の進展に重大な影響を及ぼした。

1966年から1969年までは社会の秩序がもっとも混乱した時期で，主にあらわれたのは，① 各級政府の指導機関は，すべて程度は異なるが麻痺状態におちいり，圧倒的多数の指導幹部は批判，つるしあげを受けて，指導の仕事に携わる権力を剥奪された，② 少なからずの専門家，学者，技術要員も攻撃と迫害を受けた，③ 造反派の組織間の武力闘争が頻繁であった，④ 交通が常に渋滞した，⑤ 多くの工場はしばしば操業停止・生産停止をし，各種の規則制度はすたれて，正常な仕事の秩序や生産の秩序は完全に乱された，⑥ 都市建設，都市管理もすべて混乱した無政府状態に陥った，ことである。

1966年から1968年までの3年間は，大学は学生を募集せず，工場企業もごく少数の労働者しか募集しなかったため，都市と鎮の数百万の中学，高校の卒業生の就業が大問題になった。

この難題を解決するために，中共中央は1968年4月，中学，高校の卒業生の分配は「農村に向け，辺境に向け，工業と鉱業に向け，末端組織に向け」という方針決め，そしてかれら・かのじょらを主に農村に送ることを提案した。1968年12月22日，『人民日報』は毛沢東主席の「知識青年は農村へ行き，貧農下層中農から再教育を受けよ。都市における幹部とその他のひとに，自分の中学，高校，大学を卒業した子女を農村に送るように説得して，1つの動員活動を展開すべきである。各地の農村の同志はかれら・かのじょらを歓迎しなければならない」という指示を発表した。統計によると，1966年から1976年までの10年間に，就業が困難なために，都市と鎮における中学，高校の卒業生1,600万人余りが続々と上山

下郷（農山村以外に，農場に行ったものを含む）した（何光，1990）。

　この時期に都市と鎮に新たに増加した労働力の就業困難の原因は主に以下の数点である。

　第1は経済構造の不合理さである。新中国成立後，長い間重工業の優先的発展をもっとも重要な地位においたので，軽工業，商業，サービス業は相応な発展ができず，都市と鎮の就業規模の拡大に深刻な影響を与えた。

　第2は所有制度の単一化である。「文化大革命」の間，多くの集団所有制企業は全人民所有制企業に昇格して，個人経済は資本主義のしっぽとして徹底的な批判に遭った。1976年，全国の都市と鎮における従業員のなかで，全人民所有制の従業員は1966年の3,934万人から6,860万人に増加し，2,926万人増加した。集団所有制の従業員は549万人しか増加せず，また自営業者に至っては19万人しか残らず，消滅状態に瀕した。これからわかるように，都市と鎮における労働力資源の配置は基本的に国家の計画に基づいた方法を残こすだけになった（路遇，2004）。

　第3は労働管理制度の硬直化である。1950年代中期，都市と農村の経済に対して大規模な社会主義的改造を進める基礎のうえに，一方で国民経済のなかで国有制の占める比重を積極的に拡大し，高度に集中する計画経済体制を完全なものにし，他方では都市と鎮における労働力に対する統包統配（国が全部引き受け，統一して配分する）制度，つまり国家は全国統一的募集の方法を使って，毎年新たに増える労働力を「包下来」（責任をもって引き受けること）し，その後再び統一的に単位に配分した。かつまた，大多数の企業は固定労働者を主とする終身雇用制度を実行した。これによって，都市と鎮の無職者が国家の就職の配分をまつだけになり，自分で生計をはかる可能性と積極性をなくした。そして，国家は労働力に対してコントロールを強化すると同時に，ますます重くなった待業人口の負担を背負った。

　1960年代のはじめから1970年代の後半まで，中央政府はずっと現存の経済体制，経済構造そして労働管理制度に抵触させないという前提のもとで労働就業問題を考慮したので，都市の余剰労働力に仕事をどうしても提供できないばあいは，かれら・かのじょたちを農村に送る以外なかった。このようにして，都市の人口が農村に向かって流動する逆都市化現象が形成された。

　「文化大革命」中の知識青年の上山下郷運動は，社会全体にはかり知れないマイナスの影響をもたらした。この運動のために，人民は重い代価を払った。おび

ただしい都市と鎮の中学・高校の卒業生が農村に下放されて，一連の問題にぶつかった。すなわち，① 多数の青年は長期にわたり経済的に自立することができなくて，程度の差はあれ両親の援助や仕送りを頼りにし，子女の多い家族の経済負担はとりわけ重くなったこと，② 進学すべき時期に学業の中断を迫られた青年は，「貧農・下層中農の再教育を受ける」過程のなかで，学び取った科学・文化知識が放置されたこと，③ 「文化大革命」の時期に法制が踏みにじられたため，下放された青年の人権はしばしば保障されず，多くの青年が迫害を受けたこと，④ 多くの都市と鎮の青年は下放された時にわずか15，16歳で，まだ１人歩きする能力がなくて，直ちに農村，辺境に送られて，両親もどうすることもできず，子女を思う心の苦しみを堪え忍ばざるをえなかったこと，である。

　都市と鎮の知識青年が下放し，各地の農民は１つの政治の任務と考えて引き受けた。毛沢東は農民に知識青年を歓迎すべきことを求め，しかも農民にかれらに対して再教育を行なう神聖な使命を与えた。しかし，このような政治的な栄誉，および知識青年が農村にもたらしたいくつか文化的な知識は，往々にして農民の実際的な損失を補うことができなかった。都市と鎮の知識青年の下放は，多くの農村地域にとって余剰農業労働力の人数の増加を意味する。とくに人口が多く土地が少ない農村地区では，都市と鎮の知識青年がきたことは，農民との間で収入を争い，耕地を争い，食糧を争う状況をつくりだし，直接農民の利益を損なった。

　都市と鎮の知識青年は農村へ行った後に住宅，食糧，生活費用などの面でさまざまな具体的な問題にぶつかった。かれらが比較的順調に生活上の難関を打開することができ，できるだけ早く農村で安定できるために，国家は下放されたばかりの知識青年に一定の按配費を支給した。10年間で，政府はこのために一体どのくらい費やしたのか，今なお確かな統計はない。1978年６月７日，吉林省知識青年工作調査班は『知識青年の上山下郷問題に関する調査報告』のなかで次のように書いている。すなわち，知識青年の上山下郷のため，吉林省政府は毎年５，６千万元の按配費を支出している。この金額は国家が毎年吉林省の基本建設へ投資した総額の５分の１に等しく，あるいは吉林省政府が農村の人民公社へ投資した総額の２倍に相当した。都市と鎮の知識青年の農村への下放のために費やした按配費は農村を発展させる投資よりはるかに多いが，実際には効果はよくなく，決して真に都市と鎮で新たに増加する労働力の就業問題を解決していない。「文化大革命」以後，下放された知識青年は大挙して都市と鎮に戻って，現地に滞留し

たものは寥々としていくばくもなかった。かれらの就業を按配するために，政府はあらゆる方策を講じざるをえず，以前の出費の大部分は水泡に帰した（劉小萌，1998）。

「文化大革命」の間，「三線」建設は高潮に入った。統計によると，1965年から1975年まで，「大三線」建設の基本建設投資は同時期の全国の基本建設投資総額の43.5％に相当した。そのなかで，「大三線」の工業基本建設への投資は同時期の全国の工業基本建設投資総額の47.7％を占めており，それによって工業の基礎の比較的手薄な中西部地区でいくつかの新興工業都市と工業区域を形成した（彭敏，1989）。

1971年，都市建設と管理工作は次第に回復した。1972年5月，国務院は『基本建設管理の強化に関する意見』を発表して，そのなかで都市の改築，拡張は，計画を緻密に練りあげ，許可を経て，国家計画に組み入れなければならないと規定した。同年12月，国家建設委員会は都市建設局を設立して，統一的に都市計画，都市建設工作を指導し，管理した。これ以後数年間，いくつか都市の公共交通，給水，給湯，ガス供給などが改善された。

しかし，都市建設は長期間投資が少なすぎたため，蓄積した問題が山積していた。1978年に，都市が直面する主要な問題は次のようである。すなわち，① 住宅が不足していること，190の都市の統計によると，1人当たりの平均居住面積はわずか3.6平方メートルであり，新中国成立初期の1人当たり4.5平方メートルに比べてさらに0.9平方メートル下がった。② 非常に多くの都市の給水はきわめて不足しており，市民の生活が影響を受けるだけでなく，一部の工場が水不足のため頻繁に生産を停止することさえあること，③ 排水面では，全国の半分以上の都市に排水管ネットワークがなく，平素から汚水が一面にあふれ，雨の降った後ははけ口のない水が溢れだすし，また都市で毎日排出される工業廃水と生活汚水の98％が処理することなしにそのまま河川や湖に流され，深刻な汚染をもたらしたこと，④ 道路，交通の面では，都市の1人当たりの平均道路面積はわずか2.8平方メートルであり，交通は混み合い，事故が頻発していること，また都市の公共交通の車両が少なく，乗客は多く，乗車難の問題が日常的であること，⑤ 都市建築の配置が無秩序で，大量の違法建築があらわれていること，また緑地も破壊に遭って，都市の平均緑化率はすでに10％に満たなくなっていること，である（曹洪涛等，1990）。

「文化大革命」運動はまた鎮の発展を妨げた。農村の購買販売協同組合は強引に国営商業と合併させられ，国営商業の独占販売の単一の流通ルートを形成した。また，定期市の自由取引は禁止され，商工業者は批判され，荷物を背負った行商人は禁止されたため，大多数の町の経済はさらに不景気になった。建設資金が足りないので，町の住宅はぼろぼろで，公共施設は粗末で，文化教育事業は維持することが困難であった。1970年代初期から，一部の人民公社と生産大隊は集団所有制企業を経営しはじめ，次第に農業，副業，工業を総合的に経営する体制を形成し，鎮の建設と発展に新たな活力をもたらした。

城鎮住民の日常生活からみると，1960年以後，市場の商品がはなはだしく不足したため，1955年にはじまった城鎮住民に発給した食糧購入券などのさまざまな商品の配給切符の範囲が絶えず拡大した。1961年10月から，全国の城鎮の従業員に対して日用品・工業製品の購入券の交付がはじまり，50数種類の商品が購入券の範囲に入った。国民経済の漸次回復にともなって，1965年までに，食糧，綿布，綿，食用油，砂糖，たばこなどの10数種類の商品を除き，他の商品購入券は次第になくなった。しかし，10年の「文化大革命」は，また国民経済に巨大な破壊をもたらし，商品不足を引き起こしたため，商品購入券の種類の増加と発行量の拡大につながった（張俊才，2008）。

それにもかかわらず，当時の城鎮における大多数の住民は政府から就業の保証をもらい，安定した賃金収入あるいは退職年金があり，さらに安価な食品，燃料，住宅の供給および医療，労働保険など方面の福祉待遇を享受できたため，全般的な生活水準は当時の農村の住民よりはるかに高かった。

3　都市化の急速な発展（1979年以降）

1978年末にはじまった経済体制の改革は，中国の経済の飛躍的な発展を引き起こして，数10年の経済の高度成長が都市化率の持続的な上昇をもたらした。2011年，城鎮の常住人口は全国の総人口の51.3%を占め，はじめて農村居住人口を上回った。しかし，その年の戸籍人口の城鎮化率はわずか34.7%であり，常住人口の城鎮化率との隔たりは16.6ポイントあった。戸籍制度の規制があるので，農村戸籍をもっている人びとは，働くために1年間都市で暮らしても都市の正式な構成員になることができないからである。同時に，資金と人材が急速に大都市に集

中することによって，大都市，とくに特大都市は急速に膨張し，中小都市と小城鎮は相対的に衰退するという両極化現象があらわれた。これらの問題を解決し，都市化の健全な発展を促進するために，学者たちは「新型城鎮化」の理念を提起した。

（1）鎮の発展

1979年以後，経済体制改革はまず農村でスタートし，農家生産請負制の全面推進は農民の生産積極性を喚起させて，穀物とその他の農産物の生産高が大幅に増加した。これは一方で農村の第2，3次産業の発展のために良好な物的条件を提供し，他方，農業労働生産率の急速な向上はさらに大量の農村労働力を土地の束縛から解放させたため，土地を離れた農村の余剰労働力を吸収する非農産業を大いに発展させる必要があった。

しかし1980年代初期，都市の改革は展開したばかりで，第2，3産業自体の発展は多くの問題に直面し，とくに第3次産業は発達しておらず，そのうえ大量の上山下郷知識青年が都市に戻っており，就業の手配を必要としたので，都市の工業，とくに第3次産業は大量の農村の余剰労働力を受け入れる条件をまだ備えていなかった。さらに加えて都市と農村の分割された戸籍制度の規制のために，農民が都市で就業することは非常に難しいことであった。この背景のもとで，農民はまず社隊企業，つまり当時の人民公社および生産大隊が経営する集団所有制企業を利用して，農村の非農産業を発展させた。1983年までに，社隊企業は全部で農村労働力の3,235万人を受け入れ，社隊企業の生産総額は1978年の2.06倍に達した。

1982年12月4日，第5期全国人民代表大会第5次会議が採択した『中華人民共和国憲法』の第30条と第105条は，郷，民族郷および鎮は中国のもっとも基層の行政区域であり，郷・鎮の行政区域の内の行政の活動は郷・鎮の人民政府が責任をもつと規定した。これは1958年に創立した人民公社制度を廃止し，郷・鎮の政権を再建するために，法律的根拠を提供した。1983年10月，中共中央，国務院は「政社分離を実行し，郷政府を樹立することに関する通知」をだして，正式に人民公社制度を廃止した。1985年春までに，全国で9万2,000余りの郷・鎮の人民政府が設立された。

1984年3月，中共中央は4号文件を発し，社隊企業を正式に郷鎮企業と改名し

て，そのなかに個人私営企業と共同組合企業を含めた。文件は，郷鎮企業は農業生産の重要な支柱であり，広大な農民の大衆がともに豊かさに向かって発展する重要なルートであり，国家財政の新しい収入の重要な源泉であり，国有企業の重要な補充である，と指摘した。この文件は理論のうえから郷鎮企業の性質，任務，目標を明確にし，かつ郷鎮企業の発展を支持する多項目の優遇政策を示した。それ以後，郷鎮企業の発展がさらに速まった。1987年，農村生産総額のなかで郷鎮企業の生産額の比重が53.8％にまで達し，はじめて農業総生産額を上回った。1997年，郷鎮企業の生産総額はすでにGDPの4分の1を占め，対外貿易輸出総額の3分の1，国家の税収の20.4％を占めた（農業部産業政策と法規司，1999）。

　郷鎮企業の持続的で健全な発展を援助し，郷鎮企業の合法的権益を保護し，郷鎮企業の行為を規範化するために，1996年10月29日，第8期全国人民代表大会常務委員会第22回会議は『中華人民共和国郷鎮企業法』を制定し，そして1997年1月1日に実施をはじめて，郷鎮企業発展の法制化と規範化を促進した。

　郷鎮企業が関連する業種は種類が非常に多く，工業，商業，交通運輸業，建築業，飲食サービス業および栽培業，養殖業などを含む。そして，次のような特徴がある。すなわち，① その生産・流通・販売活動は主に市場調節による。② 従業員の大部分は工業と農業を兼業しており，また多様な分配制度を実行している。③ 周囲の農村と密接に連係し，当地の各種の資源を利用しやすい。④ 至るところに分布し，範囲が広くて，さまざまな消費者にサービスを提供することができる。⑤ 経営範囲が幅広く，ほとんど各業種に及んでいる。⑥ いくつかの大規模企業もあるが，しかし大部分は中，小規模の企業で，比較的柔軟に市場ニーズの絶え間ない変化に適応することができる。⑦ 大部分が労働集約型の企業で，大量の農村の余剰労働力を受け入れることができる。

　郷鎮企業の主要な貢献は次のようである。① 農村の工業化と都市化を速め，都市と農村の格差を縮小したこと，② 農村の経済構造の転換の速度を速め，農業の近代化の発展のために資金を提供したこと，③ 農民が土地を離れることなく就業する新しい道を切り開き，農村の余剰労働力の就業問題を改善して，農民の収入を引き上げたこと，④ 郷鎮企業の多くの製品，とくに日用消費財は，全国市場で相当大きい比重を占め，都市と農村の市場を繁栄させて，社会の効果的な供給を増加させたこと，⑤ 郷鎮企業の資金，原材料などは直接国家計画のなかに入らず，すべて農村の集団経済組織と農民が自ら資金を調達し，自ら原材料

を探し，自ら技術員や管理者を招請し，自ら労働力を按配し，製品も自ら販路を探した。これらは中国が社会主義市場経済の制度を打ちたてるために貴重な経験を提供したこと，⑥ 産業構造からみると，郷鎮企業は農業副産物加工，資源開発，労働集約型の軽加工業を主として，そのなかの相当な部分は大・中規模の国有企業のために部品製品を加工し，国有企業と互いに市場をなし，相互依存し，相互補充する関係を形成したことである（範秀敏等，1994；李暁西，2008；胡鞍鋼等，2012）。

　郷鎮企業の発展は鎮の建設を促進した。鎮の数の変化からみると，大体次の3段階を経ている。① 1979年から2002年まではうなぎ登りの上昇段階で，2,361から20,601に増加した段階，② 2003年から2008年までは年々減少し，市との合併および鎮を市に変えることによって，2008年の鎮の数は19,234まで減少した段階，③ 2009年以後，また増加しはじめ，2017年に21,116まで増加した段階である（陳炎兵，2017年；国家統計局，2018）。

　この間に，戸籍制度の改革が小城鎮からスタートした。1984年1月1日，中共中央は『1984年の農村工作に関する通知』のなかで，各省，自治区，直轄市はいくつかの鎮を選んで実験区とし，食糧を自弁しながら鎮に入って出稼ぎ，商売，サービス業に従事する農民の定住を認めることを求めた。1984年10月13日，国務院は『農民が鎮に定住する問題に関する通知』をだして，次の規定を定めた。すなわち，出稼ぎ，商売，サービス業に従事する農民およびその家族は，鎮に固定的な住所があり，経営能力があり，あるいは郷鎮企業で長期的に働いているものであれば，公安部門はかれらに鎮の常住戸籍への移転を許可し，直ちに手続きを行なうこと，またかれらに「自弁食糧戸籍簿」を発給し，非農業人口として統計すること，そしてかれらを街道居民委員会の班組織に組み入れて管理し，かれらに鎮の住民と同等な権利をもたせ，同等な義務を履行させなければならないことを規定した。

　1998年，アジアの金融危機の衝撃と経済のグローバル化の挑戦に直面し，中共中央は小城鎮の発展を速め，市場規模と消費需要を拡大することで，経済の持続的成長を維持することを提起した。1998年10月14日，中国共産党第15期中央委員会第3回全体会議が採択した『農業と農村工作に関する重大な問題の決定』は次のように明確に指摘した。すなわち，小城鎮の発展は，農村経済と社会を発展させる大きな戦略である。これは郷鎮企業をある地域に比較的集中させることに

よって，大規模に農業の豊富な余剰労働力を第2次，第3次産業に移動させ，農民の盲目的な大都市への流入を抑制すべきこと。また，小城鎮の発展は農民の素質の向上，生活の質の改善に有利だけではなく，内需の拡大や国民経済のさらなる成長にも有利である。したがって，各級政府は小城鎮の健全な発展を促進する施策を立てて，小城鎮の戸籍管理制度を改革しなければならない，と。

　農民の小城鎮および小都市での定住を奨励するために，2000年6月，中共中央，国務院は『小城鎮の健全な発展の促進に関する若干の意見』を公布し，小城鎮および小都市の戸籍改革について具体的な規定をつくりだした。すなわち，2000年から，すべての県級市の市街区，県政府のある鎮および県レベル以下の鎮で合法的で固定的な住所，安定した職業あるいは生計の道がある農民について，本人に希望があれば，市と鎮の戸籍に変更することができること，かつ子どもの入学，入隊，就職などの面で市と鎮の住民と同等の待遇を受けることができること，差別的な政策を実行してはならないこと，小城鎮の戸籍に変更した農民に対して，各級政府は特別費用を徴収してはならないこと，小城鎮の特徴に適した社会保障制度を積極的に探求しなければならないこと，小城鎮の戸籍に変更した農民の請負地の経営権について，本人に希望があれば，その経営権を保留することができるし，また法律に基づいて有償譲渡することもできること，農村の集団経済組織は農民の耕地請負経営権の契約書を厳格に管理しなければならず，鎮の戸籍に変更した農民の耕地が荒廃したり，不法に用途を変更することを防止しなければならないこと，鎮の戸籍に変更した農家の宅地については，適当な時期に土地の使用権を譲渡して，遊ばしておくといった浪費を防止しなければならないことである。

　2001年3月，国務院が公布した『小城鎮の戸籍管理制度改革の推進に関する公安部の意見』は，小城鎮と小都市への戸籍移転の計画指標を廃止することを明らかにして，小城鎮と小都市の戸籍改革の全面的な推進を示した。

　農村コミュニティから都市コミュニティへ変わる過渡的なコミュニティとして，小城鎮の発展は一貫して大きな期待を託され，しかも1998年には中央政府が都市化の発展を推進する重要な戦略の1つになった。しかし，小城鎮の1998年以後の発展は決して期待どおりにはならなかった。そこにある主要な問題は次のようである。すなわち，① 小城鎮の人口集積能力が比較的弱く，規模は一般に比較的小さいこと。2014年の統計によると，73%の鎮の人口は1万人より少なく，3万人を上回っているのはわずか4%であり，鎮は主に広東，浙江，山東などの東部

沿海の省と中西部の経済が比較的発達し，人口が比較的密集している省に集中している。② 第2次産業，第3次産業の発展は原動力が足りないこと。少なくない鎮の非農産業の多くは現地住民の日常生活を維持する小規模な商業やサービス業である。工業団地の導入によって発展している鎮は大企業に過度に依存している。大部分の鎮には技術が熟達した私営経済グループがないため，工業の発展における競争力が欠如している。③ 政府の公共設備の建設に対する資金投入が少なすぎるため，インフラの立ち遅れを招いていること。2015年，鎮の1人当たりの公共設備の資金投入は2,330人民元で，都市の4,087元の57％にしか相当しない。1人当たりの道路面積，排水管の密度，給水普及率，汚水処理率，1人当たりの公園緑地面積，緑化率，生活ゴミの無害化処理率などの指標からみて，鎮の公共設備のレベルは都市よりはるかに低い。④ 居住条件が悪いこと。一部の鎮の家屋の大多数は住民自らが建てたもので，統一的な計画や管理が不足し，配置が無秩序で，形状が雑然としている。倒産企業の空き工場の建物，居住者のない空家が至るところにみられ，限りがある土地資源が有効に利用されていない。⑤ 公共サービスのレベルが低いこと。多くの鎮は住民のために就業と快適な生活環境を提供できないため，とくに専門技術の人材の多くが流出し，住民は教育資源，医療資源の利用ができず，科学技術の文化施設も，人手不足のため管理を正常に行なうことができなくなった。したがって，鎮の周辺農村の余剰労働力の多くは郷里の近くにある鎮に定住するより，農村，都市の双方を行ききする「両生」生活のほうが楽だと考えている（褚天驕，2017）。

（2）都市の発展

1984年10月，中共12期3中全会が定めた『中共中央の経済体制の改革についての決定』は，都市に中心的役割を十分に発揮させ，都市，とくに大都市，中都市をよりどころにし，さまざまな規模のオープン式のネット型の経済区を着実に形成することを求めた。この決定は中国の経済体制の改革の重点を農村から都市へ方向を転換することを示している。

都市の経済の盛んな発展にしたがって，都市の産業構造と人口構造に非常に大きな変化が起こり，もともとの市設置規準はすでに都市の発展の要求に合わなくなった。このために，1986年4月，国務院は民政部の『市設置規準および市指導県の条件の調整に関する報告』を批准し，経済の発展状況を重要な指標にして，

市設置規準に対して調整を行ない，そのなかで次のように規定した。① 非農業人口が6万人以上，年間のGNPが2億元以上で，すでに当該地の経済の中心になっている鎮は，市を設けることができる。少数民族地区および辺境地区の重要な都市と鎮，重要な工業・鉱業の科学研究基地，著名な景勝地，交通の中枢，国境の港湾は，非農業人口が6万人以下，年間のGNPが2億元に満たなくても，もし確実に必要があるならば，市を設けることができる。② 総人口50万人以下の県は，県人民政府の所在地の鎮の非農業人口が10万人以上であり，常住人口のなかの農業人口の比率が40％を超えなくても，しかし年間のGNPが3億元以上であれば，市を設けて県を廃止することができる。市を設けて県を廃止した後には，もと県によって管轄された郷・鎮は市によって管轄される。総人口50万人以上の県は，県の人民政府の所在地の鎮の非農業人口が一般に12万人以上，年間のGNPが4億元以上であれば，市を設けて県を廃止することができる。自治州の人民政府あるいは地区（盟）の地方行政機構のある鎮は，非農業人口が10万人以下で，年間のGNPが3億元に満たなくても，もし確実に必要があるならば，市を設けて県を廃止することができる。③ 市街区の非農業人口が25万人以上であり，年間のGNPが10億元以上に達した中都市はすでにその地区の政治，経済と科学，文化の中心となっており，かつ周囲の各県に対して比較的強い輻射力と吸引力があれば，市が県を指導する体制を実行することができる。1つの市がどれだけの県を指導することができるかについて，実際から考えるべきで，主に都市と農村の間の経済的関連の状況および都市の経済的な実力の大きさに基づいて決定しなければならない，という。

　各地の政府は中央の上述の規定に基づいて，市の設置を調整した後，都市の数は1990年には467まで増加し，1980年の223に比べて2倍以上増加した。この期間の主な特徴は中小の都市の発展が急速で，20万人の以下の小都市は106から291に増加し，20万人から50万人までの中都市は72から121に増加した。

　1990年，中央政府は上海浦東新区の開発・開放を宣言して，長期にわたり実施した大都市の規模を厳格にコントロールする政策から都市の全面的発展を鼓舞することに転向することを示した。1992年10月，中共第14次全国代表大会は社会主義市場経済体制を建設することを宣言し，都市の高速度の発展をいっそう促進した。

　1990年から2000年までの10年間は，大都市と特大都市のすさまじい発展の段階

で，人口100万人以上の特大都市は31から90に増加し，50万人から100万人までの大都市は28から103に増加した。20万人以下の小都市も比較的速く増加し，291から403に増加した。20万人から50万人までの中都市は急速に減少して，117から66に減少した。2000年の都市の総数は662になり，1990年に比べて195増加した。

　2013年の都市の総数は658になり，2000年に比べて少し減少したが，しかし人口100万以上の特大都市の増加が急速で，90から133に増加した。人口50万人以下の中小都市は相対的に減少して，469から422に減少した。50万人から100万人までの大都市数は103を維持している。2017年の都市の数は661になり，2013年より3つ増加した（陳炎兵，2017：国家統計局，2018）。

　学術界は，1979年以来の都市の急速な発展の原動力は以下のいくつかの面に由来すると考えている。

　第1，高速度な工業化。

　もし1978年のGDPの指数を100とし，不変価格によって計算すれば，2015年のGDPの指数は3,027.6となり，かつ同時期の第1次，第2次，第3次産業の生産総値の指数はそれぞれ500.5，4,721.6，4,164.7で，第2次産業の増大テンポは第1次産業を大きくリードしている。2010年には，中国の製造業はすでに200種類余りの製品の生産高が世界第1を占め，名実ともに工業生産大国になった。工業化の高速度な発展は城鎮の新たに増加した就業人口の就業需要に応じただけではなく，そのうえ都市に移動した農民のために大量の就職の機会を提供し，城鎮化の高速発展を促進した（国家統計局，2016）。

　第2，人口の自由な移動。

　改革開放の最大の成果の1つは農民が自由に都市へ移動することを許したことであり，出稼ぎ労働者は都市の人口の増加の主要な要因になった。国家統計局が2015年に発表した『2014年全国農民工に関する調査報告』(4)によれば，2014年，全国の農民工の総数は2億7,395万人であり，そのうち郷里を離れた農民工は1億6,821万人である。郷里を離れた農民工のなかで，地区レベル以上の大都市で就業するものは64.7％を占めている。同時に，人口の自由移動はまた都市の住民の都市間の移動も含んでいる。計画経済体制の時期には，城鎮の住宅の供給不足および国家の統一分配の就業制度を実施していたため，都市の住民は自由に居住地と職業を選ぶことができず，都市の間の移動はわずかであった。改革開放以後，住宅制度の面では，単位の統一的な住宅分配から個人の住宅購入に変わり，就業

制度の面では，国家の統一的な分配から自分で職業を選択することに変わった。都市住民の居住の自由と就業の自由の拡大は，さまざまな都市，とくに大都市の発展に対して重要な影響をもたらした。

　第3，土地の公有制度。

　1950年代以降，中国はずっと土地公有制度を実行している。都市部の土地は国家所有であり，農村の土地および都市郊外地区の土地は，法律の規定により国家所有に属するばあいを除き，農民集団所有である。農村の宅地，自留地および自留山は農民集団所有に属する。企業あるいは個人が用地を必要とする時，改革開放前は主に政府の配分あるいは農民集団の分配をとおして使用権を獲得した。1979年以後，農民の住宅用地の使用権は依然として集団組織をとおして分配されている。これに対して，工場や城鎮建設などの用地は購買をとおして土地使用権をえるようになったが，しかし，城鎮の土地使用権には期限があった。

　国務院が1990年5月19日に発布，ならびに実施をはじめた『城鎮の国有土地使用権の譲与と譲渡に関する暫定条例』では，土地使用権の最長年限は下記の用途に基づいて① 居住用地70年，② 工業用地50年，③ 教育，科学技術，文化，衛生，スポーツ用地50年，④ 商業，旅行，娯楽用地40年，⑤ 総合あるいはその他の用地50年と決めている。都市の住宅用地は個人が買う商品としての建物の用地であるため，2007年10月1日から施行の『物権法』は，住宅の建設用地の使用権は期間が満了したら自動的に期限を継続する，と明確に規定した。

　1950年代以後，とくに1979年以後，土地の公有制は強力に中国の工業化と都市化を支えた。工業発展の方面で，政府は土地の公有制の優位を発揮し，都市と農村の土地の供給を自由化し，土地と労働力のローコストの支えのもとで，工業化の高速度の発展が実現した。

　都市建設の面では，都市のインフラ建設，住宅建設，および新区の新市街建設を問わず，土地が公有であるため，政府が大規模に土地を収用し，古い建物の取り壊しすることができ，統一的に計画と投資ができた。都市のインフラ建設の必要資金も，多くは政府が協議，入札，オークションによって土地の所有権を譲渡してえた収入によるものである（柯緹祖，2011）。

　戸籍制度改革の面では，鎮の戸籍改革と比べ，2013年以前は，都市の戸籍改革のテンポは非常に遅く，農村戸籍のひとが都市，とりわけ大都市の戸籍に変更することは難しかっただけではなく，中小都市の戸籍のひとが大都市の戸籍に変更

することも非常に困難であった。その障害の１つは地方の都市政府の反対であった。2011年２月16日，国務院は『積極的かつ確実に戸籍管理制度の改革を進めることに関する通知』をだして，地級市（中国の行政区分は省級，地級，県級そして郷級の４つのヒエラルヒーからなる）以下の中小の都市がすべて戸籍制度を開放し，積極的に有効な措置をとって，長期にわたり現地の就労，商業を営む人員の都市戸籍変更の問題を解決するように求めた。しかしながら，市長たちが反対したため遅々として実行に移すことができなかった。というのも，2012年４月，国家発展改革委員会がリードし，多くの関係省庁が参加した調査によると，財政の圧力が市長たちの戸籍制度改革に対する一致した反対理由であることがわかった（志霊，2012）。

一部の学者の推計によれば，農村人口の「市民化」の１人当たりの公共コストは東部では17.6万元，中部では10.4万元，西部では10.6万元で，全国平均は１人当たり13.1万元である。これは膨大な財政支出で，あますところなく地方財政を圧迫している。とくに現行税制のもとで，地方の税収の多くは中央政府に上納しているが，地方政府は都市のあらゆる面の事務を管理しなければならない。とくに，中央政府が土地譲渡をますます厳格にコントロールするのにしたがって，地方政府の土地譲渡をとおして財政収入を増加させる予想が圧縮された。すでに重い債務を背負った都市にとって，財源不足は戸籍改革を実施することができない根本的な原因である。都市の戸籍改革を推進しようとすれば，まず現行の財政政策と税制に対して改革を行なって，地方政府の財政力を改善させなければならない（潘家華等，2013）。

1979年以後，都市建設は巨大な成果をあげた。主に次のようなものである。すなわち，① インフラは絶えず整備され，公共交通，とくに軌道交通建設は高速度発展の黄金期を迎えた。大都市は地下鉄を中核にし，さまざまなタイプが併存する都市の軌道交通体系を形成しつつある。② 上下水道，ガスの供給能力が大幅に向上した。③ 緑化面積が絶えず拡大し，ゴミの無害化処理能力は絶えず高まった。④ 体育館，劇場，映画館，公共図書館，博物館の数が年々増加した。⑤ 公財政教育支出の増加が学校施設の近代化を促進した。⑥ 医療衛生体系が日増しに整っている。⑦ 養老保険，医療保険はすべてのひとをカバーしたし，失業保険は日増しに整っている。⑧ 住民の収入と生活水準は年々高まり，多くの住民の消費はすでに一般的な家庭消費からサービス，文化，教育，旅行，保健，

情報，車，住宅などの上位の消費に発展した。⑨ 社会救済体系が日増しに完備し，生活困難者に効果的な扶助が及んだ。

同時に，都市のハイピッチな発展は一連の問題も生みだした。

第1に，都市人口の「市民化」のレベルが立ち遅れている。中国は2000年の第5次国勢調査の時に，城鎮人口の統計規準を調整し，城鎮に半年以上居住する常住人口をすべて城鎮人口として統計をとった。しかしいままでのところ，戸籍の制限のため，都市に常住する，とくに大都市に常住している農民工およびその家族の大部分は「市民化」を果たしておらず，教育，就業，医療，養老，市営住宅などの面で都市の基本的な公共サービスを享受することができない。このため，かれらは都市住民アイデンティティーが形成されていない。2017年，全国の常住人口の城鎮化率は58.52％に達したが，しかし戸籍人口の城鎮化率はわずか42.35％であり，両者の差は16.17ポイントである。

第2に，都市の用地はハイピッチに拡張し，土地の都市化は人口の都市化よりとてつもなく速い。

いくつかの都市は，広い道路，大広場を度を越して追求し，新市街新区，開発区と工業地区が場所をとりすぎて，建設区の人口密度は低く偏っている。『中国新型都市化報告2012』によると，1991年以降の20年間で全国の都市区域面積は2.12倍に拡大したが，人口の都市化率はわずか0.89倍に増加した。都市空間の拡張は都市人口増加の2.38倍である。現行の土地収用制度が都市の重要な財源であるという考え方は，都市の用地のハイピッチな拡張につながった。現行の法律の規定によって，農村の集団所有の土地は直接賃貸，譲渡，抵当にすることができず，国家所有に変えてはじめて，流通市場に進出することができる。したがって，都市政府の割安な代価で農村の集団所有の土地を収用後，国有土地に変えて，その後流通市場で譲渡し，土地を収用するコストの数倍から数十倍の収益をえることができた。このような土地収用の方法は最近になって，学術界の広範な批判を受け，実施のなかでもますます大きな抵抗にあった。一方，農民，とくに都市近郊の農民の補償要求は絶えず高まり，土地収用の衝突が日増しに激化した。また，土地収用補償金を手に入れた農民が突然変化した生活に適応できず，にわか成金になって金銭を浪費し，投資の失敗あるいは騙されて貧しい状態に後戻りする現象がしばしば発生した。他方において，たやすく手に入れることができる土地収用の売買収入は，多くの地方政府が都市建設規模を拡大して，政治的業績を上げ

るという貪欲さを刺激した。日増しに重くなるインフラ建設の債務の負担と絶えず上昇する土地収用補償の二重のプレッシャーのもとで，多くの地方政府は土地の価格と分譲住宅の価格に頼ることに陥って，さらに大きい不動産バブルと財政金融のリスクをはらんだ（牛文元，2012；華生，2015）。

　第3に，政府主導の城鎮化は，資源の配分が大都市に傾いている。中国の城鎮は行政等級によって，官吏のランク別，行政管理，資源配置，政策や法律の制定などの権限が異なっており，下級政府は上級政府の指導に厳格に従わねばならない。このような管理体制は上級都市と下級都市間の調整には有利であるが，しかし各都市の権力が不平等であるため，上級の都市ほど，資源を支配する能力が大きい。中央は比較的多くの資源を集中的に直轄市と計画単列市に投入し，各省，自治区は資源の比較的多くを省都の都市に投入する。したがって，都市の資源配置は深刻なアンバランスを引き起こしている。直轄市，計画単列市，省都の都市は比較的多くの発展の機会と資源を獲得し，人口と産業が急速に集まり，就職のポストは充足し，公共施設も優良であるため，都市の規模が急激に膨張した。同時に，現行の「市が県を管理する」体制のもとで，地級市は往々にして行政の優位を利用し，所轄の区域の労働力，科学技術の人材，商工業企業と資金を大規模に受入れ，中小の都市と鎮の発展の機会をある程度まで剥奪した。

　第4に，いくつかの都市の建設計画は国際化と経済力を重視して，都市そのものの歴史的伝統や文化遺産の保護をおろそかにした。都市の大規模な改修によって，自分の都市の特色をもっとも代表する歴史的町並みがなくなり，似たり寄ったりの付和雷同的な建物が多くなり，都市の歴史文化の血統は断ち切られ，都市の個性が喪失した。

　第5に，都市の居住環境が悪化した。主に空気汚染，水質汚染，廃棄物汚染，騒音公害，土壌汚染としてあらわれている。重化学工業の発展，自家用車の保有数の上昇は，都市環境の悪化を強めた。産業廃棄物，建設ごみ，生活ごみの激増は，ごみ処理場所の不足と処理方法の立ち遅れに加えて，いくつかの都市はごみがあふれるといった現象があらわれている。工業廃水，固形廃棄物と生活廃水，生活ごみなどの処理が妥当でなく，水質汚染と土壌汚染をもたらした。

　第6に，不動産と住宅問題がある。主に次のようにあらわれている。① 人口の膨張と投機取引が，一部の大都市，とくに北京，上海，広州，深圳の4つの特大都市の不動産価格を過度に高騰させた。② いくつかの中小の都市は十分な産

業のサポートや優良な公共サービスがないため，不動産の供給が需要を上回り，すでに建築された建物が大量に売れ残っている。③ 多くの都市には改築を必要とする古い住宅，危険な住宅が存在する。④ 都市の貧しい住民と出稼ぎ労働者の居住条件が粗末である。

　第7に，都市の空間分布と規模分布の不合理，都市と自然資源の積載能力の不釣り合いな問題がきわだっている。東部の都市の密集地区では都市の発展はますます自然資源の制約を受けている。中西部の自然資源の積載能力の比較的強い地区では都市化率がいまだに低い。中小の都市は産業と人口を集める能力が高くないため，十分な発展を遂げていない。特大都市と一部の大都市は人口集中の圧力で，総合的な積載能力との間の矛盾が激化している（魏後凱，2014）。

（3）城鎮化の道筋の選択論争

　1980年以来，学術界は中国の城鎮化の道筋の選択の問題をめぐって熱烈な討論を展開している。とくに都市の規模の問題が多くの学者の関心の中心になっている。

　都市規模の等級区分の基準について，1950年代以来，中央政府はなんども調整を行なってきた。1955年，国家建設委員会が公布した『現在の都市建設の活動の情況といくつかの問題に関する報告』が，はじめて大都市，中等都市，小都市の区分基準を提出した。すなわち，50万人以上を大都市，50万人以下で20万人以上を中等都市，20万人以下を小都市とした。

　1980年，中国国家基本建設委員会が『都市計画指標の臨時規定』を発表し，都市規模の等級区分基準を4級に調整した。すなわち，① 100万人以上を特大都市，② 50万人から100万人までを大都市，③ 20万人から50万人までを中都市，④ 20万人以下を小都市とした。国務院が1984年1月5日に公布した『都市計画条例』と1990年4月1日から施行された『都市計画法』はまた1955年の3級の区分基準に戻り，すべて市街区の人口と近郊区の非農業人口に基づいて都市の人口を算定した。2008年1月1日の『都市・農村計画法』の施行にともなって，1990年の『都市計画法』は廃止された。しかしこの新しい『都市・農村計画法』は都市規模について具体的に規定していない。

　1950年代から，中央政府は終始大都市の規模をコントロールし，中小の都市と小城鎮を合理的に発展させる都市化戦略を堅持してきたが，しかし学者たちはこ

の戦略に対してさまざまな見方をもっており，その代表的な観点は次の3つである。すなわち，① 小城鎮（小都市を含む）を優先的に発展させるという主張，② 大都市を優先的に発展させるという主張，③ 大，中，小都市の調和のとれた発展を強調する観点である。

小城鎮を優先的に発展させることを主張する主要な代表人物は費孝通である。1980年代，かれは長期の農村調査をとおして，小城鎮に対して以下の陳述を行なった。すなわち，小城鎮は農村コミュニティに比べて1つうえの段階の社会実体的存在であり，この社会的実体は農業生産労働に従事しない一部の人口を主体として組織されたコミュニティである。地域，人口，経済，環境などの要素からみたとしても，それらはすべて農村のコミュニティと異なる特徴があり，またすべて周囲の農村と欠くことができない結びつきを保持している。

小城鎮を主とし，大中都市を補とするのは，費孝通が主張する中国の城鎮化の道筋である。

かれは，中国は農業国家であり，大部分のひとは農村に住んでいると考えている。この多くの農民の食，住，就業を解決することが大きな問題である。長年，都市と農村間の人口の移動を厳格にコントロールしたため，行政手段で都市と農村の戸籍を明白に区分し，農民は都市に住むことができず，そこで農村のなかに大量の余剰労働力が「隠れていた」。この人たちがすべて大中都市に行って住むということは，まったく現実的に可能性はなかった。農村の余剰労働力の問題を解決するには，小城鎮を主とし，大中都市を補としなければならない。

費孝通は，農村の工業化は小城鎮を発展させる根本的な原動力だと指摘した。多種多様な工業がすべて少数の都市に集中すべきでなく，できるだけ広大な農村に分散し，「工業が農村へ行く」ことを実行すべきである。このような政策が実施されれば，人口が都市に過度に集中することはなく，農村を離脱する人口を大量に生みだすこともないだろう。また，農業と工業が互いに補い合って，農村の工業化，都市と農村の一体化を実現することができる。これは中国の工業化が欧米の発展モデルとは異なる基本的な違いで，中国の国情に相応しい道筋である（費孝通，1985, 1992）。

費孝通の観点を支持する学者はさらに解説している。すなわち，都市と農村の紐帯としての小城鎮を重点的に発展させることをとおして，工業化を加速することができるだけではなく，都市の過密化と農村の過疎化を避けることもできる。

小城鎮は都市と農村を一体化させる橋梁である。中心都市は小城鎮のこの中間の担い手をとおして，ようやく広大に分散した農村と広範な経済・技術協力，人材交流，商品交換などの連係を創立することができる。また，小城鎮の発展は農村の需要拡大をとおして都市経済の発展を促進すると同時に，都市にさらに多くの農業副産物と工業原材料を供給できるようになる（張蒙等，2003）。

「小城鎮を優先的に発展させる」という主張と真っ向から対立しているのは「大都市を優先的に発展させる」という観点である。この主張をもつ学者は，各国の都市化の進展には，多くの共通性と法則性があり，人口の大都市への集中は，その共通点の1つだと考えている。その要因について，大都市は，① 大規模な消費財市場をもつこと，② 土地が効果的・効率的に利用されていること，③ インフラが比較的完備されていること，④ 技術，知識，情報がスピーディに伝達できること，⑤ 高い生産性と資本収益率をもつこと，と指摘されている。中国では，100万から400万人までの規模の大都市は，収益がもっとも高い（王小魯等，1999）。

大都市と比較して，小城鎮が地方経済のなかで重要な役割を果していることは否定できない事実である。いくつかの良好な成長潜在力をもつ小城鎮は中型の都市に発展する可能性もある。しかし全国的な視点からみれば，小城鎮は大都市の経済発展の効果に取って代わることはできない。まず，小城鎮の規模からして比較的大きい投資を誘致することは難しいため，産業集積地を形成しにくく，したがって人口を引きつけることができず，雪だるま式の効果を生みだすことができない。その次に，大都市と比べ，小城鎮の1人当たり占有地面積は多すぎ，土地資源が非常に欠乏している中国についていえば，このような効率が悪い土地資源を利用する都市化モデルは受け入れることができない。さらに，小城鎮は人口規模と経済規模が小さいため，インフラ建設と公共サービスの施設の建設に投資する財政力をもっていない（王小魯，2010）。

このために，一部の学者は次のように提案している。すなわち，小城鎮の新設を厳格に制限し，すでに建設した鎮に対し，人口密度の向上をとおして，土地の集約利用の程度を高め，建設用地の増加を厳格に制限しなければならない。人口規模と経済総量がすでに中規模都市のレベルに達成した鎮に対し，できるだけ速く市に昇格させると同時に，特大都市と超大都市の発展の制限をゆるめ，大都市を拠りどころにして都市化を加速すべきである（蔡継明等，2012）。

また「小城鎮論」にも，また「大都市論」にも賛成しない一部の学者は，都市体系は永遠に大，中，小の各レベルの都市からなりたっており，小城鎮を重点的に発展させることも，主に大都市を発展させることも得策ではないと強調し，大・中・小都市はバランスをとって発展させ，農村の余剰労働力の受け皿をつくることが，中国の国情に符合する都市化の道であると考えている。学術界はこの観点を「多元モデル論」と称する（周一星，1992；顧朝林等，1999）。
　「多元モデル論」の観点をもつ学者は，都市化の国際経験と中国の過去の実践の総括をとおして，中国の都市の発展は都市化と工業化そして農業の近代化の歩調のそろった発展の道を歩むべきであり，大・中・小都市を同時に発展させる方針を提出した。政府は都市化の過程，都市人口の増加，都市の地区配置，都市規模の拡大などの方面に対して必要な巨視的なコントロールを実行すべきで，成り行きに任せてはいけないし，全面的に市場調節に委ねてはいけない。これと同時に，政府の機能を転換し，行政の手段によって都市を管理することから，経済と法律の手段によって都市を管理することに変えなければならない（簡新華等，1997）。
　2000年以降，「多元モデル論」の主張が学術界の主流の観点になり，そして政府の都市政策の主要内容として採用された。2001年3月15日，第9期全国人民代表大会第4次会議が批准した『国民経済と社会発展第10次5か年計画綱要』は次のように指摘している。城鎮化のレベルは経済水準によって決まるものである。中国の城鎮化は他国のやり方をそのまままねることはできない。自らの国情から出発し，大・中・小都市と小城鎮とが歩調を合わせて発展する多様な城鎮化の道を歩み，徐々に合理的な城鎮体系を形成すべきである，と。

（4）新型の城鎮化

　城鎮化の過程のなかであらわれたさまざまな問題に対して，2010年以後，学者たちは大規模な実地調査と分析研究をとおして，「新型城鎮化の道を歩む」という対策を提出し，数10部の関連する著作を出版した。代表的な著作は『農民工の市民化：制度革新と頂層政策設計』[5]（国務院発展研究中心課題組，2011），『人の城鎮化』（中国改革発展研究院，2013），『わが国長江デルタ地帯の小城鎮発展研究』（趙瑩，2013），『中国新型都市化報告（2013）』（牛文元，2013），『中国県域経済の産業革新のグレードアップ実践』（中国社会科学院工業経済研究所課題組，2013），『中国

中小都市発展報告（2013）』（牛鳳瑞等，2013），『全面小康社会に向かう新型城鎮化道路研究』（国家発展和改革委員会宏観経済研究院課題組，2013）などである。

　いわゆる「新型城鎮化」とは，2012年以前の城鎮化の発展方式の「旧型」に対していわれたもので，「旧型の城鎮化」の発展の過程のなかであらわれたさまざまな弊害，とくに農民工の「市民化」の問題を解決するために，必ず講じなければならない新しい対策と新しい発展方式と考えられた。

　「新型城鎮化」の発展方向と具体的な施策に関して，学者たちは以下の建議を提出した。すなわち，①「新型城鎮化」は人間を核心とする城鎮化でなければならない。そのもっとも重要な任務は戸籍制度の改革を加速させ，農業からの移転人口の市民化を秩序立てて推し進め，都市部の基本的公共サービスが常住人口全体に行きわたるよう着実に取り組みを進めることである。② 産業の発展は新型城鎮化の基礎であり，農村人口が城鎮に移転する前提条件でもあるため，工業化，情報化，城鎮化，農業の近代化を並行して進めなければならない。③ 都市の規模と分布は地区の経済発展水準と産業分布を考慮しなければならない。都市群を主体にして，大都市は元々もっている能力を発展させ，中小都市および小城鎮の発展に先導的な役割を発揮させることにより，地域の協調的な発展を実現させるべきである。④ エコ文明の理念と原則を都市化の全過程で貫徹して，集約型，インテリジェンス，クリーン，低炭素などひとと自然を融和させる都市化を推進しなければならない。⑤ 都市建設は文化の伝承を重視すべきである。古い市街区を改造するばあいは，歴史文化遺産を保護しなければならないし，新市街区を建設するばあいは，伝統文化の要素を融合させなければならない。

　上述した建議は中央政府に受け入れられ，2014年以後に制定された新しい城鎮化戦略のなかに具体的に体現した。

　2014年３月５日，国務院総理李克強が第12期全人大第２回会議で政府活動報告を行なった時に次のように指摘した。今後一定期間は，政府は「３つの１億人」の問題をしっかりと解決するよう力を注ぐ。つまり，農業からの移転人口約１億人の都市戸籍への転籍を促進し，約１億人が暮らしている都市部のバラック地区と「城中村」（都心にある村）を改築し，約１億人の中・西部地区内での市民化を導く。2014年３月16日に公布された『国家新型城鎮化計画（2014-2020年）』は，具体的に2020年までの城鎮化の目標，すなわち，常住人口の城鎮化率をおよそ60％に達成させ，戸籍人口の城鎮化率はおよそ45％に達成させることを提出した。

戸籍制度改革を加速するため，2014年7月30日，『戸籍制度改革のさらなる推進に関する国務院の意見』が発表されて，戸籍移転について以下の具体的な措置をとることが決定された。① 人口が50万人以下の小都市と鎮では，全面的に自由化する。② 人口が50万人から100万人までの中都市では，秩序立った形で規制を緩和する。③ 人口が100万人から500万人までの大都市では，戸籍移転の条件を合理的に定める。④ 人口が500万人以上の超大都市では，人口規模を厳格に抑制しながら，ポイント制の導入などの形で規制を段階的に緩和する。

　各地方政府がその地域の事情に適合した戸籍改革案を制定しやすくするために，2014年10月29日，国務院は『都市規模区分基準の調整に関する通知』を発表し，中国の従来の都市規模区分基準を調整した。基準の調整後，都市は市街区域の居住人口に基づき，5タイプ7種類に分けられている。すなわち，① 市街区域の居住人口50万以下の都市は小都市として，そのなかで20万から50万までの都市はⅠ型小都市とし，20万以下の都市はⅡ型小都市とする，② 市街区域の居住人口50万から100万までの都市は中都市とする，③ 市街区域の居住人口100万から500万までの都市は大都市とする，そのなかで300万から500万までの都市はⅠ型大都市とし，100万から300万までの都市はⅡ型大都市とする，④ 市街区域の居住人口500万から1,000万までの都市は特大都市とする，⑤ 市街区域の居住人口1,000万以上の都市は超大都市とする。

　中央政府が制定した戸籍改革案が特大都市の人口規模を厳格にコントロールするゆえんは，いくつかの特大都市，とくに居住人口が1,000万人以上の超大都市の人口圧力が大きすぎ，すでにその資源環境の積載能力を超えたためである。北京を例にとると次のようである。北京は水資源が深刻に不足する都市で，国務院が2005年に意見を添えて返答した『北京都市総体計画（2004-2020年）』の目標によれば，2020年に北京市の総人口の規模は1,800万人に，そのなかで戸籍人口は約1,350万人に，北京戸籍がない流入人口は約450万人にコントロールしなければならなかった。しかし，この目標は2009年に超えてしまい，当時の常住人口は1,860万で，そのなかで北京戸籍がない流入人口は614.2万であった。2016年年末，全市の常住人口はさらに2,172.9万人に増加し，そのなかで北京戸籍がない流入人口は807.5万人で，常住人口の37.2％を占めた（北京市統計局等，2017）。

　北京の人口規模が急激に拡大した主要な要因は，北京は中国の政治と経済の中心であるだけではなくて，そのうえ文化や科学技術の中心でもあり，非常に多く

の有名な研究機構，一流の大学や病院があって，発展の機会が多く，賃金所得も高く，強大な人口，とくに高学歴人口を集める能力をもっているからである。人口の膨張は北京市に給水の緊迫だけではなくて，そのうえ交通渋滞，住宅の高騰そして環境汚染も強めている。これらの問題の解決のためには，まっさきに必ず人口増加を厳格にコントロールしなければならない。このために，2017年9月，中共中央，国務院が批准した『北京都市総体計画（2016-2035年）』は，給水可能な水資源量と1人当たりの水資源量に基づいて，北京市の常住人口の規模を2020年までに2,300万人以内にコントロールし，2020年以後，このレベルを長期にわたって安定させることを確定した。

　北京は中国の首都として，その未来の発展方向および人口規模をコントロールする措置が中央政府と北京市政府によって共に制定され，実施された。現在すでに実施された主要な措置は次のようである。① 北京の発展方向を「全国の政治の中心，文化の中心，国際交流の中心，科学技術創造の中心」とおき，この4つの要求に符合しない産業は逐次北京以外の地区に分散させることを決定した。② 中心の市街区域の人口圧力を緩和するため，北京市東南部の通州区に北京市の行政副中心を建設し，2017年末，北京市の一部の政府機構がすでに都市の中心地区から通州区に移転した。③ 北京市，天津市そして河北省を含む，人口総数を約9,000万人とする首都経済圏を建設して，北京のいくつかの商工業企業を河北省と天津市のいくつか地区へ移転させる。④ 2017年4月1日，中共中央，国務院は河北省中部に雄安新区を建設し，首都の副中心とすることを決定した。

　2017年までに，各地方政府はすべて戸籍制度の改革案を制定した。これらの改革案には，2つの共通の特徴がある。1つは農業戸籍と非農業戸籍との区分を廃止し，都市・農村統一の居住証制度をつくること，2つは農民工とその他の常住人口の小都市と鎮への戸籍移転制限を全面的に廃止することである。中都市と大都市への戸籍移転条件について，ほとんどの地方政府は城鎮社会保険の加入年数を必須条件にしているが，しかし規定は全部同じではなく，既加入期間を1年で可とする省もあれば，加入3年を必要とする省もある，また貴州省は中都市への戸籍移転に対していかなる制限もない。ところが，人口500万人以上の特大都市と人口1,000万人を超える超大都市への戸籍移転条件については，各地はいずれも比較的厳格な基準を示している。

　戸籍改革の過程のなかで，行政サービスの提供責任に見合った財源（税収）が

地方に付与されず，地方の負担が重い問題および中央と地方の財政の権限と行政を処理する職権の責任分担があまり明確ではない問題に対して，2018年2月，国務院は『基本的な公共サービス領域の中央と地方の共通の財政権限と支出責任の区分に関する改革案』を公表し，中央と地方の基本的な公共サービスの領域における支出責任を明確にして，地方の財源確保をとおして地方政府のガバナンスを強化させようとしている。

　小城鎮を発展させるため，2016年，中央政府は鎮区の常住人口5万以上の特大鎮，鎮区の常住人口3万以上の専門特色鎮を中心として，2020年までに約1,000か所のそれぞれ特色をもつ特色小鎮を育てる目標を設定した。この目標を達成するために特色小鎮の発展を支える建設基金を設立し，順調に発展している特色小鎮に対して奨励資金を提供している（国家発展改革委員会，2016）。

　2014年以後の戸籍制度改革は農民工の中小都市への戸籍移転を全面的に自由化したにもかかわらず，しかし農業戸籍を非農業戸籍に変えたいと思っている農民工は多くなく，大多数のひとはみな躊躇し，様子をうかがっている。主要な原因は次のようである。① 農業戸籍人口は請負地，宅地，林地および政府から農民に対するさまざまな補助金をもっており，そのうえ都市近郊の土地はまだまだ価値上昇が予想され，農業戸籍の価値がますます高くなっている。② 農村はすでに基本的な養老保険，医療保険そして生活保護制度が普及し，教育と医療サービスの水準も絶えず高まっている。③ 都市生活はコストが高く，自然環境が悪いが，農村生活はコストが低く，自然環境のなかでの生活である。④ 都市は競争が激化し，人情は薄いが，農村は顔なじみの社会で，独特の情緒的文化をもっており，農民工に帰属感と安心感をもたせている。したがって，都市に常住している農民工にとって，農業戸籍を保留することは，実際の物質的な生活保障を手にしているだけではなくて，未来の生活と発展にさらに多くの選択余地を残していることを意味しているからである（李俊霞，2016；王徳福，2017）。

　2017年に中国の常住人口の城鎮化率はすでに58.52％に達成し，この上昇ペースに照らせば，2020年には完全に常住人口の城鎮化率が総人口の60％という発展目標を実現することができる。城鎮化の持続的発展を維持し，かつ城鎮の発展と同時に農村を振興するため，中国政府の今後一時期の城鎮化戦略は，都市群を建設し，中心都市の発展によって周囲の都市の発展を導くこと，中小の都市と特色のある小城鎮の育成を加速させ，放射状に新しい農村の建設を促進することであ

る。

　筆者は，中国の都市化の速度は経済・社会の発展の速度に適応しなければならず，先進国の工業化後にあらわれた逆都市化現象やいくつかの発展途上国の過度の都市化がもたらした弊害にかんがみて，中国はやはりコントロールのある適度な都市化および都市と農村の一体化を採用することが望ましいと考えている。いわゆる「適度」とは，都市化の速度と都市の規模は経済と社会・文化の発展の速度と規模に適応しなければならいということである。都市の発展の停滞は社会・経済の発展を束縛するであろうし，都市の過度の発展も社会・経済の発展に逆効果をもたらすであろう。地獄のような都市の暴力犯罪が集中する地区と不衛生な失業流民が集まる貧民窟は，衰退した寒村と同じく，いずれも近代化の落伍者である。中国の実際の国情を出発点として，厳格に大都市の規模をコントロールし，中小の都市と小城鎮を合理的に発展させる方針の実行を堅持して，計画的に城鎮化の過程を進め，都市と農村の一体的な協調発展を形成することが，中国の都市と農村の近代化の現実的，理想的なモデルである。

注
（１）このような住宅分配政策は1990年代末まで続いた。
（２）「単位」とは機関，団体またはそれに属する各部門を指し，企業単位と事業単位に大別される。事業単位は生産による収入がなく，国家の経費でまかなわれ，採算にとらわれない部門である。
（３）街道居民委員会は中国の市と鎮に設置された住民の自治組織であり，日本の町内会にあたる。
（４）農民工とは農村からの出稼ぎ労働者を指す。
（５）頂層政策設計とは中央政府上層部がトップダウンで統括的に政策策定することを意味する。
（６）都市群とは超大都市，特大都市や大都市を中核にして周辺に中小都市が分布し，都市間に農地，林地，水面などグリーン地帯のある複合都市群のことを指す。

参考文献
政務院「関於実行糧食的計画収購和計画供応的命令」1953年。
「糧食部負責人就糧食統銷問題発表的談話（摘要）」『新華月報』1955年第５期。
国務院「関於市鎮糧食定量供応暫行弁法」1955年。
上海市社会学学会城市社会問題研究課題組『解放以来我国城市管理法令法規選編』1984

年。

費孝通『小城鎮四記』新華出版社，1985年。
国家統計局社会統計司編『中国労働工資統計資料1949～1985』中国統計出版社，1987年。
馬洪編『当代中国経済』中国社会科学出版社，1987年。
趙発生編『当代中国的糧食工作』中国社会科学出版社，1988年。
彭敏編『当代中国的基本建設』（上巻）中国社会科学出版社，1989年。
何光編『当代中国的労働力管理』中国社会科学出版社，1990年。
曹洪涛，儲傳亨編『当代中国的城市建設』中国社会科学出版社，1990年。
費孝通『行行重行行』寧夏人民出版社，1992年。
唐忠，宋継青『糧票，糧価』中国人民大学出版社，1992年。
丁水木「現行戸籍制度的功能及其改革走向」『社会学研究』1992年第6期。
中共中央文献研究室編『建国以来重要文献選編』（第4冊）中央文献出版社，1992年。
周一星「論中国城市発展的規模政策」『管理世界』1992年第6期。
廬陵「1953年中国的糧食危機與統購統銷政策的起源」『北京大学研究生学刊』1993年第4期。
国家統計局人口統計司編『中国人口統計年鑑1993』中国統計出版社，1993年。
薄一波『若干重大決策與事件的回顧』下巻，中央党校出版社，1993年。
楊雲彦『中国人口遷移與発展的長期戦略』武漢出版社，1994年。
兪徳鵬「我国現行戸口制度的七大弊端」『改革與戦略』1994年第6期。
範秀敏，馬清強『郷鎮企業発展論』中国統計出版社，1994年。
簡新華，劉傳江「従外国的城市化看中国的城市化」『城市問題』1997年第5期。
劉小萌『中国知青史』中国社会科学出版社，1998年。
辜勝阻，成徳寧「戸籍制度改革與人口城鎮化」『経済経緯』1998年第1期。
万川「当代中国戸籍制度改革的回顧與思考」『中国人口科学』1999年第1期。
林毅夫，蔡昉，李周『中国的奇跡：発展戦略與経済改革』（増訂版）上海人民出版社，1999年。
顧朝林等『経済全球化與中国城市発展』商務印書館，1999年。
農業部産業政策與法規司編著『中国農村50年』中原農民出版社，1999年。
王小魯，夏小林「優化城市規模，推動経済増長」『経済研究』1999年第9期。
班茂盛，祝成生「戸籍改革的研究状況及実際進展」『人口與研究』2000年第1期。
藍海濤「我国戸籍管理制度的歴史淵源及国際比較」『人口與経済』2000年第1期。
雷頤「"日常生活"與歴史研究」『史学理論研究』2000年第3期。
白少川『北京糧票簡史』煤炭工業出版社，2000年。
羅宏翔，何衛東「建制鎮人口規模的演変」『人口学刊』2001年第1期。
蔡昉「戸籍制度與労働力市場保護」『経済研究』2001年第12期。
張学兵「新中国票証制度的確立」『首都師範大学学報（社会科学版）』2003年増刊。

張蒙，楊文利「新時期小城鎮建設的回顧與思考」『当代中国研究』2003年第5期。

肖海英「論我国戸籍制度功能的異化及其回帰」『浙江社会科学』2004年第3期。

路遇編『新中国人口五十年』（下）中国人口出版社，2004年。

田錫全「糧食統購統銷制度研究的回顧與思考」『中国経済史研究』2006年第2期。

張俊才「票証折射30年改革変遷　年軽一代難理解昔日蒼桑」『中国経済週刊』2008年11月17日。

袁剛「戸籍的性質，歴史與我国戸籍制度改革」『学習論壇』2008年第5期。

李暁西編『中国経済改革30年・市場化進程巻』重慶大学出版社，2008年。

王小魯「中国城市化路径與城市規模的経済学分析」『経済研究』2010年第10期。

公安部治安管理局編『戸口管理法律法規規章政策滙編』中国人民公安大学出版社，2011年。

柯緹祖「土地公有制是中国創造発展奇跡的最大奥秘之一」『紅旗文稿』2011年第22期。

国務院発展研究中心課題組『農民工市民化：制度創新與頂層政策設計』中国発展出版社，2011年。

胡鞍鋼，馬偉「現代中国経済社会転型――従二元結構到四元結構（1949～2009）」『清華大学学報』（哲学社会科学版）2012年第1期。

志霊「市長反対戸籍改革的"隠蔵理由"」『工人日報』2012年8月22日。

蔡継明，王成偉，周炳林「我国城市化戦略選択與定量分析」『当代経済研究』2012年第12期。

牛文元『中国新型城市化報告（2012）』科学出版社，2012年。

鄭有貴「工業化視角的城郷二元結構評価探討」『当代中国史研究』2013年第6期。

潘家華，魏後凱『中国城市発展報告No.6』社会科学文献出版社，2013年。

牛鳳瑞等『中国中小城市発展報告（2013）』社会科学文献出版社，2013年。

趙瑩『我国長三角地区小城鎮発展研究』経済科学出版社，2013年。

牛文元『中国新型城市化報告（2013）』科学出版社，2013年。

国家発展和改革委員会宏観経済研究院課題組編『邁向全面建成小康社会的新型城鎮化道路研究』経済科学出版社，2013年。

中国改革発展研究院編『人的城鎮化』中国経済出版社，2013年。

国務院「関於進一歩推進戸籍制度改革的意見」2014年。

国務院「関於調整城市規模劃分標準的通知」2014年。

魏後凱「中国城鎮化進程中両極化傾向與規模格局重構」『中国工業経済』2014年第3期。

華生「破解土地財政，変征地為分地――東亜地区城市化用地制度的啓示」『国家行政学院学報』2015年第3期。

国家統計局『2014年全国農民工監測調査報告』2015年。

国家統計局編『中国統計年鑑2016』中国統計出版社，2016年。

国家発展改革委員会「関於加快美麗特色小（城）鎮建設的指導意見」2016年。

李俊霞「農民工城鎮落戸意願調査研究」『経済問題』2016年第7期。

王徳福「弾性城市化與接力式進城」『社会科学』2017年第3期。

住房和城郷建設部「2016年城郷建設統計公報」2017年。

陳炎兵「実施"千企千鎮工程"加速新型城鎮化建設」『中国国情国力』2017年第6期。

褚天驕「新視角下的小城鎮大戦略」『城郷建設』2017年第11期。

北京市統計局，国家統計局北京調査総隊「北京市2016年国民経済和社会発展統計公報」2017年。

国務院『基本公共服務領域中央與地方共同財政事権和支出責任劃分改革法案』2018年2月。

国家統計局「城鎮化水平顕著提高　城市面貌煥然一新」2018年9月10日，国家統計局網 http://www.stats.gov.cn。

第12章
人口学と人口社会学の研究

　ひとは社会の発展の主体である。世界第1の人口大国として，人口が多いことは中国のもっとも際立った国情の特徴であり，中国の最大の優位であるが，中国の最大の重荷でもある。人口はすべての事業を考え，処する出発点であり，到達点である。

　人口問題はその極度の重要性によって，一貫して全国上から下まで関心をもたれたもっとも重要な問題とみなされた。学問の側でも，人口問題は社会学，経済学，統計学，歴史学，地理学，環境学，管理学，システム工学などの多くの学問の注目を集めた。しかし，専門的な人口学研究は社会学と同様に挫折や不運の続いた運命を経験した。

　今の中国では，人口学の学科分類について，専門の人口学界の多くは人口学を1つの「独立した社会科学の学科」としての性格を強調したが，しかし国家の教育管理部門は人口学を1級学科の社会学の傘下の「2級学科」にいれた（鄭杭生，2008）。

　同時に，人口学と社会学は密接で不可分の関連があるので，また双方の学際科学である人口社会学が生まれた。どんな種類の区分であろうとも，その研究対象はすべて人口である。したがって，この章では人口学と人口社会学を一括して解説と評論を行なう。人口問題研究の学際的な性質のために，人口学と人口社会学の研究が関わる領域は非常に広範であるので，本節ではただそのなかの人口学研究の歴史，出産政策の研究，出生性比の研究，人口高齢化の研究についてかいつまんで紹介を行ないたい。

1　人口学研究の3回のブーム

　中国の人口問題ははやくも清の中葉にすでにあらわれた。19世紀末になって，

内憂外患に至り，国力が衰退し，人びとが安心して生活できなくなった．このような情況に対して，知識界は救国・救民の真理を追究しはじめ，また中国の立ち遅れた原因を探求しはじめた。あたかもこの時，マルサスの人口理論が中国に伝わり，中国の思想界に大きな衝撃を引き起こし，「人口過剰の憂い」を焦点とした人口問題論争を誘発した。「人口過剰の憂い」という説に賛成するひとはマルサスの学説を理論的根拠にして，「人口過剰」の弊害を強調して，はては中国の歴史上の治乱の循環さえも人口の数量によるものだと考えていた。「人口過剰の憂い」という説に反対する者は，中国の問題は「人口過剰」にあるのではなくて，社会制度と科学技術の立ち遅れにあると考えている。この討論は中国の人口学研究の第1回のブームを引き起こし，1910年代から1940年代まで30年余り続いた。

1918年，陳長蘅が商務印書館から出版した『中国人口論』は，「中国の人口問題を論究した最初の専門書で，中国で統計図表を使って社会問題を論じた最初の書物でもある」といわれている。許仕廉，陶孟和，馬寅初，許徳珩，李達，顧孟余，陳達，李景漢，呉景超，鐘恵瀾，梁啓超，許滌新，翁文灝，孫本文，戴世光，潘光旦，呉文藻，費孝通，言心哲，雷潔瓊，喬啓明などの社会学者，経済学者がこの時期の人口研究の主要な代表人物である。これらの人たちは人口が多すぎることが，中国が貧困で立ち遅れている重大な要因だと考えて，人口の増加を抑制するため，出産革命の推進や自然な避妊法普及により，「人口数を抑制し，人口の資質を改善」しなければならないと主張した。さらに「産児制限」により，「適度な人口」を達成することを提議した。これらの人たちの研究は現代中国の人口学と人口社会学の研究の基礎を打ちたてただけではなく，産児制限が1つの社会問題として正式に提出され，近代中国の産児制限論争の前触れにもなった。この時期に，これらの学者はまた北京，河北，山東，山西，江蘇，浙江，福建などの省で比較的大規模な社会調査を実施して，人口問題の研究のために貴重な実証的資料を提供した。また当時の政権党である中国国民党の第6回代表大会（1945年5月）において，「産児制限と性教育の推進に関する議案」の採択を促した。

人口学研究の第2のブームは1950年代の中期にあらわれた。その背景は，1953年の第1回全国国勢調査で総人口がすでに6億人を超えたことがわかり，人びとの予想を超えていたことである。さらにひとを憂慮させたのは，全国人口が依然として毎年約1,200万人のスピードで増加していることである。1954年，邵力子

は全国人民代表大会の会議で，人口をコントロールすることを呼びかけ，避妊・産児制限を主張する演説を行なった。1955年，中国共産党中央は全党に向けて「衛生部党組織の産児制限の問題に関する報告に対する指示」をだし，産児制限の重要な意義を明確にした。1957年，毛沢東は最高国務会議第11回会議で「計画出産」の概念を提出し，自己規制と自己管理をとおして中国の人口問題を解決することを主張した。同時に，衛生部はなんども避妊，人工妊娠中絶そして避妊手術に関する規定を改正および公布し，各地で繰り広げられる避妊，産児制限の宣伝を指導して，計画出産政策が当面実施されはじめた。学術界の中国の人口問題に対する研究も非常に活発で，1954年から1957年前半までに，呉景超，胡煥庸，全慰天，費孝通，趙承信，陳達，孫本文，鐘恵瀾などの多くの社会学者や経済学者たちが相継いで中国の人口状況と問題，人口と就業，人口と生産および消費，適度な人口規模，計画出産政策などの問題について論文を発表して，人口増加が速すぎる弊害を力説した。

　1957年7月5日，北京大学学長で，経済学者の馬寅初が『人民日報』に発表した「新人口論」は，この時期のもっとも重要な文章である。かれは浙江省，上海市などで行なった人口調査と中国の国情に基づいて，「中国の人口増加は速すぎる」という命題を提出した。そして系統的に人口と資金蓄積，労働生産性，人民の生活水準，食糧，消費，就業および科学技術の発展などとの相互関係を解明して，人口数のコントロール，人口の資質の向上および計画出産の普及に関する系統的な方案を提出した。すなわち，まず人口センサスを実施し，人口の動態統計を作成して，人口と経済政策のために正確なデータを提供し，次に計画出産を実施する。そのためには，まず全面的に避妊を宣伝し，その後婚姻法を改定し，報奨金の供与や徴税などの経済的方案と有効な行政的方案により計画出産を推進して，人口出生率を下げる目的を達成させることを提起した。

　この文章が発表された時は「反ブルジョア右派分子運動」がはじまったばかりで，純粋な学術論争が急速に政治問題に転化してしまった。1957年秋，最初に新聞が費孝通，呉景超，陳達らの「ブルジョア階級の理論的観点」を批判する文章を掲載した。1958年，批判の論調がますます高まり，馬寅初は厳しい批判に遭って，「中国のマルサス」のレッテルを貼られた。この中国の人口問題に関する論争はないがしろにされた。人口抑制を主張する学者はみな「マルサス主義者」のレッテルを貼られ，当時の著名な社会学家の陳達，呉景超，李景漢，潘光旦，費

孝通らはすべて右派分子の烙印を押された。馬寅初は1960年1月，北京大学長の辞任を余儀なくされた。1957年の反右派運動後から1971年までの間，人口学は中国の学術界が足を踏み入れることができないタブーになった。

　馬寅初の人口学理論に対する批判は当時の産児制限のブームを封じ込め，1959年から1961年まで，全国で産児制限活動の宣伝やバースコントロール技術の普及は中止になった。しかし，1962年には急速にまたさらに広範な範囲で産児制限と計画出産政策の提唱がよみがえった。1962年から1966年までの産児制限と計画出産の活動は平和的，そして漸進的なやり方で繰り広げられたけれども著しい効果をあげて，普通出生率も合計特殊出生率もすべて1950年代に比べて大幅に下がった。遺憾なことは，1966年にはじまった「文化大革命」が全国的な混乱を引き起こしたため，各級の政府は麻痺状態あるいは半分麻痺状態に陥って，計画出産政策の実施を1967年から1970年の間しかたなく中断させられたことである。

　第3回目の人口学研究のブームは1970年代の末にはじまった。それには2つの社会的背景があった。1つは人口の圧力がますます強くなったことであり，もう1つは1970年代末に繰り広げられた思想解放運動が人文科学研究と社会科学研究の復興を促進したことである。

　1970年には，中国の人口は8億2,992万人に達して，人口の無制限で急激な増加が当時の人びとの生活の貧困と青年の就業をさらに深刻にさせた。厳しい人口情勢に直面して，中国政府は人口コントロールの程度を強めはじめた。1971年，国務院は「計画出産活動の遂行に関する報告」の指示を関係部署にまわし，はじめて明確に全国の都市と農村にあまねく計画出産を推進することを呼びかけた。1973年，中央と地方はすべて計画出産の機構を立ち上げて，同年に開催した第1回全国計画出産報告会で「晩，稀，少」という計画出産政策が打ちだされた。「晩」とは男性25歳以上，女性23歳以上の結婚を指し，女性が24歳以上で出産することである。「稀」とは出産の間隔が3年以上を指す。「少」とは1組の夫妻の出産が2人の子どもを上回らないことをいう。1978年，国務院の計画出産指導者チームはまた一歩進んで，1組の夫妻が出産する子どもの数は1人がもっともよい，多くても2人であることを打ちだした。同年3月，全国人民代表大会5期第1回会議で『中華人民共和国憲法』第53条の規定「国家が計画出産を提唱し，推進する」ことを採択し，計画出産がはじめて憲法に書き入れられた[訳注1]。人口政策の制定は学問的理論の確実な裏付けが必要なので，1971年，劉錚，鄔滄萍ら

の学者たちが人口研究の活動を回復させ，1973年に北京経済学院（現首都経済貿易大学）で人口研究室がつくられた。そして，この基礎の上に1974年には中国人民大学で人口理論研究所（1988年1月21日に人口研究所と改名）が成立した。1977年，人口学の専門学術雑誌『人口研究』が中国人民大学人口理論研究所で創刊されたが，これは人口学研究の全面的な回復を示している。1978年，全国第1回人口理論討論会が開催されて，3回目の人口学研究のブームの序幕を切って落とした。それ以後30数年の発展を経て，中国の人口学研究の深まりと広がりはすべていまだかつてない程度に達成した。

2　出産政策の研究

1970年代以来，「中国はどのような人口政策を制定すべきなのか」ということが一貫して人口学研究のテーマである。1970年代と1980年代に，人口増加の急激な圧力に直面して，圧倒的多数の学者は，中国はいっそう厳格な計画出産政策を実行して，できるだけ早く人口増加率を下げなければならないと考えた。

1979年2月，鄔滄萍と劉錚は『人民日報』に共同で「人口はなんとしても抑制しなければならない」という文章を発表して，人口増加の抑制と経済社会の発展との関係を論証した。同年8月，劉錚，鄔滄萍，林富徳によって共同執筆された「わが国の人口増加の抑制に対する5点の建議」が国務院へ手渡された。この報告の分析は次のように考えている。つまり，1949年から1978年までの29年間で，中国は人口を4.2億純増させたが，年平均の増加速度は2％であった。経済や技術が立ち遅れている状況のもとで，このような急速な人口増加は国民経済の発展に非常に大きな負担をもたらして，都市の就業困難と農村の1人当たり耕作地の減少を生みだしたため，人びとの生活水準を迅速に高めることができなかった。したがって，人口の増加を抑制することはすでに当面一刻の猶予も許されない任務で，人口の増加速度を下げるようにさらに努力する必要がある。もっともよいことは不増不減を可能にすることである。これは比較的長期間のたゆまぬ努力を必要とする。現在比較的現実的な方法は次のようである。つまり，あらゆる方策を講じて1組の夫婦が3人および3人以上の子どもを出産することを防止し（当時，農村の30％，都市と鎮の10％以上の夫婦は3人以上の子どもを出産していた），1組の夫婦が1人の子どもを出産することを大いに提唱する。このように

して数年たてば，20世紀末までに，都市夫婦の半数，農村夫婦の4分の1が子どもを1人しかもたなくなる。この方案の計算によれば，20世紀末の全国の総人口は11.8億ぐらいになる。もし20世紀末に農村の半数の家族，都市の3分の2の家族が1人の子どもだけにできれば，2008年までの人口は12億人余りで，その後不増不減に至ることができる。

いかにしてこの目標を達成することができるのか，報告は次の5点の提案を行なった。第1に，経済的措置を講じて人口増加を抑制して，就業，生活の福祉，休暇の享受，食糧の分配，賃金制度，奨励金制度，医療の待遇，退職年齢，退職の条例，託児，就学などの面で計画出産に有利な規定を制定し，同時に生活の福祉事業を強力に発展させて，子どものいない世帯，1人っ子世帯および娘しかいない世帯に各種の配慮と優遇を行なうこと。第2に，人口を抑制する思想教育を引き続き堅持し，人口を抑制する道理をはっきりと説明して，広範な大衆が自覚的に計画出産を実行できるようにすること。第3に，本格的に人口増加の抑制を国民経済計画に組み入れ，人口抑制が国民経済を急速に発展させる重要な一環となること。第4に，第3子の出産を禁止して，1組の夫妻は1人の子どもの出産を提唱すること。第5に，常設の「人口委員会」を設けて，中国の人口発展を全面的に計画案配し，人口計画を立て，人口政策を徹底的に実行し，各種の人口の問題に関係する調査研究を展開し，そして中国の人口発展の経験を総括することである。

1980年3月から5月まで，中国共産党中央は人口問題を研究している専門家を招請し，連続して5回の人口対策座談会を開催した。会議に参加した学者は，できるだけ早く出生率を下げるためには，1組の夫婦は1人の子どもを産むという政策（1人っ子政策）を実行すべきと提案し，そして1人っ子政策がもたらす人口の年齢構造の高齢化と労働力不足などの問題および対策に対して議論を進めた。座談会が中国共産党中央書記処に提出した報告は，出産政策の具体的な方案である。つまり，国家の幹部と職員・労働者，都市部住民は特別に事情が許された者を除いて，1組の夫妻は子どもを1人だけ出産することを提唱すること。農村でもあまねく1組の夫妻は子どもを1人だけ出産することを提唱して，生活の事情で第2子の出産を要求した時には，審査を経て許可することもありえる。たとえどんな情況であろうと，第3子の出産を禁止すべきである。少数民族にも計画出産を提唱しなければならないが，その規制は適宜緩和することができるとした

（田雪原，2009）。

　学者たちの上述の研究は，早々に政府の出産政策と人口発展の目標に具体化され，1980年9月7日，時の国務院総理華国鋒は第5期全国人民代表大会第3回会議の演説のなかで「国務院は真剣な研究を経て，今後20，30年以内に，人口問題に対して必ず断固とした措置をとらなければならない，つまり人口の数少ない少数民族地区を除いて，あまねく1組の夫妻は子どもを1人だけ出産することを提唱し，人口増加率をできるだけ早く確実に抑制し，これによって全国の総人口が今世紀末に12億を上回らないように努力しなければならない」といった。同年9月25日，中国共産党中央は「わが国の人口増加を抑制する問題について全共産党員・共産主義青年団団員への公開状」を発して，全共産党員，共産主義青年団団員が率先して計画出産を実行することを呼びかけ，1組の夫妻は子どもを1人だけ出産することを提唱した。1981年3月，成立したばかりの国家計画生育委員会は国務院が提出した「全国の総人口が今世紀末に12億以内に収まるように努力する」という目標に基づき，人口計画の編制，下達，確認そして人口予測を行ない，そのうえで「第6次5か年計画」の人口計画と2000年の人口発展構想を定めた。

　「1組の夫婦は子どもを1人だけ出産することの提唱」を主要な内容とする計画出産政策の決定後，1980年代の人口学研究は基本的にいかにうまく人口増加を抑制するかをめぐって行なわれ，人口抑制の目標，人口抑制を実現する手段，出産政策の調整，出産願望の研究およびどのようにして農民に「多子多福」（子どもが多ければ幸福も多い）という伝統的な観念を変えさせるかなどを含んでいる。

　1990年代に入り，中国の出生率は急速に下がり，高齢化のスピードも明らかに加速した。一部の学者は中国の出生率は「低ければ低いほどよい」のかどうかを考えはじめた。出生率の低下に起因する新たな人口問題が一部の学者の研究の課題になりはじめて，関連する数10篇の論文が発表された。国連の人口基金と国家計画出産委員会の支持のもとで，1994年と1995年にそれぞれ「中国の出生率低下のプロセスのなかの新たな人口問題およびその対策」をテーマにして，全国的な学術シンポジウムが2回，座談会が1回開催された。会議の参加者は，出生率低下のプラス効果は急速な人口増加がもたらした教育，就業などのプレッシャーを軽減し，教育と就職の機会を増やし，教育水準を高めることであると指摘した。しかし，そのマイナス効果，つまり人口の年齢構造の高齢化，家族規模の縮小および人びとの出産権に対する侵害も決して軽視してはならないこと，とくに，家

族の平均的な子ども数の減少は，中国の伝統的な家族による老後の扶養の仕方と機能を大きく弱まらせたし，高齢者の経済的扶養と生活の世話に深刻な影響を及ぼした。

　2000年以後，中国の人口増加はさらに緩やかになり，安定した低出生率の段階にはいった。2000年に行なわれた第5回国勢調査は合計特殊出生率が1.22であることを示した。これほど低い出生率は，人口学者や政府の関係部門の予想とは大きく反して，ここから出産政策の調整に対する激しい論争を引き起こした。2001年，一部の学者が「21世紀中国の出産政策研究」の課題チームを組織し，それぞれの角度から出産政策の調整の必要性と可能性を研究した。2004年4月，この課題チームは研究結果に基づいて「わが国の出産政策の調整に関する提案」を作成し，国家人口計画出産委員会と中国共産党中央に送付した。「提案」は次のことを指摘している。すなわち，中国の人口と都市・農村の経済・社会の調和のとれた発展を促進するために，晩婚と厳格な多産の抑制を引き続き呼びかけるという前提のもとで，これからは現行の政策から徐々に1組の夫婦が2人の子どもを出産する政策への移行をはじめることが絶対に必要であり，実行もできることであり，人口の抑制は不可能ではないという。それ以後，この課題チームは継続して低出生率のその後の影響および農村住民の出産願望と出産行為などの問題をめぐって，深く掘り下げた調査研究を行なって，2008年に「わが国の出産政策の調整に関する再提案」をつくりあげた。このチームは「安定した低出生率の基礎の上に，現行の出産政策の調整を1組の夫妻が2人の子どもを産むことを認める時期はすでに熟している」と考え，「現在の出産政策をできるだけ早くスムースに，都市と農村にあまねく第2子の出産を認める政策に移行すること」を主張した。

　2009年，出産政策の調整に関する研究面で，国家人口計画出産委員会の委託を受けて，中国人口・発展研究センターと中国社会科学院は150の県について「1人っ子の結婚・出産の状況調査」を行ない，人民大学は全国の出産政策の調整について推計を行なった。その後，さらに全国的範囲で0歳から9歳までの人口の基礎的な情報の綿密な調査を展開した。

　2010年に全国国勢調査が公表した中国の合計特殊出生率は1.18で，これほど低い調査結果は圧倒的多数の人口学者に出産政策の調整の緊迫性を感じさせたし，出産政策の調整も人口学者の学術研究から社会全体が高い関心を示す重大な戦略問題に変わった。中国人口宣伝教育センター，瞭望周刊社そして中国社会科学院

人口と労働経済研究所によって，2012年と2013年に共同で行なわれた「中国家族の幸福感に関する焦点問題の調査」は，「夫婦ともに1人っ子である」「夫婦の一方が1人っ子である」「夫婦ともに1人っ子でない」という3つの家族類型の出産願望を重点的に研究し，出産政策を調整するための基礎的な参考データを提供した。2013年5月，中国人口と発展研究センター，人民大学そして中国社会科学院はそれぞれ「夫婦の一方が1人っ子の家族に2人の子どもの出産を認める政策」の具体的な実施計画について推計と研究を行ない，かつまた具体的な意見を提出した（王広州，2013）。

これと同時に，一部の学者およびとくに政府官吏は現行の出産政策を引き続き堅持することを主張した。その理由は次のようである。中国が人口増加を厳格に抑制することを実行している政策は卓越した効果をあげており，人口問題は一定程度改善された。しかし，なおも人口過剰と資源不足であり，社会経済が発達しない根本的矛盾はいまだ未解決であり，人口のゼロ増加もまた到来していない。したがって計画出産政策は緩めることはできないというわけである。そのうえ，出産政策の「調整」は認識と思想のうえで混乱を生みだし，予想できない矛盾と問題をもたらして，人口と計画出産の活動の一貫性と正常な活動の秩序を壊してしまって，人口事業の健全な発展に対して不利である（人口・出産政策シンポジウム，2013）。

中国の出生率についての判断が，このような意見の相違を生みだす根本的な原因である。では中国の出生率は具体的にどれほどか，これは1990年以後，常に明らかにしてこなかった問題である。引き続き現行の計画出産政策を安定させること，あるいは堅持する主張は現在の出生率を1.8から2.0を前提条件として仮定している。一方，出産政策を緩和する主張は，1990年代末期の出生率の約1.3あるいは2000年の国勢調査でえられた出生率1.2となることを強調している。しかし，現在中国の女性の出生率が1.8あるいは1.2だとすることは，誰もどちらかを確定的に，あるいは十分な証拠をもっていうこともできない。

2010年の国勢調査データの公表後，これに基づいてある学者は2000年から2010年の間の中国の女性の合計特殊出生率は1.5前後で，国家人口計画出産委員会が絶えず頑なにいってきた1.8前後のレベルより大幅に低いと推計した（陳友華，胡小武，2011）。中国は超低出生率の落とし穴にはまってしまったと驚きをあらわす学者さえいる。

上述の出産政策に関する論争と研究は，中国の出産政策の調整を促進した。

2015年12月の第12期全人代常務委員会第18回会議では『中華人民共和国人口と計画生育法』の改正案が可決され，第18条の「公民の晩婚・晩産を奨励する」という文言は削除され，「1組の夫婦が1人の子どもをもつことを提唱する」という文言を「1組の夫婦が2人の子どもをもつことを奨励する」に代えた。今回の改正により，ほぼ35年続いてきた「1人っ子政策」が廃止され，すべての夫婦に2人の子どもをもつことが認められるようになった。

3　出生性比の研究

　性別構造はもっとも基本的な人口構造であり，それは社会構造の一部分である。その測定方法は主に2つあり，1つ目は人口の性別構成比であり，2つ目は出生性比である。人口研究は，とくに出生性比に関心をもっている。というのもそれが将来年齢別の性比および総人口の性比を決定するからである。出生性比は一定の期間内（普通は1年）に誕生した男児の総数と女児の総数の比率を指し，100人の女児の数に相対する男児の数であらわす。大多数の研究者は102から107が中国人口の出生性比の平常値だと考えており，そしてこれを基準として，中国人口の出生性比が正常か否かを分析している。

　中国の人口の出生性比レベルとその変化の歴史的な趨勢に関して，一般的には1949年から1980年代初期までの期間は，ほんの一時期を除いて，中国の人口の出生性比はほぼ正常だと考えられている。1980年代中期から，人口の出生性比は明らかに正常値を逸脱した異常な上昇傾向があらわれて，今なおすでに20年余りも続いている。

　早くも1980年代に，一部の人口学研究者は中国の人口の出生性比が高すぎる問題にとっくに気づいていた。劉爽は1982年の第3回全国国勢調査のデータに対する分析をとおして，中国の人口の出生性比には次の4つの特徴があると考えた。すなわち，① おしなべて数値レベルが高い，② 民族に差異が存在し，漢族は少数民族より高い，③ 都市と農村の差異が明らかであり，農村は都市より高い，④ 妊娠・出産回数別の人口の出生性比のレベルはほぼプラス方向の変化を示している，すなわち出生性比は出産回数にしたがって上昇している（劉爽，1985）。

　1990年以後，人口の出生性比が持続的に高い方に偏る問題は中国国家計画出産委員会と人口学者にあまねく関心をもたれた。1990の年代前期には，「出生性比

の異常さはいったい客観的存在なのか，それとも非客観的存在なのか」という問題をめぐって，学者たちの意見はまちまちであった。一部の学者は，1982年の国勢調査および1987年の出産力サンプリング調査と1988年の全国の出産抑制サンプリング調査のデータからみた出生性比が高い方に偏る問題は，本当の出生性比のバランスが崩れていることではない。というのも，調査年に近いほどその年の人口性比は比較的高く，調査年に遠いほどその年の人口性比はまた「正常な状態に戻った」からである。したがって，出生性比が高くなった主要な要因は，女児の出生の隠し立て，申告漏れによってもたらされた統計上のみせかけであり，客観的な事実ではない（徐毅，郭維明，1991）。さらに一部の学者は，1990年の第4回国勢調査のデータを分析することによって，1980年代には，正常な出生性比を超えた部分のなかの1/2から3/4は，女児の申告漏れによってもたらされたものであるという結論を引きだした（曾毅等，1993）。同時に，別の一部の学者は，出生統計上，女児の出生の隠し立てや申告漏れは，中国の出生性比の重大なアンバランスを形成する要因であるかもしれないが，しかしこれは出生性比が20年余り継続して高い方に偏った事実を説明することができないと考えている。これらの学者たちは全国国勢調査の資料に対する分析に基づいて，さらに実地調査，病院の産室の出生登録についての特別テーマの調査研究で補って，人口統計上出生の隠し立て，申告漏れ，間違った報告といった問題が存在するけれども，しかし超音波検査を不法に運用して胎児性別の鑑定に基づく性別選択の結果による中絶という要因は軽視してはいけない（李湧平，1993）。さらなる分析は次のことを示した。きわめて強く男児を好む傾向は比較的高い出生性比と比較的高い女児の死亡率の直接の原因であり，1980年代中期に広範に利用されはじめた超音波診断法による胎児の性別鑑定と，同時期の農村の合作医療体制の弱体化および解体はこの傾向をさらに強化させた（李樹茁，朱楚珠，1996）。

　1995年に行なわれた全国1％人口サンプリング調査の資料が公表された後，多くの学者は1992年から1995年までの人口調査のデータと全国人口サンプリング調査の資料を利用して申告漏れの人口についての推定と分析を行なった結果，1980年代以降の毎回の国勢調査とサンプリング調査で発見された大量の申告漏れの人口の性比は基本的にバランスを保っており，女児の申告漏れが，出生性比が高い方に偏っていることや上昇していることの主たる原因であることを基本的に否定した。1990年代の後期までに，人口学界では出生性比異常問題の現状と原因に関

する見方は基本的に次のように一致した。① 1980年代から，人口の出生性比が高い方に偏っていること，そのうえ持続して上昇していることは，客観的事実である。② 出生性比が高い方に偏っていることは，多くの要因の総合作用の結果であり，人口過程の要因のほかに社会・経済，文化および政治的要因がある。③ 出産前の性別鑑定と性別の選択によって，妊娠中絶をしたことが主な要因である。④ 人口統計のなかの申告漏れ，報告の隠ぺいおよび間違った報告は一定の影響があるが，しかし出生性比が高い方に偏っていることに対して，統計上明らかに有意でない。⑤ 女児を溺死させることや捨てることによる出生性比への影響は基本的に無視することができる（湯兆雲，2008）。

人口学者と社会学者が人口の出生性比の異常な問題の研究を重視するゆえんは，この問題が社会にマイナスの影響をもたらすことが非常に深刻であるからである。

まず，一夫一妻の婚姻制度のもとで，出生性比が長期にわたって高い方に偏っていることの直接の影響は，将来の結婚年齢の人口の性別がアンバランスを招いて，大量の結婚年齢の男性が配偶者を探しだせないことである。一部の学者は1980年から2000年の間に，出生性比の高さが長期的に持続し，下がらなかったために，全国ですでに2,079万人余りの男性がだぶついて，同時期の若い男性年齢グループの10.18％を占めると見積もった（潘金洪，2007）。仮に女性の申告漏れの影響を排除しても，同じ年齢層の女性の過少も1,981万人余りに達し，そのなかで4分の3の女性の不足は農村で発生し，4分の1が都市と町で発生している。2004年には，0歳から24歳の女性の過少はさらに2,379万人に拡大する（王金営，2003）。

その次には，男尊女卑，男児を好む出産文化が女性の生存権と発展権を損なうことになる。現行の出産政策の厳格な制限のもとで，一部のひとは胎児の性別鑑定と人工妊娠中絶手術を行なって，男児を出産する目的を果たしたが，無数の女児の出生権を奪った。男尊女卑の意識がはなはだしい貧困家族のなかで，女児は成長の過程でも両親の軽視を受けやすく，生活の配慮，医療保健，教育を受けることなどの面で男児と同等の待遇を享受することができなく，その一生の発展に影響を受け，同時にまた，社会のなかで，文化と職業の面で低い階層の膨大な女性グループを出現させる可能性がある（孫志軍，2003；劉爽，2009）。

人口の出生性比が持続的に高く偏っている原因と結果を同時に研究し，学者たちも積極的に政府の政策部門に問題解決の対策を提出し，そして政府の関連部門

にも採用されて，政府の政策に具体化された。2002年11月18日の国家計画生育委員会などの11の部と委員会が共同でだした「出生性比の上昇問題を総合的に管理することについての意見」および2006年12月17日の中国共産党中央と国務院が共同でだした「人口と計画出産の活動を全面的に強化し，人口問題を統一的に解決する決定について」は以下の具体的な対策をあげた。すなわち，① 性差別を取り除くことに重点におき，広範に男女平等，少なく産んで賢く育てるといった文明的な結婚・出産などの観念を宣伝して，婦人や児童の権益を保護する法律・法規の知識を普及すること，② 女児の健康的な成長と婦人の発展に有利な社会経済政策を制定し，男女平等の就業や社会経済活動への共同参加を促進すること，③ 農村の計画出産で女児を産んだ世帯に対して報償を与えて，貧困の扶助・困難の救済，慈善による救助，貸付利子補填，就業の手配，プロジェクトによる救済のなかで，計画出産で女児を産んだ世帯に対して傾斜配分を行なうこと，④ 女児の教育を強化して，女児の入学率を高める，⑤ 男性が妻側の実家に戸籍を移して定住することを推進して，法律に基づいて婦人の住宅地，家屋などの相続権と土地請負権などの権益を保護すること，⑥ 医学的に必要のない胎児の性別鑑定や性別の選択による人工妊娠中絶を厳禁して，超音波スキャン検査および人工妊娠中絶の登録，妊娠状況の検査，妊娠・出産過程の管理などの制度をつくりあげて，法的手段を運用して，不法に行なわれた胎児の性別鑑定や性別の選択による人工妊娠中絶の行為に厳罰を科すこと，⑦ 法律に基づいて，女子の嬰児の遺棄や殺害，婦人や女児を誘惑して売り飛ばしたり，拉致したりする犯罪活動および女児を産んだ婦人を差別し，虐待する違法行為などに厳罰を科して，婦人や女児の合法的権益を保障する，⑧ 通報制度を実施して，社会的な監督を強化することである。

4　人口高齢化の研究

　人口の高齢化は世界の人口の発展の普遍的な趨勢である。国際的に，人口の高齢化のもっとも常用される判断基準は，当該国家あるいは地区の60歳以上の人口が総人口に占める割合が10％を超えた時，あるいは65歳以上の人口の割合が7％を超えた時に高齢化社会にはいったという。2000年，中国の60歳以上の人口が総人口に占める割合が10％に達して，65歳以上の人口が総人口の割合に占める割合も7％を上回って，中国が高齢化社会にはいったことを示した。1990年代以来，

学術界の高齢化に関する研究テーマは，主に中国の高齢化の進展の特徴，高齢化の中国の経済と社会に対する影響および高齢化対策の3つの方面に重点がおかれた。

学者たちは一般に，中国の人口の高齢化は具体的に以下の6つの顕著な特徴があると考えている。

第1に，高齢者人口の規模がきわめて大きいこと。2010年，中国の第6回国勢調査は，中国の65歳以上の高齢者人口が1億1,894万人に達したことを明らかにした。「21世紀中国人口発展戦略」課題チームは，2010年から2020年の合計特殊出生率を1.44，2020年から2050年を1.32と仮定して，中国の65歳以上の高齢者人口が2025年に2億人を超え，2037年に3億人を上回り，2050年には3億2,346万人に達すると推計した（田雪原等，2007）。

第2に，人口の高齢化の進展が急速であること。65歳以上の高齢者が総人口に占める割合は7％から14％まで高まった。先進国の大部分は45年以上の時間を費やしたが，中国はわずか27年でこの過程を通過し，高齢化のスピードのもっとも速い国家の1つになっている。

第3に，地域によって進展はアンバランスであること。中国の高齢化の進展は明らかに東から西へ向かう地域で段階的な特徴をもっており，東部沿海の経済発達地域は西部の経済の未発達地域より明らかに高齢化が進んである。

第4に，農村の高齢化のレベルは城鎮より高いこと。都市と農村の間で，戸籍統計に基づく城鎮人口の高齢化のレベルは明らかに農村地域より低い。

第5に，扶養される人口と労働力人口が離れて居住していること。年老いた親と子女の双方別居の「空巣老人」（子どもが巣立った後，老夫婦だけで暮らしてひと）の問題は都市と農村のいずれにも存在しているが，農村の情況はとりわけ深刻である。1980年代以後，農村の青壮年は大量に都市と町，とくに東部の発達している地域に流出し，家族のなかで扶養を必要とする高齢者はさまざまな理由によってもとから住んでいる土地に残こるほかなかった。しかし農村地域の社会的な高齢者扶養サービスの不足は，多くの長寿の高齢者や1人では生活できない高齢者に対する生活の世話とこころの慰めの欠如をもたらした。

第6に，高齢化に応じた経済力が不十分であること。大多数の先進国は豊かになった後に高齢化社会に入っており，「先富后老」（先に豊かになり，その後高齢化すること）あるいは「富老同歩」（豊かさと高齢化が同時に発生すること）であるが，一方で中国は経済がまだ発達していない状況で，高齢化社会に入った

ため，社会保障と社会福祉のレベルは低く，とくに農村地域の養老や医療の保険レベルは明らかに都市や町より低くて，農村の高齢者の養老の基本的な必要を満足させることはかなり難しい（王俠，2012；呉玉韶，2013）。

　高齢化の中国の経済と社会に対する影響について，多くの学者たちが第一に注目していることは「人口ボーナス」（1国の人口構成で，子どもと高齢者が少なく，生産年齢人口が多い状態）の消失が生みだすマイナスの影響である。1978年の改革開放以後，中国の経済は急速な高度成長時期に入って，1979年から2012年の年平均の成長率は9.8％に達して，膨大な若い人たちの労働資本，つまり「人口ボーナス」が中国の過去の30数年の経済の急速な高度成長を支えた1つの重要な要因である。しかし，高齢化社会の到来にともなって，過去の「人口ボーナス」は消滅した。前述の「21世紀中国人口発展戦略」課題チームの予測によれば，2010年には15歳から64歳までの生産年齢人口の総人口に占める割合は73.2％で，2050年には61.9％まで下がり，これと同時に，65歳以上の高齢者人口の総人口に占め割合は2010年の8.9％から27.1％に上昇するという。2010年には1人の高齢者を8.41人の労働力で養うが，2050年にはわずか2.28人の労働力で養うことになり，負担は重い。

　貯蓄率の低下や消費支出の減少も，高齢化の経済と社会に対してもたらすマイナスの影響である。中国人民銀行が公表したデータによれば，2011年末，中国の国民の預金残高は1978年の210.6億元から35.2兆元に増加しており，33年間の全体増加幅は1,671倍に達する。国民の高い貯蓄率は，銀行が十分な資金源を企業に貸付けるソースとなり，企業の資金需要を満たせたことが，過去30年余りの中国の経済の急速な高度成長の資本の保証である（王鵬，馮新力，2012）。労働力人口の減少，高齢者人口の増加の直接的な結果は貯蓄率の低下であり，そして貯蓄率の低下は資本市場の活気に影響するであろうし，企業の融資需要を満足させることは難しい。同時に，貯蓄率の低下は国民の消費支出を抑制することもあり，製品の過剰在庫，企業収益の低下の局面をもたらす。

　膨大な高齢者人口が財政にもたらすプレッシャーも非常に大きい。鄭秉文編の『中国養老金発展報告2011』は，1997年から，中国各級の財政の養老保険に対する累計補助金額は1.2526兆元に達したことを示した。つまり，2010年末までに，基本養老保険基金の累計残高1.9497兆元の内，3分の2近くが財政からの移転的支出であり，もし財政補助がなければ，多くの省市はすでに収入が支出に比べて

引き合わない。高培勇と汪徳華は次のように考えている。すなわち，中国の養老保険と医療保険は現在都市から農村へ普及したばかりで，とりわけ農村の養老給付のレベルは低めであり，中国の社会保障体系の大規模な資金の圧力は短期間のうちに生じることはない。しかし，社会保障のレベルの向上にしたがって，養老保険給付と医療保険給付は2050年には大規模な資金不足に直面し，財政にきわめて大きい負担をもたらすだろうと（高培勇，汪徳華，2011）。

　それでは，中国はいかに高齢化の挑戦に対応するべきか。学者たちは以下の意見を提出した。

　第1に，既存の出産政策を調整して，将来の労働力人口の適度な規模を保証すること。どのように調整するのか。学者たちの意見は一様ではなく，あるひとは全面的に出産に対する抑制を解除することを提案している。多くの学者は，15歳から64歳の生産年齢人口は現在約10億近くであり，2035年になってはじめて9億人以下に減少するが，かなり長い期間，労働力の過剰によってもたらされた就業圧力は依然として非常に大きいと考えている。それと同時に，中国の資源と環境のサポート能力には限界があるので，大きすぎる人口規模を維持しない方がよいと考えている。したがって，出産政策の調整は慎重で，秩序を立てて実施すべきであるが，一度に自由化して，子どもをなんにん産んでもよいということではない。

　第2に，持続可能な都市と農村の老後の保障体制を築くこと。主要内容は次のものを含んでいる。保険納付額の率を引き下げるなどの政策をとおして，広く低所得層や中間所得層の人たちが養老保険や医療保険に加入するように勧誘すること，政府からの移転的支出と国有資産からの移行などの措置をとおして養老保険のなかの過去の債務を決済すること，養老保険の全体計画のグレードを高め，まず省レベルの全体計画を確実にし，これを基礎にして将来全国統一計画を実現すること，養老保険のなかの個人名義口座と政府の統一した基金とを別々に管理して，完全に独立した個人名義口座の資金積立をつくること，段階的に退職年齢を延長することなどである。

　第3に，社会の養老サービスのレベルを高めて，多元的な養老サービスの体系をつくること。在宅養老，コミュニティ養老そして施設養老がいまある3つの養老パターンであるが，目下この3つのパターン間でまだ有機的な関係が欠けていて，絶え間なく増え続ける高齢者たちの養老に対する需要を満足させることは難

しい。これに対して，各級の政府は高齢者福祉事業の社会化，産業化を強力に進めると同時に，在宅養老，コミュニティ養老そして施設養老の長所を整合させて，持続性のある養老体系を形成する。つまり，健康で初老の高齢者はコミュニティで文化的な娯楽生活を享受することができる。長期的な看護を必要とし自分ひとりで生活できない高齢者および後期高齢者は，ほとんど自分の家であるいはコミュニティのなかで長期の看護サービスを受けることができる。親族が世話をするすべがない，あるいは世話をする親族がなく自分ひとりで生活できない高齢者あるいは後期高齢者はすぐさま扶養施設へ移して十分な看護サービスを受けることができるという意見である（宋世斌，2010；田雪原，2013）。

　前で述べたように，中国のような人口大国で，人口学の研究成果はつねに国家の関連する政策の制定に影響を与えている。現在，学者たちの上述の提案は中国政府の人口の高齢化に対応する具体的対策としてすでに取り入れられたか，あるいはいま具体化しつつあるところである。

注
（1）発展権とは，積極的に，自由に，意識的に政治，経済，社会，文化の発展に参加し，その発展がもたらす利益を享受する権利のことを指す。

訳注
（1）現在は，第49条第2項に「夫婦は，双方ともに計画出産を実行する義務を負う」と規定されている。

参考文献
劉爽「我国人口出生性別比差別問題初探」『人口研究』1985年第2期。
徐毅，郭維明「中国出生性別比的現状及有関問題的探討」『人口與経済』1991年第5期。
曾毅，顧宝昌，涂平，徐毅，李伯華，李涌平「我国近年来出生性別比昇高原因及後果分析」『人口與経済』1993年第1期。
李涌平「胎児性別鑑定的流引産対出生嬰児性別比的影響」『人口研究』1993年第5期。
李樹茁，朱楚珠「中国出生性別比和女嬰生存状況分析」『人口與経済』1996年第1期。
朱楚珠「重視保護女童」『中国婦運』2000年第2期。
『中華人民共和国人口與計劃生育法』2001年12月制定，2015年12月改正。
孫志軍「農村人口受教育水平的決定因素――以赤峰農村地区為例」『中国人口科学』2003年第2期。

全国老齢工作委員会弁公室編『老齢工作干部読本』華齢出版社，2003年。
朱楚珠，李樹茁「関愛女孩　保護女孩」『人口研究』2003年第5期。
王金営「2000年中国第五次人口普査漏報評估及年中人口估計」『人口研究』2003年第5期。
李建新『転型期中国人口問題』社会科学文献出版社，2005年。
翟振武，李建新編『中国人口：太多還是太老』社会科学文献出版社，2005年。
全国老齢工作委員会弁公室『中国人口老齢化発展趨勢予測研究報告』2006年2月23日中国広播網 http://www.sina.com.cn。
湯兆雲『我国人口政策運行過程研究』中国言実出版社，2007年。
潘金洪「出生性別比失調対中国未来男性婚姻擠圧的影響」『人口学刊』2007年第2期。
田雪原等『21世紀中国人口発展戦略研究』社会科学文献出版社，2007年。
湯兆雲『我国出生性別比問題研究』中国言実出版社，2008年。
鄭杭生編『中国社会学30年』中国社会科学出版社，2008年。
劉爽『中国的出生性別比與性別偏好——現象，原因及後果』社会科学文献出版社，2009年。
田雪原『新中国人口政策60年』社会科学文献出版社，2009年。
張愷悌，郭平編『中国人口老齢化與老年人状況藍皮書』中国社会出版社，2010年。
顧宝昌，李建新編『21世紀中国生育政策論争』社会科学文献出版社，2010年。
宋世斌『中国老齢化的世紀之困——老年保障体系的成本，債務及公共財政責任』経済管理出版社，2010年。
鄭秉文編『中国養老金発展報告2011』経済管理出版社，2011年。
高培勇，汪徳華「中国養老保障体系資金缺口分析與対策建議」『比較』2011年第53輯。
陳友華，胡小武「低生育率是中国的福音——従第六次人口普査数据看中国人口発展現状與前景」『南京社会科学』2011年第8期。
王勝今，于瀟編『中国人口老齢化問題研究』吉林人民出版社，2012年。
王侠編『〈国家人口発展"十二五"規劃〉輔導読本』人民出版社，2012年。
王鵬，馮新力「我国居民高儲蓄率的原因是什麼」『財経科学』2012年第12期。
黄薇「人口学家田雪原親歴計生政策論争過程　五次座談会出台基本国策」『文史参考』2012年第16期。
田雪原編『人口老齢化與"中等収入陥穽"』社会科学文献出版社，2013年。
田雪原，穆光宗等「計劃生育政策，動還是不動」("中国改革20人論壇"之五"人口與生育政策研討会") 2013年3月6日，共識網 http://www.21cc.om.net。
呉玉韶編『中国老齢事業発展報告（2013）』社会科学文献出版社，2013年。
王広州「中国生育政策調整研究回顧」中国社会科学院人口與労働経済網，2013年11月26日 http://iple.cass.cn。
穆光宗「生育政策改革的方向」『中国発展観察』2015年第8期。

第13章
社会階層研究

　社会階層とは，個人の職業，財産，声望，権力などの差異に基づいてその社会の地位に対して行なわれた区分と順列である。人びとの間の利益あるいは資源の占有の関係および階層間移動の変化の分析をとおして，社会のなかの不平等現象，社会的緊張および社会的衝突の発生原因を解釈するものである。

　階級分析の方法については，かつて中国共産党がその理論，路線，方針および政策を確立した。『毛沢東選集』1巻第1篇は「中国社会各階級の分析」であった。中華人民共和国の樹立時に制定された国旗「五星紅旗」は，「新民主主義」の時期の中国社会の階層構造のシンボルであり，あの一番大きい星は共産党の指導を象徴して，他の4つの小さい星は人民の範疇に属する4つの階級，すなわち労働者階級，農民階級，小資産階級，民族資本家階級を代表している。それ以後，土地改革，"社会主義改造"および絶え間ない政治運動を経て，まず地主，ブルジョア階級およびその他の"反革命勢力"を打倒，消滅させた。引き続いて私有経済を廃止して，都市と農村の自営業者も消滅させた。自営業者の圧倒的多数は合作化の過程で集団経済組織の労働者に再編された。したがって，国旗のうえのあの4つの小さい星は共産党（大きい星）の指導下の広範な人民大衆だと改めて定義された。これまでの政治運動のなかで打倒され，詳細に調べられた地主，富農，反革命分子，悪質分子，ブルジョア階級右派分子（「五類分子」と略称された）は人民以外の「階級敵」として排除され，人民民主主義独裁（文化大革命の時期には「プロレタリア独裁」と称された）の批判の対象になった。文革終結後，文革の誤りを認め，文革の被害を被った人びとに名誉を回復させ，そして法秩序の樹立をとおして，違法犯罪により政治上の権利を剥奪された犯罪者を除いて，国民はみな公民権を獲得して，労働者階級，農民階級と知識人階層からなる社会階層構造，略称「二階級一階層」を形成した。

　1978年の改革開放以後，所有制度の多様化，経済の急速な成長および産業構造

の転換にともなって，それぞれの階級，階層および利益集団の間の経済，政治関係には複雑な変化が起こった。新しい社会階層が絶えずあらわれて，おびただしい農民が労働者やその他の社会階層に移動した。過去と比べて，一部の階層の社会的地位は上昇し，一部の階層の社会的地位は相対的に下がった。同時に，中国は農業社会から工業社会，ないしポスト工業社会への転換期にあるために，新しい社会秩序はまだ完全に確立しておらず，農業社会の階層の特徴，工業化社会の階層の特徴およびポスト工業化社会の階層の特徴が共存しており，多くの社会階層が過渡的な特徴を呈している。どのようにこれらの社会現象を分析し，判断するかが，中国の社会学界の研究のホットな問題になっている。

　研究方法からみれば，1980年代後期のはじまった社会階層研究は2つの段階を経た。第1段階は20世紀の80年代末から21世紀はじめまでで，ウェーバーの階層分析がマルクスの階級分析に取って代わり，社会階層研究の主導的なパラダイムになった。第2段階は2000年からで，労働者問題の研究のブームにともなって，マルクスの階級分析の理論が再び多くの学者に関心をもたれ，採用されはじめた。

　第1段階で，階級分析が社会理論や分析モデルとして冷遇を受けた原因は中国社会でのこれらの方法の役割と密接に関連している。マルクスの階級理論が中国に導入されてから，階級分析は社会的経済的不平等現象を解釈する理論的視点および分析モデルであるだけではなく，それはまた政党のイデオロギーや政策と密接に関連していた。1925年，毛沢東は「中国社会各階級の分析」のなかで中国の革命のもっとも重要な命題，すなわち「誰がわれわれの敵か，誰がわれわれの友か，この問題は，革命の1番重要な問題だ」といった。

　1949年，中国共産党が中国で政権を握った後，相当長い時期依然として階級分析と階級闘争を政権を固める手段とした。1950年代から1970年代末まで，階級闘争はずっと中国共産党の執政の基本思想であった。「階級闘争は毎年，毎月，毎日語らなければならない」，「階級闘争を把握すればすべての問題を解決できる」といった観念が社会全体を貫いていた。国家の指導者，理論家から普通の民衆までみんなが階級分析を運用して社会を解釈し，多くのひとが人為的につくられた「階級矛盾」と「階級対立」に傷つけられた。

　1970年代の末，中国共産党の路線が「階級闘争をもって綱とする」ことから「経済建設を中心とする」ことへの転換にともない，1980年代初期の思想解放運動を経て，階級闘争の意識が次第に重視されなくなり，政権政党，ひいては社会

全体のことばの体系から離脱した。階級分析は，人びとの階級闘争に対する不愉快な記憶を再び呼び起こしかねないとして，1980年代以後の20年余りの間でに，ひとに忌避される語彙になった。

階級分析と比較して，階層分析にはこのような重い歴史的負担がなく，大衆の普遍的な反感を引き起こすことはない。これが今の中国の学者がより多く「階層」の概念を使って中国の社会階層構造を分析した重要な社会心理的な原因である。

この30年来，中国の社会学者の改革開放以来の社会階層の変化についての研究は，主に以下の代表的な観点がある。

1 政治階層から経済階層への転換

李強は，中国の社会階層の重要な特徴は政治階層と経済階層の区分であると考えた。改革開放以前の中国は政治階層を主とする社会で，当時の政治的地位は経済的地位より重要であった。人びとの間にはより大きな政治的地位の差異が存在するため，政治的地位は重要な機能があり，より深刻な政治的差別待遇さえ存在した。政治的不平等の程度と比較して，人びとの経済的不平等の程度は比較的低かった。改革開放以後，政治的不平等の程度は大いに下がり，経済的不平等の程度が急速に上昇して，政治階層を主体とする社会から経済階層を主体とする社会に転換した。これは中国の社会階層構造の重大な変化である。しかし，ひととひととの関係は決してさらに緊張関係になったことではなく，むしろ明らかに平和的になった。今日の中国はすでに一昔のような大規模な社会運動式の政治闘争を一掃したため，明白な政治的差別をともなう政治階層現象はさらに減少した。これが集団間の衝突を緩和し，集団間の利益を調整させることに非常に重要な役割を果たした。別の角度からみれば，政治階層間の格差を是正することは，経済階層間の格差拡大による不満を緩和させる役割を演じたという（李強，1997）。

改革発展の過程で人びとの利益の得失の状況によって，李強は中国人を4つの利益集団に分けた。それらは「特殊利益者集団」「普通利益者集団」「利益比較的受損集団」「社会最底辺集団」である。

「特殊利益者集団」は，また「新富裕階層」ともいわれて，改革開放以来，獲得した利益が最大で，先に豊かになった一部のひとである。「普通利益者集団」

は，改革開放以来，経済および各種の社会資源の分野で明らかに利益を獲得した集団である。この集団は人口のなかで相当大きい割合を占めており，そのなかの大多数のひとは改革以来の社会経済発展に対してプラス評価を与えている。「利益比較的受損集団」は，改革の現段階で，上の2つの集団と比較して，自らの利益は一定の損害を受けており，「相対的剥奪感」あるいは「相対的喪失感」をもち，改革政策に対して不満あるいは否定的態度をもっている。「社会最底辺集団」は，経済的地位か政治的地位かに関わらず，いずれも最下層の階層である（李強, 2000）。

また李強は，現段階の中国社会の利益構造の変遷は非常に迅速で，それぞれの社会利益集団は絶えず分化したり，また再編したりして，各階層間には利益分割と利益包容とが共存する断片化の傾向があらわれたと考えている。その基本態勢は過去の，改革開放以前の大規模な全体集団から，多元的な利益集団および断片化した集団に分かれたのである。社会学の角度からみれば，階層利益の断片化，社会利益の断片化は社会動乱を減少させて，社会の安定に有利に作用するのである。

2　「10の社会階層」の区分

これは中国社会科学院社会学研究所の「現代中国社会構造変遷研究」の課題チームが提出した観点である。この課題チームは2001年に全国で12の省・直轄市・自治区の72の異なるタイプの市，県，区で大規模な調査を行なった。調査方法は，サンプリング・アンケート調査，個別世帯インタヴューそして座談会方式などである。全部で1万1,000余りのサンプルと1,000ケース近い各調査員のインタヴューの記録をえたし，あわせて全国で6,000ケースのサンプリング・アンケートを成し遂げた。調査でえられたデータと資料に基づき，さらに全国の統計データや既出の文献でフォローして，『現代中国社会階層研究報告』（以下『報告』と略称する）をまとめた（陸学芸, 2002）。

この『報告』は「職業分類を基礎とし，組織資源，経済資源および文化資源の占有情況を基準にして社会階層を区分する理論的骨組み」を提出した。組織資源は権力資源ともいわれ，主に国家の政権組織と政権党の組織系統により社会的資源（ひととものを含む）を手配する能力を指す。経済資源とは主に生産手段の所

有権，使用権および経営権を指す。文化資源とは証明書あるいは資格で社会が認める知識と技能の保有であり，通常いわれるところの学歴証明書を指す。『報告』によれば，現代の中国社会では，各社会集団およびその成員が階層構造のなかにどのような位置におかれているか，個人の総合的な社会経済的地位がどのような状態にあるか，この3種類の資源の所有状況は具体的指標であり，社会の各階層の社会経済差異を分析する根拠であると考えている。

　『報告』は以下の「10の社会階層」の区別を提出した。すなわち，① 国家および社会の管理者階層（組織資源，経済資源，文化資源を所持），② 経営者階層（経済資源と文化資源を所持），③ 私営企業主階層（経済資源を所持），④ 専門技術者階層（文化資源を所持），⑤ 事務員階層（わずかな文化資源ないし組織資源を所持），⑥ 個人商工業階層（わずかな経済資源を所持），⑦ 商業サービス業従事者階層（わずかな3種類の資源を所持），⑧ 産業労働者階層（わずかな3種類の資源を所持），⑨ 農業労働者階層（わずかな3種類の資源を所持），⑩ 都市と農村の無職，失業，半失業者階層（大体において3種類の資源を非所持）である。

　『報告』のなかで私営企業者階層と産業労働者階層，農業労働者階層の社会経済的地位の変動に関する分析は，中国国内および国外のメディアに広く注目され，報道された。

　中国政府の当時の試行的な政策によれば，いわゆる私営企業主とは，一定数量の個人資本あるいは固定資産をもち，そして投資を行なって利潤をえているひとを指す。そのうち核心をなす数量指標は，雇用者8人以上という点である。改革開放以後，最初の私営企業は1981年に誕生し，1988年には私営企業が22.5万社に達した。私営企業主階層は最初，主に農村や都市と町の比較的低層の出身者であった。1989年の「六・四天安門事件」後，私営経済の発展は打撃を受け，1991年には私営企業数は10.8万社にまで減少した。1992年の鄧小平の南巡講話により，苦境に陥っていた改革開放に新たに大々的な推進力が与えられ，私営企業はまた春の雨にあたるかのように勢いよく発展したのである。『報告』が引用している，国家工商行政管理総局の統計データによると，2000年に私営企業は176万社，私営企業出資者（つまり私営企業主）は395万人に達した。これは1956年の「資本主義商工業の社会主義的改造」の時の，「実際の資本主義商工業者」（俗称「資本家」）16万人の25倍近くである。1956年には76万の「資本主義商工業者」が確定

されていたが，しかし改革開放後の「名誉回復」時に，露店商人や行商人，零細手工業者およびその他の労働者60万人は「資本主義商工業者」から区別され，かれらに「労働者」の身分を回復させた。したがって，当時の「資本主義商工業者」は実際には16万人だけある。

　今日，私営経済はすでに中国の経済発展の重要な構成部分になり，発展の黄金時代に入った。とりわけ注目に値するのは，1990年代来，専門知識を備えた元国有企業や集体企業の管理者，専門技術者および政府機関の幹部，知識人が大量に私営企業主階層に加わり，この階層の人員の素質と社会的影響力が，目覚しく向上したことである。私営企業主の政治生活と社会生活における影響力も絶えず拡大して，すでに相当数の私営企業家が県および県以上の人民代表大会，政治協商会議，商工業連合会などの組織に入り，各種のルートと方法をとおしてかれらの政治的要求を求め，かれらの経済的利益を守っている。中国全国商工業連合会の調査によると，この階層のなかで，中国共産党員の割合も年々上昇して，2000年の共産党員の割合は，すでに19.8％に達している。

　『報告』は私営企業主の階層に対して比較的高い評価を与えて，かれらは「先進的生産力の代表の一つであるだけではなく，社会主義市場経済の主要な実践者であり，社会主義市場経済の主要な組織者である」と考えた。同時に「伝統的なイデオロギーの阻害のために，私営企業主階層の政治的地位は常にその経済的地位と整合するすべがなく，かれらの社会政治生活への参与には大きな限界がある。私営企業主階層の内部は資本の規模の大きさが異なっており，かれら自身の政治文化の素質も大きな差があるので，社会での地位や名声人望は，ひとにより大きく異なっている。相当長い時期のなかで，社会でのかれらに対する評価については論議が続くことになろう」とも指摘している。

　これと関連するもう一つの焦点は，『報告』のなかで「10大階層」の第8位と第9位に位置づけられている産業労働者階層と農業労働者階層の社会経済的地位の変動の問題である。産業労働者階層とは，第2次産業，すなわち製造業において肉体・半肉体労働に従事する生産労働者や建築業労働者，およびそれに関連人員を指す。農業労働者階層とは，集団が所有する土地を請負い，農業を唯一あるいは主要な職業とし，かつ農業を唯一あるいは主要な収入源とする人びとを指す。

　「労働者階級を指導者とし，労農同盟を基礎とする」というのは，これまで一貫して中国共産党の革命と執政の基本的な政治路線である。とりわけ産業労働者

はさらにもっとも先進的で，もっとも革命的な指導階級として，「序列第1位」の地位を与えられてきた。とくに「文革」の時期においては，労働者，農民，兵士は上部構造を占領し，知識人と知識青年に対して再教育を行ない，労働者，農民，兵士はどこまでも祭り上げられたのであった。

　経済体制の改革の推進につれて，市場の競争メカニズムが次第に形成され，計画経済体制下で優先的に賦与されたメカニズム（つまり毛沢東と共産党が賦与したもの）と優先的に賦与された社会政治的地位は，市場経済の条件下に自然に発生するメカニズムと自然に形成される社会経済的地位へと，ひそかに転換している。もともと既得の優先的に賦与された地位をもつ人びとは，新しい市場経済の条件下での競争において，社会的地位が相対的に下がり，政治的優越感もそれにつれて失われてゆく。とりわけ国有企業改革では，数千万の労働者がレイオフされ，失業や再び職を選ぶという窮地に陥って，多くの再就職に失敗したひとは都市の貧困階層に没落した。このことに基づいて『報告』は，「改革開放以後，産業労働者階層の社会的地位は明らかに下がった」と断言した。

　『報告』はまた，農民の地位も相対的に下がったと考えている。中国の改革はまず農村からはじまったために，農業労働者階層はもともと，改革と発展によって最初に利益をえた者たちだった。しかし，1980年代中期以後，とくに1997年以後，農産物の売れ行きが悪くなり，価格が下がり，さらに郷鎮企業の不景気が加わって，農民の増収が行き詰まったために，都市と農村の住民の所得格差が著しく拡大した。このように，1990年代の末まで，政権党のよりどころである労働者と農民は，程度の違いこそあれ窮地に陥り，私営企業主などの新富裕階層の経済的，社会的地位の飛躍的な上昇に比べ強烈な逆転を被った。

3　分断化社会をめぐる議論

　孫立平は改革開放以後の中国の社会階層構造の変遷を分析した時，次のことを指摘している。社会的資源は1980年代の中後期から一部の少数の集団に広がりはじめ，1990年代以後急速に少数者の手中に蓄積される現象があらわれた。中国社会は工業化，都市化，市場化に向ってモデルチェンジする過程のなかで，多くの弱者集団，たとえば国有企業の一時帰休者，失業者，都市にやってきた「農民工」などがあらわれた。かれらは「社会構造の外へ切り捨てられた」。多くの社

会の成員が経済改革の成果を享受できないため，1つの断絶する社会を形成した。

「断絶」という概念は以下の意味を含んでいる。第1に，社会の等級と階層構造において，一部のひとが社会構造の外へ切り捨てられ，異なった階層と集団の間で有効な統合メカニズムを欠いている。現実的な意味で，これはもちろんまず明らかな貧富の両極分化を指す。深刻な両極分化によって，人びとはほとんど2つの完全に異なった社会のなかで生活し，この2つの社会は基本的に相互に閉鎖的である。第2に，地域間では，都市と農村間の断絶としてあらわれる。都市と農村の間の断絶は社会構造的な側面（農村住民と都市住民は2つの異なる社会階層であるため）と，地域あるいは空間の側面にあらわれている。第3に，社会的断絶は文化や社会生活の多くの面にあらわれている（孫立平，2004）。

孫立平は，社会的断絶がうまれる根本的な原因は，異なった社会集団の社会的権利配分が著しい不均衡にあると考えている。現在，中国の社会では強者集団と弱者集団をなし，2つの集団の間に深い亀裂がうまれたことは，社会的権利配分不均衡の必然的な結果である。どのようにすれば社会の断絶を埋めることができるのか。かれは以下の4つの対策をだした。第1に，社会的利益の高度分化および利益主体の多元化の現実を認め，異なる社会集団が自らの利益を追及する合法性を認め，その権利を保護すること。さらにパブリックコメントの制度化をとおして，異なる集団の利益表出および陳情に正常なルートを用意すること。第2に，主要な社会的利益主体の間に，互いに交流と協議のルートを確立し，とくに労働者側と資本家側の間に制度化した利益交渉の機構をつくりあげること。第3に，国家あるいは政府は利益バランスのメカニズムのなかで適切な役割，すなわち国家は基準の制定者と衝突の裁決者の役割を担当することを明確にすること。第4に，社会的利害の衝突を解決するメカニズムの制度を確立しなければならないという（孫立平，2004）。

4　教育と社会階層との関係

人びとの教育機会は，その社会階層を決定する重要な要因である。

教育と社会階層および社会移動との関係について，学者のなかには3つの異なる観点がある。第1の観点では，教育，とりわけ高等教育は1つの潜在的な階層区分の基準として，職業，階層の世代間移動を通じて人びとの社会的地位の獲得

に影響を与えるため，教育とくに高等教育を受けることは，弱者集団が世代交代の資本蓄積を行ない，階層移動を実現するもっとも重要なルートであると考えている。第2の観点では，教育が不平等な階層構造を複製あるいは再生産するものだと考えて，教育が社会階層移動に対して積極的な促進作用があることを否定している。教育は往々にして一定の地位を継承するひとに有利である。人びとの社会的財産，所得分配と文化的資本などの面での不平等が，学校をとおしてある種の学業資格に変化し，階層格差を学業格差に転化することによって合法化してしまった。異なった家族背景の学生は，卒業後「合法的に」賃金待遇の異なる職業へ振り分けられて，資本の世代交代をなし遂げる。結局，教育をとおして上層クラスは自らの優位な地位を強化し，下層クラスの弱い地位も世代交代のなかで継続していくのである。第3の観点は前の2つの観点の見地を総合したものであり，一方で教育は社会移動の促進を助けることもあれば，また他方で既存の階層構造を再生産することもあるという考えである（王小紅，2012）。

中国では，教育機会の獲得は家族的背景と関係があるだけではなく，政治的変遷と政府の社会政策の変化とも密接に関連している。李春玲は1949年から2001年までの中国の教育機会と家族的背景および社会政治制度の変遷との関係の研究をとおして，次のことをみいだした。1949年前，中国社会の教育機会は非常に欠乏しており，ただ優位の家庭の出身で，社会的，経済的，文化的資本をもつ人たちだけが，非常に少ない教育機会を獲得することができた。したがって，家族的背景が個人の教育獲得に対して重大な影響があり，教育の機会配分は非常に不公平であった。1949年以後の発展は2つの段階分けられる。

第1段階は1950年代から1970年代であり，この時期の特徴は政府が強力に教育の大衆化および平民教育を進めたので，教育機会が増加すると同時に，教育機会と家族的背景の間の関係も弱められて，教育は社会経済の均等化を促進する重要な手段となった。政府が当時とった社会政策は主に3つある。1つは学校数の増加，無償教育の実行をとおして，労農の子女に学校に行かせる機会を増やせた。2つは成人教育を創設して，かつて学校教育を受けたことがない成人あるいはすでに就業している労働者，農民などに全日制の学習あるいは働きながら学校に通うことをとおして，教育水準を高める機会をつくった。3つは特別な政策をとって，労農の子弟に大学に入学させる機会を増やした。たとえば，各大学が必ず一定の割合の労農の子弟を採らなければならないことを定めた。1970年から1976年

の「文化大革命」の後期までは，大学の入学試験を廃止することさえし，労農の家庭出身の人たちなどの推薦入学ならびに優先採用を行なった。これによって，労農家庭出身の大学生の割合は年々上昇し，かれらが卒業の後比較的高い職業的地位をえて，国家幹部になった。

第2段階は1980年から1990年代であり，この時期の特徴は教育機会の供給量と教育機会の不平等が共に増大したことである。1978年の経済改革開始以後，中国の教育体制はエリート化と市場化の方向に向って発展し，家庭背景の要因およびその他の制度的な要因が個人の教育獲得に対する影響が次第に強まった。教育機会の供給は増加したけれども，しかし教育機会の配分の不平等の程度が強まった。教育体制の改革は2つの面にあらわれている。1つは大衆化教育モデルからエリート教育モデルへの転換である。1977年の全国大学入試制度の回復はこの転換のはじまりを示しており，その後，次第に小学校から大学までの系統的で，厳格な進学試験制度をつくっていった。これと同時に，学校に対して重点と非重点の等級の区別を行なって，漸次エリート等級化の教育体系を形成していった。このような小学校から大学までの進学試験と重点，非重点学校の学生の選抜をとおして，教育システムは社会の「貴族化」および階層化の機構になった。それは一方でエリート（「秀才学生」）を選抜してきたし，また他方でその他のひとを淘汰してきた。いうまでもなく，教育のエリート化は，農村地域，貧困地域および都市の貧困家庭と両親の文化水準が相対的に低い家庭の子女にとって，不利に作用し，かれ・かのじょらは往々にして淘汰される対象になった。教育体制改革のもう1つの体現は計画体制から市場体制への転換，すなわち「教育の産業化」である。過去の無償教育は有償教育に取って代わり，日に日に高騰する教育費は経済的条件の比較的よくない家庭にとって重い負担となり，子どもの学業を中断せざるをえなくなった。このため，家庭経済状況による学生の間の教育機会配分の不平等が絶えず拡大している。1990年代の中後期以降，高等教育の機会の供給量の増加は，エリート化の発展傾向を抑制するのに役立っているが，しかし全体の教育システムの市場化の進行の勢いはすさまじい。このような発展の趨勢は農村の貧困地域の児童や女子児童に対する影響がもっとも大きく，機会の配分の不公平はすでにかれ・かのじょらの個人の向上および社会的上昇移動に深刻な影響を及ぼしている。同時に，教育機会の不平等はまた社会が両極分化の方向に向かわせてしまい，人びとの不公平感を強めて，社会の統合度にも影響を及ぼしている（李

春玲，2003）。

5　階級分析への復帰

　労資関係の悪化および貧富の格差の拡大にしたがって，2000年以降，中国社会学界は社会階層研究の欠陥と不足を再認識しはじめて，再びマルクスの階級分析理論に関心をもった。一部の学者は労働関係の変化の研究をとおして，労働者の階級経験と階級意識に気づき，「階級分析が労働者研究の核心的な理論であるべき」といった基本的な結論をえて，再びマルクスの階級理論を使用して，現段階の中国の労働者と底辺集団を研究しはじめた。

　仇立平は次のことを指摘している。1980年代以来20年余りの社会階層研究には市場経済，国家社会主義および社会利益集団という3つの傾向ないしパラダイムがある。その上，基本的に静態的あるいは記述的な分析であり，つまり類型学的な意義において，異なる角度から社会階層の現状を解読し，社会階層に影響を及ぼすさまざまな要因を分析したが，しかし関係型の角度からの社会階層研究が不十分である。このような状態になった原因は2つある。1つ目は中国の改革開放以来の社会階層構造に対していまだ観察の時間が必要で，どのような理論を運用して解釈したら妥当であるか，さらに討論する必要がある。2つ目は1990年代中期以前には，中国の社会改革が引き起こした社会的矛盾はまだ今日のようには先鋭化しておらず，受益の程度がひとによりさまざまであるが，全人民が改革の成果を享受した。現在，社会改革の推進にしたがって，改革にともなう潜在的な矛盾が顕在化し，稀少資源に対する争奪あるいは再配分として直接あらわれている。富の配分には両極分化があらわれて，社会的不公正，汚職腐敗などはすでに非常にゆゆしい程度にまで至っている。もし現在の中国社会の不平等および両極分化の根本的な原因を示そうとすれば，マルクスの社会階級理論の分析方法がもっと適切である。

　かれは生産手段の占有関係に関するマルクスの命題を，生産要素の占有関係に転換し，かつまた労働，資本，技術および管理という4つの生産要素の占有関係に基づいて，4つの階級に区分した。すなわち，① 管理者階級，② 資本所有者階級，③ 専門家と技術者階級，④ 労働者階級であり，中国社会に主導的な地位を占めるのは管理者階級と資本所有者階級であると考えている。階級の存在を認め

ることは，階級対立ないし暴力革命の発生を意味しないし，調和社会をつくりあげる条件の下で，階級衝突は階級協力に転化できると指摘している（仇立平，2006）。

潘原は中国の労働者階級の再形成という角度から，「労働者階級を階層分析の中心とする」緊迫性と必要性を強調した。かれは，現在，西洋の産業労働者階級は政治の舞台の上ではひっそりと静まりかえっているが，この階級が発展途上国や農業社会から工業社会へ転換期にある国においても同様に歴史的意義を喪失したことを意味するものではないと思っている。「世界の工場」である中国において，世界でもっとも膨大な産業労働者階級が形成されつつある。労働者階級が中国社会のモデルチェンジでどのような役割を果たすのか，中国の未来の発展にどのような影響を与えるのか，こうした問題は中国の社会学が注目すべき重要な課題である。「社会学的マルクス主義」は労働者階級と現代社会の市場との関係を分析の起点にして，「社会がなにから成立しているのか」を追求することから着手し，「社会分析」をさらに具体的に，さらに本質に触れた「階級分析」へと進めるものである。このような分析方法と手段は，私たちがよりよく現在の社会モデルチェンジにおける階級関係の実質と労働者階級の歴史的役割を理解することを有利にする（潘原，2006）。

劉剣の考えによると，複雑なモデルチェンジの社会的背景および文化的伝統をもつ中国において，とくに戸籍制度，身分制度の影響のもとで，労働者研究は「階級分析」を取り入れなければならないだけでなく，同時に「公民権」の視角も導入し，「身分」の制限を打ち破って，労働者，農民工，ホワイトカラーなどの多くの個人を同一の「社会人」として原状に復し，階級分析をより普遍的な意味をもつ「権利」にまで高めなければならない。中国の労働社会学を発展させて，中国の「社会学的マルクス主義」学派を形成するためには，「労働者階級を再び社会学研究の重要対象にさせること」および「階級分析を再び労働者研究の重要理論にさせること」はその第一歩にすぎない。さらに以下の努力を必要とする。まず，中国の労働者研究は世界的な視野をもつべきであり，世界の資本主義発展の歴史のなかで中国の新世代の労働者階級の形成を分析しなければならない。第2に，中国の労働者研究は社会構造の視点をもつべきであり，エリート階級と底辺階級の弁証法的な関係から労働者階級を研究しなければならない。第3に，中国の労働者研究は新たに本土の学術資源を活用すべきであり，陶孟和，李景漢，

陳達，史国恒などの一世代上の社会学者の学術的伝統を継続しなければならない（劉剣，2012）。

　郭榛樹は，マルクス主義的な階級分析方法が，現代の中国の社会階級・階層構造分析のすべての問題を解決することができるものではないと考えている。現代の中国の社会階級・階層構造に対して確実で，入念な分析をしようとすれば，その他の新しい分析方法を導入し，運用する必要がある。とくに，階層分析法はやはり非常に必要である。まず，理論の上からいって，階級分析法と階層分析法は矛盾するものでなくて，相互補完的なものである。階級分析の優位は科学的に階級間の関係を示すことができることにあり，階層分析の長所は階級の内部に深く入り込むことができることにあって，具体的にある階級の全貌を示すことができる。したがって，階級分析は社会階層の分析の前提と基礎であり，階層分析は社会階級分析の深化と発展である。次に，実践の上からいって，階級分析法はすでに二大基本階級（労働者階級と農民階級）の内部構造を掘り下げて分析することができなく，さらに改革開放のなかで形成された中国社会の人びとの経済格差をうまく説明することができない。改革開放の前には，中国の社会は高度に集中した行政管理体制と計画経済体制のコントロールのもとにあり，社会階層は複雑ではなく，階級分析法を運用して当時の社会構造を説明することができた。改革開放以後，中国の社会はいくつかの新しい階層，たとえば農民階級とプロレタリアートのなかから分離して，個人経営者階層および私営企業主階層が形成された。なおかつ農民階級の内部，労働者階級の内部にも明らかに階層分化があらわれた。農民階級の内部では，すでに農業労働者，農民工，郷鎮企業労働者，農村管理者，郷鎮企業管理者，私営企業家，自営業者および個人商工業者などのさまざまな階層が形成された。労働者階級の内部でも，過去と同じくように幹部と一般労働者に簡単に分けることができなくなり，国家と社会の管理者，企業管理者，産業労働者，専門・技術者，私営企業主などのさまざまな階層があらわれた。社会主義市場経済の発展および個人配分制度改革の深化によって，社会の人びとの所得格差が次第に広がり，経済面での階層分化もますます明らかになってきた。このことに対して階級分析法は，往々にして歯が立たない。その他のいくつかの分析方法，たとえば階層分析，利益集団分析などの方法を導入し，新機軸を打ちだす以外には，現代中国の社会構造に対して掘り下げた，科学的な分析をすることができない（郭榛樹，2008）。

参考文献

李強「経済分層與政治分層」『社会学研究』1997年第4期。

李強「当前中国社会的四個利益群体」『学術界』2000年第3期。

陸学芸編『現代中国社会階層研究報告』社会科学文献出版社，2002年。

李春玲「社会政治変遷與教育機会不平等」『中国社会科学』2003年第3期。

孫立平『転型與断裂：改革以来中国社会結構的変遷』清華大学出版社，2004年。

郭榛樹「当代中国社会階級階層結構的分析方法」『中国共産党中央党校学報』2003年第1期。

孫立平『失衡——断裂社会的運作邏輯』社会科学文献出版社，2004年。

瀋原「社会転型與工人階級再形成」『社会学研究』2006年第2期。

仇立平「回到馬克思：対中国社会階層研究的反思」『社会』2006年第4期。

劉剣「階級分析在中国的式微與回帰」『開放時代』2012年第9期。

王小紅「教育社会分層與農村学生社会流動研究：回溯與展望」『上海教育研究』2012年第9期。

第14章
婚姻と家族の研究

　婚姻と家族は人類の繁栄を維持する基本的な紐帯である。それぞれの民族，それぞれの国家の婚姻と家族の制度はその政治，経済，文化の状態の集結した反映であり，それゆえ，婚姻と家族に関する研究は社会学の領域に限られているだけでなく，政治学，経済学，法律学，歴史学，民族学，人類学などの諸学科にも関わっている。

　過去の百年余りを総合的にみると，中国の婚姻と家族に関する研究はおおよそ始動，退潮，中断，復興と繁栄の4段階を経過してきた。

　第1段階は20世紀はじめから1940年代までで，近代の社会科学の視点で中国の婚姻と家族に対して研究が行なわれたはじまりと初歩的発展の時期であり，社会の変遷を重視する西洋の歴史学の思想および社会調査を重視する西洋の社会学，民族学，人類学の方法の導入はこの時期の研究理論と研究方法の更新を促進した。婚姻史，家族史，宗族制度，農村家族，都市家族，出産制度，法律と婚姻家族の関係などの研究がこの時期の研究の主要テーマであり，出版された著作だけでも数10部に達する。代表的な著作には『中国古代婚姻史』（陳顧遠，1925），『中国婦女生活史』（陳東原，1928），『中国宗族制度小史』（呂思勉，1929），『北京郊外の郷村家庭』（李景漢，1927），『五百一十五農村家庭に関する研究』（李景漢，1931），『広州における労働者家庭に関する研究』（徐啓中，1934），『婚姻と家族』（陶希聖，1934），『中国の家族社会の変遷』（高達観，1934），『農村家庭調査』（言心哲，1935），『中国婚姻史』（陳顧遠，1937），『現代中国家族問題』（孫本文，1942），『生育制度』（費孝通，1947），『中国の法律と中国社会』（瞿同祖，1947），『明・清時代の嘉興の名家』（潘光旦，1947）などがある。

　第2段階は1950年代から1960年代中期までで，婚姻・家族の研究は停滞期に陥った。その社会的背景は，つまり，① 1952年にソ連モデルを模倣して，社会学をブルジョア階級のための偽科学だとみなして廃止したこと，② 1957年の

「反右派運動」の展開で，非常に多くの学者が誤って「右派」にされてしまい，やむをえず研究活動を中断せざるをえなかったこと，③「階級闘争をかなめとする」という国を治める方針の確定が，社会科学研究の独立性と科学性に重大な影響を及ぼしたことである。それでも，この期間，歴史学の角度からの研究成果がなお少しある。主要な論著は『古代中国の十進制氏族組織』（張政烺，1951年），『西周・春秋時期の宗法制度と貴族組織を論ず』（楊寛，1956），『宗法制度を論ず』（金景芳，1956），『婚姻と家族の歴史的変遷』（馬起，1956），『宗族，部族をめぐる論議』（賀昌群，1956），『宗法制と封建制の関連性を論ず』（童書業，1957），『甲骨文にみる氏族およびその制度』（丁山，1956），『殷代の親族制度を論ず』（李学勤，1957），『北朝の胡人婚姻に関する考察』（姚薇元，1958），『郷族勢力の中国封建社会経済への影響を論ず』（傅衣凌，1961），『祖廟，族長，族権の形成およびその役割を論ず』（左雲鵬，1964）などがある。しかし，政治の学術に対する粗暴な妨害は，すでに学者たちが社会科学の方法を運用して，客観的に中国の婚姻家族の歴史と現実を研究することを非常に困難にした。そのために，この時期は研究成果の数が少ないだけでなく，論著の質も1930年代や1940年代より大きく低下した。社会調査の方面では，称賛に値するものは1950年代初めから1964年までに継続して繰り広げられた大規模な「少数民族の社会と歴史調査」である。相前後して千人を超えるひとが調査に参加して，調査に基づいて整理された文字資料は数千万字に達し，そのうえ非常に多くの映像資料が撮影され，非常に貴重な資料となっている。そのなかの相当部分は各少数民族の婚姻と家族の状況に関する内容であり，後日の少数民族の婚姻と家族の研究のために強固な基礎を築いた。

　第3段階は1960年代中期から1970年代末までで，研究の中断の時期である。1966年にはじまった「文化大革命」は，中国の政治および経済の混乱をもたらしただけではなく，婚姻と家族の研究を含む人文・社会科学研究の停滞も招いた。

　第4段階は1979年から現在までで，経済改革，政治改革およびこれにともなう思想解放運動が中国経済の急激な発展と社会生活の活気をもたらして，社会科学研究の復興と繁栄を促進した。この時期は婚姻と家族に関する調査研究および理論と方法のすべてに著しい進歩があり，素晴らしい成果を多くあげた。

　紙面に限りがあるので，この章ではただ1980年以後の婚姻と家族の歴史，婚姻観，家族規模と家族構造，家族機能，少数民族の婚姻と家族に関する研究領域のいくつかの主要な成果と論点の大筋を紹介したい。上述の5つの研究領域のなか

で，婚姻・家族史研究の主要な対象は先秦から現代までの婚姻と家族の歴史的変遷であり，残りの4つの研究領域の研究対象は現代，とくに1980年以後の婚姻と家族の変化と特徴である。

研究方法からみれば，婚姻・家族史研究は歴史文献に対する考証と整理に重点をおいており，現代の婚姻と家族の状況に関する研究は実地調査および各種のデータ資料に基づいた定量分析を重視している。

1　婚姻と家族の歴史研究

婚姻と家族の通史研究の面で，代表的な著作には『中国古代婚姻と家庭』（史鳳儀，1987），『中国家父長制家庭制度史』（王玉波，1989），『中国の婚姻家族の変遷』（張樹棟，李秀領，1990），『中国の家と国』（岳慶平，1990），『中国婚姻史』（陳鵬，1990），『中国の家族制度史』（徐揚傑，1992），『中国の家族の起源と変遷』（王玉波，1992），『中国の宗族社会』（馮爾康等，1994），『中国の宗族制度に関する新たな考察』（銭杭，1994），『中国の婚姻家庭制度史』（陶毅，1994），『中国古代の宗族と祖廟』（馮爾康，1996），『宗族志』（常建華，1998），『中国の家族法と家族規約』（費成康，1998），『中国の婚姻家庭史』（祝瑞開，1999），『中国婚姻史』（王玢玲，2001），『中国婚姻立法史』（張希坡，2004），『中国家庭史』5巻（張国剛等，2007），『中国宗族史』（馮爾康等，2009）などがある。

そのなかで，陳鵬の『中国婚姻史』は内容が詳細で，法律の色彩が濃厚で，引用史料が豊富であるという3つのはっきりした特徴をもっている。全書は13章に分かれて，順を追って総論，婚姻の形態（上，下），婚礼（上，下），婚約（上，下），結婚（上，中，下），離婚，妾，入り婿，子供嫁（息子の嫁にするために幼い時からもらったり買ったりして育てた女児），周朝から清朝まで数千年間の婚姻制度の変遷が詳しく論述されている。古代中国では，婚姻関係は伝統の礼式と民俗の影響を受ける以外に，さらに国家の法律や法令の厳格な管理を受けた。この本は婚約，結婚，離婚，妾，入り婿などの部分で，過去の各朝代の法令制度を基礎にして，法律の角度から詳細な考証と論述を行なっている。内容は婚礼の主宰者と媒酌人の責任，婚約の要件，婚約の身分上および刑法上の効力，婚約解除の法定理由，各朝代の法定結婚年齢，各朝代の同姓不婚・親族不婚・良民と賤民との不婚・妻帯者の不婚に関する法令，結婚の法定制限，結婚の法的効力，夫婦

間の権利と義務，夫婦の財産関係，離婚の法定理由，離婚の法定手続き，離婚の法的効力，妾や入り婿および子供嫁の法的地位などの多くの問題を含んでいる。全書の題材は経典や歴史関係書および各朝代の礼式と律令を主として，そのうえ大量の裁判書類，事例，諸子の論著，個人の筆記，詩，雑劇，民俗資料を旁証として，先秦時代から清代までの570余りの書籍・資料を引用している。

　王玉波は『中国家父長制家庭制度史』と『中国家庭の起源と変遷』のなかで，中国の古代家族形態の変遷について以下のように整理している。氏族社会の時期，家族は幼年期にあり，母系家族→両系家族→父系家族の変遷過程を経た。夏朝・商朝時期に至って，小家族は大家族に頼り（「小家族」とは居住を共にする親族集団のことで，「大家族」とは男性たる家父長を中心にして形成された親族集団のことである），大家族は宗族（女系を排除した共同祖先から分かれた男系血族のすべてを指す）に頼っていて，厳格な宗法制度の支配下にあり，直系と傍系，長幼，貴賤が厳格に区分され，小家族はまだ独立の地位をえていなかった。春秋時期，宗法制度（宗族を規制する礼制）が次第に緩まるのにしたがって，小家族は宗族のなかから漸次独立した。戦国から前漢初期，小家族が主導的地位を占めるようになった。この家族の特徴は規模が小さく，家長は家族の支配者で，父子関係が家族関係の核心で，妻は家族生活のなかで重要な地位をもっていることである。前漢後期，家父長制の小家族制度は，次第に家父長制の大家族制度に転換し，そのため後漢から五代（唐朝以後中原に興亡した後梁・後唐・後晋・後漢・後周の五朝，紀元907〜960年）まで，規模が大きく，親族が多い大家族（横方向からみて）と累代同居する大家族（縦方向からみて）が相当普遍的に存在し，家族の形態は新たな特徴を呈した。

　徐揚傑の『中国の家族制度史』は，古代の家族形態を「原始社会末期の家父長制家族」，「殷周時期の宗法式家族」，「魏晋から唐代へ至る名門大家族式家族」，「宋以後の近代封建家族組織」の4種類に区分し，大量の史料を駆使して，原始社会の末期以後の中国の家族制度の変遷の歴史を詳しく論述した。この本の特徴は，異なった歴史的時期の家族の全体的形態を巨視的に把握することに重点をおいていることであり，それぞれの歴史的時期の政治状況や経済発展の状況と密接に関連させて家族制度を解釈し，伝統的な家族制度の中国の歴史の発展と社会生活に対する逆機能を強調している。

　馮爾康らの共著『中国の宗族社会』は，時系列で，中国の伝統的宗族の形態を

5つの発展段階に区分している。すなわち，① 秦以前の典型的な宗族制時代，② 秦朝から唐朝にいたる名門（士族）宗族制時代，③ 宋，元時期の大官僚宗族制時代，④ 明，清の地方の名士や富裕者の宗族制時代，⑤ 近現代の宗族の変化時代である。そのうえで婚姻，姓氏，墳墓，祠堂，族譜，族田（宋代以降あらわれた義荘，祭田などの同族的土地所有）などの具体的制度から着手して，宗族の形態の特徴，等級の構造，社会的機能などの問題を分析した。著者は中国の宗族制の発展には3つの特徴，すなわち第1は，秦以前から近代までで，宗族制度は一貫して社会の政治，経済，文化および人びとの日常生活に影響を及ぼしてきたが，しかしその影響力は次第に弱まったこと，第2は，貴族を基本的な成員とする集団から平民を主体とする組織へ次第に変化して，組織の管理者も次第に社会上層の人物から読書人や平民へ変化し，宗族の民衆化が宗族自体を発展させて，継続的な生命力をもつ社会団体になったこと，第3は，近代まで，政治的機能が一貫して宗族の基本的機能の1つであり，近代以後になると，その政治的機能の効果は次第に低下して，もともとの副次的な社会的機能が強まって主要な地位を占めるようになったこと，という特徴を指摘している。

　銭杭は『中国の宗族制度に関する新たな考察』のなかで，漢人の宗族の範疇，宗族の規模，宗法制度，宗譜（同族の系図），宗族の祖廟と祠堂，近代化と漢人の宗族との関係の分析をとおして，宗族から派生してきた歴史感，帰属感，道徳感そして責任感という4種類の心理的欲求が漢族の宗族が存続する根本的な要因であると指摘している。

　張国剛編の5巻からなる『中国家庭史』は，これまでの中国の家族史研究を集大成している。第1巻の『先秦から南北朝時期まで』は，春秋戦国時代の社会の激変が家族の変革に与える重大な影響および中国の伝統的家族倫理体系の形成過程を探求している。第2巻の『隋唐五代時期』は，隋，唐および五代時期の家族規模，家族構造，婚姻状況，女性，家族関係，家計，分家と財産分割，家庭教育などの問題を探求している。第3巻の『宋遼金元時期』は，宋，遼，金，元時期の家族形態，家族の経済生活，女性と結婚・出産，家族関係などの内容を論述している。第4巻の『明清時期』は，明朝と清朝の家族の倫理関係，親族付き合い，こどもの養育と教育，家族の娯楽および疾病対策などを考察している。第5巻の『民国時期』は，農村家族と都市家族の就業状況，収入，支出水準そして消費構造についての考察をとおして，都市と農村の差異と階層の差異を明らかにしてい

る。

　時代ごとに区分された中国の婚姻家族史の研究成果はさらに多く，商・周から清代まで，それぞれの時代の婚姻家族にすべて研究の専門書が出版されている。代表的な著作には『商周時代の家族形態研究』（朱鳳瀚，1990），『周代の家庭形態』（謝維揚，1990），『先秦時代の政治婚姻史』（崔明徳，2004），『漢代の婚姻形態』（彭衛，1988），『漢代の家庭と家族』（岳慶平，1997），『東晋南朝の家族文化史論叢』（王永平，2010），『五～十世紀の敦煌における家庭と家族関係』（楊際平等，1997），『唐朝婦女』（高世瑜，1988），『唐朝婦女の地位の研究』（段塔麗，2000），『宋代の婚姻と社会』（張邦煒，1989），『宋代の宗族と宗族制度に関する研究』（王善軍，2000），『元代社会の婚姻形態』（王暁清，2005），『明代の宗族に関する研究』（常建華，2005），『明・清時代の福建における家族組織と社会変遷』（鄭振満，2009），『十八世紀の中国の婚姻と家族』（王躍生，2000），『清代宗族法研究』（朱勇，1987），『清朝中期の婚姻衝突に関する分析』（王躍生，2003），『倫理と生活──清代の婚姻生活』（郭松義，2000）などがある。それ以外に，1980年から2013年まで，時代ごとに区分された研究論文は数百編に達し，婚姻・家族問題の各方面にまで論及している。

2　結婚観の変化

　婚姻観，すなわち人びとの婚姻に対する見方は，主としてどのように婚姻の意義を解釈するか，婚姻の成約は誰によって決定されるか，配偶者選択の規準などの反映である。人びとの婚姻観の形成は歴史的に形成された婚姻の習俗の影響を受けるだけでなく，また社会の変遷にともなって変化する。

　一般的にいえば，婚姻は男女両性の結びつきであり，同時に生物的性格と社会的性格ももっている。生物的性格とは男女が一定の年齢に達し，生理的，心理的な成熟にともって，性的要求がはじまることを指す。婚姻関係の確立は人類が自身の性的要求を満足させるために規範化したモデルを提供した。社会的性格とは婚姻は一種の社会的行為であり，3つの内容を含んでいることを指す。第1に社会構成の基本的単位は家族であり，家族の形成，親族間の社会関係の形成と拡大はすべて婚姻がもととなっていること，第2に婚姻関係は人口の再生産を実現する前提であり，安定した婚姻関係は人口の安定した発展を保障する重要な条件で

あること，第3に婚姻は法律あるいは社会的習俗によって認められた両性間の結合であり，いったん婚姻関係が確立すれば，ただちに法律，規則，習俗，宗教信仰などによって男女双方の権利と義務が規定され，同時に子孫には合法的地位および財産相続権などが提供されることである。

中国の歴史からみると，伝統社会では，婚姻は一種の社会的行為であることが強調されて，婚姻の生物的性格は社会的性格に従属し，後者は前者に対して制約的役割を果たすべきだと考えられている。現代の社会では，婚姻に関する観点がさまざまであり，一部の学者は伝統的観点を継承して婚姻の社会性を強調しているし，また別の一部の学者は，婚姻は個人的行為であり，個人の自由の領域に属し，社会はあまりに多く干渉すべきではないと考えている。

伝統的な中国人は，婚姻のもっとも重要な目的は男性側の家族のために跡継ぎを産むことであり，その次の目的は両家が婚姻によって親戚となることをとおして，男女双方の家族の勢力を拡大することだと考えている。儒家の経典『礼記』のなかの昏（婚）義では，このような婚姻観を次のように権威性のある総括を行なった。すなわち，「婚礼はまさに二姓の好みを合わせ，上はもって宗廟につかえて，下はもって後世に継がんとするなり。ゆえに君子はこれを重んず」と。秦による全国統一以前から清末までの歴代の政府は，このような婚姻観について法律という形で広く宣伝，保護をしていたために伝統的な婚姻の主要な特徴，すなわち父母が取り決めた結婚，男尊女卑，個人は結婚する自由も離婚する自由もないというという特徴を形づくった。その影響は20世紀に至るまで一貫して続いた。

20世紀は中国の社会革命と婚姻革命が同時に実行された時代であり，婚姻の自由の主張は都市から田舎へ広がり，そして新中国成立後は法律で規定された。1950年5月1日に公布・実施された『中華人民共和国婚姻法』は，父母が取り決めた結婚の強制，男尊女卑，子女の利益を無視した封建的な婚姻制度を廃止して，男女の婚姻の自由，一夫一妻，男女の権利平等などを実行し，女性と子女の合法的な利益を保護する新民主主義の婚姻制度を実行することを宣言した。かつ「男女双方の本人の完全な自由意志」が結婚登記のための必須要件として規定された。これと同時に，全国すみずみまでくまなく婚姻法の大規模な宣伝・貫徹運動を展開して，中国人の婚姻観念の変革を促した。

1982年，中国社会科学院社会学研究所によって主管された北京，天津，上海，南京，成都の5大都市の4,385世帯，5,057名の既婚女性に対して行なわれた調査

は，1949年以前に結婚した女性のうち，婚姻に至るプロセスが「父母が取り決めた結婚」がもっとも多く，その次が「親戚の紹介」で，第3位は「友達の紹介」で，第4位の「自分で知り合った」は被調査者のたった10％を占めるにすぎないことを明らかにした。1949年以後，「父母が取り決めた結婚」は急激に減少して，1966年以後ほとんど根絶した。1966年から1976年までに結婚した女性のなかでは，「友達の紹介」が第1位（46.65％）で，「自分で知り合った」は第2位（34.59％），「親戚の紹介」は第3位（18.35％）であり，「父母が取り決めた結婚」わずかに0.51％を占めるにすぎない。同じ「親戚の紹介」といっても，1949年以前と1949年以後の性質には違いがある。1949年以前，「親戚の紹介」によって結ばれた婚姻のなかで両親は非常に大きな決定権があった。1949年以後の「親戚の紹介」はただ男女双方を引き合わせる橋渡しの役割をするだけであり，婚姻の決定権は基本的に婚姻の当事者が握っている（劉英等，1987）。1980年代以後，「親戚の紹介」によって結ばれた婚姻は都市ではさらに減少して，2000年以後に結ばれた婚姻のうち，約60％が「自分で知り合った」，約40％が「同僚，友達の紹介」で，「親戚の紹介」をとおした婚姻は無視できるくらい少なくなった（風笑天，2012）。

　生産様式，交際条件そして文化的環境の違いによって，農村の人びとの婚姻観の変化は明らかに都市の住民より緩慢である。中国社会科学院人口研究所が1991年に10の省・直轄市で1500組の夫婦を対象に実施した「現代中国の女性の地位」の調査は，都市では「自分で知り合った」と「友達の紹介」がすでに夫婦の知り合う主要なスタイルになっており，ただ16％の夫婦だけが「親戚の紹介」をとおして知り合ったことをみいだした。これに対して，農村の夫婦のなかでは，半数が「親戚の紹介」をとおして知り合っており，「友達の紹介」をとおして知り合った夫婦が約3分の1を占め，「自分で知り合って」恋愛で結婚したのはただ15％にすぎない。この調査は，農村住民の結婚の自由度は都市の住民より低く，農村女性の結婚の自由度は農村の男性より低いことを示している。「初婚の決定のスタイル」からみると，「自主的に決定する」と回答したのは都市の男性95.54％，都市の女性94.64％に対して，農村の男性78.97％，農村の女性70.88％であり，「両親が決定し，本人が同意する」と回答したのは都市の男性3.56％，都市の女性4.76％に対して，農村の男性20.16％，農村の女性27.68％である（沙吉才等，1995）。

ある学者は1980年代に至っても，経済が立ち遅れて，交通が不便で，文化の閉鎖的な一部の農村では，父母が取り決めた結婚が依然として主導的地位を占めていると指摘している。その父母が取り決める結婚の具体的なやり方は，① 子ども婚約であること，つまり子女はまだ幼い時期に両親によって婚約を決められているのである。② 換親・転親であること，すなわち換親とは娘をある家の息子に嫁がせ，代わりにその家の娘を自分の家の息子の嫁として娶ることである。両家のえる利益はそれぞれ等しくなる，互いが1人を嫁に行かせ，1人を嫁に娶るから，損得がなく，費用も少なくてすむ。この形が複数家族の間の換親に及ぶことを転親という。換親・転親の婚姻の年齢からみると，その多くは男性側が女性側より年上で，差の大きなものでは20数歳という大きな年齢差もある。当事者自身の条件からみると，一般には男性側が比較的劣っており，身体や知能や精神になんらかの病気ないし障がいをもっているばあいもある。換親，転親で利益をえるのはすべて息子で，犠牲となるのはすべて娘の方である。娘の利益ために換親，転親の列に連なる両親はいないのである。③ 娘を嫁がせることを利用して高額の結納の金品を請求すること。息子が成長すれば両親の財産を受け継ぎ，そして親を養う責任を引き受け，娘が成長すると他姓のひとの嫁となり，両親を養う責任を引き受けないやり方は農村地区では普通の習俗であるため，多くの両親は苦労して大きく育てあげた娘をむざむざ他のひとに与えることができず，娘を嫁がせる時，男性側の家族に結納の金品を扶養費の埋め合わせとして取りたてることは至極あたりまえのことと思っている。④ 嫁を買うこと。すなわち人身売買人から息子が妻をめとるために，女子を買うことである。女性を商品として売買するという違法犯罪問題は，1949年以後一度姿をひそめていたが，しかし1980年代末から，多くの農村地区で女性を売買する現象があらわれ，再び深刻な社会問題になった。外部社会からの情報の欠如，若いひと，とくに若い女性の経済的な従属性および教育レベルの低さは，父母が取り決めた結婚がこれらの地区で存続している社会的経済的な土台となっている（張萍，1993）。

　1990年以後，全国を席巻した「民工潮」は数億の農民を農村から都市へ移動させて，結婚・恋愛期にある若い男女にとって非常に大きな収穫があった。都市に行き工業や建設業に携わることはかれらに経済的独立を獲得させ，異性との交際のチャンネルを拡大させただけではなく，両親や農村の伝統的な習俗の束縛からも抜けだせた。自由恋愛や自ら婚姻を決めることが，今日ではすでに都市に

行った青年の主流になった。とくに，出稼ぎの若い女性は経済的に独立して，過去のような息子の結婚ために娘の利益を犠牲にすることをいとわない両親が取り決めた婚姻はすっかり跡を絶った。

中国人の婚姻観は，さらに配偶者選択の基準，すなわち男女が結婚相手を選択する基準にも具体的にあらわれている。「自分で知り合う」か，それとも「ひとによる紹介」あるいは「両親が取り決めた」かに関わらず，人びとの配偶者選択にはすべて基準がある。この基準の形成は，第1に生活環境と教育レベルの影響を受けている。人びとの成長環境は異なるし，受けた教育レベルも異なっているので，配偶者選択を形成する基準も同じではない。次に，配偶者選択の基準の形成はまた社会的価値と風俗習慣のきわめて強い影響も受けている。したがって，ある時期とある区域内において，これらのそれぞれ異なる配偶者選択の基準はしばしばある方面で共通の傾向性をあらわして，時代の特徴と地域の特徴を帯びている。学者たちの研究は，現代の中国人の配偶者選択の基準には以下のいくつかの特徴があることを明らかにした。

第1に，男女の配偶者選択の基準には明らかな相違があること。男性は社会的地位がほぼ同じか，あるいは自分より低い女性を選ぶ傾向があり，容貌が美しくて，なごやかで気立てがやさしい，家事の上手な女性を配偶者として好む。女性は配偶者の容貌，身長，性格などの面に対しても一定の要求があるが，しかしいっそう学歴，職業階層そして収入が自分より高い男性を配偶者として求める傾向がある。伝統的な「男は才人，女は美人」あるいは「男は金もち，女は美人」という配偶者選択の基準は今日の社会のなかでも依然として主導的な役割を果している（張萍，1995）。

第2に，政治と経済の変化が配偶者選択の基準の具体的な内容の変化に影響を及ぼすこと。ある学者は1949年以後の中国の社会発展を1949年から1978年，1978年から1990年代初期，1990年代中期から現在までの3段階に区分して，それぞれの段階の配偶者選択の基準に対して分析を行ない，次のように指摘している。第1段階の中国は高度に政治化した社会であり，個人および家族の政治的地位が配偶者選択の重要な基準となっている。第2段階は改革開放の初期であり，「文化復興」の時代で，知識人の地位が上昇して，学歴が男女の若者，とくに若い女性が配偶者選択をする重要な基準となった。第3段階は経済が高度成長し，社会の貧富の分化が拡大した時期であり，相手の家族および個人の金銭的条件，財産獲

得の能力が若い男女，とくに女性が配偶者選択をする重要な基準となった（王英俠，徐暁軍，2011）。

　第3に，階層内婚制が続いていること。いわゆる階層内婚制とは，配偶者選択の過程で，人びとは基本的に同一の階級あるいは階層のなかで配偶者を選択する慣行を指す。中国の伝統的な農業社会の階層内婚制は，典型的な「縁組をする男女双方の家柄・財産がつり合っていること」としてあらわれている。両親の願望に従い，仲人の紹介によって，家柄・身分がつり合った婚姻の按配が，当時かなり普遍的な配偶者選択のモデルであった。1949年以後，公有制の確立にしたがって，一度は，財産の多寡によって生まれた階級差はなくなったが，しかし職業階層，教育レベルおよび戸籍制度などに基づいて新しく生まれた階層的地位のランキングが，人びとの婚姻の選択に引き続き影響している。どのような家族の出自であるか，あるいは両親の社会的地位の高低が，子女の婚姻の選択に対して決定的な作用を及ぼしている。圧倒的多数のひとの婚姻の対象は，すべて自らが所属する階層あるいは自らが所属する階層クラスに近い階層である（張翼，2003）。

　上述したように，現代の中国人の婚姻観の変化は中国の政治，経済，文化の変革の大きな影響を受けており，急激な変化の一面があると同時に，伝統的な慣習を継続する一面もある。いままでのところ，大多数のひとにとって，婚姻はまだ純粋な愛情に基づく自由な選択だということができない。若い世代の婚姻のなかで，愛情という要素は非常に大きい比重を占めているが，しかしまた社会の習俗，政治上の利益，経済上の利益などの各種の要素の制約を受けており，ロマンチックな愛情はともすればそれほど婚姻を取り交わす唯一の動機ではない。

3　家族規模と家族構造

　家族規模とは主として家族の人口数の特徴を指し，家族構造とは家族構成の情況を指す。全体的に中国の家族規模と家族構造の特徴およびその変化の規則性をとらえようとすれば，必ず定量分析をしなくてはならない。研究のなかで，学者たちが根拠にする主要な資料には古代の典籍，20世紀以来の各種の社会調査データおよび全国国勢調査の資料がある。

　歴史上，中国の家族規模はどれくらいの大きさであったのか。20世紀の前半期，社会学界の論争の焦点の1つになったことがある。中国の古代の典籍のなかには

「大家族」に関する多くの記録があることによって，1930年代に，ある学者は歴史上の中国人の大部分は「累代同居の人口の多い大家族」のなかで生活してきたと考えている（陳長衡，1935）。これに対して，費孝通は実地調査のデータを用いて次のように指摘している。このような大家族は決して中国の社会構造の普遍的な様式ではなくて，各農村地区の1戸当たりの平均人口は4人から6人までである（費孝通，1947）。梁方仲は二十五史，歴代の政府の書類（歴代政書）およびいくつか地方誌のなかの統計資料の整理と考証をとおして，費孝通と大差がない結論をえた。かれは，中国の1戸当たりの平均人口は，西暦2年（前漢）は4.87人，609年（隋朝）は5.17人，705年（唐朝）は6.03人，1291年（元朝）は4.46人，1602年（明朝）は5.61人，1911年（清朝）は5.17人と考えている（梁方仲，1980）。

1980年以後，歴史上のそれぞれの時期の家族規模に関する研究はさらに詳しくなり，学者たちの比較的一致した見方は「累代同居の人口の多い大家族」は少数にすぎず，「5人家族」が中国の伝統的家族の基本的な規模とすることである。その根拠は次の3点である。第1は，中国の伝統社会は農業を基礎として，かつまた農業は個人の小規模の生産の基礎のうえに成り立つので，これにもっとも適した経済単位は小家族であること。第2に，観念のうえからみると，累代同居の家財共有の大家族は一種の理想的な家族モデルであるが，しかし現実のなかでは，家長のコントロールのもとで数組の既婚息子の家族が同居する大家族では，家族間のトラブルが比較的多く，節約意識が欠如するため，したがって，両親が生きている時に分家を行なうことが一般的な慣習であること。第3に，児童の死亡率が高かったことである（蒋文迪，2003）。

1953年以来実施されてきた6回の全国国勢調査は全面的，動態的に中国の家族規模をとらえるためにより客観的，系統的なデータを提供した。これまでの国勢調査のデータが示している家族規模は次のとおりである。すなわち，1953年は4.33人，1964年は4.43人，1982年は4.41人，1990年は3.96人，2000年は3.44人，2010年は3.10人である。ここから，家族規模は1953年から1982年間までほとんど変化はないが，1982年以後にさらに縮小しつつあることがわかる。出生率の低下，住宅条件の改善，結婚後に親と別居する若夫婦だけの世帯の増加などが家族規模の縮小の主要な要因である。

家族規模の縮小と家族構造の変化は密接に関連している。王躍生は中国の家族を「核家族」，「直系家族」，「複合家族」，「単身世帯」，「不完全家族」，「その他」

の6つの類型に分けている。そのなかの「核家族」は夫婦2人からなる家族，夫婦と未婚の子女からなる家族，夫婦の一方と未婚の子女からなる家族を含んでいる。「直系家族」は夫婦あるいは夫婦の一方と1組の既婚の子女および孫からなる家族を指す。「複合家族」は夫婦あるいは夫婦の一方と2組以上の既婚の子女からなる家族である。「不完全家族」は未婚の兄弟姉妹からなる家族を指す。かれは2010年の第6回国勢調査の1％サンプルデータを基礎にして，1982年，1990年，2000年の国勢調査の結果と結びつけて，1982年以後の中国の都市と農村の家族構造の基本的な状態および変動の情況について比較的詳細な数量分析を行なった。かれの分析のなかから，現代中国の家族構造は以下のいくつかの特徴をもつことがわかる。

　第1に，「核家族」，「直系家族」そして「単身世帯」は中国の家族を構成する3つの基本類型であり，合わせて家族総計の98％を占めている。

　第2に，「核家族」の割合は1982年の68.30％から2000年の68.18％へと20年間近くほとんど変化がなく，2000年から2010年の60.89％の下降幅が比較的大きい。

　第3に，「直系家族」が占める割合は一貫して比較的安定している。1982年には家族総数の21.74％，2010年には22.99％であり，わずかに増加したにすぎない。

　第4に，65歳以上の高齢者の居住様式からみると，2010年と1982年を比べて，「単身世帯」の割合の変化はあまり大きくなく，およそ高齢者の12％ぐらいである。この期間に，「夫婦だけ」で構成される高齢者家族は大幅に増加して，都市では12.77％から34.27％へ，農村では13.58％から26.23％へ上昇した。これと同時にみられるのは，「直系家族」のなかで生活している高齢者の減少であり，都市では60.07％から41.45％へ，農村では59.49％から50.66％へ下がっている（王躍生，2013）。

4　家族機能の変化

　家族機能とは家族が社会生活のなかで果たす役割を指し，経済，政治，教育，宗教，出産，養育，親の扶養などのそれぞれの領域を含んでいる。家族機能は社会や経済の条件の変革にしたがって変化する。近年，家族機能に関する研究のなかで，学者たちがもっとも関心を寄せているのは家族の親の扶養機能の変化である。

いわゆる親の扶養とは，一般に成年子女の老いた両親に対する経済的支持，真心のこもった労り（情感慰藉），そして生活の面倒をみることを指す。費孝通は，親子関係について中国と西洋の文化の違いを比較して，次のように指摘している。両親は子女を扶養する義務がある，これは双方とも同じである。異なっているところは，子女の両親に対する扶養の義務があるか，ないかである。親の扶養は西洋では子女の必須の義務ではないが，中国では子女が当然果たすべき責任である。西洋では，甲の世代が乙の世代を育て，乙の世代が丙の世代を育てる，これは代々順送りに受け継いで次へ送り伝えていくモデルで，「リレーモデル」と略称される。中国では，甲の世代が乙の世代を養育し，乙の世代は甲の世代を扶養し，乙の世代は丙の世代を養育し，丙の世代はまた乙の世代を扶養し，後の世代は先の世代に対して受けた結果や役割を戻さなければならないモデルで，「フィードバックモデル」と略称される（費孝通，1983）。

　このような「フィードバックモデル」は中国ですでに数千年続いており，小家族を単位とする小農生産様式，両親の権威と権益を重視する孝道の倫理観念および歴代政府の家族政策が，このモデルが長期に維持することができた重要な要因である。しかし，現代の中国の急速に発展する工業化と都市化，とくに家族規模と家族構造の変化は，このような「フィードバックモデル」を未曽有の挑戦に直面させた。

　農村では，伝統的な親の扶養モデルは，まさに2つの面から挑戦を受けている。1つは工業化の挑戦であり，もう1つは若い世代の価値観の変化の挑戦である。

　1980年以後，中国の工業化の発展にしたがって，おびただしい農村の青壮年が郷里を遠く離れて都市に行き仕事に就いた。このような移動は次第に個人の移動から夫婦がいっしょの移動に拡大して，多くの村は留守番をする高齢者と孫たちだけが残ることになった。このような家族構造は家族機能の欠如を招き，同時に高齢者の生活に深刻な影響を与えている。農村で家を守る老親は次のような困難に直面している。① 労働負担の加重。出稼ぎ労働者の収入はもとの郷里で農業に従事する収入より高いけれども，しかしかれらの老親に対する経済的支援は往々にしてわずかであり，大部分の高齢者はやはり働くことによって生計を維持しなければならないほどである。とくに，出稼ぎのひとは通常，請負地を両親による耕作に任せており，さらに高齢者の労働負担が重くなっている。② 孫の養育負担の過重。さまざまな理由によって，相当多くの農村の児童は出稼ぎの両親

と一緒に移動することができず，多くの高齢者は孫たちの日常生活の面倒をみなければならないだけでなく，孫たちのしつけもしなければならず，重い生活のプレッシャーと心理的な負担を担っている。③ ある程度他人の補助があれば，自分で身の回りのことができる高齢者，あるいはまったくできないひとに扶養サービスが欠けていること。農村の医療保障と医療サービスのレベルが長期にわたり都市より低いために，農村の高齢者の罹病率は都市の高齢者より高い。介護を必要とする高齢者の身の回りに子どもがなく，また家政婦を頼む十分な経済的能力もないので，頼れるのは配偶者だけである。つまり，配偶者のない高齢者は生存困難の苦境に陥ってしまうのである（袁金霞，2009）。

　市場経済の発展と消費文化の普及にともなって，若い世代のなかにあらわれた拝金主義と利己主義の価値観は，農村の家族による養老という伝統にさらに大きな衝撃を与えた。具体的にいえば，息子や娘は自分の財産を蓄えるために，結婚の機会に乗じてできるだけ多く家族の財産を分けてもらおうとすると同時に，なんとかして年老いた両親の扶養を拒否しようとする。これによって，農村の家族の世代間関係の緊張と高齢者の生活の困難を招いた。とくに中国の養老保険と医療保険は長い間農村までカバーしていなかったために，働く能力を失った高齢者は経済的には子どもに頼らざるをえず，若い世代の孝道観念の希薄さは農村の家族内の親子関係の対立を都市よりさらに先鋭にさせて，伝統的な養老制度の脆弱性を浮びあがらせた（閻雲翔，2006年）。

　都市では，大多数の高齢者は養老保険と医療保険を享受しており，子女がさらに多く経済的支持を提供する必要がないので，世代間の衝突は農村のように激しくない。都市の高齢者が直面している養老のリスクは真心のこもった労りと日常生活の世話の欠如である。この問題を生みだしたもっとも重要な原因は，国家の出産政策がもたらした家族規模と家族構造の変化である。「1組の夫婦につき子どもを1人に制限する」計画出産政策（1人っ子政策）の実施が1980年にはじまり，その主要な適用の対象は都市在住の漢族の住民であった。それ以後に生まれた1人っ子は，現在すでに次々と結婚と出産年齢になって，夫妻いずれも1人っ子からなる家族が「4人の自分たちの老父母」を扶養する責任を引き受けなければならない。同時に，1人っ子は唯一無二で代替不可能であるため，もし1人っ子が途中で夭折したり，あるいは心身に障がいをもったりすれば，両親は経済的には問題はないとしても，しかし真心のこもった労りと日常生活の世話を受ける

基本的な養老の資源をなくしてしまう。さらに，現在職場での競争が日増しに激しくなり，若い世代は自分自身の生計や出世に忙殺されて，両親の真心のこもった労りの欲求を満足させる暇もないし，両親の介護を自らすることもできない。また一部のひとは仕事上の理由によって両親と同じ都市に住むことができないし，両親もまた生活習慣の違いなどの理由で，子女と一緒に移動したがらないため，親子が異なる土地で別々に住む状況になり，年老いた両親は子女から実質的な真心のこもった労りと日常生活の世話を受けることが困難である（石金群，2013）。

それでは，中国の家族機能のなかの「フィードバックモデル」はすでに西洋の「リレーモデル」に転化したのであろうか。答はノーである。多くの社会調査は，観念のうえからみると，孝道は今日依然として中国社会の主流の価値で，両親に対する親不孝な行為は社会の世論の非難と世人の軽蔑を受けることをあらわしている。具体的な行為からみると，一方では，農村か都市かを問わず，両親の子女に対する経済的サポート，育児の協力そして家事のサポートは減少しておらず，拡大する傾向さえある。他方では，多数の子女もできる限り真心のこもった労りや経済的支持などの義務を果たして親の恩に報いている。ある学者は，中国の家族内の関係からみると，夫婦平等の程度はすでにますます西洋の家族のようになってきたが，しかし親子関係からみると，子どもの養育と親の扶養との関係は依然として個人主義を基調とする西洋の家族関係と大いに異なると総括している。費孝通が西洋家族の「リレーモデル」と中国家族の「フィードバックモデル」の違いに関する論述はいまも社会の現実に当てはまる（李銀河，2011）。

また，一部の学者は，「フィードバックモデル」の崩壊を防止し，中国の伝統的な養老文化を伝承するためには，政府はそれに相応した政策を制定し，家族を支援する必要があると指摘している。具体的には次の2つの対策を含んでいる。① 国民全体をカバーする養老保険，医療保険そして社会養老サービス体系を完全なものにして，子女が両親を扶養する経済負担と世話をする負担を軽減すること，② 税の優遇，家族福祉手当，両親介護の休暇制度などをとおして，子女が両親を扶養する義務の実行を奨励することである（呉帆，李建民，2012）。

現在，学者たちの上述した提案は，次第に政府の人口高齢化政策に具体化している。

5 少数民族の婚姻家族研究

　中国は56の民族から構成されている多民族国家であり，少数民族の婚姻習俗と家族の状態は漢族と多くの違いがあるため，研究の焦点になっている。とくに注目に値するのは，少数民族の学者による自民族の婚姻家族の状態に対する調査研究と説明である。

　厳汝嫻編の『中国少数民族婚姻家庭』（1986）は，多くの少数民族の学者の協力で完成した学術的著作で，全部で50名の執筆者のなかで，少数民族の執筆者は26名に及んでいる。この本の内容は，主として1950年代までの各少数民族の婚姻家族の伝統的習俗である。1960年代以後，少数民族地区の政治，経済そして社会構造に非常に大な変化が起き，それに応じて婚姻家族も多くの新しい要素を取り入れたので，多くの古い習俗は次第に消滅しつつある。したがって，この本の研究は文化を守る緊急措置的な性質をもっている，つまりいくつかの婚姻家族の伝統習俗が消失する前にありのままの記録をできるだけ残そうとしている。同時に，各民族間の相互理解と相互尊重を増進することも，この本の著者たちの１つの目的である。編者は「前書き」のなかで次のように書いている。中国の多くの少数民族の婚姻習俗は明らかに漢族のそれとは著しく異なっており，少数民族の間でさえ多種多様である。同時にまた互いに影響し合ってもいる。私たちは，これらの現象が人類の歴史的発展過程に客観的必然性をもって存在するものであると理解さえすれば，差別と偏見を払拭することができ，相互理解と相互尊重によって，民族間の団結と和睦を深めることができる。科学の責任はこれらの社会現象を適切に紹介し，そして正確に説明して，人びとにその経緯を知らしめて異なる習俗にも理解をもたせ，あわせてそれを参考にも啓発にもすることにある。

　この本は1950年代までの少数民族の婚姻家族の状況について以下のように整理している。圧倒的多数の地区で一夫一妻を主要な婚姻形態にしていると同時に，一部の地区ではまだ集団婚，複婚などの習俗が存在する。

　婚姻家族史の起点は現実の生活のなかにはすでに存在せず，ただ伝説のなかにみいだせるだけである。多くの民族の伝説のなかでは，最古の人類と禽獣とは区別がなく，山野で群居して，男女の性生活には制限がないと説いている。その後，兄妹婚－血縁集団婚の時代を経て，次第に血縁・近親の通婚を排除し，さらに母

系血族間の結婚をすべて排除する段階に発展して，母系氏族と氏族外婚制を形成した。氏族外婚制も低い段階から高い段階への発展過程を経て，もっとも早いものは氏族集団婚で，その後氏族外の一対婚に発展した。氏族外婚制の原始的な形態は，ある氏族の男子ともう１つの氏族の女子との婚姻で，その後いくつかの氏族間の環状通婚ネットを形成していった。

環状通婚制の本質は，一方向の母方交叉イトコ婚，つまり母方オジの家の娘（従姉妹）は必ず父方オバの家の息子（従兄弟）に嫁がなければならないが，しかし，母方オジの息子はオバの家の娘を妻とすることができないことである。このような一方向の母方交叉イトコ婚は，３つ以上の通婚集団をとおしてはじめて１つの環状通婚ネットを構成することができる。ジンポォ族とトーロン族の婚姻のなかに，このような環状通婚制の遺習をみることができる。

集団婚制のもとでは，結婚するのは集団内部（血縁集団婚）あるいは集団の間（氏族間集団婚）の任意の結合であり，人びとは一定の年齢に達したら，あるいは成人式をあげたら，自然と集団婚生活に引き入れられて，結婚も離婚も格別どうということはなく，おのずと結婚および離婚の儀式をする必要はない。氏族外婚はさらに発展して，一対婚制があらわれた。配偶関係とみなされる同居が社会の風潮として安定した時，集団婚がすでに一対婚へ移行したことを意味する。

雲南省寧蒗県永寧区のナシ族とプミ族のなかで盛んに行なわれている「阿注婚」は，女性側の住居への通い婚で，集団婚から一対婚への一種の過渡的形態である。「阿注婚」は出会いも別れも自由で，互いに気に入れば夜をともにし，いかなる儀式もあげる必要はなく，共同生活の家族もつくらない。通い婚に適応した「家族」形態は，純粋に母系による血族構成であり，母系親族あるいは母系家族と称される。しかし，それは婚姻関係を基礎にするのではなくて，氏族の分裂の産物である。

一対婚の結婚儀式はもともと非常に手軽であり，結納の金品はもとより，宴席を設ける必要もない。ラフ族の男子が婿入りするばあいは簡単な農具と寝具をもって，家族や友人たちにともわれ女家にはいる。女家はブタを屠り食事でねんごろにもてなして婚礼をすませる。イ族のなかのアシ人は，男子が女子にしたがって野良にでて働くことが２人の婚姻がすでに成立したことを意味する。

結婚の儀式があれば，離婚も一定の手続きを必要とする。離婚手続きはとても簡単であり，一方が一緒にいたくないと思いさえすれば，それぞれ自分の道を歩

むことができる。たとえばプーラン族のばあいでは，夫が妻に一対の蝋燭を手渡すだけで離婚が成立する地域や，夫婦で蝋燭の端をそれぞれもち，夫婦のどちらが蝋燭を刃物で断ち切って半分ずつもち去れば，その後は一切かかわりなしという地域もある。これらの民族のなかでは，女性と男性は同じく平等の離婚権があって，双方にとって再婚も容易なことであり，社会はこれについて正常な現象とみなす。

　一対婚は家族に新しい要素を加える。つまり産みの母以外に，また実の父を確かめなければならない。生産力の向上と男性の労働の役割の強化にしたがって，一対婚は一夫一妻制に向う過渡的な条件が次第に熟してきた。小家族は次第に生産と消費を共にする母系氏族から分離して，１つの経済的実体になって，家長も女性から男性に変わった。居住方法は妻方居住から夫方居住に変わり，さらに進んで母系制が父権制に変わった。この変革のなかで，新しくできた父権制と弱まった母系制が繰り返し対決し，対立が婚姻形態の改変をめぐってはじまったために，少数民族の結婚の習俗のなかに母系制と父権制の衝突をあらわす多くの古い風俗が残った。たとえば，通い婚と嫁入り婚の衝突，掠奪婚と逃婚（望まない結婚から逃れるため，家をでて他のところへ逃亡すること）の衝突，妻方居住と夫方居住の衝突，母系血統と父系血統の衝突などである。

　父権制の初期には，父権を維持する慣習法と母系制の残した習わしが同時に存在したが，両者はそれぞれ，社会の異なるメンバーに対して機能した。母のもとで生活する未婚青年は，社交はおおっぴらであり，性生活を享有する自由さえあるが，しかしある点ではすでに慣習法の制約を受ける。つまり私生児は非合法なのである，というのもそれは財産の継承などの一連の実際的な問題に関係するからである。妻が産んだ子が確実に夫の子であることを保証するために，多くの民族は既婚女性と夫以外との不貞を厳禁しており，不貞をはたらいた男女双方に対して厳しい制裁をかし，非嫡出子はさらに災の種とみなされてしばしば生存権を剥奪された。

　父権制が母系制に取って代わるにしたがって，女性は過去の崇高な地位を失ってしまい，家族の召使いと夫の子どもを産み育てる道具になった。売買婚，交換婚そして転房婚（レビレート婚：夫の死後，その兄弟と再婚すること）などの婚姻形態も生まれた。

　売買婚の多くは結納の形式によってあらわれ，いくつかの民族のなかで結納金

は赤裸々に「女の子を買う金」といわれている。これはもともと男性側の家族が，女性側の家族が成年労働力を失うことに対して提供する補償であり，のちに結納金は当事者の家柄，女子の器量と技量などの条件と結びつけられて，一部の民族のなかではかなり大きい額に達して，貧しい男子は一生涯妻をめとることができなくなった。

　労役婚は売買婚の一種の変形であり，同時にまた古い妻方居住の伝統と関係がある。つまり男子は自身の労働で妻の身売り代金を償うのである。多くの民族では，入り婚は一家の者として扱われない。たとえばチャン（羌）族は，入り婚になった者は「無能な野郎，自らの意志で入り婚になる」といった自らの人格をおとしめる証文を書かなければならず，入り婚の地位の低さを示している。

　女性は自身の財産権を失うと同時にまた夫の財産になってしまったため，おのずと離婚の権利を失った。反対に，夫は自分の品物を随意に捨てるように，思うままに妻を見捨てることができる。イスラム教を信奉する各民族は，夫が妻に一声「タラーク（塔拉克）」（見捨てるという意味）といいさえすれば，妻は必ず夫の家を離れなければならない。もし夫が口を開かないならば，冷遇された妻は虐待された状態を抜けだすことができない。

　複婚制は一夫多妻制と一妻多夫制を含む。一夫多妻制は男子を中心にした複婚制で，すべての民族の上層社会のなかにほとんど存在している，つまり多妻者は主に社会の特別な地位を占める男子である。一妻多夫婚はチベット（藏）族がよく知られており，メンパ（門巴）族，ロッパ（珞巴）族などの民族のなかにも存在している。しかも兄弟が共通の妻をもつだけでなく，友達が共通の妻をもつなどの形態もある。一妻多夫制はチベット族のなかで長く続いているが，その主要な原因は一族の財産である領土と「份地」（領主から分け与えられた土地）を分割することをせず，一族の社会的地位が下がることを防ぐためである。それゆえに，兄弟共妻現象は領主クラスおよび份地をもつ差巴クラス（農奴の1クラス）のなかで比較的多くみられ，份地をもたない低い階層のなかでは稀である。

　1995年5月から11月まで，中国チベット学研究センターの社会経済研究所が実施した「チベットの百戸家族調査」は，はじめて社会学の研究方法をチベットの婚姻家族の状況に対して運用して行なわれた大規模な社会調査である。実際の調査対象は155戸の家族で，チベット市街地区，農業地区，放牧地区の3つの異なった類型の地区に及んでいる。調査方法は訪問と観察を主として，同時にアン

ケート調査と歴史文献の蒐集を合わせたものである。調査内容はチベット族の家族構造，家族機能，家族関係，婚姻観，婚姻状態，生活様式，家族経済，家族の宗教信仰，養老の方法，出産・育児意識などの面に及んでいる。調査資料の詳細な分析をとおして，この課題チームはチベットの婚姻家族の状況に対して以下のように述べている。

都市化の進展にしたがって，都市住民の婚姻観と家族構造にはすでに大きな変化が起こっているが，しかし人里離れた辺鄙な農業地区と放牧地区では，伝統的な婚姻家族の習俗が依然として社会を支配している。結婚登記からみれば，中国の『婚姻法』の規定によって，結婚当事者が必ず婚姻登記機関で登記手続きをしなければならず，こうして婚姻ははじめて法的効力をもち，法律の保護を受けることができるのである。しかしチベットの伝統的な婚姻の観念のなかでは，結婚は男女の双方の個人的なことであり，伝統的な習俗に基づいて婚礼をあげて双方の家族，所属するコミュニティのメンバーの承認をえさえすれば，すぐさまコミュニティの内部規範の保護を受けることができる。調査された都市の既婚女性のなかで，登録手続きの未履行者が3分の1を占め，農業地区と放牧地区の既婚女性のなかでは86％以上占めている。

婚姻形態からみると，一夫一妻が主流であるが，同時に一夫多妻と一妻多夫の婚姻も存在している。一夫多妻の形式は，主に姉妹が共通の夫をもつ家族である。一妻多夫の形式は，主に兄弟が共通の妻，友達が共通の妻をもつ家族である。とくに注目すべきことは，1980年代以後，一妻多夫の家族が増加する傾向にあることである。その社会的背景には3つの要因がある。第1は経済的要因である。1980年代にチベット地区は農家請負制を実行して以後，農業区の田地，放牧地区の牧草地および家畜はすべて農牧民に配分した。兄弟共妻は家族の財産分割を避けることができ，そのうえ労働力を農・畜産業の生産に集中でき，自然災害を防ぎ止める家族の能力を高めた。第2は政策の要因である。チベット地区の政策では，チベット族の公務員の複婚を認めておらず，農牧民に対しては複婚を呼びかけも，支持もしていないが，しかし禁止もしていない。第3は婚姻法の宣伝が不十分なことである。チベットは土地が広く，交通が不便であるために，婚姻法および婚姻の登録制度は広大な農牧地域に広範にわたって浸透しておらず，多数の民衆はいまもなお伝統的な習俗に基づいて結婚している。

1950年から1994年まで，チベットの家族規模と家族構造の変化は，この期間の

土地制度の変革とともに進められた政治・経済改革と密接な関連をもっている。そのなかで，1959年の民主改革，1966年の人民公社化運動そして1980年の改革開放は，家族規模と家族構造の変化に対してもっとも大きな影響を与えた。民主改革は以前土地をもたなかった農奴に土地を手に入れさせた。そのうえ自由意志による結婚と生活の改善は家族の分化，つまり分家の増加を加速させ，総戸数が大幅に増加し，家族規模が縮小した。人民公社の時期，土地は集団所有であり，そして統一的な生産と分配が行なわれたために，家族の生産機能を弱めさせて，家族はますます核家族の方向へ進んでいった。改革開放以後，土地と家畜などの主要な生産手段は再び家族経営に戻ったことで，家族の生産機能は回復し，強化することができたし，家族の規模も再び拡大した（中国藏学研究中心社会経済研究所，1996）。

2000年以後，異なる民族間の通婚問題が多くの学者の関心をもつテーマになった。李曉霞は2000年の第5回国勢調査資料の分析をとおして，中国の各民族間の通婚には次のような3つの顕著な特徴があると考えた。

第1に，漢族との通婚は少数民族の民族間の婚姻のなかで重要な位置を占めている。その主要な要因は，① 漢族の人口はきわめて大きく，全国各地に分布していること，② 漢族と各少数民族が1つの地区に混住していること，③ 漢語が少数民族のなかに広範に普及していること，④ 漢文化は民族間の婚姻を規制する規定がないことである。現在，漢族とその他の55の少数民族とはすべて通婚関係があり，45の少数民族では漢族との通婚がかれら・かのじょらの民族間の婚姻の第1位を占めている。そのため，民族間の通婚だけからみると，漢族は中国の各民族を結びつけるもっとも重要な紐帯であり，中華民族を結合させる核心である。

第2に，一定の地域に集まって居住する民族間の交流は，大規模な民族間の通婚を形成しうる鍵である。たとえば，主に東北の3省と内モンゴル自治区に分布しているモンゴル，満，ダフール（達斡爾），エヴェンキ（鄂温克），オロチョン（鄂倫春），ホジェン（赫哲），シボ（錫伯）などの7つの民族は，漢族との通婚以外に，その民族間の通婚が主にこれらの民族の間で生じている。その主要な集中的居住区がチベット，四川，青海，甘粛などのチベット族の集中地区と相隣接しているチャン（羌），メンパ（門巴），ロッパ（珞巴），トゥチャ（土家），ユーグ（裕固）などの民族はチベット族との通婚が比較的多い。主に貴州省に分布し

ている苗，プイ（布依），トン（侗），スイ（水），コーラオ（仡佬），トゥチャ（土家）などの６つの民族間の通婚率は比較的高い。主に広西チワン自治区に分布しているチワン（壮），ヤオ（瑶），ムーラオ（仫佬），マオナン（毛南），ジン（京）などの５つの民族間の通婚率も比較的高い。

　第３に，宗教信仰は民族間通婚の拡大を妨げる働きをしており，この特徴は主に西北地区に集まり住むイスラム教を信仰する民族のなかに顕著にあらわれている。たとえばウイグル（維吾爾），カザフ（哈薩克），キルギス（柯爾克孜），トンシァン（東郷），回などの民族である。これらの民族の多数は族内婚を主としており，民族間の通婚は比較的少なく，そのうえ民族間の通婚の対象も主に同一の信仰をもつ民族である（李暁霞，2004）。

　歴史上からみると，漢族とその他の少数民族の広範な通婚は漢族の人口が絶えず拡大する重要な要因であった。それでは，現在の漢族とその他の少数民族の広範な通婚は少数民族の人口に対してどのような影響をもたらすのか。2000年の国勢調査のデータによれば，中国政府が少数民族の教育，就業，登用，徴税，出産政策などの面での一連の優遇政策を実行しているために，父母がそれぞれ漢族と少数民族であるゼロ歳から９歳の子どもの人口のなかで，少数民族の身分を選択するものは全体の67.4％に達することを示している。明らかに，少数民族と漢族の通婚は少数民族の人口の増加を促進している。しかし，民族間通婚によって生まれた子どもの民族身分の選択について，両親のどちらが少数民族であるかが大いに影響している。父親が少数民族であるばあい，その子女が少数民族を選択する割合は91.1％に達しているが，母親が少数民族であるばあいは，この割合は51.3％にすぎない。これは子女の民族身分を確定する時，父親は母親より影響力があることを物語っている（郭志剛，李睿，2008）。

　同時に，中国政府は人口の比較的少ない民族の発展を非常に重視し，少数民族と少数民族の地区に対して特別優遇政策を実施する際，人口のより少ない民族に対してさらに多くの支持と便宜を与えている。したがって，少数民族と少数民族が結婚するばあい，その子女は民族の身分を申告する時，両親の所属する民族のなかで人口のより少ない方を選ぶ傾向がある。これは人口の比較的少ない民族の人口の増加をもたらしている（魯剛，2005）。

参考文献

陳顧遠『中国古代婚姻史』商務印書館，1925年。
陳東原『中国婦女生活史』商務印書館，1928年。
李景漢『北京郊外之郷村家庭』商務印書館，1929年。
呂思勉『中国宗族制度小史』中山出版社，1929年。
李景漢『五百一十五農村家庭之研究』燕京大学社会学系印刷，1931年。
徐啓中『広州工人家庭之研究』中山大学経済調査処印刷，1934年。
陶希聖『婚姻與家族』商務印書館，1934年。
高達観『中国家族社会之演変』正中書局，1934年。
言心哲『農村家庭調査』商務印書館，1935年。
陳長衡「我国土地與人口問題之初歩比較研究及国民経済建設之政策商権」『地理学報』1935年第2巻第4期。
陳顧遠『中国婚姻史』商務印書館，1937年。
孫本文『現代中国家族問題』商務印書館，1942年。
費孝通『生育制度』商務印書館，1947年。
瞿同祖『中国法律與中国社会』商務印書館，1947年。
潘光旦『明清両代嘉興的旺族』商務印書館，1947年。
張政烺「古代中国的十進制氏族組織」『歴史教学』第2巻3，4，6期，1951年。
楊寛「試論西周春秋期間的宗法制度和貴族組織」『古史新探』中華書局，1956年。
金景芳「論宗法制度」『東北人民大学学報』1956年第2期。
馬起「婚姻和家庭在歴史上的演変」『東北人民大学学報』1956年第6期。
丁山『甲骨文所見氏族及其制度』科学出版社，1956年。
賀昌群「関於宗族，部族的商権」『歴史研究』1956年第11期。
童書業「論宗法制與封建制的関係」『歴史研究』1957年第8期。
李学勤「論殷代親族制度」『文史哲』1957年第11期。
姚薇元『北朝胡婚考』科学出版社，1958年。
傅衣凌「論郷族勢力対於中国封建社会経済的干渉」『廈門大学学報』1961年第3期。
左雲鵬「祠堂，族長，族権的形成及其作用試説」『歴史研究』1964年第5，6期。
楊寛「試論西周春秋間宗法制度和貴族組織」『古史新探』中華書局，1965年。
梁方仲『中国歴代戸口，田地，田賦統計』上海人民出版社，1980年。
費孝通「家庭結構変動中的老年瞻養問題」『北京大学学報（哲学社会科学版）』1983年第3期。
厳汝嫻編『中国少数民族婚姻家庭』中国婦女出版社，1986年。
史鳳儀『中国古代婚姻與家庭』湖南人民出版社，1987年。
朱勇『清代宗族法研究』湖南教育出版社，1987年。
劉英，薛素珍編『中国婚姻家庭研究』社会科学文献出版社，1987年。

費孝通『費孝通民族研究文集』民族出版社，1988年。
彭衛『漢代婚姻形態』三秦出版社，1988年。
高世瑜『唐代婦女』三秦出版社，1988年。
張邦煒『婚姻與社会:宋代』四川人民出版社，1989年。
王玉波『中国家長制家庭制度史』天津社会科学院出版社，1989年。
陳鵬『中国婚姻史稿』中華書局，1990年。
張樹棟，李秀領『中国婚姻家庭的嬗変』浙江人民出版社，1990年。
岳慶平『中国的家與国』吉林文史出版社，1990年。
朱鳳瀚『商周家族形態研究』天津古籍出版社，1990年。
謝維揚『周代家庭形態』中国社会科学出版社，1990年版。
王玉波『中国家庭的起源與演変』河北科学技術出版社，1992年。
徐揚傑『中国家族制度史』人民出版社，1992年。
王玉波「啓動・中断・復興——中国家庭，家族史研究述評」『歴史研究』1993年第2期。
張萍編『当今中国社会病』北京燕山出版社，1993年。
銭杭『中国宗族制度新探』（香港）中華書局，1994年。
馮爾康等『中国宗族社会』浙江人民出版社，1994年。
陶毅等『中国婚姻家庭制度史』東方出版社，1994年。
沙吉才編『当代中国婦女家庭地位研究』天津人民出版社，1995年。
張萍編『中国婦女的現状』紅旗出版社，1995年。
中国藏学研究中心社会経済研究所『西藏家庭四十年変遷』中国藏学出版社，1996年。
岳慶平『漢代的家庭與家族』大象出版社，1997年。
楊際平等『五～十世紀敦煌的家庭與家族関係』岳麓書社，1997年。
常建華『宗族志』上海人民出版社，1998年。
費成康『中国的家法族観』上海社会科学院出版社，1998年。
郝時遠編『田野調査実録：民族調査回憶』社会科学文献出版社，1999年。
祝瑞開『中国婚姻家庭史』学林出版社，1999年。
段塔麗『唐代婦女地位研究』人民出版社，2000年。
王善軍『宋代宗族與宗族制度研究』河北教育出版社，2000年。
郭松義『倫理與生活——清代的婚姻生活』商務印書館，2000年。
王躍生『十八世紀中国婚姻家庭』法律出版社，2000年。
王玠玲『中国婚姻史』上海人民出版社，2001年。
張敏傑「中国的婚姻家庭問題研究：一個世紀的回顧」『社会科学研究』2001年第3期。
邢鉄「二十世紀国内中国家庭史研究述評」『中国史研究動態』2003年第4期。
王躍生『清代中期婚姻衝突透析』社会科学文献出版社，2003年。
張翼「中国階層内婚制的延続」『中国人口科学』2003年第4期。
蒋文迪「"中国歴代農民家庭規模與農民家庭経済学術研討会"綜述」『中国経済史研究』

2003年第 4 期。
張希坡『中国婚姻立法史』人民出版社，2004年。
崔明德『先秦政治婚姻史』山東大学出版社，2004年。
李暁霞「中国各民族間族際婚姻的現状分析」『人口研究』2004年第 3 期。
常建華『明代宗族研究』上海人民出版社，2005年。
王曉清『元代社会婚姻形態』武漢出版社，2005年。
魯剛「現段階我国少数民族人口発展的回顧與展望」『雲南社会科学』2005年第 4 期。
胡鴻保編『中国人類学史』中国人民大学出版社，2006年。
閻雲翔『私人生活的変革：一個中国村庄里的愛情，家庭與私密関係1949～1999』上海書店出版社，2006年。
張国剛編『中国家庭史』（1～5 巻）広東人民出版社，2007年。
蘇紅「多維視角下的中国家庭婚姻研究：結構，関係，家族和文化」『社会』2007年第 2 期。
郭志剛，李睿「従人口普査数据看族際通婚夫妻的婚齢，生育数及其子女的民族選択」『社会学研究』2008年第 5 期。
馮爾康等『中国宗族史』上海人民出版社，2009年。
鄭振満『明清福建家族組織與社会変遷』中国人民大学出版社，2009年。
袁金霞「我国農村空巣老人養老問題思考」『青海社会科学』2009年第 3 期。
王永平『東晋南朝家族文化史論叢』江蘇広陵書社有限公司，2010年。
王英侠，徐暁軍「択偶標準変遷與階層的封閉性」『青年探索』2011年第 1 期。
李銀河「家庭結構與家庭関係的変遷——基於蘭州的調査分析」『甘粛社会科学』2011年第 1 期。
徐楊傑『中国家族制度史』武漢大学出版社，2012年。
風笑天「城市青年択偶方式：未婚到已婚的変化及相関因素分析」『江蘇行政学院学報』2012年第 2 期。
呉帆，李建民「家庭発展能力建設的政策路径分析」『人口研究』2012年第 4 期。
王躍生「中国城郷家庭結構変動分析」『中国社会科学』2013年第12期。
石金群「中国当前家庭養老的困境與出路」『中央民族大学学報（哲学社会科学版）』2013年第 4 期。

訳者あとがき

　本書『中国の近代化と社会学史』は，張琢・張萍著の『中国現代化和社会学史』の全訳である。

　著者の一人張琢は，元中国社会科学院社会学研究所研究員，中国社会科学院研究生院教授，中国社会科学院社会学研究所『社会学研究』編集長，前愛知大学現代中国学部教授である。もう一人の著者張萍は元中国社会科学院社会学研究所副研究員，現佛教大学社会学部教授である。本書は日本語訳で総字数40万字余りで，全14章からなるが，第１章から第５章までは張琢の単独執筆で，1892年から1992年までが論述の対象になっている。そして，第６章から第14章は張琢と張萍の共同執筆で，1993年から2018年までが論述の対象になっている。

　本書の第１章から第５章までは，すでに1992年に『中国社会和社会学百年史』として中華書局（香港）有限公司から出版されたものである。出版当初とその論述の骨子にはまったく変りなく，その文章には整理がなされている。引用文献および参考文献も当初のものは文末に「本書主要参考文献」として15冊があげられているだけであったが，本書ではより詳しく，各章ごとに参考文献として新たに作成されなおされている。

　本書の第６章以下は，第10章の「農村の社会変動およびその研究」（2015年３月「20世紀以降の中国の農村における社会変動に関する研究（上）」『社会学部論集』（佛教大学），第60号および2015年９月「20世紀以降の中国の農村における社会変動に関する研究（下）」，同上，第61号にそれぞれ日本語で発表）と第14章の「婚姻と家族の研究」（2016年９月，「中国における婚姻と家族の研究」，同上，第63号に星明訳で発表）以外は，すべて新たに書き下ろされたものである。

　第６章以下であつかわれている経済，政治，都市，農村，出産政策，家族などどれをとってみても，中国社会のドラステックな変動を反映して，中国では月単位，年単位で法律，政策，制度が大きく変化しつつある。したがって，中国語のもと原稿はなんどとなく加筆，削除そして改稿がなされた。

　本書は中国の社会学と社会学史について豊富な研究業績をもつ２人の著作であり，120年余りの歴史をもつ中国の社会学をたんに時系列に素描したものではな

く，むしろ社会学を取りまく中国の当時の政治，経済，社会，社会思想とのかかわりで論述されているところに特徴がある。社会の変動と社会学のかかわりが，たとえば韓明謨の『中国社会学史』(1987，天津人民出版社) より，また楊雅彬の『中国社会学史』(1987，山東人民出版社) より，さらに動的に，現実性をもって論述されているし，また扱った期間も両著書よりはるかに長い。

　日本の国会図書館の書誌データベースをみてもわかるように，日本には中国社会学，中国社会学史の著書や論文はきわめて少ないし，同時に中国の社会学，社会学史の研究者もごく少数である。本書の刊行は，日本の社会学界やこれから中国の社会学，社会学史を研究しようとする人たちに対しても意義のある貢献ができるものと考えられる。

　本書は中国の社会学史はもとより，それをはるかに超える内容が論じられている，政治，経済，文化，人口さらに家族，農村社会，都市社会，階層の問題に至るまでが論じられている。時に，政治的な立場による記述もあるが，基本的に事実を全面に押しだした記述に比重がおかれている。

　おそらく，誤解や誤訳の箇所が残っているかと思うので，お気づきの方がたからご教示を賜われば幸甚です。

　ミネルヴァ書房の浅井久仁人さんから本書の刊行，構成，編集について数多くのアドバイスをいただいた。心から感謝申しあげたい。

　なお，本書出版にあたっては，訳者の勤務校である佛教大学から2018年度の出版助成を受けた。記して，感謝申しあげる次第である。

　　　2018年10月1日

　　　　　　　　　　　　　　　　　　　　　　　　　　　　　　　星　　明

人名索引

A-Z
Dittman, C. G.　35
Monn, A.　35
Richard, T.　36

ア行
有賀長雄　36
アレクサンダー, J. C.　242
晏陽初　80, 227, 228, 249
易暁燕　283
池田誠　37
インケルス, A.　117, 129, 133
ヴァルデルゼー, A.（瓦徳西）　16
ウェイジンスキー　54
ヴェーバー, M.　143, 242
惲代英　34
鄢一龍　179
閻雲翔　387
袁金霞　387
エンゲルス, F.　36, 225
袁剛　306
袁新文　203
袁世凱　10, 19, 31, 33, 39
遠藤隆吉　36
閻鵬　147
閻明　224
王英侠　382
黄永勝　109
王学文　75
黄季焜　273
王宜昌　76
王侠　355
黄興　28
王暁清　378
黄暁勇　192
王玉波　375, 376
王金営　352
欧榘甲　7
王広州　349
汪康年　9

王光美　108
王洪文　105
黄克誠　101
王滬寧　176
黄遵憲　9
王小紅　367
王紹光　179
王小魯　331
王書奴　238
黄申薌　33
王瑞宝　258
汪精衛　60
王善軍　378
王韜　1
汪東興　119
翁同龢　10
汪徳華　356
王徳福　336
王徳文　202
王年一　105
王洪模　122
黄郛　47
黄文　78
翁文灝　342
王玢玲　375
王鵬　355
王明　65
王躍生　378, 385
王勇　177
汪洋　176
欧陽鈞　36
欧陽静　279
オグバーン, W. F.　82
於建嶸　267
温家宝　151, 182, 197
温鉄軍　266, 275

カ行
郭維明　351
郭暁鳴　273

郭志剛	395	金景芳	374
郭松義	378	叢進	98
郭榛樹	371	瞿秋白	61, 74, 120, 224, 226
郭沫若	76	瞿同祖	238, 373
岳慶平	375, 378	邢楽勤	262
何啓	26	厳恩椿	36
何光	310, 313	厳汝嫻	389
華国鋒	112, 119	言心哲	233, 235, 342, 373
何叔衡	34	厳復	9, 22, 33
賀昌群	374	厳霊峯	75
柯象峰	233, 235	胡鞍鋼	320
何震	37	高王凌	259
華生	273, 327	高化民	262
賀雪峰	273, 275, 280	康暁光	275
夏曾佑	9	江紅英	262
柯緹祖	323	江亢虎	37
カルプⅡ, D.	35	康広仁	12
何煉成	274	孔子	9, 39
河上肇	225	孔祥熙	64
韓俊	150, 266, 269	孔祥智	272
簡新華	275	光緒帝	9, 29
韓正	176	康生	103
韓長賦	272	江青	103
韓復榘	80	高世瑜	378
韓明謨	82, 224	江沢民	123, 149
韓曦	266	高達観	373
魏源	3	肯尼廸	88
魏後凱	329	高培勇	356
北村正子	82	康宝忠	34
キッシンジャー, H. A.	116, 129	康有為	3, 5, 7, 20, 27, 33, 39, 249
魏程琳	281	呉越	273
ギディングス, F. H. (吉精顔斯)	22	コールマン, J. S.	242
ギデンズ, A.	242	胡鑑民	78
牛文元	327, 332	胡煥庸	343
牛鳳瑞	332	呉毅	259
仇立平	369	胡喬木	140
喬啓明	78, 342	呉玉韶	355
龔古今	6	胡錦濤	151, 162
喬石	123	呉虞	41
鄔滄萍	345	呉景超	35, 233, 342, 343
曲福田	273	胡啓立	123
許仕廉	35, 233, 235, 342	辜勝阻	307
許滌新	47, 224, 342	胡小武	349

人名索引

呉承明　65,72
呉澤霖　35,78,233
顧正紅　59
顧朝林　291,331
胡適　40
呉佩孚　57,59
呉文藻　35,78,230,233,342
呉帆　388
呉鵬森　262
顧明遠　203
顧孟余　342
胡耀邦　119
コント，A.　143,225,226,242

サ行

蔡永飛　284
蔡継明　274,331
蔡元培　28,53,227
蔡昉　306
崔明徳　378
載灃　29
蔡和森　34,61,225
左雲鵬　374
坂元ひろ子　24
沙吉才　380
沙健孫　262
薩端　36
ジェンクス，E.　23
慈禧太后　10,27
史鳳儀　375
謝維揚　378
謝国楨　238
謝明幹　66,88
謝立中　240
周一星　331
周恩来　58,61,68,96,108,172
習近平　151,166,176
周天勇　275
朱其彗　227
祝瑞開　375
朱顕栄　273
朱執信　37
朱徳　113,173

朱鳳瀚　378
朱勇　378
荀子　4,5
譙遠　307
ジョヴォンズ，S.　23
肖海英　306
蒋介石　58,64,67,72,112,252
章暁佳　284
焦金波　266
鐘恵瀾　342,343
常建華　375,378
蒋星煜　238
章宗祥　43
章太炎　28,36
章徴科　266
肖冬華　270
蒋文迪　384
尚秉和　238
章有義　49
章裕昆　33
鐘立華　278
徐毅　351
徐暁軍　383
徐勤　7
徐啓中　373
徐世昌　19
徐楊傑　375,376
志霊　326
辛逸　266
瀋原　370
ジンメル，G.　242
鄒容　28
杉本達夫　24
杜潤生　262
スペンサー，H.　22
スミス，A.　23,241
成漢昌　258
西太后　10,15
石金群　388
施存統　225
薛福成　1
薛暮橋　76,229,252
セルトー，M. d.　242

全慰天　*343*
全漢昇　*238*
千家駒　*229,252*
錢杭　*375,377*
錢俊瑞　*76*
錢振亜　*233*
宋教仁　*28,37*
曹洪涛　*294,296,309,313,316*
曹錕　*19,57*
宋子文　*64*
曹笑輝　*273*
曹汝霖　*43*
曹晋　*216*
宋世斌　*357*
宋平　*123*
曾毅　*351*
蘇継祖　*12*
蘇少之　*262*
孫健　*64*
孫志軍　*352*
孫冶方　*76,229*
孫中山　*26,31,33,56,57*
孫伝芳　*62*
孫文　*249*
孫本文　*35,77,91,116,224,226,234,342,343,373*
孫立平　*365*

タ行

戴季陶　*60*
戴世光　*342*
建部遯吾　*36*
田中角栄　*116*
譚嗣同　*10,20*
譚震林　*108*
段塔麗　*378*
湛風濤　*268*
譚平山　*57*
段祺瑞　*19*
趙瑩　*332*
張英洪　*273*
張学兵　*300*
張学良　*63,68*

張希坡　*375*
張勲　*40*
張国剛　*375,377*
張志澄　*76*
張樹棟　*375*
張春橋　*103*
張俊才　*317*
趙紫陽　*120,149,150*
趙承信　*79,226,343*
張曙光　*273*
張政烺　*374*
張千帆　*273*
張琢　*144,224,239*
趙発生　*300*
趙美英　*284*
張聞天　*101*
趙文林　*48,74*
張萍　*381,382*
張邦煒　*378*
張鳴　*172*
張翼　*383*
趙楽際　*176*
張楽天　*266*
褚天驕　*322*
陳雲　*119*
陳炎兵　*320,324*
陳家喜　*282*
陳果夫　*64*
陳翰笙　*35,224*
陳旭麓　*9,48*
陳顧遠　*238,373*
陳毅　*108*
陳竺　*182*
陳志武　*274*
陳序経　*78*
陳達　*35,78,91,233-235,342,343*
陳長蘅　*36,235,342,384*
陳天華　*28*
陳東原　*238,373*
陳独秀　*40,54*
陳伯達　*103*
陳鋒　*281*
陳鵬　*375*

人名索引

陳友華　349
陳立夫　64
陳琳　170
陳翰笙　252
程恩富　170
鄭観応　1, 26
鄭杭生　224, 341
丁山　374
鄭振満　378
丁水木　306
鄭風田　283
鄭秉文　355
鄭有貴　306
テイリー, C.　242
翟直頴　238
デュモン, L. C. J.　242
デュルケム, E.　117, 242
傅衣凌　374
田錫全　298
田雪原　354, 357
湯一鄂　36
鄧穎超　120
陶毅　375
陶希聖　75, 373
陶行知　227
鄧子恢　260
董国強　263
董克用　216
唐才常　27
鄧小平　103, 119, 124, 140, 141, 149, 150
童書業　374
陶成章　28
唐中　299
陶鋳　100
湯兆雲　352
陶直夫　76
鄧中夏　54, 61
陶孟和　36, 77, 229, 233, 342
トックビル, A.-C.-H.d.　241

ナ行

ニクソン　116
西順蔵　24

任曙　75
任弼時　173, 255

ハ行

パーソンズ, T.　143, 242
ハート, R.　18
バウマン, Z.　242
薄一波　86, 259
白少川　299
麦孟華　7
ハックスリー（Huxley, T. H.）　9, 13
ハバーマス, J.　242
パレート, V.　242
潘家華　326
潘金洪　352
潘光旦　78, 233, 236, 342, 343, 373
範秀敏　320
万川　306
ハンチントン, S. P.　129
潘東周　75
班茂盛　307
費孝通　78, 117, 141, 231, 239, 330, 342, 343, 373, 384, 386, 388
費成康　375
馮玉祥　63
馮桂芬　3
馮爾康　375, 376
馮新力　355
風笑天　380
溥儀　29
ブハーリン, N. I.　225
巫宝三　66
ブラウ, M.　242
ブラヴォイ, M.　242
ブルーマー, H. G.　242
ブルデュー, P.　242
ブレジンスキー, Z. K.　129
文貫中　274
ベッカー, H. S.　242
彭衛　378
彭真　103, 108
彭徳懐　85, 101
彭湃　59, 75

405

彭敏　316
星明　37,82
保羅　88
ポラニー, K.　242
ホルクハイマー, M.　242
ボロディン, M. M.　60

マ行

マートン, R. K.　242
マーシャル, T. H.　242
馬寅初　342,343
馬起　374
馬建忠　1
馬光川　284
馬羽　262
馬洪　88,93,310
マリノフスキ　230
マルクーゼ, H.　242
マルクス, K.　36,76,225,242
マンハイム, K.　242
ミード, G. H.　242
ミル, J. S.　22,33
孟勤国　275
蒙思明　238
毛沢東　34,57,61,65,68,73,75,81,96,103,
　　　119,144,172,193,255,268,312,313,343,
　　　360
毛丹　277
モンテスキュー, C. L. S.　23,33,241

ヤ行

熊易寒　282
游嘉徳　233
熊啓珍　266
兪徳鵬　307
姚依林　123
楊蔭傳　65
楊雲彦　306
楊鋭　10
楊華　277
楊開道　78,233,235,236
楊雅彬　224
楊寛　374

楊玉鵬　33
姚桂栄　266
楊継紅　284
楊奎松　259
葉剣英　108,119
楊虎城　68
楊樹達　238
楊小凱　274
楊深秀　12
姚薇元　374
姚文元　103
葉明　275
葉楊兵　262
余天休　77

ラ行

雷潔瓊　342
雷頤　300
羅宏翔　294,311
ラトゥール, B.　242
羅平漢　262,265
藍海涛　306
李安増　263
李安宅　231,237
李煒　242,243
李維漢　98
李睿　395
李学勤　374
力平　257
李強　361
李暁霞　394
李暁西　320
李銀河　388
陸学芸　277
陸宗興　43
陸道平　273
李景漢　35,78,228,343,373
李迎生　224
李剣華　233
李建民　388
李鴻章　1,6,27
李克強　159,165,176,182
李之竜　61

李路路　242
李秀領　375
李樹茁　351
李俊霞　336
李春玲　368
李瑞環　123
李先念　108, 119
李宗仁　63
李大釗　40, 45, 54, 61, 74, 224, 226
李達　81, 224, 226, 342
栗戰書　176
リッツア，G.　242
李德生　111
李培林　224, 240, 252
李伯相　1
李飛　283
李鵬　123, 149
李步雲　184
劉雲生　275
劉英　380
劉奇　283
劉剣　370
劉光台　10
劉師培　37
劉守英　273
劉少奇　62, 103, 120, 173
劉少傑　224
劉小萌　315
劉爽　350, 352

劉錚　344
李湧平　351
梁宇皋　36
梁啓超　4, 5, 7, 20, 27, 34, 237, 342
廖洪楽　272
梁漱溟　80, 227, 249
廖仲愷　58
梁方仲　384
梁麗　264
呂思勉　238, 373
李立三　60
林蘊暉　86
林輝煌　281
林毅夫　263, 300
林旭　10
林聚任　284
林伯渠　57
林彪　104
林富徳　345
林耀華　231
ルーマン，N.　242
ルソー，J. J.　20, 241
ルフェーブル，H.　242
レーニン，V. I.　42, 55, 56, 173, 193
路遇　314
魯迅　40
盧福営　278
廬陵　298

事項索引

ア行

愛国主義 46,108
阿注婚 390
アヘン戦争 6,11,12,18,69,89
維新派 7,9,10,12,13,20,34,39
維新変法 6,8,12,20,23,36
イスラム教 170
一大二公 125
「一二・九」愛国運動 67
一妻多夫制 392
一帯一路 157,166
逸脱社会学 239
一対婚 390,391
一党支配 170
一夫一妻 352,379,389,391,393
一夫多妻制 392
イデオロギー 102,152,170,238,360,364
インターネットプラス 165,166
右派分子 91,98,110,136,344,359
エスニック 241
エリート政党 170
遠隔教育 205
捐官制 3
燕京大学 35,77,79,228,231,232,235
王制 4
黄埔 59

カ行

外貨規制 86
改革開放 92,104,123,128,134,137,140,144,
　　　　 149,151,154-156,166,169,190,191,196,
　　　　 199,210,213,214,218,221,239,240,244,
　　　　 324,355,359,361,363,365,369,371,382,
　　　　 394
階級政党 57,169
階級闘争 37,53,91,98,102,124,175,266,360,
　　　　 374
階級分析 61,359,360,369,370
階級分析法 371
街頭運動 170
開放 120
開明紳士 253
改良主義 3,91,249
科学技術戦略 164
科学社会学 143,239
科挙制度 8,13,19
学院派 226,233
核家族 384,394
学習型社会 208
革命委員会 106-109
家族機能 374,387,388,393
家族規模 347,374,377,383,384,386,387,393
家族構造 374,377,383,385-387,393
家族社会学 143,239
カトリック教 170
家父長制 5,20,258,375,376
通い婚 390,391
漢奸分子 253
環境社会学 239
監察 170
慣習法 391
環状通婚制 390
管理者階層 363
官僚資本 65,72,86
官僚主義 85,122,174,186
議院 1,12
議会 170
キツネ狩り作戦 188
帰納法 36
九・一三事件 111
「九・一八」事変 64,66,67
牛鬼蛇神 105,106
九三学社 171
教育格差 196,201,202,208,221
教育社会学 77,145,239
強学会 9
供給側構造改革 154
共産主義 53,54,99-102,104,108,193,266,307
共産主義青年団 62,89,119,120,145,347
『共産党宣言』 37,225

京師大学堂　*13,34*
行政改革　*177,191*
行政審査認可制度　*188*
共通認識型　*182*
共同綱領　*58,84,85,89,95,171,183,301*
享楽主義　*170,186*
挙人　*8*
キリスト教　*170*
議郎　*8*
義和団　*11,14,15,17,27,35,46,51*
近代化　*103,106,112,114,120-122,124-128,131,132,134,135,137,139,142-144,149,150,154,166,172,190,208,240,243,244,248,267,268,270,275,278,279,281,283,284,292,307,309,319,326,332,333,377*
近代化理論　*170*
金陵大学　*35,77,78*
空巣老人　*354*
草の根団体　*192*
グランド理論　*243*
群学　*3,24,33,34*
『群学肄言』　*22,23*
軍事共産主義　*104*
軍閥　*19,31,32,39,43,44,48,50,52,55-59,63,64,80,81,248*
経営者階層　*363*
経学　*19*
計画経済　*122,150,152,200,210,213,240,262,266,271,300,305,306,306,314,324,365,371*
計画出産政策　*126,343-345,349*
経験研究　*243*
経済階層　*361*
経済社会学　*239*
経済体制改革　*122,123,131,152,160,191,240,318*
経済的土台　*18*
形而上学　*14,20*
経世済民　*244*
啓蒙　*23,35,45,52,67,70*
現象社会学　*243*
減租減息　*253*
五・一六通知　*105*

高級社　*94,261,263-265*
公共意識　*252*
工業化　*13,18,51,53,70,86,93,126,137,139,143,144,151,163,169,227,240,248,260,262-264,266-268,273-276,279,290-292,298,300,319,324,325,330,332,333,336,360,365,386*
孔教会　*39*
合計特殊出生率　*344,348,349,354*
公私合営　*87,88,94*
庚子賠償金　*17,35*
公車上書　*8*
構造＝機能主義　*242*
郷村建設　*77*
郷村建設運動　*81,227,236,249,252*
興中会　*27*
公聴会　*177,180,184*
郷鎮企業　*125,127,132,138,143,145,276,277,319,320,365,371*
皇帝　*8,9,11,17,32,40,42,56*
皇帝制度　*31*
孝道　*386,387*
抗日戦争　*69-73,77,79,81,82,86,171,193,234,253,254*
抗日統一戦線　*68*
購買力　*129,257*
購買力平価　*129,146,166,198*
後発型発展途上国　*47*
抗米援朝　*85,103,257*
合弁　*159,210*
公民意識　*252*
公民権　*136,359,370*
郷約　*236,250*
公有制　*100,122,127,137,150,152,154,155,157,159,170,190,272,276,325,383*
公羊三世説　*21*
5か年計画
　第1次　*92,179,292,293,295,296,307,309*
　第2次　*179,307*
　第3次　*179,313*
　第4次　*179,313*
　第5次　*179*
　第6次　*122,142,179,347*

409

第7次　*142,180*
　第8次　*163,180*
　第9次　*180*
　第10次　*180,332*
　第11次　*163,180*
　第12次　*164,180*
　第13次　*164,180,199*
国内総生産　*163,203*
国民政党　*169*
国民政府　*60,62-64,68,70,79*
国民総生産　*128,129,203*
国有企業　*136,137,153-159,181,186,187,189,
　198,199,209,213,293,318,320,364,365*
国有資産管理体制　*159*
五権分立　*31*
五・三〇事件　*60*
五・四運動　*39,44*
個人経済　*86,89,93,95,155,263,314*
個人商工業階層　*363*
戸籍改革　*321,325,333-335*
戸籍管理制度　*291,297,301,321,325*
戸籍人口　*291,292,317,327,334,336*
戸籍制度　*265,300,303,305,317,320,325,333,
　335,336,370,383*
国会　*12*
国家監察委員会　*188*
国家計画委員会　*312*
国家創新駆動発展戦略綱要　*164*
国家中長期科学技術発展規劃綱要　*164*
国共合作　*56,58,59,62,74,171*
国権回収運動　*64*
滬東公社　*35,37*
五・七指示　*104*
雇農　*253*
5保扶養制度　*215*
コミュニティ研究　*143,230,231,239*
五類分子　*359*
コンフリクト理論　*242*

サ行

最高綱領　*55*
最低綱領　*55*
最低生活保障　*161,163*

最低賃金基準　*161*
差序格局　*232*
参議院　*30*
産業社会学　*143*
産業労働者階層　*363*
三権分立　*12,178*
三綱五常　*20*
産児制限　*235,342,344*
産児制限法　*36*
三支両軍　*108*
参政党　*169*
三線　*115,312,315*
三大改造　*94*
三大政策　*60*
三段階発展戦略　*124*
三反運動　*85*
三民主義　*28,33,58,89,235*
三面紅旗　*99,101*
私営企業　*137,145,155,156,159,277-281,318,
　363-365,371*
私営企業主階層　*363*
私営経済　*159,363,364*
師爺　*52*
市場経済　*149,152,153,155,160,191,199,210,
　213,277,365,369,387*
失業者階層　*363*
執政党　*85,169*
地主階級　*50,52,53,75,84,88,252,254,255,
　257,259*
資本主義　*1,18,27,31,45,46,49,66,75,76,80,
　87,95,98,104,106,107,110,129,149,151,
　152,249,268,314,370*
資本主義商工業　*87,90,91,93,94,96,263,363*
事務員階層　*363*
社会階層　*32,50,52,144,170,208,239,359-
　362,365,366,369,371*
『社会学刊』　*77,82,233,245*
社会学研究所　*145*
社会学史　*35,81*
社会学の回復　*141*
社会学の再建　*224,238,240,242,244*
社会学理論研究　*239,243*
社会学会　*77,141,145,297*

410

社会構造　48, 52, 54, 67, 75, 84, 136, 137, 142, 230, 231, 240, 244, 248, 249, 258, 265, 282, 290, 350, 362, 365, 366, 370, 371, 389
社会最底辺集団　361
社会主義　21, 34, 37, 45, 54, 56, 65, 71, 74, 81, 87, 95, 97, 99, 102-104, 117, 121-123, 127, 129, 140, 149, 152, 161, 166, 183-185, 190, 193, 225, 227, 249, 261-264, 268, 282, 292, 295, 307, 309, 369
社会主義革命　42, 44, 75
社会主義経済　94, 122, 125, 150, 152, 269, 292
社会主義市場経済　153-155, 159, 212, 240, 241, 319, 323, 364, 371
社会主義的改造　90, 91, 93, 95, 150, 151, 154, 262, 292, 294, 314, 363
社会進化論　22, 36
社会心理学　22, 78, 79, 143, 145, 239
社会人類学　231
社会政策研究　239
社会調査運動　227, 228
社会的の交換理論　242
社会統計学　77, 129
社会保障制度　208, 209, 214, 220, 321
社会問題　143
上海大学　74, 145, 225
私有企業　152, 155
衆愚政治　178
終身雇用制度　314
修正主義　102, 104, 110, 151
修正マルクス主義思潮　170
住宅分配制度　305
集団婚　389, 390
集団所有制　125, 136, 137, 154, 210, 261, 263, 264, 314, 317, 318
10の社会階層　363
儒学　23, 170, 249
出産政策　341, 343, 346-349, 352, 356, 387, 395
出生性比　341, 350, 352
循環型経済　164
巡視　170, 187, 188
商業サービス業従事者階層　363
小康社会　166, 221
常住人口　291, 294, 297, 317, 323, 326, 333-336

小城鎮　142, 143, 290, 317, 320, 321, 329-333, 335, 336
商団叛乱　59
城鎮化率　317, 327, 333, 336
城鎮社会学　143
小都市　138, 139, 142, 284, 290, 296, 304, 308, 317, 321, 323, 331, 333, 335
商品経済　46, 50, 95, 122, 152, 258
上部構造　18, 191, 365
情報化　169, 240, 333
情報公開　170, 188, 189, 192
初級社　260, 261, 263
植民地　2, 6, 7, 14, 16, 32, 42, 55, 56, 66, 69, 96, 230
食糧供給制度　305
女性・ジェンダー研究　239
所得格差　161, 162, 241, 365, 371
辛亥革命　14, 30, 31, 33, 34, 37, 39
新型城鎮化　317, 332, 333
進化論　9, 13, 20, 23, 36, 236
シンクタンク　180
新軍　18, 29, 31, 33
人口過剰　342, 349
人口高齢化　341, 353, 388
人口社会学　341, 342
新興宗教　170
新左派思潮　170
新自由主義思潮　170
新常態　153
新人口論　343
新政　10, 11, 18, 20, 34, 35
辛丑条約　16, 17, 35
人治　98, 184
清朝　1, 8, 11, 13, 15, 26, 32, 33, 35, 39, 51, 58, 375, 377, 384
新文化運動　16, 34, 39, 40, 45
シンボリック相互作用論　242
人民公社　99-102, 125, 151, 216, 248, 261-266, 271-273, 311, 315, 317, 318, 394
新民主主義　61, 65, 74, 86, 89, 90, 359, 379
新民主主義革命　59, 71
『新民説』　23, 24, 34
人民民主主義　74, 84, 171, 257

人民民主主義独裁　*359*
人類学　*77,232,237,239,373*
ストライキ　*43,44,49,55,59,97*
清華大学　*77,78,108,109,231,234,236*
政策決定　*90,95,170,173,177-179,181,182,184,192,281,300*
西山会議　*60*
政治階層　*361*
政治協商制度　*169,172,177*
政治局常務委員　*105,112,113,120,122,176,187*
政治建設　*64,169,177,192,278*
政治社会学　*241*
性社会学　*143,239*
『盛世危言』　*2,3*
政党　*170*
青年社会学　*143*
政府活動報告　*103,112,165,177,333*
生物進化論　*14,36*
聖約翰大学　*35*
世界システム論　*242*
世界貿易機関　*153*
絶対的貧困　*197,198*
選挙　*170*
全国人民代表大会　*95,113,155,165,172,176,177,183,184,215,262,270,303,318,319,332,343,344*
全人民所有制　*87,101,137,154,210,264,314*
専制主義　*41,48,174*
専門技術者階層　*363*
剿共戡乱　*64*
総書記　*121,149,152-154,166,176*
宗族　*232,241,258,373,375,376,378*
相対的貧困　*197,199*
宗法制度　*374,376,377*
総路線　*91,92,99-101,292*
租界　*43,60,62*
組織社会学　*239*
尊孔復古　*40*
村民自治制度　*278,281*

タ行

対華二十一カ条要求　*32*

対外開放経済特別区　*155*
対外貿易　*130,153,157,319*
大衆創業・万衆創新　*165*
大衆動員　*170*
大総統　*30,31,33*
大同学　*36*
大都市　*50,72,113,139,283,291,304,308,309,312,317,320,322-331,333,335,379*
大躍進　*99,101,263,264,266,302,303,307-309,347*
多子多福　*347*
多党競合　*178*
多党競争制　*170*
多党協力　*169,172,177*
単身家族　*384*
知識人階級　*359*
地方分権　*170*
中央 8 項規定　*186*
中央文革小組　*105,107-110*
中外合弁経済　*155*
中華人民共和国監察法　*189*
中華平民教育促進会　*227,229,251*
中華民国　*30,48,64,68*
『中華民国臨時約法』　*30*
中国学派　*230,231*
中国共産党　*55,59,61,65,68,71,74,75,85,89,93,95,104,106,120,121,123,124,149,152-155,161,164,166,169-173,175-177,179,180,183,189,193,217,219,221,252,253,258,261,265,269,271,273,276,279,282,292,310,320,343,346,347,348,353,359,360,364*
中国共産党規約　*152,173,175,176,187,193*
中国共産党紀律検査機関　*187*
中国共産党党史資料　*55*
中国国民党　*31,56,66,342*
中国国民党革命委員会　*171*
中国国民党規程　*58*
中国社会科学院社会学研究所　*141,146,362,379*
中国社会学史　*224,238,239*
『中国社会学史』　*82*
中国社会学社　*233,245*

事項索引

中国社会学会　*77, 140, 141, 145*
中国人民政治協商会議　*74, 95, 171, 189*
中国致公党　*171*
中国製造2025　*164*
中国土地法大綱　*255, 256*
中国農工民主党　*171*
中国民主建国会　*171*
中国民主促進会　*171*
中国民主同盟　*171*
中都市　*139, 304, 322, 323, 333, 335*
中農　*253-255, 258, 262*
中範囲理論　*243*
超大都市　*333, 335*
朝廷　*7, 11, 15, 17, 27, 237*
直系家族　*136, 384*
定県実験　*228*
帝国主義　*2, 6, 7, 15, 28, 31, 45, 46, 48, 55, 57, 75, 81, 84, 96, 104, 112, 229, 306*
帝政復活　*31*
定量分析　*230, 375, 383*
転房婚　*391*
天賦人権説　*9, 21*
天網行動　*188*
統一買付け・統一販売　*294, 297-300*
道教　*170*
逃婚　*391*
鄧小平批判　*113*
党大会　*154, 176*
東南社会学会　*77, 233, 245*
同盟会　*29, 33, 249*
特殊利益集団　*361*
特色鎮　*335*
特大都市　*317, 323, 324, 328, 329, 331, 334, 335*
都市化　*137, 138, 143, 164, 169, 220, 240, 241, 248, 268, 273-276, 282, 290-292, 302, 307, 310, 313, 314, 317, 319, 321, 325, 329, 331-333, 336, 365, 386*
都市規模　*332, 334*
都市計画　*294, 308, 312, 315, 329*
土地改革　*73, 80, 84, 88, 93, 173, 248, 253, 255-259, 262, 359*
土地法　*67*
土着の信仰　*170*

土匪　*52*

ナ行

ナショナリズム　*170*
「七・二〇」事件　*109*
南巡講話　*363*
二元構造　*11, 26, 50, 53, 70, 80, 84, 115, 221, 240, 306*
二五減租　*66*
二次維新　*18*
二重構造　*47*
日露戦争　*16*
日清戦争　*7, 27, 46, 69*
二・七事件　*59*
農家請負制　*125, 248, 268, 269, 273, 393*
農家生産請負制　*152, 318*
農業合作化　*93, 151, 215, 248, 260, 262-264, 268*
農業戸籍　*303, 304, 335, 336*
農業社会主義　*95, 267*
農業労働者階層　*363*
農村合作医療制度　*215, 217, 218*
農村社会学　*77, 143, 145, 230, 235, 239*
農民運動　*16, 51, 58, 59, 62, 64, 66, 80, 236*
農民運動講習所　*59, 75*
農民階級　*359*
農民工　*145, 181, 200, 220, 276, 324, 327, 332, 335, 336, 365, 370, 371*

ハ行

売買婚　*391*
買弁　*2, 50, 61, 75, 84, 89*
馬関条約　*6, 8*
八股文　*3, 8, 10, 13*
発展社会学　*143, 144, 239*
反革命分子　*84, 106, 110, 136, 257, 297, 359*
半植民地　*53, 67, 76, 252*
万木草堂　*3, 4, 7, 8*
1人っ子　*346, 348, 349, 387*
1人っ子政策　*346, 350*
非農業戸籍　*303, 304, 335, 336*
秘密結社　*27, 29, 31, 51*
貧困削減　*196, 199*
貧農　*252*

413

フィードバックモデル　386
不完全家族　384
複合家族　384
複婚　389
複婚制　392
復旦大学　35,77,141,145,233,235,236
父権制　391
武昌蜂起　30
婦女連合会　120
プチブルジョア　55,56,75
普通選挙　172
普通利益者集団　361
仏教　170
復古主義思潮　170
富農　51,106,110,136,253-256,259,359
腐敗　6,7,72,79,123,185-188,190,273-275,
　　281,369
腐敗撲滅　186,190
不平等条約　42,45,56,60,64,86
フランクフルト学派　242
文革　120
文化社会学　79,143,145
文化人類学　78,232
文化大革命　102,104,110,112,119,133,134,
　　154,160,169,172,174,176,190,209,268,
　　302,307,313-316,344,359,367,374
分断化社会　365
分配制度　160,162,264,265,319
平民　80
平民教育　81,227,251,252,367
北京大学　13,34,43,53,54,78,105,145,146,
　　225,226,233,249,343,344
法社会学　239
法治　95,155,170,183-185,190
北伐　58,63
母系家族　376,390
母系制　391
戊戌変法　14,17,21,22,27,45,46
ポストモダン社会理論　242
ポピュリズム　170
ボランティア　192,250
ホワイトカラー　370

マ行

マルクス主義　36,45,54,55,74-76,78,79,143,
　　170,224,226,252,370
マルクス主義社会学　74,79,81,143,224,239
身分制度　5,370
民間社会組織　191,192
民権主義　58
民主社会主義思潮　170
民主集中制　86,97,120,173-175,179
民主主義　5,29,33,42,45,55,65,71,85,90,98,
　　178,183,192,193,226,249
民主主義革命　26,56,57,72
民主諸党派　171,172,179,189,193
民俗学　237,239
民族学　230,237,373
民族資本　3,7,13,18,45,359
民族社会学　239
民族商工業　18,46
民族ブルジョア階級　48,55-57,61,75
民族民主主義　42
無政府主義　107,209
無党派　120,171,177
妾　375
面接法　36
毛沢東思想　62,104,105,109,119,121,122,170
モデルチェンジ　149,153,156,239-241,243,
　　244,273,275,365,370

ヤ行

唯物史観　45,54,225,226
優勝劣敗　14
優生学　77,78,236
洋務運動　18,26,45,70
養老保険　209,210,212,218-220,326,336,355,
　　356,387,388
余剰労働力　126,143,274,306,307,314,318-
　　320,322,330,331
四人組　112-114,119
「四・一二」クーデター　63
四旧　106
四大　106

ラ行

利益集団　*32,162,181,182,360-362,369,371*
利益比較的受損集団　*361*
利己主義　*170*
リスク社会理論　*242*
利他主義　*252*
掠奪婚　*391*
両報一刊　*105*
リレーモデル　*386*

ルンペンプロレタリア　*75*
嶺南大学　*35,77*
連合政府　*171,193*
労役婚　*392*
労働組合　*59,62,63,120,145,181,209*
労働者運動　*59,62,64,66*
労働社会学　*239,370*
労働者階級　*49,50,55,359*
老年社会学　*143,145,239*

著者紹介

張　琢（ちょうたく）

　哲学，社会学，魯迅研究学者。

　元中国社会科学院社会学研究所『社会学研究』編集長，中国社会科学院社会学研究所研究員，中国社会科学院研究生院教授。

　1998年4月から2011年3月まで，日本愛知大学現代中国学部教授。

　主な著書

　『魯迅哲学思想研究』（湖北人民出版社，1981年）

　『中国社会與社会学百年史』（中華書局・香港，1992年）

　『九死一生——中国現代化的坎坷歴程和中長期予測』（中国社会科学出版社，1992年，韓国語訳『中国의改革・開放史』，呉在環編訳，1996年，韓国新書苑出版）

　『現代中国社会学』（編著，四川人民出版社，1992年）

　『国外発展理論研究』（編著，人民出版社，1992年）

　『中国文明與魯迅的批評』（台湾桂冠図書公司，1993年）

　『当代中国社会学』（編著，中国社会科学出版社，1998年）

　『当代中国学術発展史』（共著，台湾中華綜合発展研究院，2000年）

　『発展社会学』（共著，中国社会科学出版社，2001年第一版，2010年増訂版）

　『中国現代化的歴程及前瞻』（社会科学文献出版社，2017年）

張　萍（ちょうへい）

　元中国社会科学院社会学研究所副研究員

　現在　佛教大学社会学部教授

　主な著書

　『日本的婚姻與家庭』（中国婦女出版社，1984年）

　『曠夫怨女——大齢未婚問題透視』（陝西人民教育出版社，1992年）

　『日本賣淫問題與対策』（群衆出版社，1992年）

　『当今中国社会病』（編著，北京燕山出版社，1993年）

　『中国婦女的現状』（編著，紅旗出版社，1995年）

　『中国の社会病理』（編著，馬場節子訳，杉山太郎監訳，亜紀書房，1997年）

　『中国の結婚問題』（新評論，1999年）

訳者紹介

星　明（ほし・あきら）
　　佛教大学社会学部専任講師，助教授を経て
　　現在　佛教大学社会学部教授
　　主な著書
　　『近代化の社会学』（共著，晃洋書房，1982年）
　　『社会学の現代的課題』―筆谷稔博士追悼論文集―（共著，法律文化社，1983年）
　　『新潟第3区にみる地方議員派閥の構造と機能の実証的研究』（文部省科学研究費研究成
　　　　果報告書1991年）
　　『仏法と教育の森』―久下陞先生頌寿記念―（共著，久下陞先生古希記念祝賀会編，
　　　　1991年）
　　『地域政治の政治構造と政治意識』（共著，地方自治研究会，1992年）
　　『変容する西陣の暮らしと町』（共著，法律文化社，1993年）
　　『中国と台湾の社会学史』（行路社，1995年）
　　『中国社会学史』（韓明謨著．星明訳，行路社，2005年）

	MINERVA社会学叢書㊿
	中国の近代化と社会学史

2019年3月20日　初版第1刷発行　　　　　〈検印省略〉

定価はカバーに
表示しています

訳　者	星　　　　　明
発行者	杉　田　啓　三
印刷者	藤　森　英　夫

発行所　株式会社　ミネルヴァ書房
607-8494　京都市山科区日ノ岡堤谷町1
電話代表　(075)581-5191
振替口座　01020-0-8076

Ⓒ 星明　　　　　　　　　　　亜細亜印刷・新生製本

ISBN978-4-623-08506-4
Printed in Japan

▎ヒューマン・グループ──人間集団についての考察

G.C.ホーマンズ著，橋本　茂訳　Ａ５判　540頁　本体6500円

●アメリカの社会学者Ｇ・Ｃ・ホーマンズの古典的名著の翻訳。5つの有名なフィールド調査（ホーソン実験での作業集団，ストリート・コーナー・ソサエティのギャング団，未開社会ティコピアの家族，生活共同体であるタウン，現代的な企業集団）を厳選して精読，彼独自の概念図式を用いて，多様な集団が《ヒューマン・グループ》として共通して持つ特徴を一連の経験則として要約している。

▎科学論理の社会学──「ワラスの輪」というモデル

ウォルター・ワラス著，渡辺　深訳　四六判　252頁　本体3500円

●社会学において科学的であるということはいかなることか。観察，一般化，仮説の過程，そして言語的論理と数学的論理との違いを論じつつ，科学としての社会学とは何かを探る。理論と方法の循環モデルは，「ワラスの輪」と呼ばれ，互いに回転しながら科学的過程を構成することを示したものとして著名。本書は，社会科学である社会学の基礎の部分を論じた古典的名著として読み続けられている。

▎評伝 小室直樹（上）　学問と酒と猫を愛した過激な天才

村上篤直著　四六判　762頁　本体2400円

●上巻では国民学校時代を皮切りに，社会科学の方法論的統合を目指した情熱と憂国。伝説の「小室ゼミ」の誕生から拡大までを描く。

▎評伝 小室直樹（下）　現実はやがて私に追いつくであろう

村上篤直著　四六判　744頁　本体2400円

●なぜ彼だけが『ソビエト帝国の崩壊』を予言できたか。ベストセラー時代と編集者との奮闘。祖先，結婚，死…知られざる人生の全貌。

──── ミネルヴァ書房 ────

http://www.minervashobo.co.jp/